Die zivilrechtliche Haftung des Geschäftsleiters der Europäischen Privatgesellschaft

AF815377

Europäische Hochschulschriften
Publications Universitaires Européennes
European University Studies

Reihe II
Rechtswissenschaft

Série II Series II
Droit
Law

Bd./Vol. 3730

PETER LANG
Frankfurt am Main · Berlin · Bern · Bruxelles · New York · Oxford · Wien

Ernst Martin Feick

Die zivilrechtliche Haftung des Geschäftsleiters der Europäischen Privatgesellschaft

Eine rechtsvergleichende Untersuchung zum deutschen, englischen und niederländischen Recht

PETER LANG
Europäischer Verlag der Wissenschaften

Bibliografische Information Der Deutschen Bibliothek
Die Deutsche Bibliothek verzeichnet diese Publikation in der Deutschen Nationalbibliografie; detaillierte bibliografische Daten sind im Internet über <http://dnb.ddb.de> abrufbar.

Zugl.: Heidelberg, Univ., Diss., 2003

D 16
ISSN 0531-7312
ISBN 3-631-51048-9

© Peter Lang GmbH
Europäischer Verlag der Wissenschaften
Frankfurt am Main 2003
Alle Rechte vorbehalten.

Das Werk einschließlich aller seiner Teile ist urheberrechtlich geschützt. Jede Verwertung außerhalb der engen Grenzen des Urheberrechtsgesetzes ist ohne Zustimmung des Verlages unzulässig und strafbar. Das gilt insbesondere für Vervielfältigungen, Übersetzungen, Mikroverfilmungen und die Einspeicherung und Verarbeitung in elektronischen Systemen.

www.peterlang.de

Vorwort

Die bereits Ende 1997 vorgestellte Studie zu den Vorschlägen für eine supranationale Rechtsform einer geschlossenen Kapitalgesellschaft hat sogleich ein positives Echo erfahren. Inzwischen ist der ausgearbeitete Verordnungsvorschlag in mehreren Staaten von Wissenschaftlern, Rechtsberatern und Richtern diskutiert worden. Insbesondere von Vertretern der Industrie und der Wirtschaft wurde das Bedürfnis einer supranationalen Rechtsform einer geschlossenen Kapitalgesellschaft für die Praxis hervorgehoben. Nachdem die mehr als 30-jährigen Bemühungen um die Europäische Aktiengesellschaft (SE) zu einem Durchbruch gelangt sind und die Verordnung zur SE im Oktober 2001 im Ministerrat verabschiedet wurde, ist das Projekt der Europäischen Privatgesellschaft für mittlere und kleinere Unternehmen in Europa weiter voranzubringen.

Die Geschäftsleiterhaftung in einer geschlossenen Kapitalgesellschaft ist ein Baustein im System des kapitalgesellschaftsrechtlichen Gläubigerschutzes. Auch im Statut der Europäischen Privatgesellschaft wird daher die Regelung der Geschäftsleiterhaftung vorgeschlagen. Dies führt zu der Frage, wie die Haftung des Geschäftsleiters in der Europäischen Privatgesellschaft im Vergleich zu den entsprechenden Regelungen in den nationalen Rechten ausgestaltet ist und welche Änderungen bzw. Ergänzungen aus rechtsvergleichender Sicht für das Statut der Europäischen Privatgesellschaft sinnvoll erscheinen. Hierzu möchte die vorliegende Arbeit anhand einer rechtsvergleichenden Analyse des deutschen, englischen und niederländischen Rechts sowie der Entwicklung eigener Vorschläge einen Beitrag leisten.

Die vorliegende Arbeit wurde im Wintersemester 2002/2003 von der rechtswissenschaftlichen Fakultät an der Universität Heidelberg als Dissertation angenommen. Das Manuskript wurde im Frühjahr 2003 abgeschlossen. Besonderen Dank schulde ich meinem Doktorvater, Herrn Prof. Dr. Dr. h.c. Peter Hommelhoff, für die Anregung und Betreuung der Arbeit sowie die Erstellung des Erstgutachtens. Mein Dank gilt ebenfalls Herrn Richter am Bundesgerichtshof Prof. Dr. Wulf Goette für die Übernahme der Zweitkorrektur und seine wertvollen Hinweise und Anregungen. Schließlich gilt mein Dank der Rechtsanwaltssozietät Shearman & Sterling (ehemals Schilling, Zutt & Anschütz) für die Ermöglichung der Fertigstellung der Arbeit neben meiner beruflichen Tätigkeit in der Sozietät.

Mannheim, im April 2003 Ernst Martin Feick

Inhaltsübersicht

Gliederung

Einleitung

Die kleinen und mittleren Unternehmen, die sich häufig der Rechtsform der geschlossenen Gesellschaft mit beschränkter Haftung bedienen, sind unbestritten der Motor der europäischen Wirtschaft[1]. Gerade von diesen Unternehmen erhofft man sich die größten Impulse bei der Belebung der Wirtschaft und der Bekämpfung von Arbeitslosigkeit auf europäischer Ebene.

Der europäische Binnenmarkt hat aber für die kleinen und mittleren Unternehmen seine Tücken: Einerseits lässt es sich für viele von ihnen nicht vermeiden, in anderen Ländern der Gemeinschaft präsent zu sein, andererseits sind die unbekannten Gesetze, Bräuche und Marktsituationen des Auslands oft der Schrecken der Mittelständler[2]. Den für eine Gründung im Ausland notwendigen juristischen Rat können sich diese Unternehmen oftmals nicht leisten[3]. Eine einheitliche supranationale Gesellschaftsform, die eine Expansion des Unternehmens über bestehende Staatsgrenzen hinaus erleichtern würde, existiert aber (noch) nicht.

In diese Lücke versucht das Konzept der Europäischen Privatgesellschaft (EPG) vorzustoßen. Die EPG soll jedoch die nationalen GmbH-Rechte nicht ersetzen, sondern eine in allen Mitgliedstaaten als gleichwertig akzeptierte alternative Gesellschaftsform bieten, deren Recht in allen Mitgliedstaaten einheitlich gilt. Hierdurch soll die grenzüberschreitende Tätigkeit von kleinen und mittleren Unternehmen erheblich erleichtert werden, da das mittelständische Unternehmen in Zukunft nur noch eine Rechtsform, nämlich die der EPG, zur Gründung von Gesellschaften in sämtlichen EU-Mitgliedstaaten verwenden muss. So würden die Rechtsberatungskosten dieser Unternehmen, die oftmals über keine oder eine nur kleine Rechtsabteilung verfügen, erheblich reduziert[4]. Zudem ist zu berücksichtigen, dass die Rechtsform der EPG den Unternehmen aus neu beitretenden EU-Mitgliedstaaten den Schritt in die Gemeinschaft und in den gemeinsamen

---

1 Vgl. den Bericht der FAZ vom 01. August 2000, S. 25.

2 Ähnlich in der Einschätzung: *Großfeld*, Internationales und Europäisches Unternehmensrecht, S. 24; a.A.: *Junge*, GmbHR 1999, 225 (230). Aber auch *Junge* ist im Ergebnis für die Einführung einer "Europa-GmbH", jedoch nicht als Vorreiter sondern als Abschluss der gemeinsamen Rechtsentwicklung (aaO S. 231).

3 Ebenso: *Hommelhoff*, WM 1997, 2101 (2103).

4 *Hommelhoff*, WM 1997, 2101 (2103), ebenso: *Lutter*, ZGR 2000, 1 (16).

Binnenmarkt erleichtern und generell grenzüberschreitende Unternehmensstrukturen fördern würde.

Der tatsächlichen Verwirklichung des Binnenmarktes wäre man damit einen großen Schritt näher gekommen.

I. Ausgangspunkt der Arbeit

Bereits 1974 hatte das Centre de Recherche sur le droit des affaires (CREDA) ein Gesamtkonzept für eine Europa-GmbH mit umfassender Begründung vorgelegt[5]. Der Vorschlag fand allerdings nicht die gebotene Beachtung. Im Jahre 1993 entschloss man sich von französischer Seite durch die rechtswissenschaftliche Abteilung der Industrie- und Handelskammer Paris und von deutscher Seite durch das Heidelberger Institut für deutsches und europäisches Gesellschafts- und Wirtschaftsrecht, das Projekt der Europäischen Privatgesellschaft erneut in Angriff zu nehmen. Ergebnis dieser Anstrengungen unter Beteiligung von Rechtswissenschaftlern und Praktikern aus Deutschland, England, Frankreich und den Niederlanden war eine Studie, die im Dezember 1997 der Öffentlichkeit vorgestellt wurde[6]. Aus dieser Studie ist ein Verordnungsentwurf für die Europäische Privatgesellschaft hervorgegangen, der Gegenstand der nachfolgenden Untersuchung ist[7].

II. Zielsetzung der Arbeit

Die vorliegende Arbeit soll einerseits bereits als erste Interpretation und Auslegung dieses Verordnungsentwurfs dienen, andererseits aber auch Vorschläge zur Fortentwicklung des EPG-Statuts an den Stellen unterbreiten, die noch als verbesserungsbedürftig erscheinen.

Hierbei ist die Rechtsvergleichung eine förderliche und zugleich unerlässliche Disziplin. Sie dient der Untersuchung, inwieweit einerseits bereits ein einheitlicher europäischer Rechtsstandard besteht, der die Umsetzung des Verordnungsentwurfs für die EPG (EPG-VOE) in die Rechtswirklichkeit erleichtert und

---

5 Vgl. *Boucourechliev*, Pour une SARL Européenne. Eine deutsche Übersetzung des Konzepts existiert nicht.

6 *Europäische Kommission* (Hrsg.), Propositions pour une société fermée européenne. Mittlerweile ist eine deutsche Übersetzung erschienen: *Boucourechliev/Hommelhoff* (Hrsg.), Vorschläge für eine Europäische Privatgesellschaft.

7 Der Verordnungsentwurf ist abgedruckt als Anhang 2 bei: *Boucourechliev/Hommelhoff* (Hrsg.), Vorschläge für eine Europäische Privatgesellschaft.

wie andererseits Differenzen in den nationalen Rechtsordnungen mit möglichst schonenden Eingriffen in die bestehenden nationalen Rechtstraditionen gelöst werden können.

Die persönliche Haftung der Geschäftsleiter von Kapitalgesellschaften ist neben der Kapitalisierung der Gesellschaft das Kerngebiet des Gesellschaftsrechts kapitalmarktferner Gesellschaften[8]. Die Regelung dieses Bereichs wird daher mitentscheidend für den Erfolg der Europäischen Privatgesellschaft in der Praxis sein. Sowohl aus Sicht der Unternehmen und deren Geschäftsleiter, als auch aus Sicht der Gläubiger und Gesellschafter der Gesellschaft ist eine klare Regelung der Geschäftsleiterhaftung unverzichtbar. Dieser Regelungsbereich eignet sich daher in besonderem Maße zu einer rechtsvergleichenden Untersuchung des Rechts der EPG mit unterschiedlichen nationalen Rechten.

Hierbei bietet sich die englische Rechtsordnung besonders zum Rechtsvergleich an, da sie anders als die meisten kontinentaleuropäischen Rechtsordnungen auf einer langen *case law* Tradition beruht.[9] Das Recht der *private limited company* ist zudem im Gegensatz zum GmbH-Recht aus einer Rechtsfortbildung des Rechts der *public company* hervorgegangen, so dass sie daher keine von der *public company* völlig losgelöste Gesellschaftsform ist[10]. Durch die nachfolgende Untersuchung kann somit dargestellt werden, wie zwei völlig unterschiedliche Rechtstraditionen ein und dieselben Probleme des Gesellschaftsrechts lösen. Diese Rechtsvergleichung wiederum kann für die Bewältigung der entsprechenden Rechtsprobleme auf europäischer Ebene fruchtbar gemacht werden.

Als dritte nationale Rechtsordnung neben dem deutschen und englischen Recht wurde das niederländische Recht ausgewählt, da das niederländische Gesellschaftsrecht einige Eigenheiten aufweist, die weder im deutschen noch im englischen Recht bekannt sind. Vor allem durch die sogenannte "Missbrauchsgesetzgebung" Ende der achtziger Jahre zum Schutz vor dem Missbrauch juristischer Personen hat der niederländische Gesetzgeber verschärfte Haftungsvorschriften sowie Verschuldensvermutungen zu Lasten des Geschäftsführers einer *besloten vennootschap met beperkte aansprakelijkheid* (B.V.) eingeführt. Diesbezüglich soll insbesondere untersucht werden, ob entsprechende Vorschriften zum Schutze Dritter auf europäischer Ebene sinnvoll und erforderlich sind.

---

8 *De Kluiver*, The European Private Company?, S. 29.

9 Vgl. *Zweigert/Kötz*, Einführung in die Rechtsvergleichung, § 14; *Graf von Bernstorff*, Einführung in das englische Recht, § 1.

10 Vgl. *Shearman*, in: *Centrale für GmbH Dr. Otto Schmidt* (Hrsg.), Die GmbH-Rechte in den EG-Staaten, S. 51 f.

III. Gang der Untersuchung

Die nachfolgende Untersuchung beschränkt sich auf die zivilrechtliche Haftung des Geschäftsleiters. Das gesamte Gebiet der Geschäftsleiterhaftung - inklusive der steuer- straf-, umwelt-, wettbewerbs-, kartell- und sozialrechtlichen Verantwortlichkeit des Geschäftsleiters - könnte nicht mit der gebotenen Gründlichkeit im Rahmen dieser Arbeit dargestellt und analysiert werden. Darüber hinaus enthält der EPG-VOE keine eigenständigen Regelungen zu den soeben erwähnten hier nicht berücksichtigten Rechtsbereichen, sondern belässt es diesbezüglich teils konkludent, teils ausdrücklich bei einer Anwendung des nationalen Rechts (vgl. Art. 34 und 36 EPG-VOE), so dass eine Rechtsvergleichung mit dem eigenständigen Recht der EPG ohnehin nicht möglich wäre.

Das deutsche Recht ist jeweils der Ausgangspunkt der Untersuchung in jedem Kapitel, wobei selbstverständlich die einzelnen Problemkreise unter besonderer Berücksichtigung der europarechtlich relevanten Fragestellungen ausgesucht wurden. Im Anschluss an die Darstellung der Rechtslage in den nationalen Rechtsordnungen und in dem Verordnungsentwurf für die EPG schließt sich der Rechtsvergleich an. Bei Regelungsbereichen, in denen die Bestimmungen des EPG-VOE für nicht befriedigend befunden wurden, folgt, sofern nicht im fortlaufenden Text integriert, abschließend eine Stellungnahme mit alternativen Regelungsvorschlägen.

Inhaltlich wird zunächst die Haftung des Handelnden für Geschäfte im Gründungsstadium untersucht. Hieran schließen sich die Ausführungen zur allgemeinen Haftung des Geschäftsleiters gegenüber der Gesellschaft, gegenüber den Gesellschaftern und gegenüber außenstehenden Dritten an. Sodann werden einzelne rechtlich besonders relevante Haftungsfragen in eigenständigen Kapiteln untersucht. Hierzu gehört die Problematik der Verantwortlichkeit des einzelnen Geschäftsleiters bei mehrköpfiger Geschäftsleitung und die Haftung des Geschäftsleiters bei der Befolgung von Gesellschafterweisungen. Ein Schwerpunkt dieser Arbeit liegt auf der Haftung des Geschäftsleiters in der Insolvenz der Gesellschaft sowie auf der Haftung des faktischen Geschäftsleiters unter Berücksichtigung der Konzerndimensionalität dieser Rechtsfigur.

In einem Schlussteil wird die Regelung der Geschäftsleiterhaftung in der Europäischen Privatgesellschaft unter Berücksichtigung der gefundenen Ergebnisse bewertet. Die Kernaussagen dieser Arbeit werden sodann noch einmal in Thesenform zusammengefasst.

IV. Untersuchungsmethode

Dieser Arbeit liegt als methodisches Prinzip der Rechtsvergleichung die funktionale Rechtsvergleichung zugrunde[11]. Verglichen werden demnach ähnliche rechtliche Problemlagen und nicht einzelne abstrakte Rechtssätze des jeweiligen nationalen Rechts. Es wird untersucht, inwieweit die jeweiligen Rechtsnormen geeignet sind, in ihrer funktionalen Eigenschaft als Problemlösung zu dienen, um die gewonnenen Ergebnisse für eine bestmögliche Lösung der entsprechenden Rechtsprobleme auf europäischer Ebene fruchtbar machen zu können.

V. Stand der Entwicklung des Rechts der geschlossenen Gesellschaften mit beschränkter Haftung in der Europäischen Union[12]

Alle EU-Mitgliedstaaten regeln inzwischen in ihrem nationalen Recht die geschlossene Gesellschaft mit beschränkter Haftung[13].

Auf dem Gebiet des europäischen Rechts gelten für die GmbH die Erste gesellschaftsrechtliche Richtlinie über die handelsrechtliche Publizität und über die Haftung für Geschäfte im Gründungsstadium, die Elfte Richtlinie, die Zwölfte Richtlinie über die Ein-Personen-GmbH sowie die rechtsformübergreifenden Regeln der Vierten, Siebenten und Achten Richtlinie zur Rechnungslegung und deren Publizität. Allerdings gelten die Zweite Richtlinie über Gründungsregeln und Kapital sowie die Dritte und Sechste Richtlinie über Fusion und Spaltung nicht für die GmbH.

Aus alledem folgt, dass erste Schritte hin zu einer Europäisierung des GmbH-Rechts unternommen worden sind, aber gerade in den Kernbereichen des GmbH-Rechts wie der Kapitalisierung, den Gründungsregeln und der Haftung der Organe noch keine statutarischen Annäherungen erfolgt sind[14]. Das in der Literatur[15] auf große Beachtung gestoßene "Centros-Urteil" des EuGH[16] zur

---

11 Zur funktionalen Rechtsvergleichung siehe: *Ebert*, Rechtsvergleichung, § 4; *Rheinstein*, Rechtsvergleichung, § 3 Ziff. 2.; *Zweigert/Kötz*, Rechtsvergleichung, § 3 II.

12 Allg. hierzu: *Lutter*, in: *Nobel* (Hrsg.), Internationales Gesellschaftsrecht, S. 129 ff.; *ders.*, in: Europäisches Unternehmensrecht, § 7 und § 8 .

13 *Lutter*, Europäisches Unternehmensrecht,§ 7 I.; auch Staaten wie z.B. die Niederlande, Dänemark, Schweden und Finnland, die die GmbH vor ihrem Beitritt zur EG bzw. EU nicht kannten, haben die GmbH vor allem im Zuge der Umsetzung der Zweiten gesellschafts-rechtlichen Richtlinie eingeführt. Vgl. auch *Behrens* (Hrsg.), Die Gesellschaft mit beschränkter Haftung im internationalen und europäischen Recht.

14 *Lutter*, Europäisches Unternehmensrecht, § 7 I.

15 Die folgenden Nachweise stellen nur eine Auswahl der umfangreichen Stellungnahmen dar: *Bungert*, DB 1999, 1841 ff.; *Ebke*, JZ 1999, 656 ff.; *Freitag*, EuZW 1999,

Niederlassungsfreiheit von Gesellschaften mit beschränkter Haftung beweist zudem, dass auf dem Gebiet des europäischen Gesellschaftsrechts noch einige Unklarheiten bestehen. Mit der jüngst ergangenen und mindestens ebenso bedeutsamen „Überseering-Entscheidung“ des EuGH[17] ist die Niederlassungsfreiheit für Gesellschaften zwar weiter gestärkt worden. Der Anwendung der Sitztheorie für die Beurteilung der Partei- und Rechtsfähigkeit einer Gesellschaft wurde in dieser Entscheidung eine klare Absage erteilt[18]. Dennoch steckt die Europäisierung des GmbH-Rechts erst in den Kinderschuhen. Gerade in der Praxis zeigt sich aber die Notwendigkeit einer einheitlichen Rechtsform auf europäischer Ebene entsprechend der GmbH in Deutschland zur Förderung der grenzüberschreitenden Niederlassung (Tochtergesellschaften) von kleinen und mittleren Unternehmen[19].

Die Rechtsform der Europäischen Aktiengesellschaft (SE)[20] allein ist für die Interessen und Belange der kleinen und mittleren Unternehmen untauglich[21]. Eine Aktiengesellschaft ist zum Kapitalmarkt geöffnet und muss daher Regelungen zum Anlegerschutz treffen. Hinzu kommen die Regelungsprobleme der Mitbestimmung der Arbeitnehmer. Dies führt zu einer starken Reglementierung, die

---

267 ff.; *Geyrhalter*, EWS 1999, 201 ff.; *Görk*, GmbHR 1999, 793 ff.; *Kieninger*, ZGR 1999 S. 724 ff.; *Kindler*, NJW 1999, 1993 ff.; *Kindler*, *Merkt*, und *Koppensteiner*, in: *Gesellschaftsrechtliche Vereinigung (VGR)* (Hrsg.), Gesellschaftsrecht in der Diskussion 1999, Band 2, S. 88 ff.; *Meilicke*, DB 1999, 627 f. (Anmerkung zum Urteil); *Roth*, ZIP 99, 861 ff.; *Sandrock*, BB 1999 1337 ff.; *Sedemund/Hausmann*, BB 1999, 809 ff. (Kommentar zum Urteil); *Ulmer*, JZ 1999, 662 ff.; *Werlauff*, ZIP 1999, 867 ff..

16 EuGH, Urt. v. 9.03.1999 - Rs. C-212/97 ("Centros"); abgedruckt z.B. in: AG 1999, 226; BB 1999, 809; DB 1999, 625; EWS 1999, 140; GmbHR 1999, 474; NJW 1999, 2027; NZG 1999, 298; ZIP 1999, 438.

17 EugH, Urt. v. 05.11.2002 – RS. C-208/00 („Überseering“); abgedruckt z.B. in: DB 2002, 2425 ff.; RIW 2002, 945 ff.; ZIP 2002, 2037 ff.

18 Vgl. aus der Literatur zur *Überseering*-Entscheidung des EuGH: *Behrens*, EuZW 2002, 737; *Eidenmüller*, ZIP 2002, 2233 ff.; *Forsthoff*, DB 2002, 2471 ff.; *Leible/Hoffmann*, RIW 2002, 925 ff.; *Kallmeyer*, DB 2002, 2521 f.; *Schulz/Sester*, EWS 2002, 545 ff.

19 Ebenso in der Einschätzung: *Ehricke*, RabelsZ 64 (2000), 497 (501).

20 Vgl. allgemein hierzu: *Jaeger*, Die Europäische Aktiengesellschaft - europäischen oder nationalen Rechts (zum Verordnungsvorschlag vom 16. Mai 1991); *Gutsche*, Die Eignung der Europäischen Aktiengesellschaft für kleine und mittlere Unternehmen in Deutschland; *Lutter* (Hrsg.), Die Europäische Aktiengesellschaft (zum Verordnungsvorschlag vom 30. April 1975).

21 *Gutsche*, Die Eignung der Europäischen Aktiengesellschaft für kleine und mittlere Unternehmen in Deutschland, S. 239 ff. m.w.N..

mit dem Leitbild einer "staatsfernen", weil primär auf die Verantwortung der Gesellschafter beruhenden Rechtsform der GmbH nicht vereinbar ist[22].

Insbesondere nachdem die Bemühungen[23] um die Europäische Aktiengesellschaft (SE) seit dem EU-Gipfel von Nizza im Dezember 2000 zu einem Durchbruch gelangt sind und die Verordnung zur SE am 08. Oktober 2001 im Ministerrat verabschiedet sowie am 10. November 2001 im Amtsblatt der EU veröffentlicht wurde[24], ist das Projekt der Europäischen Privatgesellschaft als ergänzendes Angebot zur SE für mittlere und kleine Unternehmen in Europa weiter voranzutreiben[25].

VI. Auf dem Weg zur Europäischen Privatgesellschaft

Die bereits Ende 1997 vorgestellte Studie "Propositions pour une société fermée européenne (SFE)"[26] hat sogleich ein positives Echo sowohl in Frankreich[27] als auch in Deutschland[28] erfahren. Inzwischen ist der ausgearbeitete Verordnungsvorschlag in mehreren Staaten den Rechtsberatern, Richtern und Wissenschaftlern vorgestellt und mit ihnen diskutiert worden[29]. Ähnliche Veranstaltungen dieser Art sollen in nächster Zukunft in weiteren Mitgliedstaaten folgen. Insbesondere von den Vertretern der Industrie und Wirtschaft wurden die Vorschläge für eine EPG begrüßt und deren Bedürfnis für die Praxis hervorgehoben[30].

---

22 So schon *Hommelhoff*, in: *Roth* (Hrsg.), Das System der Kapitalgesellschaften im Umbruch ein internationaler Vergleich, S. 60.

23 Zunächst schien das Projekt der SE endgültig gescheitert zu sein. Vgl. z.B.: *Wiesner*, GmbHR 1999, R 301 f. und *Hasselbach*, NZG 1999, 291 f.

24 Verordnung (EG) Nr. 2157/2001 des Rates vom 08.10.2001 über das Statut der Europäischen Gesellschaft (SE), Abl. EG Nr. L 294 vom 10.11.2001, 1 ff.; sowie Richtlinie 2001/86/EG des Rates vom 08.10.2001 zur Ergänzung des Statuts der Europäischen Gesellschaft hinsichtlich der Beteiligung der Arbeitnehmer, Abl. EG Nr. L 294 vom 10.11.2001, 22 ff. Hierzu: *Lutter*, BB 2002, 1 ff.; *Hirte*, NZG 2002, 1 ff; *Schulz/Geismar*, DStR 2001, 1078 ff; *Schwarz*, ZIP 2001, 1847 ff.; *Kersting*, DB 2001, 2079 ff.

25 Ebenso: *Hommelhoff*, AG 2001, 279, 287 f.; *Dejmek*, GmbHR 2002, 107 f.; *dies.*, NZG 2001, 878 (882).

26 Siehe bereits Fn. 6.

27 Vgl. den Bericht von *Hommelhoff/Helms*, GmbHR 1999, 53.

28 *Helms*, GmbHR 1998, R 1.

29 Vgl. *Helms*, GmbHR 1999, 963 f.; *ders.*, GmbHR 2000, 125 f.; *Schautes*, GmbHR 2000, 1255.

30 Vgl. Stellungnahme des VDMA in: FAZ vom 12.11.2002 sowie den Bericht von *Hommelhoff/Helms*, GmbHR 1999, 53. Skeptischer beurteilt *Witz*, in: FS für Schlechtriem, S. 27 (37 f.) das Bedürfnis nach einer supranationalen Gesellschafts-

VII. Begriffliche und rechtliche Unterschiede in den einzelnen Rechtsordnungen

1. Englisches Recht

a) Directors

Dem Geschäftsführer einer deutschen GmbH entspricht der englische *managing* oder *executive director*[31]. Im englischen Recht[32] ist dabei zu beachten, dass der allgemeine Begriff des *directors* am besten mit Vorstandsmitglied übersetzt wird. Wenn in Bezug auf das englische Recht nachfolgend vom Geschäftsführer der *private limited company* die Rede ist, so ist damit der *executive* bzw. der *managing director* gemeint.

Das Geschäftsführungsorgan der *private companies* besteht regelmäßig aus mehreren Personen (*board of directors*). Wesentliches Merkmal dieses *board-systems* ist es, dass Personen Mitglied des Geschäftsführungsorgans sein können, ohne Geschäftsführungsaufgaben wahrzunehmen (meistens als sogenannte *non-executive directors* bezeichnet). Ihre Aufgaben und Befugnisse beschränken sich in der Regel auf die Kontrolle und Überwachung der geschäftsführenden Direktoren; sie sind von ihrer Funktion daher eher mit dem Aufsichtsrat nach deutschem Recht vergleichbar[33]. Ein gesondertes Aufsichtsgremium, entsprechend dem Aufsichtsrat gemäß § 52 GmbHG im deutschen Recht, kennt das englische Recht nicht. Die Begriffe *executive director* und *non-executive director* entstammen allerdings der wirtschaftlichen Praxis und sind keine normativen Begriffe des englischen Rechts[34].

---

form. Zurückhaltung übt auch die von der Europäischen Kommission unter Vorsitz von Jaap Winter eingesetzte Expertengruppe, vgl. *Maul*, DB 2003, 27 (31).

31 Vgl. hierzu: *Triebel/Hodgson/Kellenter/Müller*, Englisches Handels- und Wirtschaftsrecht, Rn. 725.

32 Es gibt kein einheitliches britisches Recht. Insbesondere das schottische und nordirische Recht haben unterschiedliche Wurzeln. Vgl. *Triebel/Hodgson/Kellenter/Müller*, Englisches Handels- und Wirtschaftsrecht, Rn. 1222 ff.; 1318 ff. und 1327 ff. sowie *Rajak*, in: *Lutter/Wiedemann* (Hrsg.), Gestaltungsfreiheit im Gesellschaftsrecht, S. 188.

33 Ein eigenes Aufsichtsgremium entsprechend dem Aufsichtsrat nach deutschem Recht ist dem englischen Recht fremd, weswegen die Kontrollaufgaben in der Regel von eigens hierzu berufenen Mitgliedern des *board of directors* wahrgenommen werden (sog. monistisches System oder *one-tier system* im Gegensatz zum deutschen dualistischen System oder *two-tier-system*). Vgl. auch: *Davies*, ZGR 2001, 268 ff. *Triebel/Hodgson/Kellenter/Müller*, Englisches Handels- und Wirtschaftsrecht, Rn. 714.

34 Rechtlich bedeutsam ist der Unterschied insofern, als *executive directors* regelmäßig Vollzeitangestellte der Gesellschaft sind und *non-executive directors* in der Regel oh-

b) Gesellschaftsformen

Innerhalb der *limited companies* unterscheidet der *Companies Act 1985* (C.A. 1985) zwischen *companies limited by shares* (s. 1 Abs. 2 (a) C.A. 1985) und *companies limited by guarantee* (s. 1 Abs. 2 (b) C.A. 1985). Bei der *company limited by shares* ist, wie auch bei der GmbH, die Haftung der Gesellschafter auf die Einlage beschränkt. Die Gesellschafter einer *company limited by guarantee* verpflichten sich hingegen, im Falle der Auflösung der Gesellschaft für die Gesellschaftsschulden in bestimmter Höhe zu haften (s. 2 Abs. 4 C.A. 1985). Letztere Gesellschaftsform wird insbesondere von Versicherungsvereinen auf Gegenseitigkeit, Sportvereinen und nicht auf Gewinnerzielung ausgerichteten Unternehmen verwendet und ist mit der GmbH nicht vergleichbar. Die *company limited by guarantee* bleibt deshalb in der nachfolgenden Untersuchung unberücksichtigt. Der verwandte Terminus *private limited company* bezieht sich daher im Folgenden ausschließlich auf die *company limited by shares.*

2. Niederländisches Recht

Im Recht der B.V. obliegt die Leitung der Gesellschaft der Geschäftsführung (*het bestuur*; Art. 2:239 BW)[35]. Mitglieder der Geschäftsführung sind die *bestuurder.* Sie sind funktionell mit dem Geschäftsführer einer GmbH vergleichbar. Es ist allerdings zu beachten, dass das Geschäftsführungsorgan insbesondere in größeren Gesellschaften nach englischem Vorbild wie ein *board* ausgestaltet werden kann[36]. Die Führung der täglichen Geschäfte kann daher auch einzelnen Mitgliedern des Leitungsgremiums übertragen werden, während andere Mitglieder nur eine beratende Funktion ausüben. Nachfolgend werden nur die Haftungsrisiken derjenigen *bestuurder* untersucht, die - vergleichbar einem Geschäftsführer der GmbH - die Geschäfte der Gesellschaft führen.

---

ne Arbeitsvertrag mit der Gesellschaft tätig werden. Vgl. *Hicks/Goo*, Cases and Materials on Company Law, S. 295.

35 Vgl. *Gotzen*, in: *Behrens (Hrsg.)*, Die Gesellschaft mit beschränkter Haftung im internationalen und europäischen Recht, NL 20 f.

36 Vgl. *Gotzen*, in: *Behrens (Hrsg.)*, Die Gesellschaft mit beschränkter Haftung im internationalen und europäischen Recht, NL 21.

3. Allgemeine Verwendung der Begriffe

Im deutschen GmbH-Recht wird das Leitungsorgan der GmbH als "Geschäftsführer" bezeichnet, während im deutschen Text des EPG-VOE - abgesehen von der Wortwahl in Art. 17 Abs. 3 EPG-VOE[37] - stets vom "Geschäftsleiter" als Leitungsorgan der EPG gesprochen wird. Nach dieser Terminologie richtet sich auch diese Arbeit.

Das Leitungsorgan wird im deutschen, englischen und niederländischen Recht als "Geschäftsführer" und im europäischen Recht als "Geschäftsleiter" bezeichnet. Als gemeinsamer Oberbegriff wird der Begriff "Geschäftsleiter" verwendet.

---

37 Dort heißt es auch im deutschen Text "Geschäftsführer".

§ 1 Die Handelndenhaftung des Geschäftsleiters für Geschäfte im Gründungsstadium

Die Entstehung einer GmbH, *private limited company*, B.V. oder auch einer EPG setzt stets einen konstitutiven Akt voraus, sei es eine Eintragung im zuständigen Register oder die Ausfertigung der Gründungsurkunde in den Niederlanden.

Zwischen der Einigung der Gesellschafter über den Abschluss eines Gesellschaftsvertrags und der Entstehung der juristischen Person liegt meist eine nicht unbeachtliche Zeitspanne, die z.B. in Deutschland drei bis sechs Monaten oder in Einzelfällen sogar bis zu einem Jahr betragen kann. In der Praxis erweist es sich daher vielfach als notwendig, Geschäfte und Rechtshandlungen schon vor der Entstehung der juristischen Person für diese vorzunehmen. So kann es zur Verwirklichung der Geschäftsidee beispielsweise erforderlich sein, Mitarbeiter einzustellen, Mietverträge abzuschließen oder Maschinen und Geräte anzuschaffen, bevor die Gesellschaft rechtlich entstanden ist. Gerade wer in den modernen Technologiebranchen wie etwa in der Internet- oder der Telekommunikationsbranche unternehmerisch tätig werden will, kann es sich häufig nicht leisten, die Entstehung der Gesellschaft abzuwarten, bevor er geschäftliche Aktivitäten aufnimmt. Dies wird auch bei der Gründung einer EPG voraussichtlich nicht anders sein.

In der Praxis ist es zudem üblich, dass die Geschäftsleiter der Gesellschaft auch schon in der Zeit vor der rechtlichen Entstehung der Gesellschaft im Geschäftsverkehr für die (noch nicht entstandene) Gesellschaft handeln. In solchen Fällen stellt sich die Frage, wer aus solchen Rechtshandlungen verpflichtet wird bzw. wer für diese Rechtshandlungen haftet. Die leitende Zentralfrage in diesem Abschnitt wird sein, ob bei der Handelndenhaftung das Haftungsrisiko gegenüber Gläubigern auf der einen Seite und die Geschäftschancen auf der anderen in einem angemessenen Verhältnis zueinander stehen. Es sollte nämlich nicht Regelungsziel des EPG-Statuts sein, dass die Geschäftsleiter aus Gründen des Gläubigerschutzes das Haftungsrisiko für Geschäfte im Gründungsstadium tragen, während sich die Chancen aus diesen Geschäften letztlich ausschließlich den Gesellschaftern als Eigentümern der Gesellschaft bieten.

Sowohl im Interesse der Gläubiger insbesondere aber auch im Interesse der in Frage kommenden Haftungssubjekte (Geschäftsleiter, Gründungsgesellschafter und Gesellschaft) ist eine möglichst gerechte und klare Verteilung der Haftungsrisiken für Geschäfte im Gründungsstadium in der EPG wünschenswert. Im

Folgenden soll deshalb untersucht werden, wie die Haftung der Handelnden für Geschäfte im Gründungsstadium im EPG-Statut im Vergleich zu den hier untersuchten nationalen Rechtsordnungen ausgestaltet ist. Die Untersuchung konzentriert sich auf die Handelndenhaftung, da nur diese für die zukünftigen Geschäftsleiter der Gesellschaften von Bedeutung ist.

I. Die Handelndenhaftung des Geschäftsführers für Geschäfte im Gründungsstadium in Deutschland

In Deutschland sind zunächst zwei Gründungsstadien bei der Entstehung der GmbH zu unterscheiden: Zum einen der Zeitraum bis zum notariellen Abschluss des Gesellschaftsvertrags und zum anderen die Zeit nach dessen Abschluss bis zur Eintragung der Gesellschaft im Handelsregister.

Im Zeitraum vor Abschluss des förmlichen Gesellschaftsvertrags besteht eine sogenannte Vorgründungsgesellschaft zwischen den Gesellschaftern. Die Vorgründungsgesellschaft ist eine Gesellschaft bürgerlichen Rechts (GbR) oder offene Handelsgesellschaft (oHG)[38]; auf sie findet das Recht der GmbH bzw. der Vorgesellschaft keine Anwendung. In diesem frühen Stadium haften die Gründer persönlich nach den Regeln der GbR oder oHG. § 11 Abs. 2 GmbHG ist indessen nicht anwendbar[39]. Es gilt also das allgemeine Haftungsrecht dieser Personengesellschaften.

Nach Abschluss des förmlichen Gesellschaftsvertrags bis zur Eintragung der GmbH im Handelsregister besteht eine sogenannte Vorgesellschaft (Vor-GmbH). Hierbei handelt es sich um eine Gesellschaftsform sui generis, auf die die Vorschriften der GmbH entsprechend Anwendung finden, sofern sie nicht die Eintragung der GmbH voraussetzen[40].

Bei der Haftung für Verbindlichkeiten der Vor-GmbH, die durch Rechtsgeschäfte der späteren Geschäftsführer der GmbH begründet werden, ist zwischen der Haftung der Vor-GmbH bzw. ihrer Gesellschafter einerseits und der sogenannten Handelndenhaftung andererseits zu unterscheiden. Im Rahmen dieser Untersuchung soll nur letztere untersucht werden. Allerdings bedarf es zum besseren Verständnis der Handelndenhaftung im Gesamtsystem der Haftung in der Vorgesellschaft einer wenigstens knappen Darstellung des Systems der Haftung in der Vorgesellschaft. In seiner Grundsatzentscheidung vom 27.1.1997 ent-

38 BGH NJW 83, 2822.
39 BGHZ 91, 148 (151f.); *Baumbach/Hueck/Hueck*, GmbHG, § 11 Rn. 46.
40 St. Rspr., vgl. nur BGHZ 91, 148 (151). Zu einer ausführlichen Auseinandersetzung mit dieser Thematik siehe *Derwisch-Ottenberg*, Die Haftungsverhältnisse der Vor-GmbH, S. 26 ff.

schied der BGH[41] die bis dahin in der Literatur[42] höchst umstrittene Frage der Haftung in der Vorgesellschaft zugunsten einer Binnenhaftung der Gesellschafter gegenüber der Gesellschaft. Es besteht danach eine einheitliche Gründerhaftung in Form einer bis zur Eintragung der Gesellschaft andauernden Verlustdeckungshaftung und einer an die Eintragung geknüpften Vorbelastungshaftung[43]. Das Haftungssystem einer unbeschränkten Außenhaftung der Gesellschafter wurde insbesondere aufgrund der hiergegen angeführten überzeugenden Gründe *Ulmers*[44] abgelehnt. Nach dieser Rechtsprechung haften die Gesellschafter einer Vor-GmbH für deren Verbindlichkeiten gegenüber der Vorgesellschaft unbeschränkt[45]. Voraussetzung der Haftung ist, dass die Geschäftsführer namens der Gesellschaft innerhalb ihrer Vertretungsmacht gehandelt haben und die Gründer mit der Geschäftsaufnahme einverstanden waren[46]. Der einvernehmliche Beginn der Geschäfte in der Vor-GmbH bis zur Eintragung geschieht somit auf Risiko der Gesellschafter[47]. Eine unmittelbare Haftung der Gesellschafter gegenüber den Gesellschaftsgläubigern kommt dagegen nur in Ausnahmesituationen in Betracht, z.B. wenn die Gesellschaft vermögenslos ist, es nur einen Gläubiger der Gesellschaft gibt oder wenn es sich um eine Ein-Personen-GmbH handelt[48].

Die Frage der Gründerhaftung, die der BGH mit der vorerwähnten Entscheidung im Sinne einer Binnenhaftung der Gesellschafter beantwortete, erlangte allerdings überhaupt erst Bedeutung, nachdem die zuvor weite Auslegung des Handelndenbegriffs des § 11 Abs. 2 GmbHG von der Rechtsprechung eingeschränkt wurde[49]. Bis zu diesem Zeitpunkt konnten die Gründer bereits aufgrund ihrer bloßen Zustimmung zur Aufnahme des Geschäftsbetriebs als Handelnde gemäß § 11 Abs. 2 GmbHG haften[50].

Mit der vom BGH entwickelten Verlustdeckungshaftung konnte auch der Interessenwiderstreit zwischen Geschäftsführern, die zur Vermeidung einer Handelndenhaftung nach § 11 Abs. 2 GmbHG auf die Eintragung der GmbH drängen, und Gesellschaftern, die sich einer Eintragung wegen der Besorgnis der

---

41 BGHZ 134, 333 ff. = NJW 1997, 1507 ff.

42 Vgl. z.B. *Ulmer* ZIP 1996, 733 ff. m.w.N.; *K. Schmidt*, ZIP 1996, 353 und 593 sowie *Rowedder/Schmidt-Leithhoff*, GmbHG, § 11 Rn. 94 mit einem Überblick über die vertretenen Meinungen und weiteren Nachweisen.

43 BGHZ 134, 333.

44 *Ulmer* ZIP 1996, 733 ff.

45 BGHZ 134, 333 (335).

46 BGHZ 65, 378 (381); *Rowedder/Schmidt-Leithhoff*, GmbHG, § 11 Rn. 101; a.A. *Scholz/Schmidt*, GmbHG, § 11 Rn. 83.

47 *Ulmer* ZIP 1996, 733 (738).

48 BGHZ 134, 333 (341).

49 Vgl. hierzu sogleich unter I. 1. a).

50 Vgl. hierzu sogleich unter I. 1. a).

Vorbelastungshaftung[51] widersetzen, gelöst werden: Bei Annahme einer Verlustdeckungshaftung haften die Geschäftsführer vor Eintragung der GmbH nicht schärfer als die Gesellschafter. Falls die Eintragung scheitert, können die in Anspruch genommenen Geschäftsführer mittels der Verlustdeckungshaftung (nach Pfändung des Verlustdeckungsanspruchs der Vorgesellschaft gegen die Gesellschafter) bei den Gesellschaftern Regress nehmen[52].

1. Handelndenhaftung nach § 11 Abs. 2 GmbHG

Im Gegensatz zur Haftung der Vor-GmbH und ihrer Gesellschafter beruht die Handelndenhaftung auf einer gesetzlichen Anordnung, § 11 Abs. 2 GmbHG[53]. Diese Vorschrift durchbricht den Grundsatz des § 164 Abs. 1 BGB, wonach das im Rahmen der Vertretungsmacht namens des Vertretenen vorgenommene Rechtsgeschäft nur diesen und nicht den Vertreter berechtigt und verpflichtet. Zweck dieser Regelung ist es, die Anmeldung zum Handelsregister zu beschleunigen und den Gläubigern für den Fall der Nichteintragung einen persönlichen Schuldner zu sichern, als Ausgleich für die ungeprüfte und ungesicherte Kapitalausstattung der Vor-GmbH[54]. Zugleich sollte nach früherer Ansicht die verfrühte Geschäftsaufnahme sanktioniert werden[55]. Zu Recht gilt dieser Zweck als rechtspolitisch bedenklich, da durch die lange Dauer der Handelsregistereintragung ein Zuwarten auf die Eintragung den Gründern nicht immer zugemutet werden kann.

a) Adressatenkreis des § 11 Abs. 2 GmbHG

Handelnder im Sinne von § 11 Abs. 2 GmbHG ist (nur), wer als Geschäftsführer oder wie ein solcher für die künftige GmbH tätig wird[56]. Dagegen genügt entge-

---

51 Vgl. hierzu BGHZ 80, 129 (142).

52 BGHZ 134, 333 (338). Streitig ist, ob daneben ein ummittelbarer Anspruch der Geschäftsführer gegenüber den Gesellschaftern bis zur Höhe der noch offenen Einlageschuld besteht, vgl. hierzu: *Lutter/Hommelhoff*, GmbHG, § 11 Rn. 17. Zum internen Haftungsausgleich des Geschäftsführers gegenüber der Gesellschaft vgl. die Ausführungen in diesem Kapitel unter I. 3.

53 Ausführlich zum Bestehen und Umfang der Handelndenhaftung vgl. *Derwisch-Ottenberg*, Die Haftungsverhältnisse der Vor-GmbH, S. 37 ff..

54 So auch *Klein*, Der Rückgriffsanspruch des Handelnden gegen die Gründer der Vor-GmbH, S. 173.

55 *Lutter/Hommelhoff*, GmbHG, § 11 Rn. 12.

56 St. Rspr. seit BGHZ 47, 25 (28 ff.); auch BGHZ 91 148 (149); *Baumbach/Hueck/Hueck*, GmbHG, § 11 Rn. 43; *Scholz/Schmidt*, GmbHG, § 11 Rn. 101 ff. m.w.N..

gen der Auffassung der früheren Rechtsprechung und Teilen der Literatur die bloße Zustimmung zur Aufnahme des Geschäftsbetriebs durch die Vorgesellschafter nicht, auch nicht die Veranlassung, Förderung oder Ermöglichung des Geschäftsbetriebs[57]. Diese Einschränkung des personellen Geltungsbereichs des § 11 Abs. 2 GmbHG trägt der fortschreitenden Haftung der Vor-GmbH selbst und ihrer Mitglieder Rechnung[58] und ist daher berechtigt.

Handelnder ist auch nicht der Bevollmächtigte, der für den Geschäftsführer handelt[59]. Etwas anderes gilt allerdings für den Geschäftsführer, der einen anderen für sich handeln lässt[60].

Die Rechtsprechung schränkt den Anwendungsbereich des § 11 Abs. 2 GmbHG also dahingehend ein, dass nur das Geschäftsführungsorgan der Vor-GmbH Haftungssubjekt sein kann. Ebenso hat auch bei unwirksamer Bestellung der vermeintliche Geschäftsführer gemäß § 11 Abs. 2 GmbHG zu haften[61].

Weiterhin setzt § 11 Abs. 2 GmbHG stets ein rechtsgeschäftliches oder rechtsgeschäftsähnliches Handeln voraus[62]. Für Verbindlichkeiten der Vor-GmbH, die kraft Gesetzes entstehen (Steuern, Gebühren, Sozialabgaben etc.), kommt eine Haftung des Handelnden nach dieser Vorschrift nicht in Betracht[63].

b) Zeitraum der Anwendbarkeit des § 11 Abs. 2 GmbHG

Wie bereits in der Einleitung zu diesem Abschnitt angesprochen, findet die Haftung nach § 11 Abs. 2 GmbHG erst ab dem Zeitpunkt des notariellen Abschlusses des Gesellschaftsvertrags Anwendung. Sie endet mit der Eintragung der GmbH. Ab diesem Zeitpunkt haftet den Gläubigern allein das Gesellschaftsvermögen (§ 13 GmbHG).

2. Überleitung der Verbindlichkeiten auf die GmbH

Die Eintragung der Gesellschaft führt dazu, dass die Verbindlichkeiten der Vor-GmbH „nahtlos“ automatisch auf die Gesellschaft übergehen, d.h. es erfolgt ein

57 BGHZ 47, 25 (29); 65, 378 (380); 72, 45 (46); *Rowedder/Schmidt-Leithhoff*, GmbHG, § 11 Rn. 92.
58 Vgl. die Ausführungen in diesem Kapitel unter I. vor 1.
59 BGHZ 66, 359 (361).
60 BGHZ 53, 206 (208); BGH NJW 74, 1284.
61 BGHZ 41, 282 (287) zur Aktiengesellschaft; *Stein*, Das faktische Organ, S. 8 ff.; *Baumbach/Hueck/Zöllner*, GmbHG, § 43 Rn. 2.
62 *Lutter/Hommelhoff*, GmbHG, § 11 Rn. 14; *Rowedder/Schmidt-Leithhoff*, GmbHG, § 11 Rn. 120.
63 *Lutter/Hommelhoff*, GmbHG, § 11 Rn. 14.

Wandel der Rechtszuständigkeit. Nach ganz herrschender Auffassung handelt es sich hierbei um eine Gesamtrechtsnachfolge durch die eingetragene GmbH[64]. Es bedarf keines Übernahmevertrags durch die Gesellschaft und auch keiner Zustimmung durch die an dem jeweiligen Rechtsgeschäft beteiligten Gläubiger.

Kommt es demnach zur Eintragung der Gesellschaft im Handelsregister, so erlischt für den Geschäftsführer die persönliche Haftung nach § 11 Abs. 2 GmbHG, wenn er im Rahmen seiner Vertretungsmacht Rechtsgeschäfte für die Vor-GmbH wirksam vorgenommen hat[65]. Aufgrund der erfolgten Registerkontrolle ist nunmehr der Zweck des § 11 Abs. 2 GmbHG entfallen.

Diese Haftung kann auch später nicht wieder aufleben, etwa weil die Gesellschaft nach der Eintragung ihre Verpflichtungen nicht erfüllt. Die Eintragung der GmbH im Handelsregister bedeutet somit für den Geschäftsführer im Ergebnis eine Haftungsfreistellung von den Verbindlichkeiten der Vor-GmbH aus den Gründungsgeschäften.

3. Haftungsausgleich im Innenverhältnis

Nimmt der Geschäftsführer bereits vor der Gründung der GmbH für die Gesellschaft Rechtsgeschäfte vor, so stellt sich die Frage nach dem Haftungsausgleich im Innenverhältnis gegenüber der Gesellschaft und den Gesellschaftern.

Der handelnde Geschäftsführer kann im Falle der Inanspruchnahme nach § 11 Abs. 2 GmbHG durch Gläubiger der Vor-GmbH die Freistellung von der Verbindlichkeit gemäß § 257 BGB oder Ersatz nach Auftragsrecht gemäß §§ 611, 675, 670 BGB von der Vorgesellschaft und nach Eintragung von der GmbH verlangen, wenn er im Rahmen seines Auftragsverhältnisses gehandelt hat[66]. Ansonsten gilt § 179 Abs. 1 BGB. Unmittelbar gegen die Gesellschafter bestehen diese Ansprüche beschränkt bis zur Höhe der noch offenen Einlageschuld der Gesellschafter[67]. Wird der Geschäftsführer bereits im Stadium der Vorgesellschaft von den Gesellschaftern angewiesen oder einstimmig ermächtigt, mit den für die GmbH vorgesehenen Geschäften zu beginnen, so haften sie dem Geschäftsführer persönlich und unbeschränkt nach Auftragsrecht gemäß §§ 675,

64 BGHZ 45, 338 (342); 80, 129 (139 f.); 105 (300 (303 f.); *Hachenburg/Ulmer*, GmbHG, § 11 Rn. 74; a.A.: .*Rowedder/Schmidt-Leithhoff*, GmbHG, § 11 Rn. 135.

65 *Hachenburg/Ulmer*, GmbHG, § 11 Rn. 74; *Lutter/Hommelhoff*, GmbHG, § 11 Rn. 16.

66 Vgl. *Hachenburg/Ulmer*, GmbHG, § 11 Rn. 121; Lutter/*Hommelhoff*, GmbHG, § 11 Rn. 17 m.w.N. Siehe auch § 110 Abs. 1 HGB.

67 BGHZ 86, 122 (125); das ist jedoch nicht unbestritten. Zur Gegenauffassung vgl. *Hachenburg/Ulmer*, § 11 Rn. 123.

670, 421 BGB, wenn und soweit die Einlagen trotz pflichtgemäßer Geschäftsführung die entstandenen Verluste nicht tragen und der Geschäftsführer deshalb für seine Aufwendungen für die Gesellschaft keinen Ersatz erhalten würde[68]. Dies folgt nach Meinung des BGH[69] aus einer interessengerechten Auslegung des Anstellungsvertrags des Geschäftsführers.

4. Praktische Gestaltungsmöglichkeiten zur Haftungsreduzierung

Da für den Geschäftsführer ein erhebliches Haftungsrisiko im Stadium der Vor-GmbH existiert, wurde in der Praxis häufig von der Möglichkeit Gebrauch gemacht, anstelle der Neugründung einer GmbH bereits bestehende Vorrats- oder Mantelgesellschaften zu verwenden, um das langwierige und komplizierte Gründungs- und Registerverfahren bis zur Eintragung der GmbH und die damit einhergehenden Haftungsrisiken zu vermeiden[70]. Nach Auffassung einiger Oberlandesgerichte[71] und Teilen der Literatur[72] ist § 11 Abs. 2 GmbHG weder direkt noch analog auf den Mantelkauf anwendbar. Die Gegenmeinung vertrat die Auffassung, dass bei Änderung des Unternehmensgegenstands und/oder Wiederaufnahme einer werbenden Tätigkeit durch eine GmbH die Gründungsvorschriften erneut angewendet sollen[73]. Letzterer Auffassung hat sich der Bundesgerichtshof nunmehr hinsichtlich des erforderlichen Mindestkapitals angeschlossen, indem er die Verwendung eines Mantels einer „auf Vorrat" gegründeten GmbH wirtschaftlich als Neugründung ansieht[74]. Ob damit auch feststeht, dass die Handelndenhaftung gemäß § 11 Abs. 2 GmbHG bei Verwendung einer Vorrats-GmbH ebenfalls Anwendung findet, wird im Anschluss an diese Entscheidung noch geklärt werden müssen[75]. Jedenfalls in der Praxis wird man die

---

68 BGHZ 86, 122 (126); zustimmend: *Roth*, ZGR 1984, S. 597 (620); mit anderer Begründung: *Schmidt, H.*, GmbHR 1988, S. 129 (132 f.).

69 BGHZ 86, 122 (126).

70 Vgl. hierzu: *Meller-Hannich*, ZIP 2000, 345 ff.; *Lutter/Hommelhoff*, GmbHG, § 3 Rn. 7.

71 OLG Brandenburg GmbHR 1998, 1031 f.; OLG Koblenz DB 1989, 373; OLG Hamburg BB 1987, 505.

72 *Lutter/Hommelhoff*, GmbHG, § 11 Rn. 13 m.w.N.

73 Im Einzelnen ist hier vieles noch strittig. Vgl. grundlegend: *Baumbach/Hueck/Hueck*, GmbHG, § 3 Rn. 15; *Ulmer*, BB 1983, 1123 (1124); *Goette*, Die GmbH, § 10 Rz. 38 i.V.m. § 1 Rz. 20 f.

74 BGH DB 2003, 330 ff. = GmbHR 2003, 227 ff. m. Anm. *Peetz*.

75 Vgl. zu den ersten Stimmen aus der Literatur: *Heidinger*, GmbHR 2003, 189; *Peetz*, GmbHR 2003, 229 (231).

Verwendung von Vorrats- und Mantelgesellschaften nur noch eingeschränkt empfehlen können.

5. Zusammenfassung

Der Geschäftsführer haftet grundsätzlich persönlich für die von ihm getätigten Geschäfte während des Bestehens der Vor-GmbH aus § 11 Abs. 2 GmbHG. Diese Haftung erlischt jedoch mit der Eintragung der GmbH im Handelsregister. Zudem steht dem Geschäftsführer ein Ausgleichsanspruch gegen die Vor-GmbH bzw. die entstandene GmbH zu. Somit kommt es nach deutschem Recht zu einer interessengerechten Haftungsverteilung für Geschäfte während des Bestehens der Vor-GmbH: Die Gesellschaft und deren Gesellschafter tragen im Ergebnis das Risiko aus den Geschäften in der Gründungsphase, da ihnen auch die eventuell erwirtschafteten Gewinne zustehen.

II. Die Handelndenhaftung des Geschäftsführers für Geschäfte im Gründungsstadium in England

Im englischen Recht der *private limited company* gibt es die Figur der Vorgesellschaft nicht. Entweder die Gesellschaft existiert oder sie tut es nicht ("*no halfway house*"[76]). Die Gesellschaft entsteht durch Eintragung und Erteilung des "*certificate of incorporation*"[77] als juristische Person[78]. Sie tritt als ein völlig neues Gebilde frei von Rechten und Pflichten in das Wirtschaftsleben[79]. Entscheidend für den Zeitpunkt der Entstehung der *private company* ist das Datum auf dem *certificate of incorporation.*

Die Gründer einer Gesellschaft werden als *promoter* bezeichnet. *Promoter* ist dabei jeder, der sich maßgeblich an der Gründung der Gesellschaft beteiligt[80]. Der *promoter* ist nicht zwingend zugleich ein Gründungsgesellschafter. Er entspricht in seiner Funktion der eines deutschen GmbH-Geschäftsführer in der

76 *Goulding*, in: *De Kluiver/Van Gerven* (Hrsg.), The European Private Company?, S. 56.

77 S. 13 (1) C.A. 1985.

78 *Goulding*, in: *De Kluiver/Van Gerven* (Hrsg.), The European Private Company?, S. 55; *Arab Monetary Fund v Hashim (No.3)* [1991] 2 AC 114 (160).

79 Vgl. *Neuling*, Deutsche GmbH und englische private company, S. 58.

80 *Triebel/Hodgson/Kellenter/Müller*, Englisches Handels- und Wirtschaftsrecht, Rn. 599.

Gründungsphase der GmbH[81]. Nachfolgend werden daher die Haftungsrisiken des *promoters* für Geschäfte im Gründungsstadium in der *private limited company* untersucht.

1. Handelndenhaftung

Der *promoter* kann nicht als Vertreter einer Gesellschaft auftreten und eine solche auch nicht verpflichten, da in England die Rechtsform der Vorgesellschaft nicht existiert[82]. Verträge, die im Namen der Gesellschaft abgeschlossen werden, können auch nicht rückwirkend von der später entstandenen Gesellschaft genehmigt werden[83]. Im englischen Gesellschaftsrecht gilt der stellvertretungsrechtliche Grundsatz, dass der Vertretene bei Vertragsschluss existieren muss, will er das Recht haben, einen in seinem Namen geschlossenen Vertrag bindend an sich zu ziehen[84]. Daher wird nur der *promoter* selbst aus Rechtsgeschäften berechtigt und verpflichtet, die er für die zukünftige Gesellschaft tätigt. Diese früher umstrittene Frage ist jetzt durch den Wortlaut des neuen s. 36C (1) C.A. 1985 geklärt. Diese Vorschrift hat Art. 7 der Ersten Gesellschaftsrechts-Richtlinie in nationales Recht umgesetzt[85].

a) Adressatenkreis der Handelndenhaftung

Die Vorschrift des s. 36C Abs. 1 C.A. 1985 bestimmt, dass jeder, der im Namen der Gesellschaft vor deren Entstehung Verträge abschließt, persönlich dem Vertragspartner haftet. Die Haftung ist also nicht auf Personen beschränkt, die wie ein Geschäftsführer dem Dritten gegenüber auftreten. Auch die Gründungsgesellschafter können einer Haftung nach dieser Vorschrift unterliegen. Sie haften jedoch nicht in ihrer Funktion als Gesellschafter, sondern als Handelnde, da vor der Inkorporation der Gesellschaft kein Rechtsträger vorhanden ist, für dessen Verbindlichkeiten sie einstehen könnten.

81 Vgl. *Neuling*, Deutsche GmbH und englische private company, S. 58.

82 Mehrere "Gründer" bilden keine "*partnership*" nach englischem Recht, wenn sie sich zusammengeschlossen haben, um eine *private limited company* zu gründen. Vgl.: *Keith Spicer Ltd. v Mansell* [1970] 1 WLR 333 (336) = [1970] 1 All ER 462 (464).

83 *Helms*, Die Europäische Privatgesellschaft, S. 292.

84 *Kelner v Baxter* [1866] L.R. 2 C.P. 174; *Neuling*, Deutsche GmbH und englische private company, S. 57; *Triebel/Hodgson/Kellenter/Müller*, Englisches Handels- und Wirtschaftsrecht, Rn. 597.

85 Erste gesellschaftsrechtliche Richtlinie vom 9. März 1968 Publizitätsrichtlinie - 68/151/EWG - Abl. EG Nr. L 65 vom 14.03.68, S. 8 ff..

Die Handelnden sind bis zur Entstehung der Gesellschaft nur für ihre und nicht für Handlungen oder Unterlassungen der Mitgründer verantwortlich, es sei denn, vertragliche Beziehungen sind zu den anderen Handelnden ausdrücklich vereinbart[86]. Dies beruht wiederum auf dem Gedanken, dass die Gesellschaft vor der Inkorporation nicht existiert und daher keine gesetzlichen Beziehungen zwischen den Handelnden durch die Gesellschaft begründet werden können.

b) Zeitraum der Haftung des Handelnden

Die persönliche Haftung des Handelnden für das vorgenommene Rechtsgeschäft bleibt solange bestehen, bis das Rechtsgeschäft im Einverständnis mit dem Dritten von der gegründeten *private limited company* übernommen wird[87]. Welche Voraussetzungen an die Übernahme der Verbindlichkeiten durch die Gesellschaft zu stellen sind, wird sogleich unter Ziff. 2. dargestellt. Die Eintragung der Gesellschaft im Register führt jedenfalls nicht automatisch zum Erlöschen der persönlichen Haftung des Handelnden.

2. Überleitung der Verbindlichkeiten auf die Gesellschaft

Für die Überleitung der von dem Handelnden eingegangenen Verbindlichkeiten auf die Gesellschaft bedarf es eines Neuabschlusses des Vertrags, einer Vertragsübernahme oder der Abtretung der Ansprüche des *promoters* an die Gesellschaft mit entsprechendem Ausgleich im Innenverhältnis[88]. Im letzteren Fall bleibt aber der Handelnde im Außenverhältnis für die Gegenleistung verantwortlich.

Im Gegensatz zum deutschen Recht gibt es keine automatische Überleitung der Verbindlichkeiten auf die Gesellschaft im Wege einer Gesamtrechtsnachfolge, da vor der Entstehung der *private limited company* kein Rechtsträger vorhanden ist, von dem die Verbindlichkeiten übertragen werden könnten. Die Gesellschaft kann sich erst nach der Inkorporation verpflichten, die Gründungsgeschäfte und die Kosten der *promoters* zu übernehmen[89].

---

86 *Keith Spicer Ltd. v Mansell* [1970] 1 WLR 333 = [1970] 1 All ER 462.

87 Vgl. *Triebel/Hodgson/Kellenter/Müller*, Englisches Handels- und Wirtschaftsrecht, Rn. 597.

88 *Helms*, Die Europäische Privatgesellschaft, S. 292; *Triebel/Hodgson/Kellenter/Müller*, Englisches Handels- und Wirtschaftsrecht, Rn. 597; *Neuling*, Deutsche GmbH und englische private company, S. 57.

89 *Neuling*, Deutsche GmbH und englische private company, S. 58.

3. *Haftungsausgleich im Innenverhältnis*

Ein Freistellungs- oder Erstattungsanspruch des Handelnden gegenüber der Gesellschaft ist dem englischen Recht fremd[90]. Die Mustersatzung zum Anhang des *Companies Act 1948* gab den Geschäftsführern zwar die Befugnis, die Auslagen der *promoters* zu ersetzen und sie für ihre Dienste zu vergüten. In dem heutigen Table A ist diese Befugnis wohl nur deshalb nicht mehr ausdrücklich geregelt, weil sie sich von selbst versteht[91]. Ein Anspruch des *promoters* gegenüber der Gesellschaft ergibt sich hieraus aber nicht[92]. Die beste Absicherung für den *promoter* besteht darin, bereits in der Satzung den Geschäftsführern das Recht einzuräumen, dem *promoter* nach der Gründung der Gesellschaft seine Auslagen zu ersetzen und ihn für seine Kosten zu entschädigen[93]. Zwar ergibt sich hieraus kein Anspruch des *promoters* gegen die Gesellschaft, jedoch ist er regelmäßig selbst zugleich einer der ersten Geschäftsführer der Gesellschaft, so dass die Ausübung dieser Befugnis in diesen Konstellationen regelmäßig unproblematisch ist.

4. *Praktische Gestaltungsmöglichkeiten zur Haftungsreduzierung*

Diese für den Handelnden haftungsrechtlich nachteilige Ausgangslage führt dazu, dass die Praxis zahlreiche Gestaltungsmöglichkeiten gefunden hat, um die persönliche Haftung des Handelnden für Geschäfte im Gründungsstadium möglichst weit auszuschließen.

Häufig reduzieren die Handelnden ihr persönliches Haftungsrisiko, indem sie mit dem Vertragspartner eine befreiende Schuldübernahme für den Fall vereinbaren, dass die Gesellschaft das Gründungsgeschäft an sich zieht[94]. Die Vorschrift des s. 36C Abs. 1 C.A. 1985 lässt von der persönlichen Haftung des Handelnden abweichende Vereinbarungen mit dem Vertragspartner ausdrücklich zu.

Der Handelnde und sein Geschäftspartner können auch das alte Rechtsgeschäft aufheben und an dessen Stelle ein völlig neues mit der entstandenen Gesellschaft treten lassen. Die Zustimmung zu dieser Novation kann von dem

90 *Neuling*, Deutsche GmbH und englische private company, S. 58.
91 *Triebel/Hodgson/Kellenter/Müller*, Englisches Handels- und Wirtschaftsrecht, Rn. 600.
92 Ebenso: *Klein*, Der Rückgriffsanspruch des Handelnden gegen die Gründer einer Vor-GmbH, S. 78.
93 *Pennington*, Company Law, S. 530.
94 *Neuling*, Deutsche GmbH und englische private company, S. 58.

Dritten dabei schon im Voraus erteilt werden[95]. Für den Fall, dass die Gesellschaft das Gründungsgeschäft innerhalb einer bestimmten Frist nicht übernimmt, kann zudem ein Rücktrittsrecht für den Handelnden vereinbart werden. Alternativ empfiehlt es sich zum Schutz des Handelnden, lediglich ein Optionsrecht mit dem Dritten zugunsten der zukünftigen Gesellschaft zu vereinbaren[96].

Eine weitere pragmatische Lösung besteht darin, Verträge vor der Gründung aufzusetzen und sie aber erst nach der Gründung der Gesellschaft zu unterzeichnen[97], wenn der Vertragspartner die Ungewissheit über den genauen Zeitpunkt des Vertragsabschlusses akzeptiert. Insgesamt hat sich eine relativ große Anzahl von Gestaltungsmöglichkeiten zur Haftungsreduzierung des für die entstehende Gesellschaft Handelnden herausgebildet, nachdem die Gerichte in England die Fortbildung des Rechts entsprechend der Konstruktion einer Vorgesellschaft in Deutschland abgelehnt haben.

Der effektivste und in England sehr häufig genutzte Weg, die Haftung des Handelnden ganz auszuschließen, ist die sogenannte Mantelgründung ("*shelf-company*"). Hierbei bedienen sich die Gründer einer rechtlich bereits existenten Gesellschaft, die aber wirtschaftlich in der Regel bisher untätig war. Dies geschieht durch Übernahme der Geschäftsanteile durch die Gründer und Übergabe des *memorandum* (Satzung) und der *articles of incorporation* (Gesellschaftsvertrag) sowie die Bestellung mindestens eines *directors* (Geschäftsführers) und eines *secretary* (eine Art Urkundsbeamter[98]). Folge der Mantelgründung ist, dass bereits eine Gesellschaft existiert, die für die Dritten Vertragspartner der Geschäfte im Gründungsstadium werden kann. Der Handelnde haftet hingegen nicht persönlich, da er jetzt im Namen einer bereits existenten juristischen Person handelt und lediglich diese berechtigt und verpflichtet. Aufgrund der potenziellen Haftungsrisiken des Handelnden verwundert es nicht, dass in England über neunzig Prozent aller Gesellschaften über die Mantelverwendung gegründet werden[99].

Ein weiterer Grund für die im Vergleich zu deutschem Recht geringe praktische Bedeutung der Haftung für Geschäfte im Gründungsstadium ist neben der Möglichkeit der Mantelgründung der Umstand, dass die Registereintragung in

---

95 *Neuling*, Deutsche GmbH und englische private company, S. 58.

96 *Pennington/Gansen*, in: *Lutter* (Hrsg.), Die Gründung einer Tochtergesellschaft im Ausland, S. 291.

97 *Triebel/Hodgson/Kellenter/Müller*, Englisches Handels- und Wirtschaftsrecht, Rn. 597.

98 Er ist dem deutschen Recht fremd und ranghöchster Angestellter der company. Er führt die Bücher und Protokolle. Diese Funktion wird oft von *solicitors* ausgefüllt.

99 *Hicks/Goo*, Cases and materials on company law, S. 74.

England regelmäßig nur ein bis zwei Wochen dauert[100]. Seit März 1991 gibt es sogar ein Schnellverfahren, das eine Gründung innerhalb von 24 Stunden ermöglicht[101]. Hierdurch wird der relevante Zeitraum für das Eingreifen einer Haftung für Geschäfte im Gründungsstadium erheblich eingeschränkt.

Ein praktisches Bedürfnis, die gegenwärtige Rechtslage in England zu ändern, besteht also nicht, da die Übernahme bereits existenter Gesellschaften an die Stelle des deutschen Konzepts der Vor-GmbH getreten ist. Dieses Verfahren ist sowohl für die Handelnden als auch für die Gläubiger unproblematisch, da die Gesellschaft immer unvorbelastet entsteht und der Handelnde selbst keinem Haftungsrisiko ausgesetzt ist[102].

5. Zusammenfassung

Vor der Entstehung der *private limited company* gibt es im englischen Recht keine der Vor-GmbH vergleichbare Rechtsform. Der *promoter* kann daher nur sich selbst und nicht die erst in der Entstehung befindliche Gesellschaft verpflichten. Er ist daher auch persönlich für Verbindlichkeiten aus den Geschäften im Gründungsstadium haftbar. Nur durch die Neuvornahme der Geschäfte kann die Gesellschaft Partei der Gründungsgeschäfte werden.

Das Prinzip der reinen Handelndenhaftung ohne Freistellungs- und Erstattungsanspruch im Innenverhältnis führt im Ergebnis zu einer ungerechten Verteilung von Haftungsrisiko und Gewinnchancen. In der Praxis kommt dem aber nur eine untergeordnete Bedeutung zu, da zum einen das Eintragungsverfahren England nur einen relativ kurzen Zeitraum in Anspruch nimmt und zum anderen die Praxis durch zahlreiche Gestaltungsmöglichkeiten, wie z.B. der Verwendung von Mantelgründungen, das Problem der Haftung für Geschäfte im Gründungsstadium umgangen hat.

III. Die Handelndenhaftung für Geschäfte im Gründungsstadium in den Niederlanden

Die niederländische B.V. erlangt die Rechtsfähigkeit gemäß Art. 2:175 Abs. 1 und 2 BW durch Ausfertigung der notariellen Gründungsurkunde (*akte van*

---

100 *Hicks/Goo*, Cases and materials on company law, S. 74.

101 *Triebel/Hodgson/Kellenter/Müller*, Englisches Handels- und Wirtschaftsrecht, Rn. 597.

102 *Helms*, Die Europäische Privatgesellschaft, S. 293.

oprichting) durch einen öffentlichen Notar. Diese Gründungsurkunde kann erst nach Erteilung einer Unbedenklichkeitsbescheinigung durch das Justizministerium ausgefertigt werden (Art. 2:175 Abs. 2 BW). Das Justizministerium überprüft hierbei, ob der Entwurf der Gründungsurkunde den gesetzlichen Bestimmungen entspricht und ob die beteiligten Personen strafrechtlich einschlägig vorbelastet sind. Ohne Zustimmung der Regierung kann in den Niederlanden eine B.V. nicht gegründet werden. Das Gründungsverfahren dauert in der Regel sechs bis acht Wochen[103].

Die Eintragung zum Handelsregister, die aufgrund der "Publizitätsrichtlinie" des Rates der EG[104] in den Niederlanden eingeführt wurde, hat für die Gründung primär deklaratorische Wirkung. Lediglich gegenüber außenstehenden Dritten entfaltet die Gründung der Gesellschaft erst nach der Handelsregistereintragung ihre volle Wirkung.

Nimmt die Gesellschaft schon vor der Gründung ihre Geschäftstätigkeit auf, so wird sie rechtlich als Einzelunternehmen (bei der Einmann-Gründung) oder offene Handelsgesellschaft (bei der Gründung durch mehrere Personen) qualifiziert[105]. Sie wird dann als B.V. i.o. (*in oprichting*) bezeichnet[106], die auch eintragungsfähig ist[107]. Jedoch wird in der niederländischen Literatur der Begriff der Vorgesellschaft nicht verwendet. Daher ist auch fraglich, ob durch die Eintragung der B.V. i.o. mehr als ein faktisches gesellschaftsrechtliches Verhältnis begründet wird[108]. Das niederländische Recht erkennt jedenfalls die Existenz der Gesellschaft vor ihrer Gründung ausdrücklich an[109]. Dementsprechend heißt es auch in Art. 2:203 Abs. 1 BW, dass schon vor der Gründung Rechtsgeschäfte im Namen der Gesellschaft abgeschlossen werden können.

---

103 *De Kluiver*, in: *De Kluiver/Van Gerven* (Hrsg.), The European Private Company?, S. 113, dort Fn. 7.

104 Erste gesellschaftsrechtliche Richtlinie vom 9. März 1968 Publizitätsrichtlinie - 68/151/EWG - Abl. EG Nr. L 65 vom 14.03.68, S. 8 ff..

105 Hof 's-Gravenhage 18.07.1996, NJ 1996, 757; *Asser-Maeijer* Band 2-III, Nr. 74, S. 91.

106 *Asser-Maeijer* Band 2-III, Nr. 74, S. 91; *Gotzen*; Niederländisches Handels- und Wirtschaftsrecht, Rn. 285, *Mehring*, in: *Hohloch* (Hrsg.), EU-Handbuch Gesellschaftsrecht, Niederlande Rn. 223, *van Schilfgaarde*, Van de BV en de NV, Nr. 17, S. 59.

107 HR 28.11.1997, NJ 1998, 167; *Asser-Maeijer* Band 2-III, Nr. 74, S. 92.

108 *Dijk/Van den Ingh/Netten/Van der Ploeg/Schwarz/Wortel*, Aansprakelijkheid van Bestuurders en Commissarissen, S. 44; *Mehring*, in: *Hohloch* (Hrsg.), EU-Handbuch Gesellschaftsrecht, Niederlande a.a.O.

109 *De Savornin Lohman*, Duties and liability of directors and shareholders under Netherlands law, Cha. 7.15, S. 76.

Nachfolgend ist zu untersuchen, welche Haftungsrisiken sich hieraus für die im Namen der Gesellschaft Handelnden ergeben und wie eventuelle persönliche Verbindlichkeiten auf die gegründete Gesellschaft übergeleitet werden können. Denn auch in den Niederlanden sind es häufig die späteren Geschäftsführer der Gesellschaft, die bereits in der Gründungsphase Geschäfte für die Gesellschaft tätigen[110] und sich dadurch einem persönlichen Haftungsrisiko aussetzen.

1. Handelndenhaftung

Der niederländische Gesetzgeber hat in Art. 2:203 BW eine eigenständige Regelung für die Vornahme von und die Haftung für Geschäfte im Gründungsstadium in der B.V. getroffen. Danach können schon vor der Gründung Geschäfte im Namen der Gesellschaft getätigt werden. Gemäß Art. 2:203 Abs. 2 BW wird der Handelnde aber persönlich - mehrere Handelnde gesamtschuldnerisch - aus den eingegangenen Verbindlichkeiten verpflichtet, bis die Gesellschaft diese Rechtshandlungen nach ihrer Gründung bestätigt[111].

a) Personenkreis

Handelnder im Sinne des Art. 2:203 Abs. 2 BW kann jede Person sein, die befugt ist, im Namen der Gesellschaft zu handeln, also sowohl zukünftige Geschäftsführer als auch Gründungsgesellschafter[112]. Art. 2:203 Abs. 2 BW schränkt den Anwendungsbereich in persönlicher Hinsicht also nicht ein. Jeder, der im Namen der sich in Gründung befindlichen B.V. handelt, wird persönlich aus den getätigten Geschäften berechtigt und verpflichtet. Im Gegensatz zur Rechtslage in Deutschland ist die Handelndenhaftung nicht auf Personen beschränkt, die entweder als oder wie ein Geschäftsführer auftreten.

Für die Handelnden besteht aber nach Art. 2:203 Abs. 2 BW die Möglichkeit, durch eine ausdrückliche Vereinbarung mit dem Dritten die persönliche Verpflichtung aus Geschäften im Gründungsstadium auszuschließen.

110 *Wezeman*, Aansprakelijkheid van bestuurders, S. 35.

111 *Mehring*, in: *Centrale für GmbH Dr. Otto Schmidt* (Hrsg.), Die GmbH-Rechte in den EG-Staaten, S. 211.

112 *Huizink*, in: Rechtspersonen, Art. 203, Anm. 3; *Wezeman*, Aansprakelijkheid van bestuurders, S. 35.

b) Zeitraum der Haftung

Die persönliche Haftung der Handelnden bleibt gemäß Art 2:203 Abs. 2 BW solange bestehen, bis die Gesellschaft nach ihrer Gründung die Rechtsgeschäfte übernimmt. Weder die Eintragung im Handelsregister, noch die Ausfertigung der Gründungsurkunde durch den Notar führen zu einem Erlöschen der Handelndenhaftung. Das niederländische Recht der B.V. kennt keine automatische Überleitung der Verbindlichkeiten auf die Gesellschaft im Wege einer Gesamtrechtsnachfolge.

2. Überleitung der Verbindlichkeiten auf die Gesellschaft

Wie bereits erwähnt, bestimmt Art. 2:203 Abs. 1 BW, dass die B.V. grundsätzlich nur durch diejenigen Verträge aus der Zeit vor ihrer Gründung berechtigt und verpflichtet wird, die sie nach der Gründung ausdrücklich oder stillschweigend bestätigt. Zuständig hierfür ist das Geschäftsführungsorgan[113]. Zusätzlich besteht nach Art. 2:203 Abs. 1 i.V.m. Abs. 4 BW die Möglichkeit, bereits in der Gründungsurkunde der B.V. bestimmte Rechtsgeschäfte der Gründer für die B.V. verbindlich anzuerkennen. Hierdurch können die Gründer ihre persönliche Haftung nach der Gründung ausschließen, ohne dass sie auf eine Bestätigung der Rechtsgeschäfte durch die B.V. angewiesen sind. Diese für die Gründer sehr vorteilhafte Regelung ist aber auf wenige Rechtsgeschäfte beschränkt[114]. Der überwiegende Teil der während der Gründungsphase von den Handelnden getätigten Rechtsgeschäfte zur Geschäftsaufnahme der Gesellschaft kann nicht schon durch die Erwähnung in der Gründungsurkunde auf die Gesellschaft übertragen werden.

Der nachträglichen Bestätigung der in der Gründungsphase getätigten Rechtsgeschäfte kommt daher große Bedeutung zu. Sie ist aber in der Regel un-

113 *Dijk/Van den Ingh/Netten/Van der Ploeg/Schwarz/Wortel,* Aansprakelijkheid van Bestuurders en Commissarissen, S. 47; *Wezeman*, Aansprakelijkheid van bestuurders, S. 43.

114 Hierzu zählen nach Art. 2:203 Abs. 4 BW:
(1) die Zeichnung von Anteilen, die der Gesellschaft eine besondere Verpflichtung auferlegen.
(2) Transaktionen, die einem Gründer oder einem Dritten, der an der Gründung beteiligt ist, einen Vorteil verschaffen.
(3) Kapitaleinlagen, die nicht bar geleistet werden.
(4) die Ausgabe von Anteilen und die Annahme von Einzahlungen auf diese Anteile.

problematisch, da sie auch konkludent erfolgen kann[115]. Zudem sind häufig diejenigen, die die Gründungsgeschäfte getätigt haben, zugleich die ersten Geschäftsführer der B.V. und daher an einer raschen Bestätigung der getätigten Geschäfte durch die Gesellschaft persönlich interessiert. Allerdings besteht ein Haftungsrisiko für die Geschäftsführer, wenn sie im Namen der B.V. getätigte Geschäfte bestätigen, die für die Gesellschaft nachteilig sind[116].

3. Haftungsausgleich im Innenverhältnis

Ebenso wie im englischen Recht gibt es im niederländischen Recht keinen Freistellungs- oder Erstattungsersatzanspruch des Handelnden gegenüber der Gesellschaft. Erst wenn die Gesellschaft die Rechtshandlung nach der Gründung bestätigt, kann der Handelnde die Erfüllung der Verbindlichkeiten gegenüber dem Dritten durch die Gesellschaft verlangen. Ein Anspruch auf Bestätigung der Gründungsgeschäfte des Handelnden gegen die Gesellschaft besteht nicht[117].

4. Zusammenfassung

Im niederländischen Recht der B.V. können schon vor der Gründung der Gesellschaft Rechtshandlungen in deren Namen vorgenommen werden. Solche Rechtshandlungen verpflichten allerdings zunächst lediglich die für die Gesellschaft Handelnden. Erst wenn die Gesellschaft nach der Gründung die Rechtsgeschäfte bestätigt, entfällt die Bindung für die Handelnden. Die Handelnden sind daher einem beträchtlichen Haftungsrisiko ausgesetzt. Einen Freistellungs- oder Erstattungsersatzanspruch der Handelnden gegen die Gesellschaft oder Gesellschafter als Kompensation für das übernommene Risiko kennt das niederländische Recht hingegen nicht. Die Handelnden tragen daher im Ergebnis das wirtschaftliche Risiko für die getätigten Gründungsgeschäfte. Da das Gründungsverfahren in der Regel nur sechs bis acht Wochen dauert, hat die Handelndenhaftung keine erhebliche Bedeutung in der Praxis erlangt.

---

115 Vgl. *Wezeman*, Aansprakelijkheid van bestuurders, S. 43; *van Schilfgaarde*, Van de BV en de NV, Nr. 17 S. 58.

116 Vgl. hierzu die Ausführungen in § 2 II. 1. lit. a).

117 Die Gesellschaft ist in ihrer Entscheidung frei, ob sie das getätigte Rechtsgeschäft bestätigen will oder nicht. *Asser-Maeijer* Band 2-III, Nr. 76, S. 95. Man spricht auch von einer besonderen Anwendung der Rechtsfigur der unberechtigten Stellvertretung (Art. 3:69 BW), vgl. hierzu: *Pitlo/Löwensteyn*, Rechtspersonenrecht, 4.86, S. 224.

IV. Die Handelndenhaftung des Geschäftsleiters für Geschäfte im Gründungsstadium in der Europäischen Privatgesellschaft

Die Europäische Privatgesellschaft erlangt nach Art. 2 Abs. 4 i.V.m. Art. 8 Abs. 1 des Verordnungsentwurfs mit der Eintragung in das zuständige Register ihres Sitzstaates die Rechtsfähigkeit. Abhängig von der praktischen Umsetzung des Eintragungsverfahrens für die EPG kann es auch hier zu einer längeren Zeitspanne zwischen der Entscheidung zur Gründung einer EPG und der Entstehung der EPG durch die Eintragung in das zuständige Handelsregister kommen. Es ist daher durchaus möglich, dass auch bei der Gründung einer EPG die Notwendigkeit bestehen wird, Rechtsgeschäfte für die Gesellschaft bereits vor ihrer Eintragung im Handelsregister zu tätigen. In diesem Zusammenhang stellt sich dann die Frage, ob und wie die Handelnden für die im Namen der Gesellschaft getätigten Geschäfte haften.

1. Handelndenhaftung

Der EPG-Verordnungsentwurf enthält eine eigenständige Regelung über die Haftung für Geschäfte im Gründungsstadium in Art. 10 EPG-VOE.

Nach Art. 10 Abs. 1 S. 1 EPG-VOE wird die Gesellschaft nicht aus Geschäften verpflichtet, die vor der Eintragung der EPG von den Gründern auf Rechnung der EPG vorgenommen werden. Die Konstruktion einer Vorgesellschaft, die bereits selbst Träger von Rechten und Pflichten sein kann, ist somit für die EPG ausdrücklich abgelehnt worden. Im Ergebnis ist daher festzuhalten, dass die Vor-EPG lediglich als Bezugspunkt für Haftung und Übernahme definiert ist[118]. Von *Reichert*[119] wird insoweit die Auffassung vertreten, die Fokussierung auf die Handelndenhaftung bewirke eine (gewollte) Inflexibilität der Vorgesellschaft. Dem ist zuzustimmen, da die Vor-EPG - anders als die Vor-GmbH im deutschen Recht - nicht im eigenen Namen Rechtsgeschäfte verpflichtend abschließen und somit nicht bereits vor Eintragung im zuständigen Register am Wirtschaftsleben teilnehmen kann.

Allerdings ist es schon vor der Eintragung der EPG möglich, Rechtsgeschäfte auf deren Rechnung abzuschließen. Nach ihrer Eintragung kann die EPG gemäß Art. 10 Abs. 1 S. 2 EPG-VOE an die Stelle des ursprünglich Handelnden treten.

118 Ebenso zu Art. 16 Abs. 2 SE-Statut: *Kersting*, DB 2001, 2079 (2082).

119 *Reichert*, in: *Hommelhoff/Helms* (Hrsg.), Neue Wege in die Europäische Privatgesellschaft, S. 206 ff.

In Art. 10 Abs. 2 EPG-VOE ist bestimmt, dass die ursprünglich Handelnden den Geschäftspartnern gesamtschuldnerisch und unbeschränkt haften, wenn die Gesellschaft die Geschäfte nicht übernimmt. Das Statut beschränkt sich also auf eine Haftung der Handelnden für Verbindlichkeiten, die im Gründungsstadium der EPG eingegangen werden. Voraussetzung für eine Haftung nach Art. 10 Abs. 2 EPG-VOE ist zum einen das Handeln im Namen der Gründungsgesellschaft und zum anderen eine fehlende Schuldübernahme der EPG. Es handelt sich hierbei folglich um eine aufschiebend bedingte Haftung des Handelnden, die erst nach der Eintragung der Gesellschaft Wirkung entfaltet, jedoch auf einen Zeitraum vor der Eintragung abstellt. Die negative Formulierung in Art. 10 Abs. 2 EPG-VOE deutet darauf hin, dass der Verordnungsentwurf die Übernahme der Geschäfte als Regelfall ansieht[120]. Damit korrespondiert die Ausgestaltung der Handelndenhaftung als Auffanglösung.

Daneben kommt die Bestimmung auch zur Anwendung, wenn es gar nicht zur Eintragung der EPG kommt. Insoweit ist Art. 10 EPG-VOE eine umfassende Schutzvorschrift, die die Vertragspartner der Geschäfte im Gründungsstadium unabhängig vom Schicksal der EPG schützen soll[121].

a) Personenkreis

Es haften nach Art. 10 Abs. 2 EPG-VOE die natürlichen und juristischen Personen, die die Geschäfte vorgenommen haben, den Geschäftspartnern persönlich für die Dauer von 5 Jahren. Handelnder kann jeder Vertreter der Vor-EPG sein, sowohl der zukünftige Geschäftsleiter als auch der Gründungsgesellschafter. Für letzteren ergibt sich dies aus dem Wortlaut des Art. 10 Abs. 1 EPG-VOE, der ausdrücklich den "handelnden Gesellschafter" erwähnt. Es besteht daher kein Zweifel, dass der "handelnde Gesellschafter" Vornehmender von Gründungsgeschäften sein kann.

Der Gesellschafter, der lediglich den zukünftigen Geschäftsleiter anweist, ein Geschäft zu tätigen und selbst im Hintergrund bleibt, ist allerdings nicht Vornehmender im Sinne der Vorschrift des Art. 10 EPG-VOE. Hier wird der nach außen tätig werdende Geschäftsleiter allein persönlich verpflichtet. Denn im Interesse der Gläubiger muss klar zu erkennen sein, wer zunächst persönlich haftender Geschäftspartner ist. Nach dem eindeutigen Wortlaut des Art. 10 EPG-VOE soll dies derjenige sein, der im Namen der Gesellschaft im Rechtsverkehr

120 So schon zur Ersten gesellschaftsrechtlichen Richtlinie (Publizitätsrichtlinie): *Fischer-Zernin*, Der Rechtsangleichungserfolg der Ersten gesellschaftsrechtlichen Richtlinie der EWG, S. 107.

121 So schon zur EWIV: *von Rechenberg*, in: *von der Heydt/von Rechenberg (Hrsg.)*, Die Europäische Wirtschaftliche Interessenvereinigung, S. 43.

auftritt[122]. Daher ist die frühere Rechtsprechung des Reichsgerichts zu § 11 Abs. 2 GmbHG nicht auf die EPG übertragbar, wonach jeder, der vorher seine Zustimmung zur Aufnahme der Tätigkeiten gegeben hatte, Handelnder im Sinne des § 11 Abs. 2 GmbHG war[123].

Etwas anderes gilt, wenn der zukünftige Geschäftsleiter im Namen des Gründungsgesellschafters handelt. Dann greifen die allgemeinen Stellvertretungsvorschriften ein, so dass aus dem getätigten Geschäft lediglich der vertretene Gründungsgesellschafter persönlich verpflichtet werden kann, sofern der zukünftige Geschäftsleiter im Rahmen seiner Vertretungsmacht gehandelt hat.

Externe Berater, wie z.B. Rechtsanwälte und Steuerberater, die die Eintragung im Handelsregister beantragen, kann man nicht unter den Begriff "Vornehmende" im Sinne des Art. 10 Abs. 2 EPG-VOE subsumieren. Zwar mögen sie rein tatsächlich betrachtet, Rechtshandlungen wie z.B. die Beantragung der Handelsregistereintragung vornehmen. Diese Handlung ist jedoch nach allgemeinem Stellvertretungsrecht den Gründern zuzurechnen, da der externe Berater als ihr Vertreter und nicht als Vertreter einer Vor-EPG tätig wird.

b) Zeitraum der Haftung

Art. 10 EPG-VOE findet in dem gesamten Zeitraum der werdenden EPG bis zu deren Entstehung Anwendung. Unerheblich ist, ob der Gesellschaftsvertrag schon ordnungsgemäß abgeschlossen ist oder nicht[124]. Die Haftung nach Art. 10 Abs. 2 EPG-VOE umfasst somit alle getätigten Geschäfte vor Eintragung der Gesellschaft im Handelsregister. Allerdings entsteht die persönliche Haftung des Handelnden aufgrund der Ausgestaltung der Handelndenhaftung als Auffanglösung erst, wenn die Gesellschaft die Geschäfte nicht übernimmt (Art. 10 Abs. 2 EPG-VOE). Die Eintragung der EPG im Handelsregister allein hat keinen Einfluss auf die persönliche Haftung des Handelnden für Geschäfte im Gründungsstadium.

---

122 Zur Ersten gesellschaftsrechtlichen Richtlinie: *Fischer-Zernin*, Der Rechtsangleichungserfolg der Ersten gesellschaftsrechtlichen Richtlinie der EWG, S. 108. Ausführlich zum Begriff des Handelnden nach Art. 7 der Publizitätsrichtlinie: *Kersting*, Die Vorgesellschaft im europäischen Gesellschaftsrecht, S. 220 ff.

123 RGZ 55, 302 (303); 70, (296) 301.

124 So auch zu Art. 7 der Ersten gesellschaftsrechtlichen Richtlinie der EG: *Habersack*, Europäisches Gesellschaftsrecht, Rn. 96 und zu Art. 9 EG-VO zur EWIV: *Manz*, in: *Selbherr/Manz*, Kommentar zur Europäischen Wirtschaftlichen Interessenvereinigung (EWIV), Art. 9 Rn. 12.

Nach Ablauf von 5 Jahren, gerechnet vom Zeitpunkt der Eintragung, erlischt die persönliche Haftung spätestens, wenn die Gesellschaft die Rechtshandlungen bis dahin noch nicht übernommen hat[125].

2. Überleitung der Verbindlichkeiten auf die Gesellschaft

Zur Überleitung der Verbindlichkeiten auf die EPG ist die Übernahme der Geschäfte durch die Gesellschaft erforderlich. Handelt es sich bei dem übernommenen Geschäft um einen Vertrag, der den anderen Vertragspartner berechtigt, so ist dessen Zustimmung erforderlich (Art. 10 Abs. 1 S. 2 a.E. EPG-VOE).

Der Wortlaut der deutschen Fassung des Art. 10 Abs. 1 S. 2 EPG-VOE lässt auf den ersten Blick den Schluss zu, die Gesellschaft könne nur Verträge der ursprünglich handelnden Gesellschafter übernehmen und nicht die von sonstigen Gründern. Denn es ist dort in Art. 10 Abs. 1 S. 1 EPG-VOE zunächst von den "Gründern" und dann in Satz 2 lediglich von den "handelnden Gesellschaftern" die Rede, an deren Stelle die EPG treten könne. Eine solche Unterscheidung wäre ohne sachlichen Grund und kann von dem Verordnungsgeber nicht gewollt sein. Das zeigt auch ein Vergleich mit dem englischen und französischen Wortlaut des Art. 10 Abs. 1 EPG-VOE. Im englischen Text heißt es jeweils an beiden Stellen "*founders*", im französischen Text jeweils "*fondateurs*". Die unterschiedliche Bezeichnung "Gründer" und "handelnder Gesellschafter" in der deutschen Fassung des Art. 10 Abs. 1 EPG-VOE kann nur auf eine missglückte Übersetzung zurückzuführen sein. Die EPG muss selbstverständlich auch die Geschäfte von Gründern übernehmen können, die nicht zugleich Gesellschafter (z.B. zukünftige Geschäftsleiter) sind.

Wie die Übernahme der Geschäfte durch die EPG zu erfolgen hat, ist in dem Statut nicht geregelt. Aus Sicht des Handelnden ist eine möglichst unkomplizierte und schnelle Übernahme der Geschäfte durch die Gesellschaft anzustreben. Er wollte für die Gesellschaft handeln und ist daher an einer einfachen Übernahme der Geschäfte durch die Gesellschaft interessiert, um persönliche Haftungsrisiken auszuschließen. Generell liegt es auch im Interesse der Gesellschaft selbst, wenn sie konkludent Geschäfte übernehmen kann, ohne jedes einzelne ausdrücklich übernehmen zu müssen. Der Geschäftspartner ist grundsätzlich daran interessiert zu erfahren, ob die Gesellschaft das Geschäft übernommen hat und nunmehr sein Geschäftspartner ist.

Bei Geschäften, die nicht nach Art. 10 Abs. 1 S. 2 EPG-VOE der Zustimmung des anderen Geschäftspartners bedürfen, wird man eine stillschweigende

125 Art. 10 Abs. 2 EPG-VOE.

Übernahme durch die Gesellschaft als ausreichend ansehen müssen. In diesem Fall liegt aus Sicht des anderen Geschäftspartners kein Austausch des Schuldners vor, durch den er benachteiligt werden könnte.

Anderes gilt selbstverständlich bei Verträgen, aus denen der andere Vertragspartner berechtigt wird. Hier verlangt das EPG-Statut ausdrücklich eine Zustimmung des Vertragspartners. Es handelt sich dabei um eine Regelung, die der Schuldübernahme gemäß § 415 BGB entspricht. Im Interesse des Dritten sind grundsätzlich strenge Anforderungen an die Zustimmungserklärung zu stellen. Jedoch kann auch hier im Einzelfall eine konkludente Übernahme ausreichen, so z.B. wenn die gegründete EPG die geschuldete Leistung aus dem Geschäft im Gründungsstadium erbringt und der Vertragspartner die Leistung annimmt und seinerseits seine Leistung gegenüber der EPG erbringt.

3. Praktische Gestaltungsmöglichkeiten zur Haftungsreduzierung

Um das bestehende Risiko der persönlichen Inanspruchnahme zu minimieren, werden die Handelnden in der täglichen Praxis voraussichtlich nach haftungsreduzierenden oder -ausschließenden Gestaltungsmöglichkeiten suchen.

So bietet es sich z.B. an, bereits bei Abschluss der Geschäfte im Gründungsstadium die vorherige Zustimmung vom anderen Vertragspartner zur Übernahme des Vertrags durch die gegründete EPG einholen. Diese Gestaltungsmöglichkeit ist durchaus sinnvoll und praktikabel, da der andere Vertragspartner in der Regel mit der Gesellschaft kontrahieren will und schon vorab mit der Gesellschaft als Vertragspartnerin einverstanden sein wird. Lediglich wenn der Vertragspartner befürchtet, die zu gründende Gesellschaft werde nicht ausreichend kapitalisiert sein, wird er sich einer solchen Vereinbarung widersetzen.

Der Wortlaut des Verordnungsentwurfes untersagt es der Gesellschaft nicht, Geschäfte im Gründungsstadium bereits durch Regelung in der Gründungssatzung zu übernehmen. Denn im Gegensatz zur Regelung in der Verordnung über die Europäische Wirtschaftliche Interessenvereinigung (EWIV)[126] verlangt Art. 10 Abs. 2 EPG-VOE gerade nicht, dass die Gesellschaft erst nach der Eintragung die Geschäfte übernimmt. Somit kann der gegenwärtige Wortlaut des EPG-Statuts in der Weise ausgelegt werden, dass eine Regelung bereits in der Satzung getroffen werden kann, wonach bestimmte Geschäfte im Gründungsstadium von der Gesellschaft übernommen werden. Eine entsprechende Möglichkeit gibt es

---

126 Der Wortlaut von Art. 9 der VO lautet auszugsweise: "... und übernimmt die Vereinigung nach der Eintragung die sich aus diesen Handlungen ergebenden Verpflichtungen nicht, so haften ..." (Hervorhebung vom Verfasser).

auch im niederländischen Recht, jedoch dort auf wenige bestimmte Rechtsgeschäfte beschränkt[127].

Zum Schutz des Handelnden empfiehlt es sich, mit dem Geschäftspartner lediglich eine Option auf Abschluss eines Rechtsgeschäfts für die zukünftige Gesellschaft zu vereinbaren, so dass die Gesellschaft erst nach ihrer Entstehung und anschließenden Ausübung der Option aus dem Rechtsgeschäft berechtigt und verpflichtet wird. Eine weitere Gestaltungsmöglichkeit besteht darin, Verträge vor der Gründung aufzusetzen und sie erst nach der Gründung der Gesellschaft durch die Gesellschaft zu unterzeichnen, wenn die Vertragspartner die Ungewissheit über den genauen Zeitpunkt des Vertragsabschlusses akzeptieren.

Möglicherweise wird es auch bei der EPG zu Mantelgründungen durch die Übernahme bereits existenter Gesellschaften kommen, wenn das Eintragungsverfahren eine zu lange Zeit in Anspruch nimmt.

Der EPG-VOE enthält keine ausdrückliche Regelung über die Möglichkeit des Handelnden, mit dem anderen Geschäftspartner den Ausschluss der persönlichen Haftung des Handelnden zu vereinbaren, wie dies z.B. in den Niederlanden[128], in England[129], in der Verordnung für die SE[130] und in Art. 7 der Ersten gesellschaftsrechtlichen Richtlinie[131] der Fall ist. In Deutschland[132] kann die Handelndenhaftung ebenfalls durch Individualvereinbarung ausgeschlossen oder beschränkt werden, ohne dass dort eine ausdrückliche gesetzliche Regelung besteht.

---

127 Vgl. die Ausführungen in § 1 III 2.

128 Vgl. die Ausführungen in § 1 III 1 a.

129 Vgl. die Ausführungen in § 1 II 4.

130 Verordnung (EG) Nr. 2157/2001 des Rates vom 08.10.2001 über das Statut der Europäischen Gesellschaft (SE), Abl. EG Nr. L 294 vom 10.11.2001, 1 ff. Art. 16 Abs. 2 lautet: "Wurden im Namen der SE vor ihrer Eintragung in das in Art. 12 genannte Register Rechtshandlungen vorgenommen und übernimmt die SE nach der Eintragung die sich aus diesen Handlungen ergebenden Verpflichtungen nicht, so haften die natürlichen Personen, die Gesellschaften oder anderen juristischen Personen, die diese Rechtshandlungen vorgenommen haben, vorbehaltlich anders lautender Vereinbarungen unbegrenzt und gesamtschuldnerisch."

131 Erste gesellschaftsrechtliche Richtlinie vom 9. März 1968 (Publizitätsrichtlinie) - 68/151/EWG - Abl. EG Nr. L 65 vom 14.03.68, S. 8 ff.. Abgedruckt bei: *Lutter*, Europäisches Unternehmensrecht, S. 104 ff. Art. 7 lautet: "Ist im Namen einer in Gründung befindlichen Gesellschaft gehandelt worden, ehe diese Rechtsfähigkeit erlangt hat, und übernimmt die Gesellschaft die sich aus diesen Handlungen ergebenden Verpflichtungen nicht, so haften die Personen, die gehandelt haben, aus diesen Handlungen unbeschränkt als Gesamtschuldner, sofern nichts anderes vereinbart worden ist."

132 § 11 Abs. 2 GmbHG ist insofern dispositiv. Vgl. *Baumbach/Hueck*, GmbHG, § 11 Rn. 48; BGH NJW 1973, 798.

Wegen der fehlenden ausdrücklichen Regelung greift für das Recht der EPG Art. 12 Abs. 2 zweiter Spiegelstrich EPG-VOE ein, wonach subsidiär die allgemeinen Prinzipien des Gesellschaftsrechts der Gemeinschaft auf die EPG Anwendung finden. Die in Art. 7 der Ersten Gesellschaftsrechts-Richtlinie gewährleistete Möglichkeit, eine abweichende Vereinbarung von der persönlichen Haftung des Handelnden für Geschäfte im Gründungsstadium einer Gesellschaft zu treffen, legt einen europäischen Mindeststandard fest, der nach dem Anwendungsbereich der Richtlinie sowohl für die Aktiengesellschaften als auch Gesellschaften mit beschränkter Haftung gilt. Somit handelt es sich hierbei um ein allgemeines Prinzip des Gesellschaftsrechts der Gemeinschaft. Die Lücke im Wortlaut des Art. 10 EPG-VOE ist somit unter Rückgriff auf Art. 12 Abs. 2 EPG-VOE so auszufüllen, dass die Handelndenhaftung unbeschränkt, aber nicht unbeschränkbar ist. Der Handelnde kann demnach mit dem Geschäftspartner den Ausschluss seiner persönlichen Haftung für die getätigten Geschäfte vereinbaren.

Die etwas umständliche Heranziehung von Art. 12 Abs. 2 EPG-VOE könnte ganz einfach vermieden werden, indem man in Art. 10 Abs. 2 EPG-VOE eine ausdrückliche Regelung zur Möglichkeit von abweichenden Vereinbarungen aufnimmt, wie dies in der Ersten Gesellschaftsrechts-Richtlinie oder in der Verordnung für die SE der Fall ist. In dem EPG-Statut sollte daher in Art. 10 Abs. 2 am Ende klarstellend ergänzt werden: "...soweit nichts anderes vereinbart wurde."

Würde dieser Zusatz in Art. 10 EPG-VOE nicht hinzugefügt, so bestünde die Gefahr, dass bei der Auslegung vom jetzigen Wortlaut des Art. 10 Abs. 2 EPG-VOE eine abweichende Vereinbarung gerade als nicht zulässig angesehen wird. Hier könnte nämlich auch argumentiert werden, der europäische Verordnungsgeber habe Art. 7 der Ersten Gesellschaftsrechts-Richtlinie gesehen und bewusst auf den Zusatz verzichtet, weil er dessen Rechtsfolge für die EPG nicht wünschte. Obwohl diese Argumentation vor dem Hintergrund der subsidiären Anwendbarkeit der allgemeinen Prinzipien des Gesellschaftsrechts der Gemeinschaft nach Art. 12 Abs. 2 EPG-VOE nicht sehr überzeugend ist, sollte im Interesse der Klarstellung im EPG-Statut der oben genannte Zusatz am Ende von Art. 10 Abs. 2 eingefügt werden.

4. Haftungsausgleich im Innenverhältnis

Der EPG-VOE enthält keine ausdrückliche Regelung zum Haftungsausgleich im Innenverhältnis gegenüber denjenigen Gesellschaftern, in deren Einvernehmen der Geschäftsleiter gehandelt hat, obwohl dies von deutscher Seite gefordert wurde[133]. Daher stellt sich die Frage, ob diesbezüglich ein Ausgleichsanspruch ausgeschlossen ist oder ob eventuell auf nationales Recht zurückgegriffen werden kann.

Art. 12 Abs. 1 S. 2 EPG-VOE legt fest, dass die in der Verordnung geregelten Bereiche der Anwendung des nationalen Rechts der Mitgliedstaaten entzogen sind; dies gilt nach dieser Vorschrift ebenso für die nicht ausdrücklich geregelten Gegenstände.

Die Haftung für Geschäfte im Gründungsstadium gegenüber Dritten gemäß Art. 10 EPG-VOE ist ein Bereich, der in dem Verordnungsentwurf ausdrücklich geregelt wurde, so dass ein Rückgriff auf nationales Recht nach Art. 12 Abs. 1 Abs. 2 EPG-VOE diesbezüglich ausgeschlossen ist. Fraglich ist jedoch, ob Art. 10 EPG-VOE aufgrund einer fehlenden Regelung zum Haftungsausgleich im Innenverhältnis einen solchen für die EPG ausschließt oder ob nicht diesbezüglich auf allgemeines nationales Recht zurückgegriffen werden kann mit dem Argument, hierbei handele es sich um vom EPG-Statut nicht geregeltes allgemeines Schuldrecht.

Ein Haftungsausgleich im Innenverhältnis zwischen Handelndem und Gesellschaft bzw. Gesellschaftern ist Bestandteil des Systems der Haftung für Geschäfte im Gründungsstadium. Der Ausgleichsanspruch steht in einem engen funktionalen Zusammenhang mit der Haftung des Handelnden für Geschäfte im Gründungsstadium und kann von ihr nicht losgelöst betrachtet werden. Auch wenn dieser Anspruch im deutschen Recht im Schuldrecht verankert ist[134], ist er doch auch Teil des Haftungssystems für Geschäfte im Gründungsstadium in Deutschland. Weil das EPG-Statut eine eigenständige Regelung zur Haftung für Geschäfte im Gründungsstadium trifft, ist dieser gesamte Bereich durch das Statut abschließend geregelt und damit auch ein eventueller Haftungsausgleich im Innenverhältnis aufgrund von Art. 12 Abs. 1 a.E. EPG-VOE der Anwendung nationalen Rechts der Mitgliedstaaten entzogen.

Somit könnte sich ein Haftungsausgleich im Innenverhältnis nur aus der Anwendung der in Art. 12 Abs. 2 EPG-VOE aufgeführten subsidiären Rechtsquellen ergeben. Nach dieser Vorschrift finden subsidiär in folgender Reihe die allgemeinen Prinzipien der Verordnung, die allgemeinen Prinzipien des Gesellschaftsrechts der Gemeinschaft und die allgemeinen Prinzipien, die den nationalen Rechtsordnungen gemeinsam sind, auf die EPG Anwendung.

133 Vgl. *Helms*, Die Europäische Privatgesellschaft, S. 296; ebenso: *Reichert*, in: *Hommelhoff/Helms* (Hrsg.), Neue Wege in die Europäische Privatgesellschaft, S. 207.

134 Vgl. die Ausführungen in § 1 I 3.

Bereits der Vergleich von drei nationalen Rechtsordnungen zeigt jedoch ganz deutlich, dass ein Ausgleichsanspruch des Handelnden im Innenverhältnis für Geschäfte im Gründungsstadium kein allgemeines Prinzip der nationalen Rechtsordnungen der Mitgliedstaaten ist. Weder in den Niederlanden noch in England ist ein solcher Ausgleichsanspruch des Handelnden bekannt. Deshalb kann auch Art. 12 Abs. 2 EPG-VOE nicht herangezogen werden, um einen Ausgleichsanspruch des Handelnden im Recht der EPG zu begründen.

Nach der gegenwärtigen Formulierung des EPG-VOE ist daher ein Ausgleichsanspruch des Handelnden im Innenverhältnis gegen diejenigen, die ihn zum Handeln ermächtigt haben, ausgeschlossen.

5. Zusammenfassung

Die Handelndenhaftung in der EPG ist als aufschiebend bedingte Haftung eines jeden ausgestaltet, der im Namen der EPG Geschäfte tätigt. Aufschiebende Bedingung für den Haftungseintritt ist die fehlende Übernahme der Geschäfte durch die eingetragene Gesellschaft. Die Handelnden, also zumeist die späteren Geschäftsleiter der Gesellschaft, sehen sich daher einem erheblichen Haftungsrisiko ausgesetzt. Ein Ausgleichsanspruch des Handelnden als Kompensation für das bestehende Haftungsrisiko gegen diejenigen, die ihn zum Handeln ermächtigt haben, besteht nicht. Im Ergebnis führt die gesetzliche Haftungsverteilung nicht zu einer gerechten Verteilung von Haftungsrisiko und Geschäftschance. Denn das Risiko tragen allein die Handelnden, also auch Nichtgesellschafter, während die Geschäftschancen regelmäßig nur bei den Gesellschaftern liegen.

Vermutlich werden sich in der Praxis Gestaltungen zur Reduzierung des Haftungsrisikos des Handelnden durchsetzen, um das Haftungsrisiko des Handelnden zu minimieren. Dies gilt insbesondere dann, wenn das Eintragungsverfahren eine zu lange Zeit in Anspruch nimmt.

V. Rechtsvergleichung und Bewertung

Das Modell der Haftung für Geschäfte im Gründungsstadium in der EPG entspricht im Vergleich mit den hier dargestellten nationalen Rechtsordnungen keiner dieser nationalen Regelungen. Es finden sich jedoch einzelne Elemente der verschiedenen nationalstaatlichen Regelungen in dem Entwurf für das EPG-Statut wieder. Dem niederländischen Modell entspricht die Möglichkeit, schon vor der Gründung der Gesellschaft Geschäfte auf Rechnung der EPG vorzunehmen, ohne dass dadurch die Gesellschaft zugleich verpflichtet wird. Im englischen Recht ist es ebenso wie im Recht der EPG erforderlich, dass der Vertragspartner der Übernahme des Geschäfts durch die Gesellschaft zustimmen muss, wenn es sich um einen Vertrag handelt, der den Vertragspartner berechtigt. Dieses Zustimmungserfordernis ist indessen dem deutschen und niederländischen Recht fremd. Die Konstruktion einer Vorgesellschaft, die selbst schon Träger von Rechten und Pflichten sein kann, hat keinen Eingang in das EPG-Statut gefunden. Aber auch in Deutschland wurde dieses Institut erst durch die Rechtsprechung entwickelt[135].

Das für die EPG gewählte Haftungsmodell orientiert sich zudem an bereits existierenden europarechtlichen Regelungen und setzt damit in begrüßenswerter Weise die bestehenden Vereinheitlichungsbemühungen auf dem Gebiet des Gesellschaftsrechts fort. Sowohl in Art. 7 der Ersten gesellschaftsrechtlichen Richtlinie der EG[136], in Art. 9 der EG-VO für die EWIV[137], als auch in Art. 16 Abs. 2 SE-Statut sind ähnlich lautende Formulierung enthalten[138].

1. *Adressatenkreis der Haftung*

Die Bestimmung des Haftenden ist im EPG-VOE klar im Sinne einer Handelndenhaftung aller tätig werdenden Gründer geregelt. Diese Regelung schafft für die Gläubiger klare Verhältnisse. Sie ist allerdings nicht gerecht. Denn diejenigen, die für die zu gründende Gesellschaft handeln, ohne zugleich Gesellschafter zu sein, tragen zwar das wirtschaftliche Risiko, sind aber regelmäßig nicht an den möglichen wirtschaftlichen Gewinnen beteiligt. Dies ist im englischen und niederländischen Recht ebenso geregelt. Überzeugender und gerechter wäre es jedoch, wenn in Art. 10 EPG-VOE entsprechend der Regelung im deutschen Recht ein Rückgriffanspruch des Handelnden gegen diejenigen vorgesehen würde, die ihn zum Handeln für die Gesellschaft ermächtigt haben[139] (hierzu sogleich unter Ziff. 2.).

---

135 Vgl. Fn. 40.

136 Vgl. Fn. 131.

137 Verordnung (EWG) Nr. 2137/85 des Rates; Abl. EG Nr. L 199 S. 1 ff. vom 31.07.1989. Abgedruckt bei: *Lutter*, Europäisches Unternehmensrecht, S. 751 ff.. Art. 9 lautet: "Ist im Namen einer Vereinigung vor ihrer Eintragung gemäß Art. 6 gehandelt worden und übernimmt die Vereinigung nach der Eintragung die sich aus diesen Handlungen ergebenden Verpflichtungen nicht, so haften die natürlichen Personen, Gesellschaften oder anderen juristischen Einheiten, die diese Handlungen vorgenommen haben, aus ihnen unbeschränkt und gesamtschuldnerisch."

138 Vgl. Fn. 130.

139 Ebenso: *Reichert*, in: *Hommelhoff/Helms* (Hrsg.), Neue Wege in die Europäische Privatgesellschaft, S. 207.

Im Außenverhältnis besteht hinsichtlich der unmittelbaren Haftung des Handelnden ein dogmatischer Unterschied zwischen den nationalen Rechtsordnungen und dem EPG-VOE. Im Recht der EPG ist die Handelndenhaftung als aufschiebend bedingte Haftung ausgestaltet, während in den nationalen Rechtsordnungen die persönliche Haftung schon im Zeitpunkt des Eingehens der Verbindlichkeiten entsteht. Nach dem eindeutigen Wortlaut des Art. 10 Abs. 2 EPG-VOE greift die persönliche Haftung des Handelnden erst ein, wenn die Gesellschaft die Verbindlichkeiten nicht übernimmt.

2. Haftungsausgleich im Innenverhältnis

In den hier untersuchten Rechtsordnungen gibt es zwei grundsätzlich verschiedene Gestaltungen. Dem deutschen Recht mit dem Rückgriffsanspruch des Handelnden gegenüber der Vor-GmbH bzw. nach Entstehung gegenüber der GmbH stehen das englische, niederländische sowie das Recht der EPG gegenüber, die jeweils keinen internen Rückgriffsanspruch des Handelnden für von ihm vorgenommene getätigte Geschäfte im Gründungsstadium kennen. Die letztgenannten Rechtsordnungen kennen aber auch das Konstrukt einer Vorgesellschaft nicht, die Träger von Rechten und Pflichten sein kann. Sie können daher nicht wie im deutschen Recht über die Figur einer Vorgesellschaft einen Haftungsausgleich des Handelnden dogmatisch herleiten.

Die Fortentwicklung des deutschen Gründungsrechts zu einem gesellschaftsrechtlichen Haftungsmodell über die Konstruktion einer Vorgesellschaft ist zwar dogmatisch im Vergleich zu den anderen hier untersuchten Rechtsordnungen ausgereifter und im Ergebnis gerechter. Jedoch wird sich das Modell der Vorgesellschaft voraussichtlich nicht auf die EPG übertragen lassen, da Staaten wie Großbritannien dieser ihnen völlig unbekannten Konstruktion skeptisch gegenüber stehen werden[140]. Die deutsche Lösung des Haftungsausgleichs im Innenverhältnis ist daher in ihrer existierenden Form nicht auf die EPG übertragbar.

Als Alternative wäre eine Regelung im EPG-Statut denkbar, wonach die Gründungsgesellschafter den handelnden Geschäftsleiter im Innenverhältnis freizustellen haben, wenn die Vornahme der Geschäfte von dem zugrundeliegenden Auftragsverhältnis gedeckt war[141]. Dies würde auf einfachem Wege im

140 Vgl. die Entscheidungen *Keith Spicer v. Mansell* [1970] 1 WLR 333 (335 f.) und *Arab Monetary Fund v. Hashim (No. 3)* [1991] 2 AC 113 (160), die die Konstruktion einer Vorgesellschaft ausdrücklich ablehnen.

141 So auch schon *Helms*, Die Europäische Privatgesellschaft, S. 296.

Ergebnis zu einer gerechten Verteilung von Geschäftschance und Haftungsrisiko bei der Vornahme von Geschäften im Gründungsstadium führen.

Die Ungerechtigkeit der Verteilung von Haftungsrisiko und Geschäftschance könnte allenfalls dann hingenommen werden, wenn sichergestellt ist, dass das Eintragungsverfahren innerhalb kürzester Zeit durchgeführt wird. Erfolgt die Eintragung der Gesellschaft zügig innerhalb weniger Tage oder Wochen, so würde das Problem der Haftung für Geschäfte im Gründungsstadium in der Praxis der EPG nicht sehr relevant werden. Ein Ausgleichsanspruch im Innenverhältnis wäre dann eher verzichtbar[142]. Über die zahlreichen bereits existenten Gestaltungsmöglichkeiten nach dem Vorbild in den nationalen Rechtsordnungen könnte dann das verbleibende Haftungsrisiko der Handelnden reduziert oder sogar ausgeschlossen werden. Zur Reduzierung des Haftungsrisikos wäre es auch überlegenswert, den nicht verwirklichten deutschen Vorschlag, Höchstfristen für das Eintragungsverfahren vorzusehen, wieder aufzugreifen[143]. Allerdings bietet die gesetzliche Festlegung von Fristen noch keine Gewähr für ihre tatsächliche Einhaltung in der Praxis[144].

Eine Statuierung des Ausgleichsanspruchs des Handelnden entsprechend dem vorstehend erwähntem Vorschlag ist aber in jedem Fall vorzugswürdig, da auch bei einer kurzen Dauer des Eintragungsverfahrens die Vornahme von Geschäften im Gründungsstadium und damit eine persönliche Haftung des Handelnden nicht ausgeschlossen werden kann.

3. Ergebnis

Die gegenwärtige Regelung der Haftung für Geschäfte im Gründungsstadium in der Europäischen Privatgesellschaft ist durchaus akzeptabel, da sie eine klare Haftungsverteilung beinhaltet. Sie entspricht zudem den bisher existierenden europarechtlichen Regelungen.

Die Handelndenhaftung in der EPG erscheint im Vergleich zum deutschen Recht etwas weniger streng, da sie als aufschiebend bedingte Haftung ausgestaltet ist. Es wird zunächst abgewartet, ob die EPG die Verbindlichkeiten übernimmt, bevor eine persönliche Haftung der Handelnden eingreift. Allerdings ist der für die EPG Handelnde, wie auch der für die niederländische B.V. oder die

142 Vgl. *Reichert*, in: *Hommelhoff/Helms* (Hrsg.), Neue Wege in die Europäische Privatgesellschaft, S. 207.

143 Zu diesem Vorschlag: *Hommelhoff*, WM 1997, 2101 (2108), *Helms*, Die Europäische Privatgesellschaft, S. 287.

144 *Reichert*, in: *Hommelhoff/Helms* (Hrsg.), Neue Wege in die Europäische Privatgesellschaft, S. 208.

englische *private limited company* Handelnde auf die Übernahme der Geschäfte durch die Gesellschaft angewiesen und kann nicht eine Enthaftung durch die bloße Eintragung der Gesellschaft in das Handelsregister erlangen.

Die im Endergebnis nicht gerechte Verteilung von Haftungsrisiko und Gewinnchance für handelnde Nichtgesellschafter der EPG, kann zwar durch zahlreiche praktische Gestaltungsmöglichkeiten abgemildert oder sogar verhindert werden. Ein Ausgleichsanspruch des Handelnden gegenüber den Gesellschaftern der zu gründenden EPG, die ihn zur Vornahme der Handlungen beauftragt haben, sollte aber noch ergänzt werden.

Letztendlich wird die Dauer des Eintragungsverfahrens der EPG beim zuständigen Register maßgeblich über die praktische Bedeutung der Haftung für Geschäfte im Gründungsstadium entscheiden. Je schneller das Eintragungsverfahren abgeschlossen ist, desto eher kann die EPG selbst Schuldnerin bzw. Gläubigerin von Ansprüchen werden, und die handelnden Personen müssen keine persönliche Inanspruchnahme für Verbindlichkeiten befürchten, die sie im Namen der EPG eingehen[145]. Die Haftung der Handelnden für Geschäfte im Gründungsstadium würde bei rascher Eintragung der Gesellschaft kaum relevant werden.

145 Siehe hierzu auch: *Reichert*, in: *Hommelhoff/Helms* (Hrsg.), Neue Wege in die Europäische Privatgesellschaft, S. 207.

§ 2 Die interne Haftung gegenüber der Gesellschaft

Während des Bestehens der Gesellschaft ist schon wegen der unterschiedlichen Haftungsvoraussetzungen grundsätzlich zwischen der internen Haftung gegenüber der Gesellschaft, der Haftung gegenüber den Gesellschaftern und der externen Haftung gegenüber außenstehenden Dritten zu differenzieren. Danach richtet sich auch der Fortgang der Untersuchung, der sich zunächst mit der allgemeinen internen Haftung des Geschäftsleiters gegenüber der Gesellschaft befasst.

Außer im englischen Recht findet sich in den übrigen hier untersuchten Rechtsordnungen ein gesetzlich normierter allgemeinen Haftungstatbestand für Pflichtverletzungen des Geschäftsleiters gegenüber der Gesellschaft mit beschränkter Haftung.

Die umfassende Darstellung der sehr umfangreichen Rechtsprechung und Literatur zu den einzelnen Pflichten des Geschäftsleiters und den sich daraus ergebenden Haftungsrisiken gegenüber der Gesellschaft ist im Rahmen dieser Arbeit nicht möglich und auch nicht sinnvoll. Vielmehr sollen innerhalb dieser Untersuchung Gemeinsamkeiten und Unterschiede in den nationalen Rechtsordnungen bei grundsätzlichen und wesentlichen Fragen der Geschäftsleiterhaftung gegenüber der Gesellschaft herausgearbeitet werden, um hieraus Vergleichsgrundlagen für die Haftungsregelung in der EPG gewinnen zu können.

Darüber hinaus werden auf diesem Gebiet bis zur Entwicklung allgemeiner Prinzipien des Gesellschaftsrechts der Europäischen Gemeinschaft und bis zu einer eigenständigen Rechtsprechung zur Haftung des Geschäftsleiters einer EPG neben den allgemein anerkannten Auslegungskriterien die allgemeinen Prinzipien, die den nationalen Rechtsordnungen gemeinsam sind, nach Art. 12 Abs. 2 EPG-VOE subsidiär Anwendung finden. Den allgemeinen Prinzipien des nationalen Rechts in Bezug auf die Geschäftsleiterpflichten und das daraus resultierende Haftungsrisiko wird also auch für die Auslegung des Rechts der EPG eine beachtliche Bedeutung zukommen.

Notwendige Vorfrage im Bereich der Haftungsproblematik von Leitungsorganen ist der Inhalt und Umfang der ihnen obliegenden Pflichten. Insbesondere im Bereich der verschuldensabhängigen Schadensersatzhaftung sind die Pflichten sowohl als objektive Verhaltensgebote als auch als subjektive Sorgfaltsgebote zentrale Steuerungselemente der Unternehmensleitung. Auf den Pflichten des Geschäftsleiters wird daher ein besonderes Augenmerk im nächsten Abschnitt liegen.

Der Haftung des faktischen Geschäftsleiters, sowie der Haftung bei mehrköpfiger Geschäftsführung und der Haftung in der Insolvenz ist jeweils ein eigenes Kapitel gewidmet.

I. Die Rechtslage in Deutschland

In Deutschland kommt eine Haftung des Geschäftsführers einer GmbH gegenüber der Gesellschaft wegen Verletzung der ihm auferlegten Pflichten gemäß § 43 Abs. 2 GmbHG, aus unerlaubter Handlung sowie aufgrund von besonderen gesetzlichen Haftungstatbeständen in Betracht. Voraussetzungen und Folgen dieser Haftungstatbestände werden nachfolgend dargestellt.

1. Allgemeine Haftung aus § 43 Abs. 2 GmbHG

Grundsätzlich haftet der Geschäftsführer nach dem Leitbild des Gesetzgebers nur gegenüber der Gesellschaft (Prinzip der Innenhaftung, § 43 Abs. 2 GmbHG). Die Vorschrift des § 43 GmbHG ist die allgemeine GmbH-rechtliche Anspruchsgrundlage für Schadensersatzansprüche der Gesellschaft gegen ihre Geschäftsführer und legt gleichzeitig den für den Geschäftsführer maßgeblichen Sorgfaltsmaßstab fest. Voraussetzung eines Anspruchs der Gesellschaft ist die schuldhafte Verletzung von Geschäftsführerpflichten unter Nichteinhaltung der nach § 43 Abs. 1 GmbHG geforderten Sorgfalt, die zu einer Schädigung der GmbH geführt haben muss. § 43 GmbHG nimmt dabei nach überwiegender Auffassung als lex specialis die vertragliche Haftung aus dem schuldrechtlichen Anstellungsverhältnis in sich auf[146].

a) Pflichten des Geschäftsführers

Die Pflichten, die ein Geschäftsführer einer GmbH zu erfüllen hat, sind sehr umfangreich und können individuell unterschiedlich ausgestaltet sein (z.B. durch Festlegung in der Satzung). Der Umfang und die Intensität der vom Geschäftsführer wahrzunehmenden Pflichten hängen zudem von der Größe und Art des geführten Unternehmens ab[147].

---

146 BGH NJW-RR 1989, 1255 (1256); *Roth/Altmeppen*, GmbHG, § 43 Rn. 3 m.w.N.. Zur Gegenauffassung siehe: *Schmidt*, Gesellschaftsrecht, § 36 II 4 a; *Scholz/ Schneider*, GmbHG, § 43 Rn. 13.

147 Einhellige Meinung. Vgl. statt aller: *Rowedder/Koppensteiner*, GmbHG, § 43 Rn. 7; *Lutter/Hommelhoff*, GmbHG, § 43 Rn. 4.

Grundsätzlich hat der Geschäftsführer einer GmbH den Betrieb zu führen und die wirtschaftlichen Interessen der Gesellschaft bestmöglich zu wahren[148]. Dabei hat sich die Geschäftsführung im durch den Gesellschaftsvertrag vorgegebenen Rahmen zu bewegen. Der Geschäftsführer ist der GmbH zu Sorgfalt und Loyalität verpflichtet[149]. Bestandteil dieser treuhänderischen Bindung ist insbesondere das Verbot, Erwerbsmöglichkeiten der GmbH zum eigenen Vorteil zu nutzen[150], die Verschwiegenheitspflicht[151] und das Wettbewerbsverbot[152]. Ein wesentlicher Bestandteil der Geschäftsführungspflicht ist weiterhin die Kooperation mit den übrigen Geschäftsführern sowie deren Überwachung[153]. Daneben bestehen besondere gesetzliche Pflichten der Geschäftsführer wie z.B. die Buchführungs- und Bilanzierungspflichten gemäß §§ 41 ff. GmbHG.

b) Sorgfaltsmaßstab

Bei der Erfüllung seiner Pflichten hat der Geschäftsführer die Sorgfalt eines ordentlichen Geschäftsmannes anzuwenden (§ 43 Abs. 1 GmbHG)[154]. Darüber hinaus hat er die Sorgfalt eines selbständigen, treuhänderischen Verwalters fremder Vermögensinteressen in verantwortlich leitender Position zu beachten[155]. Die Stellung des Geschäftsführers wird durch die Pflicht, fremde Vermögensinteressen wahrzunehmen, und durch das Vertrauen geprägt, das die Gesellschafter dem Geschäftsführer entgegenbringen. Ebenso wie die Art und die Größe des Unternehmens den Pflichtenmaßstab des Geschäftsführers beeinflussen, können sie für den vom Geschäftsführer zu beachtenden Sorgfaltsstandard Bedeutung haben. Persönliche, subjektive Eigenschaften des Geschäftsführers wie Alter, Unerfahrenheit und Unkenntnis sind im deutschen Recht unerheblich[156].

---

148 *Espey/von Bitter*, Haftungsrisiken des GmbH-Geschäftsführers, S. 24.

149 *Kübler*, Gesellschaftsrecht, § 17 V 1 d aa.

150 Sehr lehrreich: *Timm*, GmbHR 1981, 177 ff.; BGH WM 1983, 498 und BGH GmbHR 1986, 42 ff..

151 Zum Teil werden die Treue- und Verschwiegenheitspflichten als eigenständige Pflichten außerhalb des § 43 GmbHG angesehen. Vgl. dazu *Baumbach/Hueck/Zöllner*, GmbHG, § 43 Rn. 11 (16. Aufl.). Dies hat jedoch keine praktischen Auswirkungen. Allgemein zu diesen Pflichten siehe *Baumbach/Hueck/Zöllner*, GmbHG, § 35 Rn. 21 mit Rechtsprechungsnachweisen.

152 BGHZ 49, 30 (31).

153 Zu diesem Problemkreis siehe die Ausführungen in § 8.

154 Diese Regelung entspricht §§ 93 AktG, 34 GenG.

155 OLG Zweibrücken NZG 1999, 506 f.; *Lutter/Hommelhoff*, GmbHG, § 43 Rn. 21; *Scholz/Schneider*, GmbHG, § 43, Rn. 32.

156 Vgl. statt aller: *Baumbach/Hueck/Zöllner*, GmbHG, § 43 Rn. 10.

Es gilt ein objektiver Maßstab. Der Geschäftsführer kann sich nicht darauf berufen, er sei der Aufgabe nicht gewachsen gewesen.

Bei der Wahrnehmung seiner Aufgaben hat der Geschäftsführer einen weiten Ermessenspielraum, sofern nicht die Gesellschafterversammlung von ihrem Weisungsrecht Gebrauch gemacht hat[157]. Diesen Grundsatz des unternehmerischen Ermessens hat der BGH in einer viel beachteten Entscheidung aus dem Jahre 1997 (ARAG/Garmenbeck) aufgestellt[158]. Er ist vergleichbar mit der im US-amerikanischen Recht angewendeten *business judgment rule* bei der Beurteilung von Fehlverhalten von Unternehmensleitern[159]. Dort scheidet eine Haftung des Unternehmensleiters aus, wenn sich der Unternehmensleiter hinreichend über die Entscheidungsgrundlagen informiert hat, die Entscheidung seiner Meinung nach im besten Interesse der Gesellschaft ist und kein Interessenkonflikt besteht[160]. Aufgrund dieser neueren Rechtsprechung des BGH zur AG dürften für einen Geschäftsführer der GmbH in Zukunft zumindest vergleichbare Maßstäbe gelten, sofern er weisungsfrei tätig wird[161].

c) Verschulden

Der Anspruch nach § 43 Abs. 2 GmbHG setzt ein Verschulden des Geschäftsführers voraus. Als Verschuldensmaßstab gilt hierbei der Sorgfaltsmaßstab des § 43 Abs. 1 GmbHG[162]. Ein Geschäftsführer handelt demnach fahrlässig, wenn er den strengen Maßstab des § 43 Abs. 1 GmbHG nicht beachtet[163].

Eine Herabsetzung des Verschuldensmaßstabs nach arbeitsrechtlichen Grundsätzen zur Haftungsmilderung von Arbeitnehmern kommt nach ganz überwiegender Meinung nicht in Betracht[164].

---

157 *Goette*, in: FS 50 Jahre Bundesgerichtshof, S. 123 (126 f.).

158 BGHZ 135, 244 (253): ".. hat der Aufsichtsrat zu berücksichtigen, dass dem Vorstand bei der Leitung der Geschäfte des Gesellschaftsunternehmens ein weiter Handlungsspielraum zugebilligt werden muss, ohne den eine unternehmerische Tätigkeit schlechterdings nicht denkbar ist."

159 Vgl. hierzu: *Buxbaum*, in: *Kreuzer* (Hrsg.), Die Haftung von Leitungsorganen von Kapitalgesellschaften, S. 79 ff.; *American Law Institute*, Principles of corporate governance, § 4.01 [c]; *Trockels*, AG 1990, 139 ff..

160 *Scholz/Schneider*, GmbHG, § 43 Rn. 45a.

161 So auch *Kindler*, ZHR 162 (1998), 101 (107); *Horn*, ZIP 1997, 1129 (1134).

162 Ganz herrschende Meinung. Vgl. z.B.: *Roth/Altmeppen*, GmbHG, § 43 Rn. 3; *Baumbach/Hueck/ Zöllner*, GmbHG, § 43 Rn. 11 und 13.

163 *Heisse*, Die Beschränkung der Geschäftsführerhaftung gegenüber der GmbH, S. 37.

164 BGH WM 1975, 467 (469). Vgl. hierzu: *Hueck*, ZfA 1985, 25 (33), *Heisse*, Die Beschränkung der Geschäftsführerhaftung gegenüber der GmbH, S. 55 ff. und *Haas*, Geschäftsführerhaftung und Gläubigerschutz, S. 289 ff..

d) Anspruchsinhaber

Inhaber des Anspruchs und klagebefugt aus § 43 Abs. 2 GmbH ist nur die Gesellschaft. Droht die Verwirklichung des Anspruchs an der inneren Struktur der GmbH zu scheitern, etwa weil sich die Gesellschaftermehrheit treuwidrig weigert, den Ersatzanspruch geltend zu machen, dann ist jeder einzelne Gesellschafter befugt, im Wege der *actio pro societate* den Schaden für die GmbH einzuklagen. Voraussetzung ist allerdings, dass der Gesellschafter sich zuvor vergeblich um die Klageerhebung durch die Gesellschaft bemüht und einen Gesellschafterbeschluss herbeigeführt hat[165]. Gläubiger der Gesellschaft haben grundsätzlich keinen eigenen unmittelbaren Anspruch gegen den Geschäftsführer[166]. Auch die Gesellschafter selbst haben keine Ersatzansprüche gegen den Geschäftsführer[167] wegen Pflichtverletzungen nach § 43 GmbHG. Es ist ihnen auch nicht möglich, einen Reflexschaden in ihrem Geschäftsanteil geltend machen, der ihnen durch die pflichtwidrige Schädigung der GmbH entstanden ist[168].

e) Enthaftung des Geschäftsführers

Auf den Schadensersatzanspruch gegen den Geschäftsführer aus § 43 Abs. 2 GmbHG kann die Gesellschaft nachträglich verzichten. Entscheidungsbefugt hierfür ist insoweit die Gesellschafterversammlung. Der Verzicht kann durch Erlassvertrag (§ 397 BGB), durch negatives Schuldanerkenntnis oder auch im Wege der Generalbereinigung durch Vergleich im Sinne des § 779 BGB erfolgen[169]. Unwirksam ist der Verzicht jedoch, soweit der Pflichtverstoß darin besteht, dass der Geschäftsführer eine Verletzung der Kapitalschutzvorschriften (§§ 30, 33 GmbHG) nicht unterbunden hat und seine Ersatzleistung benötigt wird, um Gesellschaftsgläubiger befriedigen zu können (§ 43 Abs. 3 i.V.m. § 9b

---

165 Im Einzelnen ist hier vieles streitig. Einen guten Überblick über den Streitstand geben: *Rowedder/Koppensteiner*, GmbHG; § 43 Rn. 47 ff.; *Roth/Altmeppen*, GmbHG, § 43 Rn. 66 und *Schanbacher*, AG 1999, S. 21 ff..

166 *Lutter/Hommelhoff*, GmbHG, § 43 Rn. 31.

167 § 43 Abs. 2 GmbHG ist kein Schutzgesetz i.S.d. § 823 Abs. 2 BGB. Vgl. dazu BGHZ 31, 258, (278). Siehe im Übrigen zu den Ansprüchen der Gesellschafter in § 3.

168 *Helms*, Die Europäische Privatgesellschaft, S. 314. Zur AG: BGH ZIP 1987, 29 (32).

169 *Sudhoff*, Rechte und Pflichten des Geschäftsführers einer GmbH und einer GmbH & Co., S. 142; *Scholz/Schneider*, GmbHG, § 43 Rn. 187; *Hachenburg/Mertens*, GmbHG; § 43 Rn. 86.

Abs. 1 GmbHG)[170]. Eine Verzichtswirkung hat auch die Entlastung des Geschäftsführers nach § 46 Nr. 5 GmbHG, jedoch nur für solche Ansprüche, die bei sorgfältiger Prüfung aller Vorlagen und erstatteten Berichte erkennbar waren[171].

Inwieweit der Sorgfaltsmaßstab mit Hilfe der gesellschaftsrechtlichen Gestaltungsmittel (z.B. in der Satzung, Geschäftsordnung oder durch Beschluss) bereits im Voraus herabgesetzt werden kann, ist in der Literatur sehr umstritten und noch nicht abschließend geklärt[172]. Diskutiert wird, ob der Geschäftsführer vorab von der internen Haftung bei leichter Fahrlässigkeit freigestellt werden kann. Die Rechtsprechung hat hierzu, soweit ersichtlich, noch keine eindeutige Position bezogen.

2. Ansprüche aus unerlaubter Handlung

Neben der Haftung aus § 43 Abs. 2 GmbHG kann den Geschäftsführer einer GmbH die deliktische Haftung aus §§ 823 ff. BGB gegenüber der Gesellschaft treffen. Wie jeder am Rechtsverkehr Teilnehmende muss auch der Geschäftsführer einer GmbH für unerlaubte Handlungen gegenüber der Gesellschaft einstehen. Insoweit handelt es sich nicht um ein typisches Haftungsrisiko des Geschäftsführers. Die praktische Bedeutung dieses Haftungstatbestandes ist gering, so dass hierauf nicht näher eingegangen werden soll.

Verletzt indessen der Geschäftsführer ein durch § 823 BGB geschütztes Recht eines außenstehenden Dritten schuldhaft und muss sich die Gesellschaft dies nach § 31 BGB zurechnen lassen mit der Folge, dass die Gesellschaft dem Dritten Schadensersatz zu leisten hat, so liegt in dem Pflichtverstoß gegenüber dem Dritten regelmäßig zugleich ein Pflichtverstoß gegenüber der Gesellschaft. Denn es zählt zu den Pflichten des Geschäftsführers, die GmbH im Geschäftsverkehr rechtmäßig zu vertreten. Wegen solcher Pflichtverletzungen haftet der

---

170 BGH NJW 2002, 3777 (3778); *Knoche*, Die sog. 'Verzichtswirkung' der Entlastung im privaten und im öffentlichen Recht, S. 110; *Lutter/Hommelhoff*, GmbHG, § 43 Rn. 28 und § 46 Rn. 14.

171 BGH WM 1976, 736 (737).

172 Dafür z.B.: *Scholz/Schneider*, GmbHG, § 43 Rn. 185. Dagegen z.B.: *Heisse*, Die Beschränkung der Geschäftsführerhaftung gegenüber der GmbH, S. 122 f.. Einen guten Überblick zum Streitstand gibt: *Haas*, Geschäftsführerhaftung und Gläubigerschutz, S. 295 ff.

Geschäftsführer der Gesellschaft jedoch aus § 43 Abs. 2 GmbHG[173] und nicht aus unerlaubter Handlung.

3. Sonstige besondere Haftungsrisiken

Zu den gesondert gesetzlich normierten Geschäftsführerpflichten zählen insbesondere die Gebote, die in den Kapitalschutzvorschriften der § 9a Abs. 1 GmbHG[174], § 57 Abs. 4 i.V.m. § 9a Abs. 1 GmbHG sowie in § 43 Abs. 3 i.V.m. § 30 und § 33 GmbHG[175] enthalten sind.

Besonders erwähnt werden soll hier das Haftungsrisiko des Geschäftsführers einer GmbH, wenn er das zur Erhaltung des Stammkapitals erforderliche Vermögen der Gesellschaft an die Gesellschafter ausbezahlt (§ 43 Abs. 3 S. 1 Alt. 1 i.V.m. § 30 Abs. 1 GmbHG). Der Geschäftsführer muss der Gesellschaft im Haftungsfall mindestens die gesamte an die Gesellschafter unzulässig geleistete Zahlung und nicht nur die uneinbringliche Differenz ersetzen[176]. Eine ähnliche Haftung trifft den Geschäftsführer, wenn die Gesellschaft entgegen § 33 GmbHG eigene Geschäftsanteile erwirbt (§ 43 Abs. 3 S. 1 Alt. 2 i.V.m. § 33 GmbHG). Der zu ersetzende Schaden besteht hier grundsätzlich in der Höhe des unzulässig gezahlten Erwerbspreises abzüglich etwaiger Rückzahlungen[177].

Schließlich kommt eine Haftung des Geschäftsführers bei unzulässiger Auskunftserteilung oder unberechtigter Auskunftsverweigerung in Betracht, wenn der Geschäftsführer seine Auskunftspflichten gemäß § 51a GmbHG nicht ordentlich erfüllt und der Gesellschaft hieraus ein Schaden entsteht[178].

Die umfangreiche Normierung von Geschäftsführerpflichten durch den Gesetzgeber zum Schutze der Erhaltung des Gesellschaftskapitals hat zu einem hohen Haftungsrisiko auf diesem Gebiet geführt.

---

173 *Kleindiek*, Deliktshaftung und juristische Person, S. 378; *Lutter/Hommelhoff*, GmbHG, § 43 Rn. 14; *Rowedder/Koppensteiner*, GmbHG, § 43 Rn. 10.

174 Siehe hierzu bereits die Ausführungen in § 1 I 5.

175 Vgl. zu sonstigen Anspruchsgrundlagen der GmbH gegen ihre Geschäftsführer: *Heisse*, Die Beschränkung der Geschäftsführerhaftung gegenüber der GmbH, S. 5 ff..

176 *Baumbach/Hueck/Zöllner*, GmbHG, § 43 Rn. 39; *Espey/von Bitter*, Haftungsrisiken des GmbH- Geschäftsführers, S. 61.

177 *Baumbach/Hueck/Zöllner*, GmbHG, § 43 Rn. 40.

178 Vgl. *Hachenburg/Hüffer*, GmbHG, § 51a Rn. 73; *Lutter/Hommelhoff*, GmbHG, § 51a Rn. 35.

4. Zusammenfassung

Der Geschäftsführer der GmbH muss bei seiner Tätigkeit zahlreiche Treue- und Sorgfaltspflichten gegenüber der Gesellschaft beachten. Die Ermittlung der Pflichten ist im Einzelfall schwierig, da die Anforderungen an den Geschäftsführer von den Eigenschaften des Unternehmens abhängen und auch die Organisationsstruktur in der GmbH nicht immer einheitlich ist. Die Tendenz in der aktuellen Rechtsprechung geht dahin, den Anforderungskatalog an den Geschäftsführer ständig zu erweitern. Im Recht der GmbH bestehen daher für den Geschäftsführer erhebliche Haftungsrisiken gegenüber der Gesellschaft, die auf dem Prinzip der verschuldensabhängigen Schadensverursachung basieren. Durch die Gewährung eines weiten Handlungsspielraums für den Geschäftsführer kann es jedoch neuerdings zu einer Abmilderung des Haftungsrisikos des Geschäftsführers kommen.

Schadensersatzansprüche der Gesellschaft wegen Verletzung der Geschäftsführungsaufgaben können nur von der Gesellschaft selbst geltend gemacht werden. Dies verhindert ein Windhundrennen der Gläubiger der Gesellschaft und stellt sicher, dass allen Gläubigern gleiche Befriedigungschancen eingeräumt werden. Schließlich kann die Gesellschaft auf ihre Ansprüche zu verzichten und dadurch das Haftungsrisiko des Geschäftsführers erheblich reduzieren.

II. Die Rechtslage in England

Das englische Gesellschaftsrecht kennt im Gegensatz zum deutschen Recht keinen gesetzlich normierten allgemeinen Tatbestand für die Haftung des Geschäftsführers gegenüber der *private limited company*. Die Voraussetzungen, unter denen ein Geschäftsführer gegenüber seiner Gesellschaft schadensersatzpflichtig ist, mussten von der Rechtsprechung entwickelt werden. Gegenwärtig findet jedoch, angeregt von der *Law Commission*, eine Diskussion über die gesetzliche Kodifizierung der Pflichten von Geschäftsführern einer *private limited company* statt[179].

Die englische Rechtsdiskussion auf diesem Gebiet konzentriert sich vorrangig auf die dem Geschäftsführer auferlegten Pflichten und nicht so sehr auf die Folgen deren Verletzung. Dem wird hier Rechnung getragen, indem zunächst

179 *Law Commission Report*, Company directors: regulating conflicts of interest and formulating a statement of duties. Die Vorschläge zur Reform sowie eine Bestandsaufnahme des gegenwärtigen Rechts sind im Internet auf der Seite der *Law Commission* unter: http://www.lawcom.gov.uk/files/cp153.pdf veröffentlicht.

die Pflichten der Geschäftsführer in der *private limited company* dargestellt und hieraus ihre Haftungsrisiken entwickelt werden. Selbstverständlich führt auch im englischen Recht eine Verletzung der Geschäftsführerpflichten unter bestimmten weiteren Voraussetzungen zu einer Haftung gegenüber der Gesellschaft.

1. Allgemeine Haftung für Pflichtverletzungen

Die Pflichten, die ein Geschäftsführer in England bei der Ausübung seiner Tätigkeit zu beachten hat, lassen sich in Sorgfalts-, Treue- und sonstige gesetzlich normierte Pflichten unterteilen, wobei den ersten beiden die größte Bedeutung zukommt.

a) Die Sorgfaltspflichten (duties of care, skill and diligence[180])

Die vom *director* zu beachtenden Sorgfaltspflichten entstammen dem *common law.* Sie beruhen nach englischem Verständnis auf deliktischer und nicht etwa auf einer vertraglichen Grundlage[181]. Danach ergeben sich diese Pflichten aus der freiwilligen Übernahme der Verantwortung für das Eigentum und die Angelegenheiten der Gesellschaft.

Inhalt dieser Pflichten ist es, im Interesse der Gesellschaft ehrlich und aufrichtig tätig zu werden. Im Einzelnen hängen Umfang und Inhalt der Pflichten sehr stark von der Art und Größe des Unternehmens ab, aber auch von der Arbeits- und Ressortaufteilung[182] des *board of directors* [183].

b) Der zu beachtende Sorgfaltsmaßstab

Weit größere Bedeutung als den Pflichten selbst hat die Rechtsprechung dem vom *director* zu beachtenden Sorgfaltsmaßstab zugemessen. So galt hierfür lange Zeit ein an den Fähigkeiten des *directors* ausgerichteter subjektiver Maßstab[184]. Der *director* war danach im Rahmen der Unternehmensleitung lediglich

180 In der englischen Literatur werden diese Begriffe austauschbar verwendet. Eine exaktere Differenzierung unternimmt *Drury*, in: *Kreuzer* (Hrsg.), Die Haftung der Leitungsorgane von Kapitalgesellschaften, S. 112.

181 Henderson v. Merrett Syndicates Ltd [1994] 3 WLR 761, 799.

182 Eingehend zur Haftung bei mehrköpfiger Geschäftsführung vgl. § 8 II.

183 Dies hat schon Romer J in der grundlegenden Entscheidung *Re City Equitable Fire Insurance Co. Ltd* [1925] Ch. 407 festgestellt.

184 Vgl. z.B.: *Neuling*, Deutsche GmbH und englische private company, S. 129.

verpflichtet, im Rahmen seiner individuellen Fähigkeiten zu handeln[185]. Spezielle persönliche Fähigkeiten brauchte er nicht zu besitzen[186], auch wenn bereits in der maßgeblichen Entscheidung *Re City Equitable Fire Insurance Co. Ltd*[187] ein objektiver Mindeststandard festgelegt wurde. Dort wurde von einem *director* zumindest die Sorgfalt erwartet, die ein gewöhnlicher Dritter an seiner Stelle anwenden würde[188]. Dieser Maßstab ist allerdings weit weniger streng als z.B. der von einem GmbH-Geschäftsführer zu beachtende Sorgfaltsmaßstab.

Heute ist diese alte Ansicht durch neue Gerichtsentscheidungen und die gesetzliche Regelung in s. 214 Abs. 4 *Insolvency Act 1986* (IA 1986)[189] noch mehr in Zweifel gezogen. In zwei neueren Entscheidungen kommt zum Ausdruck, dass inzwischen auch in England ein objektiver Sorgfaltsmaßstab für den *director* maßgeblich ist. In *Norman v Theodore Goddard*[190] entschied die *Chancery Division*, dass der Sorgfaltsmaßstab nach *common law* inzwischen in s. 214 Abs. 4 IA 1986 festgelegt ist. Zwei Jahre später wurde dies noch einmal ausdrücklich in *Re D'Jan of London Ltd*[191] bestätigt.

Neben dem objektiven Maßstab bleiben aber auch die persönlichen Fähigkeiten des *directors* relevant, soweit sie noch über den objektiven Mindeststandard hinausgehen. Die Entwicklung in Rechtsprechung und Literatur ist aber noch nicht abgeschlossen. So ist z.B. noch nicht geklärt, ob dieser objektive Sorgfaltsmaßstab während der gesamten Tätigkeit als *director* Anwendung findet, oder ob er nur im Falle der Haftung bei Insolvenz der Gesellschaft gilt, die

185 *Hicks/Goo*, Cases and Materials on Company Law, S. 336.

186 *Re Brazilian Rubber Plantations & Estates Ltd* [1911] 1 Ch. 425: Zur Haftung von *directors*, die keine Fachkenntnisse über Kautschuk hatten und sich bei dem Geschäft mit Kautschukplantagen verspekulierten.

187 [1925] Ch. 407.

188 Er kann sich z.B. nicht darauf berufen, er kontrolliere seine eigenen Konten nie und habe daher auch nie die Geschäftskonten der Gesellschaft überprüft (Bsp. von *Drury*, aaO).

189 Dort heißt es: Die Tatsachen, die ein *director* einer Gesellschaft hätte wissen oder feststellen müssen, die Schlussfolgerungen, die er hätte ziehen müssen und die Schritte, die er hätte unternehmen müssen, sind die einer vernünftigerweise sorgfältigen Person (*reasonably diligent person*), die beides hat:
(a) das durchschnittliche Wissen, die Fähigkeiten und Erfahrungen, die man vernünftigerweise von einer Person erwarten kann, die dieselben Aufgaben ausführt, die der *director* im Verhältnis zur Gesellschaft ausführt, und
(b) das durchschnittliche Wissen, die Fähigkeit und Erfahrung des *directors*.

190 *Norman v Theodore Goddard* [1992] BCC 14.

191 *Re D'Jan of London Ltd* [1993] BCC 646.

durch s. 214 IA 1986 geregelt wird[192]. Die beiden Gerichtsentscheidungen deuten zumindest auf ersteres hin[193].

Zu berücksichtigen ist dabei auch, dass die grundlegenden früheren Entscheidungen betreffend den vom *director* zu beachtenden Sorgfaltsmaßstab am Anfang des 20. Jahrhunderts ergangen sind und die beklagten *directors* häufig geschäftsunerfahrene Laien waren, die zudem meist keine geschäftsführenden *directors* waren. Vor diesem Hintergrund ist anzunehmen, dass in Zukunft ein strengerer objektiver Maßstab für geschäftsführende *directors* gelten wird. Die Anforderungen an Geschäftsführer heutzutage sind viel anspruchsvoller und komplexer als noch vor 50 oder gar 100 Jahren. In England wird sich daher mit großer Wahrscheinlichkeit auf lange Sicht ebenfalls ein objektiver Sorgfaltsmaßstab für den Geschäftsführer einer *private limited company* durchsetzen[194].

Jedoch wurde andererseits bereits früh gerichtlich entschieden, dass ein *director* nicht für Beurteilungsfehler (*errors of judgment*) beim Treffen von unternehmerischen Entscheidungen haftet[195] und somit dem *director* ein haftungsfreier Ermessenspielraum eröffnet ist.

*c) Die Treuepflichten (*fiduciary duties*)*

Umfangreicher und bedeutender als die Sorgfaltspflichten sind die Treuepflichten des *directors* gegenüber der Gesellschaft.

Die Rechtsprechung hat die Pflichtenstellung des *directors* gegenüber der Gesellschaft aus dem allgemeinen Recht der Stellvertretung und der Treuhand entwickelt. Die Pflichten des directors entsprechen daher denen eines Vertreters (*agent*) und denen eines Treuhänders (*trustee*)[196].

Oberstes Gebot für den *director* ist es, in gutem Glauben im Interesse der Gesellschaft zu handeln (Loyalitätspflicht)[197].

Darüber hinaus darf er die ihm eingeräumten Befugnisse nur für rechtmäßige Zwecke ausüben. So reicht es beispielsweise nicht aus, dass die Zuteilung von Gesellschaftsanteilen an gewisse Gesellschafter im Interesse der Gesellschaft ist.

---

192 Für ersteres Hoffmann LJ, in *Re D'Jan of London Ltd* [1993] BCC 646.
193 Ebenso in der Einschätzung: *Walters*, [2000] Co Law 110 (118 f.).
194 Ähnlicher Auffassung ist *Hicks*, (1994) 110 LQR 390 (393).
195 *Re Brazilian Rubber Plantations & Estates Ltd* [1911] 1 Ch. 425 (437).
196 *Neuling*, Deutsche GmbH und englische private company, S. 129 mit Rechtsprechungsnachweisen.
197 *Re Smith & Fawcett Ltd* [1942] Ch. 304 (306); *Davies*, Gower's Principles of Modern Company Law, S. 601.

Sie muss auch durch die Verfassung der Gesellschaft[198] gestattet sein[199]. Generell muss sich das Handeln des *directors* stets im Einklang mit der Verfassung der Gesellschaft befinden. Handlungen, die außerhalb dessen liegen, was dem *director* durch die Verfassung der Gesellschaft gestattet ist, sind im Außenverhältnis zwar grundsätzlich wirksam[200]. Im Innenverhältnis verletzt der *director* aber seine Pflicht, lediglich im Rahmen seiner Befugnisse zu handeln, wenn er die Gesellschaft außerhalb dieser Befugnisse verpflichtet[201].

Ein *director* darf des Weiteren keine Stellung einnehmen, in der seine persönlichen Interessen und seine Pflichten gegenüber der Gesellschaft kollidieren können, es sei denn, die Gesellschaft stimmt dem vorher zu[202].

Verdeckte Gewinne, die ein *director* aufgrund von Eigentum, Informationen oder Geschäftschancen der Gesellschaft macht, darf er nicht behalten (*no-profit rule*)[203]. Dies gilt nach Billigkeitsrecht (*equity*) sogar dann, wenn die Gesellschaft selbst den Gewinn nie hätte erzielen können[204]. Der Haftung des *directors* kann demnach auch pönalen Charakter haben.

Ein ausdrückliches Wettbewerbsverbot besteht indessen nach herrschender Ansicht nicht[205]. Jedoch ist es kaum mit dem allgemeinen Treuepflichten des *directors* vereinbar, wenn dieser in Wettbewerb mit der Gesellschaft tritt. Daher gerät diese noch herrschende Ansicht mehr und mehr in die Kritik[206].

d) Haftung bei Verletzung der Pflichten

Bei einem schuldhaftem Verstoß gegen eine der ihm obliegenden Pflichten haftet der *director* gegenüber der Gesellschaft und regelmäßig nur gegenüber dieser. Da den Pflichten des *directors* und deren Verletzung im englischen Recht besondere Bedeutung zukommt, kann für einen Anspruch der Gesellschaft schon die Pflichtverletzung ausreichen, ohne dass der Gesellschaft ein vermögensrechtlicher Schaden entstanden sein muss[207]. So muss der *director* z.B. im Falle

198 Diese beinhaltet das *memorandum* und die *articles of association*; s. 322A CA 1985.

199 Zu diesem Themenkreis vgl. *Howard Smith Ltd v Ampol Petroleum Ltd* [1974] AC 821.

200 Siehe hierzu die Ausführungen in § 4 II 1.

201 *Pennington*, Directors' personal liability, S. 37 ff..

202 *Movitex Ltd v Bullfield* [1988] BCLC 104.

203 *Industrial Development Consultants Ltd v Cooley* [1972] 1 WLR 443 (453 f.).

204 *Pennington*, Directors' personal liability, S. 48.

205 *Bell v Lever Bros.* [1932] A.C. 161 (195) = [1931] ALL ER Rep. 1.

206 Vgl. *Davies*, Gower's Principles of Modern Company Law, S. 622.

207 Siehe die Entscheidung *Industrial Development Consultants Ltd v Cooley* [1972] 1 WLR 443 (453 f.).

unzulässig erzielter Gewinne diese an die Gesellschaft abführen, unabhängig davon, ob die Gesellschaft durch diese Tätigkeit geschädigt wurde. Dies liegt darin begründet, dass nach englischem Verständnis der *director* sich schon gar nicht in eine solch verlockende Position hätte begeben dürfen und die Abführung der Gewinne an die Gesellschaft eine Straffunktion erfüllen soll.

e) Anspruchsinhaber

Der *director* schuldet die Erfüllung seiner Pflichten nur gegenüber der Gesellschaft. Diese hat demgegenüber die Aufgabe und Verantwortung, ihre Ansprüche durchzusetzen. Genehmigt oder billigt die Gesellschaftermehrheit die Pflichtverletzung, gilt der Grundsatz, dass durch den Gesellschafterbeschluss die gerichtliche Geltendmachung von Ansprüchen durch einzelne Gesellschafter ausgeschlossen ist (sogenannte *majority rule*)[208]. Allerdings besteht für den Minderheitsgesellschafter die Möglichkeit, gerichtliche Abhilfe zu suchen, wenn die Geschäfte der Gesellschaft in unrechter, schadensstiftender Art und Weise geführt werden (s. 459 Abs. 1 C.A. 1985). Die Rechtsprechung lässt hier eine deutliche Tendenz erkennen, s. 459 Abs. 1 C.A. 1985, der ursprünglich auf schädigendes Verhalten der Gesellschaftermehrheit gegenüber der Gesellschafterminderheit abzielte, auch auf Pflichtverletzungen der *directors* gegenüber der Gesellschaft anzuwenden[209]. Somit besteht zumindest über die Anwendung des s. 459 Abs. 1 C.A. 1985 durch die Gerichte für den *director* ein Risiko, tatsächlich für Pflichtverletzungen in Anspruch genommen zu werden, auch wenn er zugleich als Gesellschafter die Gesellschaft mehrheitlich kontrolliert. Die für den Minderheitsgesellschafter wegen der engen Anspruchsvoraussetzungen mit Komplikationen verbundene *derivative action*[210] ist nicht mehr die alleinige Möglichkeit, Geschäftsführer für ihr Fehlverhalten gegenüber der Gesellschaft in Anspruch zu nehmen.

f) Enthaftung

Auf entstandene Ansprüche gegen den *director* kann die Gesellschaft nur nachträglich verzichten. Zuständig ist hierfür die Gesellschafterversammlung (*gene-*

---

208 *Foss v Harbottle* [1843] 2 Hare 461.

209 *Re a company* (No 004377 of 1986) [1987] 1 WLR 102 und ein weiterer Fall in *Re a company* (No 005136 of 1986) [1987] BCLC 82.

210 Die *derivative action* setzt nämlich unter anderem voraus, dass die Verletzungshandlung nicht durch die Gesellschafterversammlung ratifiziert werden kann. Zur *derivative action* vgl. *Goulding*, in: *De Kluiver* (Hrsg.), The European Private Company?, S. 69 und *Xuereb*, The rights of shareholders, Cha. 8, S. 169 ff..

ral meeting) und nicht die Geschäftsführung (*board of directors*)[211]. Voraussetzung für einen wirksamen Verzicht ist eine vollständige und ehrliche Offenlegung der Pflichtverletzung durch den *director* gegenüber der Gesellschafterversammlung vor der Verzichtserklärung[212]. Ein Beschluss der Gesellschafterversammlung über einen Verzicht ist jedoch unwirksam, wenn die Gesellschaft insolvent ist oder durch den Verzicht auf die Ansprüche insolvent wird[213]. Hierdurch sollen die Gläubigerinteressen gewahrt werden. Unwirksam ist weiterhin eine Freizeichnung bei illegalen Geschäften des *directors*, bei Rechtshandlungen, die außerhalb seiner Befugnisse liegen und die Gesellschaft nicht binden sowie in Fällen, die zu einem Betrug gegenüber der Minderheit führen[214].

Eine förmliche Entlastung kennt das englische Recht hingegen nicht[215].

Die in Deutschland umstrittene Frage der Zulässigkeit einer vorab erklärten Haftungsfreistellung für den Geschäftsführer bei nur einfacher Fahrlässigkeit ist in England gesetzlich verboten. S. 310 Abs. 1 C.A. 1985 legt fest, dass alle Vereinbarungen nichtig sind, die den Pflichtenkreis oder Sorgfaltsmaßstab des *officers*[216] einschränken oder ihn von der persönlichen Haftung freistellen. Die Vorschrift des s. 310 C.A. 1985 findet allerdings nur Anwendung auf Vereinbarungen, die für zukünftige Pflichtverletzungen getroffen werden (wie z.B. in der Satzung oder im Anstellungsvertrag[217]), und nicht auf den nachträglichen Verzicht durch die Gesellschafterversammlung[218].

Darüber hinaus gibt es im englischen Recht eine für deutsches Verständnis ungewöhnliche Regelung zur Enthaftung des *directors*. Ein Gericht kann gemäß s. 727 Abs. 1 C.A. 1985 den *director* auf Antrag von seiner Haftung ganz oder teilweise freistellen, wenn es der Überzeugung ist, der *director* habe ehrlich und vernünftig (*reasonable*) gehandelt und müsse daher unter Berücksichtigung aller Umstände des Falles gerechterweise entschuldigt werden[219]. Für den *director* klingt diese Regelung, die allgemeine Billigkeitsaspekte berücksichtigen soll,

---

211 *Drury*, in: *Kreuzer* (Hrsg.), Die Haftung der Leitungsorgane von Kapitalgesellschaften, S. 106.

212 *Kaye v Croydon Tramways Co.* [1898] 1 Ch 358.

213 *West Mercia Safetywear (in liq) v Dodd and another* [1988] BCLC 250 (252 f.).

214 *Davies*, Gower's Principles of Modern Company Law, S. 596 ff.. Vgl. auch *Daniels v Daniels* [1978] Ch. 406.

215 *Neuling*, Deutsche GmbH und englische private company, S. 133 dort in Fn. 99.

216 Der Begriff *"officer"* ist in s. 744 C.A. 1985 definiert: Er umfasst alle *directors*, *managers* und *secretaries*.

217 Vgl. den Wortlaut von s. 310 Abs. 1 C.A. 1985: "This section applies to any provision, whether contained in a company's articles or in any contract with the company or otherwise..."

218 *Pennington*, Directors' personal liability, S. 102.

219 Vgl. *Hicks/Goo*, Cases and Materials on Company Law, S. 379 und S. 383.

sehr freundlich. Sie wird allerdings von den Gerichten nur sehr zurückhaltend angewendet und bietet keinen sicheren Schutz vor persönlicher Haftung[220].

2. Sonstige besondere Haftungsrisiken

Obwohl das englische Recht der *common law* Tradition angehört, gibt es inzwischen eine Vielzahl von gesetzlich normierten Pflichten der *directors*[221], deren Zielrichtung es ist, ein ehrliches und vernünftiges Handeln der *directors* sicherzustellen. Die Verletzung solcher Pflichten löst in der Regel keine Haftung gegenüber der Gesellschaft aus, da insoweit die *fiduciary duties* und die *duties of skill and care* maßgeblich sind. Sie können aber beispielsweise zu strafrechtlichen Sanktionen führen[222]. Hierauf soll jedoch im Rahmen dieser Arbeit nicht näher eingegangen werden.

Die Haftung wegen Verletzung von Kapitalerhaltungsvorschriften ist im englischen Recht der *private company* nicht so ausgeprägt wie im deutschen Recht. Dies hat seine Ursache darin, dass kein gesetzlich fixiertes Mindestkapital für die Gründung einer *private company* erforderlich ist[223]. Trotzdem haftet der *director* auch im englischen Recht bei einer verbotswidrigen Ausschüttung von Gesellschaftsmitteln gegenüber der Gesellschaft[224].

3. Zusammenfassung

Ebenso wie im deutschen Recht gibt es in England zahlreiche Haftungsrisiken des *directors* gegenüber der Gesellschaft, deren systematische Erfassung aufgrund der Eigenheiten des *common law* und *equity* Schwierigkeiten bereitet. Grundsätzlich gilt auch in England, dass der *director* sorgfältig im Interesse der Gesellschaft zu handeln hat. Die einzelnen Pflichten werden durch zahlreiche Gerichtsentscheidungen und auch gesetzliche Pflichten konkretisiert. Die

---

220 Siehe hierzu z.B. den Fall *Re Duckwari plc (No 2)* [1997] 2 BCLC 729 (737).

221 Vgl. die Aufstellung bei *Hicks/Goo*, Cases and Materials on Company Law, S. 374 ff..

222 s. 317 C.A. 1985 stellt es z.B. unter Strafe, wenn ein *director* dem *board of directors* nicht jedwedes direkte oder indirekte persönliche Interesse an einem vorgeschlagenen Vertrag der Gesellschaft sowie die Natur des Interesses offenbart. S. 143 C.A. 1985 verbietet es der Gesellschaft grundsätzlich, eigene Anteile entgeltlich zu erwerben, und stellt einen Verstoß gegen diese Vorschrift unter Strafe.

223 *Graf von Bernstorff*, EWS 1998, S. 397 (435); allgemein hierzu: *Bödecker*, Die Kapitalerhaltung im englischen Gesellschaftsrecht, S. 30 ff..

224 Vgl. *Re Exchange Banking Co.*, Flitcroft's Case (1882) 21 Ch.D. 519.

schuldhafte Verletzung dieser Pflichten führt zu einer Haftung gegenüber der Gesellschaft. Für die Durchsetzung der Ansprüche gegen den *director* ist nur die Gesellschaft zuständig. Minderheitsgesellschafter können zwar über eine *derivative action* oder eine Klage nach s. 459 Abs. 1 C.A. 1985 versuchen, Ansprüche im Namen der Gesellschaft gegen den Willen der Gesellschaftermehrheit durchzusetzen. Ihre Rechtsposition ist aber nicht besonders stark ausgeprägt.

Auch wenn es eine förmliche Entlastung des *directors* nicht gibt, so kann die Gesellschafterversammlung doch auf die Ansprüche der Gesellschaft verzichten und somit eine Enthaftung des *directors* herbeiführen.

Besondere Erwähnung verdienen die ernsthaften Bestrebungen, den Pflichten- und Sorgfaltsmaßstab des *directors* gesetzlich zu kodifizieren, um dadurch mehr Transparenz und Rechtssicherheit hinsichtlich der Pflichten und somit der Haftungsrisiken des *directors* zu erreichen[225].

III. Die Rechtslage in den Niederlanden

In den letzten fünfzehn Jahren hat in den Niederlanden ein Sinneswandel des Gesetzgebers und der Gerichte zur persönlichen Haftung von Geschäftsführern von Kapitalgesellschaften eingesetzt[226]. Die bis dahin geltenden Haftungstatbestände für die Geschäftsführer von Kapitalgesellschaften wurden im Zusammenhang mit der Bekämpfung des Missbrauchs von juristischen Personen deutlich verschärft[227]. Vorrangig hat der niederländische Gesetzgeber zwar Haftungstatbestände gegenüber Dritten eingeführt, die insbesondere im Falle der Unternehmensinsolvenz eingreifen und einen betrügerischen Einsatz der B.V. zum Schaden von außenstehenden Dritten verhindern sollen. Aber auch das persönliche Haftungsrisiko gegenüber der Gesellschaft hat sich für den Geschäftsführer verschärft.

1. Allgemeine Haftung aufgrund von Art. 2:9 BW

Im niederländischen Recht ist die allgemeine Anspruchsgrundlage der B.V. für Schadensersatzansprüche gegenüber ihren Geschäftsführern (*bestuurders*) in Art. 2:9 BW geregelt. Art. 2:9 S. 1 BW verpflichtet jeden Geschäftsführer gegenüber

---

225 Siehe hierzu bereits Fn. 179.

226 Seit dem 1. Januar 1987 gibt es die sog. Missbrauchsgesetzgebung.

227 Vgl. hierzu *De Kluiver*, in: *De Kluiver* (Hrsg.), The European Private Company?, S. 116.

der Gesellschaft zur ordnungsgemäßen (*behoorlijk*) Ausführung der ihm übertragenen Aufgaben.

a) Pflichten des bestuurders

Das Gesetz bestimmt in Art. 2:239 BW, dass die Geschäftsführung vorbehaltlich von Beschränkungen in der Satzung mit der Leitung der Gesellschaft beauftragt ist. Der *bestuurder* muss demnach nicht nur die täglichen Geschäfte leiten, sondern auch neue Projekte in Angriff nehmen und die zukünftige Geschäftspolitik des Unternehmens festlegen[228]. Der ganz überwiegende Teil der zu beachtenden Pflichten ergibt sich aus den Geschäftspraktiken, den internen Anleitungen für den Geschäftsführer oder sonstigen internen Bestimmungen der Gesellschaft und nicht etwa aus dem Gesetz.

Es ist eine allgemeine Regel des niederländischen Gesellschaftsrechts, dass der Geschäftsführer im besten Interesse der Gesellschaft handeln muss, obwohl dies nicht ausdrücklich im Gesetz geregelt ist[229]. Was das Interesse der Gesellschaft ist, hängt von dem konkreten Einzelfall ab und lässt sich nicht allgemein definieren[230].

Allgemeine Treuepflichten des *bestuurders* gegenüber der Gesellschaft ergeben sich zudem aus der Vorschrift des Art. 2:8 BW. Danach müssen die Personen, die von Gesetzes wegen und aufgrund der Satzung mit der Organisation der juristischen Person befasst sind, sich untereinander und gegenüber der juristischen Person verhalten, wie es die Redlichkeit (*redelijkheid*) und Billigkeit (*billijkheid*) gebieten. Art. 2:8 BW ist vergleichbar mit den *fiduciary duties* im englischen Recht. Dem gemäß darf der *bestuurder* keine persönlichen Gewinne auf Kosten der Gesellschaft machen[231]. Die Treuepflicht beinhaltet sowohl ein Wettbewerbsverbot[232] als auch das Verbot, Geschäfte mit der Gesellschaft abzuschließen, an denen der Geschäftsführer ein persönliches Interesse hat[233]. Eine Pflichtverletzung liegt z.B. vor, wenn der Geschäftsführer ein Darlehen an einen

---

228 *Van Schilfgaarde*, Van de BV en de NV, Nr. 42, S. 135.

229 *De Savornin Lohman*, Duties and liability of directors and shareholders under Netherlands law, Cha. 2.5, S. 9; *Van Schilfgaarde*, Van de BV en de NV, Nr. 42, S. 135; *Van der Heijden/Van der Grinten*, Handboek voor de naamloze en de besloten vennootschap. Nr. 230, S. 406. Vgl. auch Art. 2:250 Abs. 2 S. 3 BW, der dieses Prinzip für den Aufsichtsrat festschreibt.

230 Vgl. *Van der Heijden/Van der Grinten*, Handboek voor de naamloze en de besloten vennootschap. Nr. 231, S. 406.

231 *Schuit*, Dutch business law, § 9.08[1][a].

232 *Huizink*, Bestuurders van rechtspersonen, S. 115.

233 Vgl. *De Savornin Lohman*, Duties and liability of directors and shareholders under Netherlands law, Cha. 2.8, S. 10.

Verwandten ohne Interesse für die Gesellschaft[234] oder an den Aufsichtsratsvorsitzenden ohne ausreichende Sicherheit gewährt[235].

Da die B.V. die in ihrem Namen getätigten Geschäfte im Gründungsstadium nach der Entstehung bestätigen muss, um die Rechte und Pflichten daraus zu übernehmen[236], kommt dem Geschäftsführer bei der Bestätigung der Geschäfte im Gründungsstadium eine Sorgfaltspflicht in Gestalt einer Prüfungspflicht zu. Die Bestätigung von Geschäften, die für die Gesellschaft nachteilig sind, kann einen Fall der unsorgfältigen Geschäftsführung darstellen, für den der Geschäftsführer nach Art. 2:9 BW zu haften hat[237]. Hierdurch soll gewährleistet werden, dass ein Geschäftsführer einer B.V. nicht ohne weiteres nachteilige Geschäfte im Gründungsstadium, die er möglicherweise selbst getätigt hat, nach der Gründung auf die Gesellschaft überleiten kann, um so seine persönliche Inanspruchnahme zu verhindern. Gleichzeitig soll verhindert werden, dass das Kapital der B.V. bereits durch nachteilige Geschäfte im Gründungsstadium oder unsorgfältige Geschäftsführung unmittelbar nach der Gründung geschmälert wird.

b) Sorgfaltsmaßstab

Welchen Sorgfaltsmaßstab der Geschäftsführer bei der ordnungsgemäßen Ausführung der ihm übertragenen Aufgaben nach Art. 2:9 BW zu beachten hat, ist nicht gesetzlich geregelt. Was unter dem Begriff "ordnungsgemäß" (*behoorlijk*) im Sinne des Art. 2:9 BW zu verstehen ist, muss vielmehr jeweils anhand der Umstände des Einzelfalls bestimmt werden[238].

Der *Hoge Raad*, der oberste niederländische Gerichtshof, hat in einer grundlegenden Entscheidung aus dem Jahre 1997[239] die zu berücksichtigenden Umstände näher konkretisiert. Hiernach kommt es bei den Anforderungen an den Geschäftsführer auf die Kenntnis und Sorgfalt an, die man von einem Geschäftsführer erwarten darf, der für die ihm übertragenen Aufgaben geeignet ist und der diese gewissenhaft erfüllt. Aus dieser Formulierung folgt, dass in den Niederlanden ebenso wie in Deutschland ein objektiver Maßstab bei der Beurteilung der

234 Rb. s'Hertogenbosch, NJ 1942, 432.

235 Rb. Utrecht, NJ 1943, 864. Siehe: *Van der Heijden/Van der Grinten*, Handboek voor de naamloze en de besloten vennootschap. Nr. 257, S. 459 für weitere Beispiele.

236 Vgl. hierzu bereits die Ausführungen in § 1 III 2.

237 *Van der Grinten/Honeé/Gotzen*, in: *Lutter* (Hrsg.), Die Gründung einer Tochtergesellschaft im Ausland, S. 515.

238 *Van Mourik*, in: *Kreuzer* (Hrsg.), Die Haftung der Leitungsorgane von Kapitalgesellschaften, S. 195.

239 HR vom 10.01.1997, NJ 1997, 360.

angewendeten Sorgfalt des Geschäftsführers anzulegen ist[240]. Der Geschäftsführer kann sich also nicht darauf berufen, der Aufgabe persönlich nicht gewachsen gewesen zu sein. Weiterhin sind Art und Umfang der von der Gesellschaft getätigten Geschäfte sowie die sich daraus ergebenden Risiken zu berücksichtigen. Auch die für die Geschäftsführung eventuell geltenden internen Richtlinien, die zur Verfügung gestandenen Informationen und die Aufgabenverteilung innerhalb der Geschäftsführung im Falle mehrerer Geschäftsführer[241] sind maßgebliche zu berücksichtige Umstände.

c) Verschulden des bestuurders

(1) Art. 2:9 BW

Ein Schadensersatzanspruch der Gesellschaft setzt voraus, dass dem nicht sorgfältig handelnden Geschäftsführer ein "schwerer Vorwurf" (*ernstig verwijt*) gemacht werden kann. Das ungeschriebene Tatbestandmerkmal des "schweren Vorwurfs" hat die Rechtsprechung zunächst für die interne Haftung des Arbeitnehmers gegenüber dem Arbeitgeber entwickelt[242] und später auf die Haftung des Geschäftsführers einer B.V. gemäß Art. 2:9 BW übertragen[243]. Das Verschuldensmerkmal des "schweren Vorwurfs" ist mit der "groben Fahrlässigkeit" nach deutschem Recht vergleichbar[244].

Nach niederländischem Verständnis schuldet der Geschäftsführer vergleichbar dem Arbeitnehmer nur eine Anstrengungsverpflichtung und keine Erfolgsverpflichtung gegenüber der Gesellschaft[245]. Daher soll es gerechtfertigt sein, den Geschäftsführer nicht für jedes Fehlverhalten haften zu lassen. Diese Rechtsprechung entspricht der Rechtsprechung des Bundesarbeitsgerichts und des

---

240 Auch in der Literatur ist anerkannt, dass ein objektiver Maßstab gilt: *Huizink*, in: Rechtspersonen, Art. 2:9 Anm. 4; *Huizink*, Bestuurders van rechtspersonen, S. 97; *Wezeman*, Aansprakelijkheid van bestuurders, S. 68 f.; *Asser-Maeijer*, Band 2-III, Nr. 321, S. 434 f..

241 Hierzu ausführlich in § 8 III.

242 HR vom 04.02.1983, NJ 1983, 543.

243 HR vom 10.01.1997, NJ 1997, 360. So auch die h.M. in der Literatur: Vgl. z.B. *Van Schilfgaarde*, Van de BV en de NV, Nr. 47, S. 149; *Wezeman*, Aansprakelijkheid van bestuurders, S. 66 f.; *Huizink*, Bestuurders van rechtspersonen, S. 100; *Jansen*, GmbHR 1995, 286 (288).

244 "*Ernstig verwijt*" schließt an das Kriterium der bewussten Rücksichtslosigkeit an. Vgl. zu letzterem: HR vom 10.12.1999, NJ 2000, 211.

245 *Van Mourik*, in: *Kreuzer* (Hrsg.), Die Haftung von Leitungsorganen in Kapitalgesellschaften, S. 194.

Bundesgerichtshof zur Haftungserleichterung des Arbeitnehmers[246] für von ihm während der Arbeit verursachte Schäden. Jedoch wird eine Übertragung dieser Grundsätze auf den Geschäftsführer der GmbH bisher abgelehnt[247].

Wann dem Geschäftsführer ein "schwerer Vorwurf" gemacht werden kann, ergibt sich ebenfalls nach dem grundlegenden Urteil des *Hoge Raad* aus dem Jahre 1997[248] aus den Umständen des Einzelfalls. Es gelten dabei grundsätzlich dieselben Kriterien wie zur Feststellung des Vorliegens einer Sorgfaltspflichtverletzung. Zu berücksichtigen sind also Art und Umfang der von der Gesellschaft getätigten Geschäfte sowie die sich daraus ergebenden Risiken, des Weiteren die für die Geschäftsführung eventuell geltenden internen Richtlinien, die zum Zeitpunkt der Entscheidung zur Verfügung gestandenen Informationen und die Aufgabenverteilung innerhalb der Geschäftsführung, wenn es mehr als einen Geschäftsführer gibt. Maßstab ist zudem ein Verhalten, das von einem Geschäftsführer erwartet werden kann, der seiner Aufgabe gewachsen ist und der diese sorgfältig erfüllt.

(2) Art. 2:8 BW

Allein aus dem Gesetz lässt sich nicht entnehmen, ob eine Verletzung der allgemeinen Treuepflichten nach Art. 2:8 BW durch den Geschäftsführer eine Schlechterfüllung oder eine unrechtmäßige Handlung gegenüber der Gesellschaft darstellt. Je nach dem, ob man die in Art. 2:8 BW geregelten Pflichten als schuldrechtliche Verpflichtung des Geschäftsführers gegenüber der Gesellschaft begreift oder nicht, gelangt man zu unterschiedlichen Ergebnissen: Die Qualifizierung der Verletzung der Pflichten aus Art. 2:8 BW als unrechtmäßige Handlung hat zur Folge, dass ein Anspruch der Gesellschaft auf die deliktsrechtliche Anspruchsgrundlage des Art. 6:162 BW und nicht auf Art. 2:9 BW gestützt werden kann[249]. Dann reicht einfache Fahrlässigkeit zur Begründung einer Haftung des Geschäftsführers aus. Sieht man einen Verstoß gegen die in Art. 2:8 BW geregelten Pflichten jedoch als schuldrechtliche Schlechterfüllung des Geschäftsführers an, so kommt nur ein Anspruch aus Art. 2:9 BW in Betracht, der das Verschuldensmerkmal des schweren Vorwurfs (*ernstig verwijt*) erfordert[250]. In

246 Vgl. BAG NJW 1995, 210 ff. und BGH NJW 1996, 1532.
247 Vgl. die Ausführungen in § 2 I 1 c.
248 HR vom 10.01.1997, NJ 1997, 360.
249 *De Savornin Lohman*, Duties and liability of directors and shareholders under Netherlands law, Cha. 6.8, S. 31; *Sanders/Westbroek*, BV en NV, Nr. 5.10. S. 176.
250 Vgl. III 1 c.

der Literatur werden beide Auffassungen vertreten[251]. Die Rechtsprechung hat zu dieser Frage, soweit ersichtlich, noch nicht Stellung beziehen müssen[252].

d) Anspruchsinhaber

Der Schadensersatzanspruch wegen der Verletzung von Sorgfalts- oder Treuepflichten durch den Geschäftsführer steht nur der Gesellschaft zu[253]. Für die Geltendmachung des Anspruchs wird sie vom Aufsichtsrat - sofern vorhanden - oder einer anderen von der Gesellschafterversammlung beauftragten Person vertreten[254]. In der Gesellschafterversammlung ist zur Geltendmachung des Anspruchs eine Mehrheit erforderlich. Eine Klage durch Minderheitsgesellschafter entsprechend der *actio pro societate* ist dem niederländischen Recht fremd[255]. Sofern der Geschäftsführer zugleich Mehrheitsgesellschafter der Gesellschaft ist, wird die Durchsetzung der Ansprüche der Gesellschaft damit nahezu unmöglich[256]. Hierin mag auch ein Grund liegen, warum die interne Haftung des Geschäftsführers gegenüber der Gesellschaft in den Niederlanden regelmäßig erst in der Insolvenz der Gesellschaft eine große praktische Bedeutung erlangt, wenn nämlich der Insolvenzverwalter zur Geltendmachung von Ansprüchen der Gesellschaft befugt ist[257].

---

251 Für ein Haftung aus unerlaubter Handlung gemäß Art. 6:162 BW: *Sanders/Westbroek*, BV en NV, Nr. 5.10. S. 176; *De Savornin Lohman*, Duties and liability of directors and shareholders under Netherlands law, Cha. 6.8, S. 31. Für eine Haftung nach Art. 2:9 BW: *Huizink*, in: Rechtspersonen, Art. 2:8 Anm. 8; *ders.*, Bestuurders van rechtspersonen, S. 69.

252 Der *Hoge Raad* hat lediglich einmal entschieden, dass ein Aufsichtsratsmitglied einer N.V. eine unrechtmäßige Handlung gegenüber einem Vorstandsmitglied begeht, wenn er das ihm durch die Satzung eingeräumte Recht, ein Vorstandsmitglied zu entlassen, unter Verstoß gegen die Sorgfalt ausübt, die sich im gesellschaftsrechtlichen Verkehr geziemt. HR vom 22. Dezember 1961, NJ 1962, 43. Der Hoge Raad tendiert also dazu, einen Verstoß gegen Art. 2:8 BW als unrechtmäßige Handlung zu qualifizieren.

253 *Asser-Maeijer*, Band 2-III, Nr. 321, S. 437.

254 Art. 2:256 BW; *Gotzen*, in: *Behrens* (Hrsg.), Die Gesellschaft mit beschränkter Haftung im internationalen und europäischen Recht, NL 22, S. 649.

255 Vgl. *De Savornin Lohman*, Duties and liability of directors and shareholders under Netherlands law, Cha. 9, S. 114 f..

256 Der Geschäftsführer, der zugleich Gesellschafter ist, ist bei der Beschlussfassung über die Geltendmachung von Ansprüchen gegen ihn ebenfalls stimmberechtigt. Vgl. *De Kluiver*, in: *De Kluiver* (Hrsg.), The European Private Company?, S. 116 f.; *ders.*, WPNR 6273, S. 373 (376); *Asser-Maeijer*, Band 2-III, Nr. 325, S. 445 f..

257 Zur Haftung in der Insolvenz siehe die Ausführungen in § 5 III.

e) Enthaftung

Die Gesellschaft kann auf ihre Ansprüche gegenüber dem Geschäftsführer nachträglich verzichten. Dies erfordert einen Beschluss der Gesellschafterversammlung[258]. Eine Entlastung entsprechend der Regelung in § 46 Nr. 5 GmbHG kennt das niederländische Gesetz nicht. Die Satzungen der B.V. enthalten daher in den meisten Fällen eine Regelung, wonach die Feststellung des Jahresabschlusses die Geschäftsführer hinsichtlich der Haftung gegenüber der Gesellschaft entlastet[259]. Der *Hoge Raad*[260] hat hierzu einige Grundsätze entwickelt. Die Entlastung, sei es durch ausdrücklichen Beschluss der Gesellschafterversammlung oder durch die Feststellung des Jahresabschlusses, umfasst nur die Tatsachen, die den Gesellschaftern vor der Beschlussfassung oder Feststellung offengelegt wurden. Die Kenntnis eines Gesellschafters von haftungsbegründenden Tatsachen aus anderem Grund (außerhalb der Gesellschafterversammlung) führt ebenso wenig zur Wirksamkeit der Entlastung wie die Tatsache, dass die Gesellschafter die schadensverursachende Handlung des Geschäftsführers hätten kennen können[261]. Der Geschäftsführer muss also daran interessiert sein, sein Verhalten möglichst umfassend offen zu legen, um eine wirksame Entlastung durch die Gesellschafterversammlung für eventuelle Schadensersatzansprüche herbeizuführen.

Die Reichweite des Verzichts endet dort, wo Dritte oder der Insolvenzverwalter in der Insolvenz der Gesellschaft Ansprüche gegen den Geschäftsführer haben[262]. Insbesondere der Insolvenzverwalter kann Ansprüche gegen den Geschäftsführer wegen unsorgfältiger Erfüllung der Aufgaben innerhalb der letzten drei Jahre vor der Insolvenz nach Art. 2:248 Abs. 6 BW geltend machen, auch

---

258 Für den Fall, dass die Gesellschafterversammlung von einem Mehrheitsgesellschafter beherrscht wird, kann die Minderheit versuchen, den Beschluss für nichtig erklären zu lassen. Vgl. *De Kluiver*, in: *De Kluiver* (Hrsg.), The European Private Company?, S. 116 f..

259 Vgl. *Wezeman*, Aansprakelijkheid van bestuurders, S. 79 f.; *De Savornin Lohman*, Duties and liability of directors and shareholders under Netherlands law, Cha. 7.8, S. 47. Aber auch ohne eine entsprechende Regelung impliziert die Feststellung des Jahresabschlusses regelmäßig die Entlastung des Geschäftsführers, vgl. *Witteveen*, TVVS 1998, 107 (109).

260 HR, 10.01.1997, NJ 1997, 360. Der *Hoge Raad* unterscheidet nicht zwischen explizierter und implizierter Entlastung. Anders: *Van der Heijden/Van derGrinten*, Handboek voor de naamloze en de besloten Vennootschap, Nr. 260 S. 461 f..

261 HR vom 10.01.1997, NJ 1997, 360.

262 *Schuit*, Dutch Business Law, § 9.08 [2][b][ii]; *De Savornin Lohman*, Duties and liability of directors and shareholders under Netherlands law, Cha. 7.8, S. 48.

wenn die Gesellschafterversammlung zuvor auf die Durchsetzung der Ansprüche verzichtet hatte[263].

Eine Regelung über eine vorab gewährte Haftungserleichterung für den Geschäftsführer, ist nicht zulässig, da die Vorschrift des Art. 2:9 BW zwingendes Recht ist und nicht durch Vereinbarung zwischen Gesellschaft und Geschäftsführung abbedungen oder abgemildert werden kann[264].

2. Sonstige besondere Haftungsrisiken

Im niederländischen Recht gibt es weitere gesetzlich normierte Pflichten, deren Missachtung durch den Geschäftsführer dessen persönliche Haftung auslösen können. Eine Auflistung und Erörterung aller gesetzlich normierten Pflichten des Geschäftsführers würde an dieser Stelle zu weit führen[265] und auch keinen förderlichen Beitrag zu der mit dieser Arbeit angestrebten Rechtsvergleichung leisten.

Besondere Erwähnung verdient allerdings das Haftungsrisiko bei Verletzung der Kapitalerhaltungsvorschrift des Art. 2:216 Abs. 2 BW. Zahlt ein Geschäftsführer entgegen dieser Vorschrift Gesellschaftskapital an die Gesellschafter aus, so haftet er der Gesellschaft persönlich für den entstandenen Schaden[266]. Gleiches gilt, wenn die Gesellschaft verbotenerweise mehr als die Hälfte der eigenen Anteile erwirbt oder sonst in unzulässiger Weise eigene Anteile erwirbt[267].

3. Zusammenfassung

Der Geschäftsführer einer B.V. ist verpflichtet, im besten Interesse der Gesellschaft zu handeln und seine Aufgaben ordnungsgemäß zu erfüllen. Im Falle einer Pflichtverletzung kann er nach Art. 2:9 BW schadensersatzpflichtig sein, sofern ihm ein schwerer Vorwurf gemacht werden kann. Wann dies der Fall ist, hängt von den Umständen des Einzelfalls ab. Diese Rechtsprechung führt zu einer erheblichen Rechtsunsicherheit für den Geschäftsführer und auch für die Ge-

263 Art. 2:248 Abs. 6 BW. Siehe hierzu im Einzelnen die Ausführungen unter § 5 III 1.

264 *Van der Heijden/Van der Grinten*, Handboek voor de naamloze en de besloten vennootschap, Nr. 257 S. 458 f..

265 Vgl. z.B. die Auflistung bei: *Van der Heijden/Van der Grinten*, Handboek voor de naamloze en de besloten vennootschap, Nr. 232 S. 408.

266 *De Kluiver*, in: *De Kluiver* (Hrsg.), The European Private Company?, S. 114.

267 Vgl. BW Art. 2:206, 207, 207a und 207d; *Dijk/Van den Ingh/Netten/Van der Ploeg/Schwarz/Wortel*, Aansprakelijheid van bestuurders en commissarissen, S. 15.

sellschaft bei der Geltendmachung von Schadensersatzansprüchen. Konsequenz hiervon ist, dass der internen Haftung des Geschäftsführers gegenüber der Gesellschaft in der Praxis bislang nur eine untergeordnete Bedeutung zugekommen ist.

Schadensersatzansprüche der Gesellschaft wegen Verletzung der Geschäftsführungsaufgaben können nur von der Gesellschaft selbst geltend gemacht werden. Minderheitsgesellschafter haben grundsätzlich keine Möglichkeit, Ansprüche gegen den Willen der Gesellschaftermehrheit durchzusetzen; dies gilt insbesondere dann, wenn der Geschäftsführer zugleich Mehrheitsgesellschafter ist.

Schließlich kann die Gesellschaft auf die Durchsetzung ihrer Ansprüche verzichten und dadurch das Haftungsrisiko des Geschäftsführers erheblich reduzieren.

IV. Die Rechtslage in der Europäischen Privatgesellschaft

Die allgemeine Haftung des Geschäftsleiters der EPG gegenüber der Gesellschaft ist in Art. 17 Abs. 1 EPG-VOE geregelt. Nach Abs. 1 S. 1 dieser Vorschrift sind der oder die Geschäftsleiter einzeln oder gesamtschuldnerisch gegenüber der Gesellschaft für alle Handlungen haftbar, die gegen die auf die Gesellschaft gemäß Art. 12 der EPG-VOE anwendbaren Vorschriften verstoßen. Ebenso haften die Geschäftsleiter gemäß Art. 17 Abs. 1 S. 2 für Pflichtverstöße und die Nichtbeachtung der bei der Geschäftsleitung vernünftigerweise zu fordernden Sorgfalt.

In dem Verordnungsentwurf für die EPG hat man sich also für eine generalklauselartige Regelung der Geschäftsleiterhaftung entschieden. Aufgabe der Rechtsprechung und Literatur wird es daher nach Inkrafttreten der EPG-Verordnung sein, diese abstrakte Regelung mit Leben auszufüllen und die einzelnen Tatbestandsmerkmale näher zu konkretisieren. Hierzu sollen die folgenden Ausführungen erste Anhaltspunkte geben. Des Weiteren werden Vorschläge zur Verbesserung der gegenwärtigen Regelung in Art. 17 Abs. 1 EPG-VOE unterbreitet.

1. Allgemeine Haftung gemäß Art. 17 Abs. 1 S. 2 EPG-VOE

a) Pflichten des Geschäftsleiters

Im Verordnungsentwurf wurde auf die konkrete Ausformulierung der Pflichten des Geschäftsleiters verzichtet. Ein solches Unterfangen wäre insbesondere auf

Gemeinschaftsebene unter Berücksichtigung aller nationalen Besonderheiten und Unterschiede zum Scheitern verurteilt, da der Pflichtenkreis des Geschäftsleiters nicht einheitlich für alle Tätigkeiten als Geschäftsleiter einer Europäischen Privatgesellschaft festgelegt werden kann[268]. Wie bereits in den Ausführungen zu den nationalen Rechtsordnungen gesehen, sind die jeweiligen Pflichten des Geschäftsleiters z.B. von Art und Umfang des Unternehmens oder auch von der Aufgabenverteilung innerhalb einer mehrköpfigen Geschäftsleitung abhängig.

Grundsätzlich gilt, dass es dem Geschäftsleiter der EPG genauso wie den Geschäftsführern in den nationalen Rechtsordnungen obliegt, die Interessen der Gesellschaft bestmöglich wahrzunehmen und das Unternehmen zu leiten. Das gilt unabhängig davon, ob man den Geschäftsleiter als Treuhänder, Verwalter von fremden Vermögensinteressen oder sonstigen Vertreter der Gesellschaft ansieht. Er ist des Weiteren der Gesellschaft gegenüber zu Loyalität verpflichtet. Ihm ist es dabei verwehrt, Erwerbsmöglichkeiten der Gesellschaft für sich selbst zu nutzen oder Geschäfte ohne Zustimmung der Gesellschafterversammlung mit der Gesellschaft abzuschließen, an denen er ein persönliches Interesse hat (vgl. auch Art. 29 Abs. 1 EPG-VOE).

Dem Geschäftsleiter obliegt zudem eine Prüfungspflicht bei der Übernahme von Geschäften im Gründungsstadium aus der Zeit vor der Eintragung der EPG im Handelsregister. Nach Art. 10 Abs. 1 EPG-VOE muss die Gesellschaft Geschäfte im Gründungsstadium nach der Eintragung übernehmen, um aus ihnen Rechte und Pflichten herleiten zu können[269]. Hierfür wird regelmäßig der Geschäftsleiter als für die Gesellschaft handelndes Organ zuständig sein. Die Übernahme von für die Gesellschaft nachteiligen Geschäften stellt gewöhnlich einen Fall der unsorgfältigen Geschäftsleitung dar, für den der verantwortliche Geschäftsleiter schadensersatzpflichtig sein kann[270]. Im deutschen GmbH-Recht besteht eine solche Prüfungspflicht nicht, da die im Namen der Vor-GmbH abgeschlossenen Rechtsgeschäfte im Wege der Gesamtrechtsnachfolge automatisch auf die gegründete GmbH übergehen.

---

268 Zu den Schwierigkeiten bei der Kodifizierung der Pflichten in England siehe den Bericht der *Law Commission*: *Law Commission Report*, Company directors: regulating conflicts of interest and formulating a statement of duties. Die Vorschläge zur Reform sowie eine Bestandsaufnahme des gegenwärtigen Rechts sind im Internet auf der Seite der *Law Commission* unter: http://www.lawcom.gov.uk/files/cp153.pdf veröffentlicht.

269 Vgl. hierzu bereits die Ausführungen in § 1 IV 2.

270 Vgl. zu diesem Haftungsrisiko die Situation in den Niederlanden in § 2 III 1 a.

b) Sorgfaltsmaßstab

Art. 17 Abs. 1 S. 2 EPG-VOE verpflichtet den Geschäftsleiter, die bei der Geschäftsleitung vernünftigerweise zu fordernde Sorgfalt zu beachten. Diese Formulierung lässt keinen Zweifel daran, dass auch in der EPG ein objektiver Sorgfaltsmaßstab für den Geschäftsleiter gelten soll. Ein Geschäftsleiter wird sich demnach gegen einen Anspruch der Gesellschaft nicht mit der Behauptung verteidigen können, er sei der Aufgabe nicht gewachsen gewesen oder er wende immer nur geringe Sorgfalt in eigenen Angelegenheiten an. Ob der Geschäftsleiter unsorgfältig im Sinne von Art. 17 Abs. 1 S. 2 EPG-VOE gehandelt hat, kann im Einzelfall nur durch die Berücksichtigung aller konkreten Umstände festgestellt werden. Aus den nationalen Rechtsordnungen sind einige Umstände bekannt, die zur Beurteilung eines Sorgfaltsverstoßes in der EPG herangezogen werden können: Die Art und Größe des Unternehmens, interne Richtlinien der Gesellschaft, die Verfügbarkeit von Informationen, das allgemeine Risiko des getätigten Geschäfts und eine eventuell bestehende Geschäftsverteilung.

c) Weitere Haftungsvoraussetzungen

Art. 17 Abs. 1 S. 2 EPG-VOE spricht lediglich davon, dass die Geschäftsleiter für Pflichtverstöße oder unsorgfältige Geschäftsführung haften, ohne jedoch weitere Anspruchsvoraussetzungen zu statuieren. Es ist deshalb zu untersuchen, ob daneben weitere ungeschriebene Tatbestandsmerkmale zur Begründung einer Haftung des Geschäftsleiters erfüllt sein müssen oder ob bereits jeder Pflicht- bzw. Sorgfaltsverstoß eine Haftung des Geschäftsleiters zur Folge haben soll.

(1) Verschulden

Zunächst stellt sich die Frage, ob durch die gewählte Formulierung in Art. 17 Abs. 1 EPG-VOE auf ein Verschuldenserfordernis seitens des Geschäftsleiters verzichtet werden sollte. Im Verordnungsentwurf für die SE (SE-VOV) aus dem Jahre 1989 war noch ausdrücklich geregelt, dass die Geschäftsleiter für schuldhaftes Verhalten haften sollen, während in dem geänderten Entwurf von 1991 das Verschuldenserfordernis nicht mehr ausdrücklich enthalten ist[271]. Der Ent-

271 Eine synoptische Gegenüberstellung beider Texte des Art. 77 Abs. 1 SE-Entwurf findet sich bei: *Gutsche*, Die Eignung der Europäischen Aktiengesellschaft für kleine und mittlere Unternehmen in Deutschland, S. 295.
Art. 77 Abs. 1 in der Fassung von 1989 lautet:

wurf einer Fünften Gesellschaftsrechtlichen Richtlinie[272] sieht in Art. 14 Abs. 1 vor, dass nur schuldhaftes Handeln der Leitungsorgane eine Schadensersatzpflicht gegenüber der Gesellschaft auslöst. Es gibt demnach bei den Vorschlägen zu europarechtlichen Regelungen der Haftung von Leitungsorganen in Kapitalgesellschaften keine einheitliche ausdrückliche Regelung hinsichtlich eines erforderlichen Verschuldens.

Die Ausgestaltung von Art. 17 Abs. 1 EPG-VOE als objektive Einstandshaftung würde allgemeinen Grundsätzen des Schadensersatzrechts und somit auch den subsidiär anzuwendenden Prinzipien des Art. 12 Abs. 2 EPG-VOE widersprechen. Es ist zudem nur schwer vorstellbar, dass unter diesen Voraussetzungen ein vernünftiger Mensch bereit wäre, die Position eines Geschäftsleiters in der EPG zu übernehmen.

Das Tatbestandsmerkmal des Verschuldens ist in Art. 17 Abs. 1 wohl nur deshalb nicht ausdrücklich erwähnt worden, weil es als selbstverständliche Anspruchsvoraussetzung erachtet wurde. Diese These wird dadurch untermauert, dass die Ersetzung der Formulierung "schuldhaftes Verhalten" in Art. 77 Abs. 1 des SE-VOV 1989 durch die Formulierung "Verletzung der ihnen obliegenden Pflichten" in Art. 77 Abs. 1 des SE-VOV von 1991 lediglich eine Präzisierung und keinen Verzicht auf das Verschuldenserfordernis bedeuten sollte[273].

Die fehlende ausdrückliche Regelung des Tatbestandsmerkmals Verschulden führt dazu, dass hinsichtlich des geltenden Verschuldensmaßstabs Unklarheit besteht, da in den hier untersuchten nationalen Rechtsordnungen kein einheitlicher Verschuldensmaßstab gilt. Im niederländischem Recht muss dem Geschäftsführer ein schwerer Vorwurf (*ernstig verwijt*) hinsichtlich seines Fehlverhaltens gemacht werden können, um einen Schadensersatzanspruch der Gesellschaft zu begründen[274], während im englischen und deutschen Recht grundsätzlich einfache Fahrlässigkeit als Verschuldensmaßstab ausreicht[275]. Die unterschiedliche Rechtslage in den hier untersuchten nationalen Rechtsordnungen hat zur Folge, dass bei der Auslegung von Art. 17 Abs. 1 S. 2 EPG-VOE bezüglich des Verschuldens des Geschäftsleiters nicht auf allgemeine Prinzipien der nationalen

"Die Mitglieder des Leitungs-, Aufsichts- oder Verwaltungsorgans haften für den Schaden, welcher der Gesellschaft durch schuldhaftes Verhalten bei der Ausübung ihres Amtes entsteht."

Art. 77 Abs. 1 in der Fassung von 1991 lautet:

"Die Mitglieder des Leitungs-, Aufsichts- oder Verwaltungsorgans haften für den Schaden, welcher der SE durch eine Verletzung der ihnen bei der Ausübung ihres Amtes obliegenden Pflichten entsteht."

272 Abl. EG Nr. C 240 v. 09.09.1983, S. 2 ff..

273 Vgl. *Schwarz*, Europäisches Gesellschaftsrecht, Rn. 1166, dort Fn. 493.

274 Vgl. die Ausführungen in § 2 III 1 c.

275 Vgl. die Ausführungen in § 2 I 1 c und II b und d.

Rechtsordnungen gemäß Art. 12 Abs. 2 EPG-VOE zurückgegriffen werden kann. Es wird somit zunächst eine gewisse Rechtsunsicherheit hinsichtlich des geltenden Verschuldensmaßstabs bestehen.

Bei der Bestimmung des Verschuldensmaßstabs, der für den Geschäftsleiter der EPG gelten sollte, sprechen die besseren Argumente gegen eine Freistellung von der Haftung bei leichter Fahrlässigkeit und somit gegen die niederländische Regelung:

Zwischen Arbeitnehmern und Geschäftsleitern einer Gesellschaft mit beschränkter Haftung bestehen schon funktionell beachtliche Unterschiede. Die Geschäftsleiter sind Fremdverwalter und haften Dritten gegenüber grundsätzlich nicht persönlich. Sie verwalten das Vermögen der Gesellschaft und damit auch die Haftungsmasse der Gläubiger[276]. Im Gegensatz zu gewöhnlichen Arbeitnehmern führt der Geschäftsleiter in verantwortlicher und leitender Stellung selbstständig ein Unternehmen[277]. Im Interesse der Gläubiger der Gesellschaft (inklusive der Arbeitnehmer) und auch der Gesellschafter ist der Geschäftsleiter zum sorgsamen Umgang mit dem fremden Vermögen zu verpflichten. Diese umfangreichen Pflichten gegenüber Dritten obliegen dagegen dem Arbeitnehmer nicht.

Der Schutz der Gläubiger und der Gesellschafter darf nicht dadurch verwässert werden, dass dem Geschäftsleiter eine Haftungserleichterung entsprechend der eines Arbeitnehmers zu Gute kommt. Dem Arbeitnehmer obliegen im Gegensatz zum Geschäftsleiter einer Kapitalgesellschaft keine so weitreichenden Schutzpflichten gegenüber Gesellschaftern oder Gläubigern.

Es sollte daher in der EPG für alle Schadensersatzansprüche der Gesellschaft gegenüber dem Geschäftsleiter gemäß Art. 17 Abs. 1 EPG-VOE ein einheitlicher Verschuldensmaßstab gelten, der Vorsatz, grobe und einfache Fahrlässigkeit umfasst. Hinsichtlich der Beurteilung des Vorliegens von einfacher Fahrlässigkeit kann als Kriterium die in Art. 17 Abs. 1 S. 2 EPG-VOE geforderte Sorgfalt dienen, die man vernünftigerweise bei der Geschäftsleitung fordern kann. Ein Verstoß gegen diese zu beachtende Sorgfalt würde ein fahrlässiges Handeln darstellen, das eine Haftungsfolge auslösen kann.

Um dem Geschäftsleiter einen gerechten Ausgleich für diese strenge Verschuldenshaftung zu gewähren, bietet es sich an, dem Geschäftsleiter einen weiten Handlungsspielraum beim Treffen von unternehmerischen Entscheidungen entsprechend der *business judgment rule* im US-amerikanischen Recht zuzubilligen (hierzu sogleich unter (2))[278]. Mit einer entsprechenden Regelung fällt es

276 So auch *Schneider* zur Situation in der GmbH, in: FS für Werner, S. 795 (806).

277 *Haas*, in: *Hommelhoff/Helms* (Hrsg.), Neue Wege in die Europäische Privatgesellschaft, S. 175.

278 So auch *Helms*, Die Europäische Privatgesellschaft, S. 321.

eventuell auch niederländischen Vertretern leichter, auf das Tatbestandsmerkmal des schweren Vorwurfs bei der Haftung des Geschäftsleiters der EPG gegenüber der Gesellschaft zu verzichten.

(2) Anwendung der business judgment rule

Bei der Tätigkeit eines Geschäftsleiters einer Kapitalgesellschaft ist davon auszugehen, dass es die allein richtige unternehmerische Entscheidung nicht oder jedenfalls nicht immer gibt. In der ständig komplexer werdenden Geschäftswelt müssen häufig Entscheidungen getroffen werden, deren Auswirkungen für die Gesellschaft sich nicht exakt vorhersagen lassen. Dem Geschäftsleiter ist daher ein weiter Ermessenspielraum beim Treffen von unternehmerischen Entscheidungen für die Gesellschaft einzuräumen. Handelt der Geschäftsleiter im Rahmen des ihm gewährten Ermessensspielraums, so scheidet eine Haftung des Geschäftsleiters gegenüber der Gesellschaft aus[279].

Für die nähere Konkretisierung des Ermessensspielraums bedarf es indes schon aus Gründen der Rechtssicherheit und Praktikabilität rechtlicher Vorgaben, anhand derer die Geschäftsleiter ihre Tätigkeit ausrichten und die Gerichte das Eingreifen einer Haftung nach Art. 17 Abs. 1 S. 2 EPG-VOE überprüfen können. Hierfür bietet sich die inzwischen über den anglo-amerikanischen Rechtskreis hinaus bekannte *business judgment rule*[280] aus dem US-amerikanischen Recht als Vorbild einer Regelung an. Danach haftet das Leitungsorgan zumindest dann nicht, wenn es erstens kein eigenes persönliches Interesse an dem Geschäft hat, seine Entscheidung also unbefangen getroffen hat, es sich zweitens zur Vorbereitung seiner Entscheidung umfassend informiert hat und es drittens nach seiner Überzeugung im besten Interesse des Unternehmens gehandelt hat[281].

---

279 Dogmatisch lässt sich der zu gewährende weite Ermessensspielraum am besten auf der Tatbestandsebene zur Einschränkung der Tatbestandsmerkmale Pflichtverstoß oder Nichtbeachtung der Sorgfaltspflicht einordnen. So auch: *Lutter/Hommelhoff*, GmbHG, § 43 Rn. 6; *Lutter*, in: *VGR* (Hrsg.), Gesellschaftsrecht in der Diskussion, VGR Bd. 1 (1999), S. 102. Für eine Einordnung als Haftungsausnahme: *Horn*, ZIP 1997, 1129 (1134 f.).

280 Siehe hierzu: *Abeltshauser*, Leitungshaftung im Kapitalgesellschaftsrecht, S. 130 ff.; *Buxbaum*, in: *Kreuzer* (Hrsg.), Die Haftung von Leitungsorganen von Kapitalgesellschaften, S. 79 ff.; *Kindler*, ZHR 162 (1998), 101 (107); *Horn*, ZIP 1997, 1129 (1134); *Lutter*, in: *VGR* (Hrsg.), Gesellschaftsrecht in der Diskussion, VGR Bd. 1 (1999), S. 87 (104 ff.); *Trockels*, AG 1990, 139 ff..

281 *Lutter*, in: *VGR* (Hrsg.), Gesellschaftsrecht in der Diskussion, VGR Bd. 1 (1999), S. 87 (104 f.).

Diese Grundsätze sollten ausdrücklich Eingang in das EPG-Statut finden, um eine einheitliche Auslegung von Art. 17 Abs. 1 S. 2 EPG-VOE zu gewährleisten und um den Geschäftsleitern einen möglichst eindeutigen Sorgfaltsmaßstab an die Hand zu geben. Zwar lässt auch der gegenwärtige Wortlaut des Art. 17 Abs. 1 S. 2 EPG-VOE eine Anwendung der Grundsätze der *business judgment rule* zu. Eine strengere Auslegung des Wortlauts ist indes aufgrund der generellen Formulierung ebenfalls möglich.

Die Anwendung der *business judgment rule* auf die EPG würde auch im Einklang mit den hier untersuchten nationalen Rechtsordnungen stehen. Sowohl im deutschen[282] als auch im englischen Recht sind Ermessensspielräume für die Geschäftsleiter inzwischen anerkannt. Im englischen Recht galt zwar bislang ein generell milderer Sorgfaltsmaßstab, jedoch haftet auch dort der *director* nicht für Beurteilungsfehler (*errors of judgment*) bei der Geschäftsleitung[283]. Die *Law Commission* hat zudem vorgeschlagen, im Rahmen der gesetzlichen Kodifikation der Pflichten von *directors* eine Regelung entsprechend der *business judgment rule* im englischen Recht einzuführen[284]. Auch im niederländischen Recht lassen sich Tendenzen erkennen, die auf einen Ermessenspielraum des Geschäftsleiters für unternehmerische Entscheidungen im Rahmen der Haftung aus Art. 2:9 BW hindeuten[285]. So ist im Falle der Insolvenz anerkannt, dass dem Geschäftsführer ein weiter Ermessensspielraum (*ruime marge*) beim Treffen unternehmerischer Entscheidungen eingeräumt wird[286] und erst ein Überschreiten dieses Ermessens eine Haftung auslöst. In seiner viel beachteten Entscheidung aus dem Jahre 1997 hat der *Hoge Raad*[287] unter anderem als einen schweren Vorwurf (*ernstig verwijt*) begründende Umstände im Sinne des Art 2:9 BW genannt, das aus der Art der Tätigkeit des Unternehmens im Allgemeinen fol-

282 Vgl. hierzu bereits die Ausführungen in § 2 I 1 b. Der BGH hat sich in der ARAG-Entscheidung (BGHZ 135, 244 (253)) offenbar von den Grundaussagen der *business judgment rule* leiten lassen. Vgl. *Horn*, ZIP 1997, 1129 (1134) und *Kindler*, ZHR 162 (1998), 101 (107).

283 Vgl. hierzu bereits die Ausführungen in § 2 II 1 b sowie *Palmer*, Company law, Rn. 8.409.

284 *Law Commission Report*, Company directors: regulating conflicts of interest and formulating a statement of duties, S. 300. Der Report ist im Internet auf der Seite der *Law Commission* unter: http://www.lawcom.gov.uk/files/cp153.pdf veröffentlicht.

285 *De Kluiver*, Aansprakelijkheid en decharge: een paar apart, WPNR 97, 373 (374).

286 Vgl. hierzu: *Wezeman*, Aansprakelijkheid van bestuurders, S. 281; *Ebben/Akveld/Westermann*, RIW 1995, 720 (724). Allgemein zum unternehmerischen Ermessen des Geschäftsführers in der Insolvenz der Gesellschaft vgl. die Ausführungen in § 5 III 1 a (1).

287 HR vom 10.01.1997, NJ 1997, 360.

gende Risiko sowie die Sorgfalt, die von einem seiner Aufgabe gewachsenen Geschäftsführer erwartet werden kann. Anhand dieser Kriterien wird erkennbar, dass auch in den Niederlanden ein Ermessensspielraum für den Geschäftsführer besteht und nicht zwangsläufig jede für die Gesellschaft schädliche unternehmerische Entscheidung eine persönliche Haftung auslöst[288].

Eine Regelung entsprechend der *business judgment rule* würde somit den neuen Tendenzen im Gesellschaftsrecht in den hier untersuchten Rechtsordnungen entsprechen und ein angemessenes Haftungsrisiko des Geschäftsleiters der EPG statuieren.

(3) Schaden

Art. 17 Abs. 1 EPG-VOE erwähnt nicht ausdrücklich den Eintritt eines Schadens bei der Gesellschaft als Voraussetzung für einen Anspruch gegenüber dem Geschäftsleiter. Es stellt sich daher die Frage, ob die Norm nicht nur Kompensationscharakter für erlittene Schäden der Gesellschaft sondern eventuell auch Strafcharakter für Pflichtverletzungen des Geschäftsleiters haben kann.

Im deutschen Haftungsrecht gilt grundsätzlich das Prinzip der verschuldensabhängigen Schadensverursachung[289]. Ein Schadenseintritt bei der Gesellschaft wäre bei der Anwendung deutscher Rechtsgrundsätze auch ohne ausdrückliche Formulierung Anspruchsvoraussetzung nach Art. 17 Abs. 1 EPG-VOE. Entsprechendes gilt auch nach niederländischem Recht[290]. Im englischen Recht ist indes ein Schaden nicht zwingend Voraussetzung für einen Anspruch der Gesellschaft bei Pflichtverletzungen ihrer *director*. Die Geschäftsführerhaftung in England beinhaltet auch pönale Elemente, die allerdings auf der Besonderheit des *equity* beruhen. Der *director* haftet z.B. gegenüber der Gesellschaft im Falle verdeckt erwirtschafteter Gewinne, die er aufgrund von Eigentum oder Informationen der Gesellschaft gemacht hat unabhängig davon, ob der Gesellschaft ein Schaden entstanden ist oder nicht[291]. Übertragen auf die EPG würde dies bedeuten, dass die Gesellschaft im Rahmen der Haftung aus Art. 17 Abs. 1 S. 2 EPG-VOE vom Geschäftsleiter auch ohne korrespondierenden Schaden verdeckt erwirtschaftete Gewinne herausverlangen könnte.

Auf europäischer Ebene gibt es noch kein allgemeines Privat- oder Schadensrecht, das bei der Auslegung von Art. 17 Abs. 1 EPG-VOE zu Rate gezogen

288 Vgl. hierzu auch *Jaeger*, Die Europäische Aktiengesellschaft - europäischen oder nationalen Rechts, S. 163.
289 Vgl. die Ausführungen in § 2 I 1.
290 Vgl. die Ausführungen in § 2 III 1.
291 Vgl. die Ausführungen in § 2 II 1 c.

werden könnte, und ein solches ist in naher Zukunft auch noch nicht absehbar[292]. Denn das europäische Recht ist noch weit entfernt von einer geschlossen systematischen Privatrechtskodifikation[293]. Lediglich punktuell und verstreut finden sich Regelungen, wie beispielsweise zum Verbraucherschutz[294] oder bei der Produkthaftung[295]. Im Rahmen der Auslegung von Art. 17 Abs. 1 S. 2 EPG-VOE kann daher auf allgemeine Prinzipien der Verordnung oder auch des Gesellschaftsrechts der Gemeinschaft[296] nicht zurückgegriffen werden. Es müssen daher zunächst die allgemeinen Prinzipien, die den nationalen Rechtsordnungen gemeinsam sind, nach Art. 12 Abs. 2 EPG-VOE zur Auslegung herangezogen werden[297]. Hierbei ist vorab festzuhalten, dass auch im englischen Recht ein Anspruch der Gesellschaft gegen die *directors* prinzipiell eine Schädigung bei der Gesellschaft voraussetzt. Die Rechtsprechung zur "*no-profit rule*" ist eine Besonderheit des englischen *equity* (Billigkeitsrecht). Auch in den hier nicht untersuchten nationalen Rechtsordnungen der weiteren Mitgliedstaaten der EU ist eine Haftung der Geschäftsleiter bei einer Schädigung der Gesellschaft grundsätzlich anerkannt[298].

Übertragen auf die EPG bedeutet dies, dass zwar nach dem Wortlaut des Art. 17 Abs. 1 EPG-VOE ein Anspruch der Gesellschaft ohne korrespondierenden Schaden möglich erscheint. Bei der Auslegung von Art. 17 Abs. 1 S. 2 EPG-VOE gemäß Art. 12 Abs. 2 EPG-VOE muss jedoch festgestellt werden, dass es sich hierbei keineswegs um ein den europäischen Rechtsordnungen gemeinsames Prinzip, sondern um eine Eigenheit des englischen Rechts handelt, die weder im deutschen noch im niederländischen Recht eine Entsprechung findet und schon daher nicht gemäß Art. 12 Abs. 2 EPG-VOE auf die supranationale Ebene übertragen werden kann. Es ist auch nicht zwingend geboten, dass im Ergebnis der Gesellschaft die Geschäftstüchtigkeit ihres Geschäftsleiters zugute kommt, wenn dieser Geschäfte zu seinen Gunsten tätigt, ohne die Gesellschaft dadurch

---

292 Vgl. *Tilmann*, in: *Müller-Graff* (Hrsg.), Gemeinsames Privatrecht in der Europäischen Gemeinschaft, S. 580.

293 *Paschke*, in: *Paschke/Iliopoulos* (Hrsg.), Europäisches Privatrecht, S. 20.

294 *Müller-Graff*, in FS für Börner, S. 315 f.

295 Zur Produkthaftung im europäischen Recht siehe *von Bar*, Gemeineuropäisches Delikts-recht Band 2, Rn. 391 ff.

296 Ob es solche allgemeinen Prinzipien des Gesellschaftsrechts der Gemeinschaft derzeit überhaupt gibt, wird teilweise bestritten. Vgl. *Ehricke*, RabelsZ 64 (2000), 497 (515).

297 Auch hier wird sich zunächst das grundsätzliche Problem der Ermittlung entsprechender gemeinsamer Prinzipien stellen. Vgl. ausführlich hierzu: *Völter*, Der Lückenschluss im Statut der Europäischen Privatgesellschaft, S. 113 ff..

298 Vgl. z.B. die tabellarische Übersicht bei *Boucourechliev/Hommelhoff*, Vorschläge für eine Europäische Privatgesellschaft, S. 262 ff..

zu schädigen. Sinn und Zweck der Vorschrift des Art. 17 Abs. 1 EPG-VOE ist es vielmehr, die Interessen der Gesellschaft und, zumindest mittelbar, die der Gesellschafter und Gläubiger zu schützen. Dieser Zweck wird nicht gefährdet, wenn ein Geschäftsleiter Gewinne aus seiner Tätigkeit erwirtschaftet, solange die Gesellschaft hierdurch keinen wirtschaftlichen Nachteil erleidet. Sollte die Gesellschaft mit der "Nebentätigkeit" des Geschäftsleiters nicht einverstanden sein, kann sie den Geschäftsleiter unter Hinweis auf seine Pflichtverletzung anderweitig sanktionieren, z.B. abmahnen oder abberufen.

Da eine Schadensersatzhaftung des Geschäftsleiters gegenüber der Gesellschaft allgemein anerkannt ist, haftet der Geschäftsleiter der EPG der Gesellschaft gegenüber aus Art. 17 Abs. 1 S. 2 EPG-VOE, wenn er der Gesellschaft durch seine Pflichtverletzung einen Schaden zufügt - aber auch nur dann.

Zur Klarstellung und im Interesse der Rechtssicherheit empfiehlt es sich, die Erforderlichkeit einer Schädigung der Gesellschaft als ausdrückliche Haftungsvoraussetzung in Art. 17 Abs. 1 S. 2 EPG-VOE aufzunehmen. Eine Formulierung: "...sie haften nach denselben Bedingungen *für den Schaden...*" entsprechend der Formulierung in Art. 77 Abs. 1 des Verordnungsentwurfs für die SE[299] würde hierfür schon ausreichen. Eine entsprechende Formulierung befindet sich auch in Art. 14 Abs. 1 des Entwurfs für eine Fünfte gesellschaftsrechtliche Richtlinie[300], deren Anwendungsbereich allerdings auf die Aktiengesellschaft begrenzt werden soll.

Die Untersuchung der Regelung in Art. 17 Abs. 1 S. 2 EPG-VOE führt somit zu dem Ergebnis, dass sowohl ein zumindest fahrlässiges Handeln des Geschäftsleiters als auch ein Schaden der Gesellschaft Haftungsvoraussetzungen für einen Anspruch der Gesellschaft aus Art. 17 Abs. 1 S. 2 EPG-VOE sein sollten. Um Rechtsunsicherheiten und Zweifel zu vermeiden, sollte dies in Art. 17 Abs. 1 EPG ausdrücklich statuiert werden.

---

299 Zum Wortlaut des Art. 77 Abs. 1 siehe bereits Fn. 271. Im Statut für die SE ist allerdings an die Stelle der eigenständigen Haftungsvorschrift eine reine Verweisungsnorm auf das Recht des Sitzstaates (Art. 51 SE-VO) getreten.

300 Dritter geänderter Vorschlag vom 20.11.1991, Abl. EG Nr. C 321 vom 12.12.1991. Abgedruckt bei *Lutter*, Europäisches Unternehmensrecht, S. 182. Art. 14 Abs. 1 lautet: "Die Gesetze der Mitgliedstaaten regeln die zivilrechtliche Haftung des Leitungs- und des Aufsichtsorgans mindestens für den Ersatz von Schäden, welche die Gesellschaft durch schuldhafte Verletzung des Gesetzes oder der Satzung sowie durch anderes schuldhaftes Verhalten der Mitglieder dieser Organe bei der Erfüllung ihrer Aufgaben erleidet."

d) Anspruchsinhaber

Die Haftung des Geschäftsleiters aus Art. 17 Abs. 1 S. 2 EPG-VOE besteht (nur) gegenüber der Gesellschaft. Daher ist es konsequent, dass ausschließlich die Gesellschaft berechtigt ist, den Schadensersatzanspruch gegen den Geschäftsleiter geltend zu machen. Dies wird so zwar nicht explizit geregelt, aber in Art. 18 Abs. 2 EPG-VOE zumindest implizit vorausgesetzt. Dort heißt es, dass einzelne Gesellschafter für die Gesellschaft Klage erheben können; somit wird die Gesellschaft als eigentliche Klageberechtigte angesehen.

Falls die Geltendmachung des Anspruchs an den internen Mehrheitsverhältnissen zu scheitern droht, können Gesellschafter, die wenigstens 10 % des Kapitals oder der Stimmrechte vertreten, gemäß Art. 18 Abs. 2 EPG-VOE Klage für die Gesellschaft gegen den Geschäftsleiter erheben. Diese Regelung schafft Rechtsklarheit, da innerhalb der nationalen Rechtsordnungen doch erhebliche Unterschiede hinsichtlich der Klagebefugnisse der Minderheitsgesellschafter bestehen. Zwar tritt für die Gesellschafter, die zusammen über weniger als 10 % des Kapitals oder der Stimmrechte verfügen, eine Verschlechterung gegenüber der gegenwärtigen Rechtslage in der GmbH ein. Dies ist jedoch im Zuge der Rechtsvereinheitlichung hinnehmbar, da hierdurch ein einheitlicher europäischer Standard für den Schutz der Minderheitsgesellschafter geschaffen wird. Um das Schutzniveau der Minderheitsgesellschafter zu erhöhen, ist zu überlegen, ob der Grenzwert von 10 % auf 5 % des Kapitals oder der Stimmrechte herabgesetzt werden kann, so wie dies auch z.B. in Art. 78 Abs. 3 des Entwurfs für eine Verordnung für die SE[301] vorgesehen war.

Die Zulässigkeit von Klagen durch Minderheitsgesellschafter verschärft das Risiko der Geschäftsleiter, für Pflichtverletzungen gegenüber der Gesellschaft tatsächlich in Anspruch genommen zu werden und trägt somit dazu bei, dass die Geschäftsleiter ihre Aufgaben im Interesse der Gesellschaft und nicht nur der Gesellschaftermehrheit ordentlich erfüllen.

e) Enthaftung

Das EPG-Statut enthält keine Regelung zu einem möglichen Verzicht der Gesellschaft auf ihre Ansprüche gegen den Geschäftsleiter bzw. zu einer möglichen Freistellung von dessen Haftung. Nach der in Art. 2 Abs. 3 und Art. 14 EPG-VOE statuierten Satzungsautonomie können daher die Voraussetzungen für ei-

---

301 Dritter geänderter Vorschlag vom 16.05.1991, Abl. EG Nr. C 176 v. 08.07.1991, S. 1 ff. Abgedruckt bei: *Lutter*, Europäisches Unternehmensrecht, S. 738. Vgl. aber auch Fn. 299.

nen wirksamen Verzicht der Gesellschaft auf ihre Ansprüche gegen den Geschäftsleiter in der Satzung im Rahmen des gesetzlich Zulässigen frei geregelt werden.

Die Satzungsautonomie sollte insoweit beschränkt sein, dass die Gesellschaft nur nachträglich auf ihre Ansprüche gegen den Geschäftsleiter verzichten kann[302]. Die Zulässigkeit einer vorab erklärten Haftungsfreistellung oder -erleichterung, wie z.B. der generelle Ausschluss der Haftung des Geschäftsleiters für einfache Fahrlässigkeit, ist im EPG-Statut nicht ausdrücklich zugelassen. Hierbei handelt es sich zudem auch nicht um ein Prinzip, das dem Gesellschaftsrecht der Gemeinschaft oder den nationalen Rechtsordnungen gemeinsam wäre. In den hier untersuchten nationalen Rechtsordnungen ist es zumindest umstritten[303] wenn nicht sogar ausdrücklich verboten[304], den Sorgfaltsmaßstab vorab über das gesetzliche Maß hinaus zu reduzieren. Eine entsprechende Vereinbarung in der Satzung der EPG wäre daher nicht von der Vorschrift des Art. 12 Abs. 2 EPG-VOE gedeckt und würde gegen die allgemeinen Prinzipien der hier untersuchten nationalen Rechtsordnungen verstoßen. Eine vorab erklärte Haftungsfreistellung des Geschäftsleiters für bestimmte oder jedwede Pflichtverletzung sollte daher nicht zulässig sein.

Lediglich im Rahmen der Satzungsautonomie bleibt es den Gesellschaftern überlassen, die Voraussetzungen und Modalitäten für einen nachträglichen Verzicht der Gesellschaft auf ihre Ansprüche gegen den Geschäftsleiter festzulegen. Hierbei könnte ein Verfahren entsprechend der Entlastung im GmbH-Recht, eine Abstimmung über jede einzelne Pflichtverletzung oder aber auch eine Regelung entsprechend dem niederländischen Recht vereinbart werden, wonach die Feststellung des Jahresabschlusses den Geschäftsleiter hinsichtlich der Haftung gegenüber der Gesellschaft entlastet. Jedenfalls sollte ein wirksamer Verzicht voraussetzen, dass die Gesellschafterversammlung vor ihrer Entscheidung Kenntnis von dem schuldhaften Handeln und den haftungsbegründenden Tatsachen hatte[305]. Denn die Gesellschafterversammlung kann nur über ihr bekannte Pflicht-

---

302 So auch der Vorschlag in Art. 18 im Entwurf für die Fünfte gesellschaftsrechtliche Richtlinie. Abgedruckt bei: *Lutter*, Europäisches Unternehmensrecht, S. 182 und der Vorschlag in Art. 79 SE-VOE 1989, der inzwischen aber gestrichen worden ist. Ebenfalls abgedruckt bei: *Lutter*, Europäisches Unternehmensrecht, 3. Aufl., S. 577.

303 Zum deutschen Recht siehe die Ausführungen in § 2 I 1 e.

304 So z.B. in England und in den Niederlanden. Vgl. zum englischen Recht die Ausführungen in § 2 II 1 f; zum niederländischen Recht siehe § 2 III 1 e.

305 So auch der Vorschlag in Art. 79 SE-VOV1989, der inzwischen aber gestrichen worden ist. Abgedruckt bei *Lutter*, Europäisches Unternehmensrecht, 3. Aufl., S. 577.

verletzungen Beschluss fassen. Ein Beschluss, der auf unrichtigen Tatsachen basiert, ist unwirksam.

Da bezüglich der Voraussetzungen und der Modalitäten der Enthaftung des Geschäftsleiters Differenzen in den einzelnen Mitgliedstaaten bestehen, bietet sich die Übernahme einer Klausel in die Mustersatzungen für die EPG gemäß Art. 13 EPG-VOE an, die die Voraussetzungen und das Verfahren der Enthaftung regelt. So würde den Gesellschaftern eine praktikable und wirksame Gestaltung des Verfahrens zur Enthaftung des Geschäftsleiters an die Hand gegeben werden.

Aufgrund einer fehlenden ausdrücklichen Regelung zur Enthaftung bleibt allerdings offen, wo das Verfügungsrecht der Gesellschafter bezüglich des Verzichts auf Ansprüche gegen den Geschäftsleiter seine Grenze findet. Insbesondere im Falle der Krise der Gesellschaft oder bei Verstößen gegen die Kapitalerhaltungsvorschriften stellt sich die Frage, ob die Gesellschafter wirksam auf Ansprüche der Gesellschaft verzichten können oder ob nicht die Rechte der Gläubiger der Gesellschaft oder sonstiger Dritter vorgehen und der erklärte Verzicht möglicherweise unwirksam ist.

Das Verfügungsrecht der Gesellschafter sollte entsprechend der Regelung im deutschen Recht zumindest durch die Kapitalschutzvorschriften der EPG gemäß Art. 26 ff. EPG-VOE begrenzt werden[306], um einen angemessenen Schutz für die Gläubiger der Gesellschaft zu statuieren. Hierzu bedürfte es allerdings einer ausdrücklichen Regelung im EPG-Statut, da sowohl das niederländische als auch das englische Recht eine solche Beschränkung der Verzichtsmöglichkeit nicht kennen. Dementsprechend handelt es sich hierbei nicht um ein nach Art. 12 Abs. 2 EPG-VOE auf die EPG übertragbares allgemeines Prinzip der nationalen Rechtsordnungen.

Ein weiteres unbefriedigendes Ergebnis hinsichtlich der Wirksamkeit eines Verzichts ergibt sich nach der gegenwärtigen Fassung des EPG-Statuts im Fall der Insolvenz der Gesellschaft. Denn nach der gegenwärtigen Fassung des Art. 36 Abs. 1 EPG-VOE bestimmt das nationale Recht, wer für die Gesellschaftsverbindlichkeiten in der Insolvenz der Gesellschaft ganz oder teilweise haftet. Im niederländischen Recht kann der Insolvenzverwalter nach Art. 2:248 (6) BW Ansprüche der Gesellschaft der letzten drei Jahre vor der Insolvenz wegen unsorgfältiger Geschäftsführung trotz erklärten Verzichts der Gesellschafterversammlung geltend machen. In England entfaltet die Verzichtserklärung lediglich dann keine Wirkung, wenn hierdurch die Gesellschaft insolvent wird oder bereits insolvent ist, während im deutschen GmbH-Recht nur die Gläubigerschutz-

306 Ebenso: *Helms*, Die Europäische Privatgesellschaft, S. 321.

vorschriften[307] eine unmittelbare Schranke der Verzichtswirkung bilden. Der Geschäftsleiter einer EPG mit Sitz in den Niederlanden muss wegen der Anwendung nationalen Rechts im Falle der Insolvenz der Gesellschaft damit rechnen, für die unsorgfältige Geschäftsführung der letzten drei Jahre vor der Insolvenz trotz Verzichts der Gesellschafterversammlung in Anspruch genommen zu werden, während den Geschäftsleiter einer EPG mit Sitz in England oder Deutschland trotz entsprechendem Verzichts ein weitaus geringeres Haftungsrisiko wegen vergangener unsorgfältiger Geschäftsführung trifft. Zur Vermeidung einer unterschiedlichen Ausgestaltung des Haftungsrisikos der Geschäftsleiter einer EPG in den Mitgliedstaaten der EU ist deshalb zum einen eine Vereinheitlichung der Haftung des Geschäftsleiters in der Insolvenz durch eine eigenständige Regelung im EPG-Statut erforderlich[308]. Zumindest ist eine Regelung zu den Voraussetzungen und Grenzen des Verzichts der Gesellschafterversammlung in das EPG-Statut zu integrieren[309]. Eine Regelung in den Mustersatzungen wäre hierfür nicht ausreichend, da ihnen keine Gesetzeswirkung zukommt und die Gesellschafter von den Regelungen in den Mustersatzungen im Rahmen des allgemein gesetzlich Zulässigen abweichen können.

2. Sonstige besondere Haftungsrisiken

Neben der Haftung nach Art. 17 Abs. 1 S. 2 EPG-VOE für Pflicht- und Sorgfaltsverletzungen haftet der Geschäftsleiter der Gesellschaft gegenüber auch für alle Handlungen, die gegen die auf die Gesellschaft gemäß Art. 12 EPG-VOE anwendbaren Vorschriften verstoßen. Das stellt Art. 17 Abs. 1 S. 1 EPG-VOE klar. Einer ausdrücklichen Regelung hätte es allerdings nicht bedurft, da die Beachtung der für die Gesellschaft geltenden gesetzlichen oder satzungsgemäßen Vorschriften Bestandteil der ordnungsgemäßen Geschäftsführung ist. Damit wird eine Haftung wegen Verstoßes gegen solche Vorschriften bereits von Art. 17 Abs. 1 S. 2 EPG-VOE mitumfasst. Die Klarstellung erfüllt allerdings eine Appellations- und Warnfunktion für die Geschäftsleitung.

Nach Art. 17 Abs. 1 S. 1 EPG-VOE kann den Geschäftsleiter z.B. eine Haftung treffen bei der rechtswidrigen Übertragung von Anteilen der Gesellschaft (Art. 24 EPG-VOE), im Falle eines unzulässigen Kaufs eigener Anteile durch

307 §§ 9b, 31 Abs. 4, 43 Abs. 3 S. 2, 57 Abs. 4, 64 Abs. 2 S. 4 GmbHG.

308 Siehe hierzu insbesondere die Ausführungen in § 5 V und VI.

309 Der SE-VOV von 1989 enthielt in Art. 79 noch eine Regelung zum Verzicht der SE auf ihre Ansprüche. Abgedruckt bei *Lutter*, Europäisches Unternehmensrecht, 3. Aufl., S. 577. Allerdings wurde dort auch keine Grenze des Verzichts festgelegt. Art. 79 wurde in dem SE-VOV von 1991 gestrichen.

die Gesellschaft (Art. 27 EPG-VOE) oder bei dem Abschluss von Verträgen mit der Gesellschaft, die gegen Art. 29 EPG-VOE verstoßen. Der Geschäftsleiter kann sich des Weiteren bei einem Verstoß gegen das Informationsrecht der Gesellschafter gemäß Art. 30 EPG-VOE wegen unzulässiger Erteilung oder auch Verweigerung von Informationen gegenüber der Gesellschaft schadensersatzpflichtig machen[310].

Der Geschäftsleiter hat zur Vermeidung von Haftungsrisiken gemäß Art. 17 Abs. 1 EPG-VOE insbesondere die Kapitalschutzvorschriften der EPG stets zu beachten. Hierbei sind die Regelungen in der Zweiten gesellschaftsrechtlichen Richtlinie[311] weitgehend übernommen worden[312], so dass die Akzeptanz dieses Konzepts in der EPG konsensfähig sein dürfte, obwohl die Zweite gesellschaftsrechtliche Richtlinie bislang nur für Aktiengesellschaften Anwendung findet. Die Verhaltensgebote für den Geschäftsleiter dienen primär dem Schutz der Gläubiger der Gesellschaft und rechtfertigen deshalb ein entsprechendes Haftungsrisiko des Geschäftsleiters. Ob das System der Kapitalschutzvorschriften in der EPG nach jetzigem Stand ausreichend ist, kann zwar bezweifelt werden[313], ist aber nicht Gegenstand dieser Abhandlung.

3. Zusammenfassung

Der Verordnungsentwurf für die EPG enthält in Art. 17 einen Haftungstatbestand, der die allgemeinen Sorgfaltspflichten und sonstigen gesetzlichen Pflichten des Geschäftsleiters normiert. Die allgemeinen Anforderungen, die an einen Geschäftsleiter der EPG gestellt werden, entsprechen weitgehend den üblichen Anforderungen an die Geschäftsleiter in den hier untersuchten nationalen Kapitalgesellschaften mit beschränkter Haftung. Die sonstigen gesetzlichen Haftungsrisiken betreffen überwiegend aber nicht ausschließlich die Beachtung von Kapitalerhaltungsvorschriften.

---

310 Vgl. hierzu die Ausführungen in § 3 IV 3.

311 Richtlinie vom 13. Dezember 1976 (Kapitalrichtlinie) - 77/91/EWG - Abl. EG Nr. L 26 vom 31.01.1977, S. 1 ff.. Abgedruckt bei: *Lutter*, Europäisches Unternehmensrecht, S. 114 ff.

312 Vgl. den Kommentar zu Art. 26-28 EPG-VOE abgedruckt bei: *Boucourechliev/Hommelhoff* (Hrsg.), Vorschläge für eine Europäische Privatgesellschaft, S. 307.

313 Vgl. die über den gegenwärtigen Stand des EPG-Statuts hinausgehenden Vorschläge bei *Hommelhoff*, in: *Müller-Graff* (Hrsg.), Perspektiven des Rechts in der Europäischen Union, S. 66 ff..

Der Haftungstatbestand des Art. 17 Abs. 1 EPG-VOE ist zu unpräzise gefasst und sollte um die Tatbestandsmerkmale "Schaden der Gesellschaft" und "Verschulden" ergänzt werden. In diesem Zusammenhang wäre es insbesondere aus Gründen der Rechtssicherheit erstrebenswert, wenn ein einheitlicher Verschuldens- bzw. Sorgfaltsmaßstab in der EPG-Verordnung statuiert werden könnte.

Die Regelung zur Durchsetzung von Schadensersatzansprüchen der Gesellschaft durch Minderheitsgesellschafter ist zwar klar gefasst. Sie könnte aber durch eine Herabsetzung der Mindestgrenze der Beteiligung von 10 % auf 5 % noch wirksamer ausgestaltet werden.

Der Verzicht auf die Geltendmachung von Ansprüchen durch die Gesellschaft ist nicht geregelt und wird daher der Satzungsautonomie überlassen. Dies wird anfangs zu einer gewissen Rechtsunsicherheit führen, da die Voraussetzungen und die Reichweite eines erklärten Verzichts nicht eindeutig festgelegt sind.

Über die Anwendung nationalen Rechts kommt es im Falle der Insolvenz der Gesellschaft zu einer unterschiedlichen Reichweite des Verzichts nach dem jeweils geltenden Recht des Sitzstaates der EPG. Dieses unbefriedigende Ergebnis sollte durch eine eigenständige Regelung im EPG-Statut zur Haftung des Geschäftsleiters in der Insolvenz der Gesellschaft vermieden werden.

V. Rechtsvergleichung und Bewertung

In allen hier untersuchten Rechtsordnungen, den Verordnungsentwurf für die Europäische Privatgesellschaft eingeschlossen, kann der Geschäftsleiter gegenüber der Gesellschaft für die Verletzung der ihm obliegenden Aufgaben haftbar gemacht werden. Dem Grunde nach besteht insoweit Übereinstimmung. Im Kern sind auch die von dem Geschäftsleiter zu beachtenden Treue- und Sorgfaltspflichten sehr ähnlich. Dies ist insbesondere in der Anfangsphase nach Inkrafttreten der EPG-Verordnung für die Rechtssicherheit in der EPG und die einheitliche Auslegung der Geschäftsleiterhaftung in der EPG von großem Vorteil.

1. Allgemeine Haftung gegenüber der Gesellschaft

a) Pflichten des Geschäftsleiters

Allen Geschäftsleitern der hier untersuchten Rechtssysteme obliegt es, das Unternehmen zu führen und die Interessen der Gesellschaft bestmöglich wahrzunehmen, ohne in einen Interessenkonflikt mit der Gesellschaft zu geraten.

Trotz der unterschiedlichen Rechtssysteme sind Treuepflichten des Geschäftsleiters gegenüber der Gesellschaft allgemein anerkannt. Der Geschäftsleiter ist der Gesellschaft zu Loyalität verpflichtet und auch Wettbewerb mit der Gesellschaft ist regelmäßig unzulässig. Die in der englischen Literatur und Rechtsprechung vertretene abweichende Meinung zum Wettbewerbsverbot erfährt immer stärkere Kritik und wird sich wahrscheinlich nicht länger aufrecht erhalten lassen, so dass auch hier ein weitestgehender Konsens besteht. Die überwiegend vergleichbaren Treuepflichten erübrigen eine ausdrückliche Kodifizierung dieser Pflichten im EPG-Statut, da die Normadressaten die Anforderungen an die Treuepflichten nach nationalem Recht weiterhin als Verhaltensgebote heranziehen können. Es empfiehlt sich daher für die EPG, in den Mustersatzungen nach Art. 13 EPG-VOE Pflichten des Geschäftsleiters, wie z.B. hinsichtlich eines eventuell bestehenden Wettbewerbsverbots, näher zu konkretisieren, um so den Betroffenen und auch den Gerichten die Anwendung des Art. 17 Abs. 1 EPG-VOE zu erleichtern.

b) Sorgfaltsmaßstab

Auffällig ist bei den vorliegend untersuchten Rechtsordnungen, dass der jeweils anzulegende Sorgfaltsmaßstab nahezu einheitlich objektiv bestimmt wird. Als Maßstab dient dabei regelmäßig die von einem Geschäftsleiter vernünftigerweise zu fordernde Sorgfalt[314]. Unterschiede ergeben sich in erster Linie nur aus den unterschiedlichen Formulierungen der jeweiligen Rechtsnormen. Lediglich im englischen Recht sind die Sorgfaltsanforderungen traditionell in Teilbereichen noch subjektiv ausgestaltet. Die Regelung in s. 214 Abs. 4 IA 1986 führt aber bereits in weiten Bereichen zu einer Angleichung des englischen Rechts an die anderen hier untersuchten Rechtsordnungen.

Der für den Geschäftsleiter der EPG geltende Sorgfaltsmaßstab steht somit im Einklang mit den entsprechenden nationalen Regelungen und ist geeignet, die in den Mitgliedstaaten inzwischen gewonnene Rechtssicherheit auf supranationaler Ebene fortzuführen.

c) Verschulden

Die vorstehenden Ausführungen gelten jedoch für den Verschuldensmaßstab nicht. Während im deutschen und englischen Recht einfache Fahrlässigkeit als Verschuldensform für einen Anspruch der Gesellschaft gegen den Geschäftslei-

314 Allgemein zu dem Institut der "reasonable person": *Schmidt*, in: FS für Großfeld, S. 1017 ff.

ter ausreicht, findet in den Niederlanden ein im Vergleich zu den übrigen Rechtsordnungen milderer Verschuldensmaßstab (*ernstig verwijt* = schwerer Vorwurf) Anwendung. Dieser lässt sich am ehesten mit der groben Fahrlässigkeit nach deutschen Recht vergleichen. Im EPG-Statut wurde bislang von einer Regelung des Verschuldensmaßstabs ganz abgesehen. Im Interesse der Rechtsklarheit und Rechtssicherheit empfiehlt sich jedoch eine eindeutige Regelung im EPG-Statut. Der Geschäftsleiter sollte aufgrund dieser Regelung auch für einfach fahrlässiges Handeln haftbar gemacht werden können.

d) business judgment rule

Die im Gesellschaftsrecht in Europa im Vordringen befindliche *business judgment rule* ist in den nationalen Rechtsordnungen inzwischen weitgehend anerkannt. Sie hat allerdings noch keinen Eingang in das EPG-Statut gefunden. Auch diesbezüglich sollte das EPG-Statut um eine entsprechende Regelung ergänzt werden. Das unternehmerische Risiko eines jeden am Wirtschaftsleben Teilnehmenden gebietet es, dem Geschäftsleiter einer EPG einen weiten unternehmerischen Handlungsspielraum einzuräumen, innerhalb dessen eine Haftung des Geschäftsleiters gegenüber der Gesellschaft nicht in Betracht kommt. Aus Gründen der Rechtssicherheit und im Interesse einer klaren Regelung der Geschäftsleiterhaftung in der EPG sollten die Voraussetzungen für das Bestehen des unternehmerischen Handlungsspielraums nicht der Rechtsprechung überlassen bleiben, sondern im Statut selbst analog der *business judgment rule* im US-amerikanischen Recht geregelt werden.

e) Anspruchsinhaber

Allen hier untersuchten Rechtsordnungen ist gemein, dass der Schadensersatzanspruch wegen einer Pflichtverletzung durch den Geschäftsleiter nur der Gesellschaft und nicht sonstigen Dritten zusteht. Hierdurch wird ein Windhundrennen der Gläubiger vermieden und es ist gewährleistet, dass alle Schadensersatzleistungen des Geschäftsleiters gleichermaßen den Gläubigern der Gesellschaft zufließen können.

Der Schutz der Minderheitsgesellschafter, im Falle der Weigerung der Gesellschaftermehrheit den Anspruch gegen den Geschäftsleiter geltend zu machen, ist hingegen sehr unterschiedlich ausgeprägt. Während in den Niederlanden ein Geschäftsführer, der zugleich die Mehrheit der Gesellschaftsanteile besitzt, eine Haftungsklage der Minderheitsgesellschafter kaum befürchten muss, da ein Minderheitsgesellschafter keine Klagebefugnis hat, kann im deutschen Recht grundsätzlich jeder Gesellschafter mit der *actio pro societate* Ansprüche der Gesellschaft gegen den Geschäftsführer geltend machen. Auch im englischen Recht ist die Durchsetzung von Ansprüchen der Gesellschaft durch Minderheitsgesellschafter wegen der dortigen Geltung der *majority rule* erschwert. Immerhin hat die Ausdehnung des s. 459 Abs. 1 C.A. 1985 auf Fälle der Schädigung der Gesellschaft durch die *directors* die Rechtsposition der Minderheitsgesellschafter verbessert und ihre Klagemöglichkeiten erweitert. Die Regelung in Art. 18 Abs. 2 EPG-VOE kann daher als Fortschritt für den Minderheitenschutz im europäischen Gesellschaftsrecht angesehen werden. Ob der Grenzwert zur Geltendmachung von Ansprüchen der Gesellschaft von 10 % des vertretenen Kapitals bzw. der vertretenen Stimmrechte tatsächlich konsensfähig ist, müssen die zukünftigen Verhandlungen zeigen. Ein Wert, der bei 5 % der genannten Kriterien angesiedelt ist, würde sicherlich eine noch stärkere Kontrolle über die Geschäftsleitung ermöglichen und zumindest auch mittelbar dem besseren Schutz der Gläubiger dienen.

f) Enthaftung

Allgemein anerkannt ist, dass die Gesellschaft auf ihre Ansprüche gegen den Geschäftsleiter nachträglich verzichten kann. In Deutschland sind dabei die Anforderungen an die Offenlegungspflicht des Geschäftsführers bezüglich der haftungsbegründenden Tatsachen weniger streng als in England oder den Niederlanden. Die Entlastung nach § 46 Nr. 5 GmbHG hat bereits dann Verzichtswirkung, wenn die Gesellschafter nicht durch den Geschäftsführer sondern z.B. durch Dritte Kenntnis von den haftungsbegründenden Tatsachen erlangt haben. Demgegenüber fordern das englische und niederländische Recht, dass der Geschäftsführer die Pflichtverletzung vollständig und ehrlich der Gesellschafterversammlung offen legt. Allerdings findet das Verfügungsrecht der Gesellschafter in Deutschland bereits in den Kapitalerhaltungsvorschriften, in England und den Niederlanden hingegen regelmäßig erst in der Insolvenz der Gesellschaft seine Grenze. Trotzdem ist das niederländische Recht strenger als das deutsche und englische Recht, da der Insolvenzverwalter der B.V. Ansprüche der Gesellschaft wegen unsorgfältiger Geschäftsführung der letzten drei Jahre vor Insolvenzeröffnung unbeschadet eventueller Verzichtserklärungen durch die Gesellschafterversammlung geltend machen kann.

Schon aufgrund dieser beträchtlichen nationalen Unterschiede bezüglich der Enthaftung des Geschäftsleiters im Falle der Insolvenz der Gesellschaft sollte für die EPG eine eigenständige Regelung für die Haftung des Geschäftsleiters im Falle der Insolvenz der EPG getroffen werden, die nicht auf nationales Recht rekurriert. Hierdurch kann eine unterschiedlich ausgeprägte Inanspruchnahme der Geschäftsleiter in der Insolvenz der EPG in den einzelnen Mitgliedstaaten vermieden und die Einheitlichkeit der Rechtsform EPG auch in der Gesellschaftskrise gewahrt werden.

2. Sonstige besondere Haftungsrisiken

Bei einem Vergleich der sonstigen Haftungsrisiken fällt auf, dass der Geschäftsleiter grundsätzlich bei schuldhaften Verstößen gegen die jeweiligen Kapitalschutzvorschriften der Gesellschaft haftet. Auch wenn die Kapitalschutzvorschriften in den nationalen Rechtsordnungen sehr unterschiedlich ausgestaltet sind, so führt die Verletzung dieser Vorschriften zu einer Haftung des Geschäftsleiters. Für den Geschäftsleiter der EPG stellt Art. 17 Abs. 1 S. 1 EPG-VOE ausdrücklich klar, dass er für Verstöße gegen die Kapitalerhaltungsvorschriften der EPG haftet. Diese Regelung steht somit im Einklang mit den Haftungsrisiken des Geschäftsleiters innerhalb der hier untersuchten nationalen Rechtsordnungen. Sie statuiert ein angemessenes Haftungsrisiko des Geschäftsleiters der EPG für Verstöße gegen die Kapitalerhaltungsvorschriften.

3. Ergebnis

Die Schaffung einer neuen supranationalen Gesellschaftsform birgt die Gefahr der Überreglementierung durch Berücksichtigung möglichst aller nationalen Interessen und damit der Unübersichtlichkeit und der mangelnden Flexibilität in sich. Wenn die Nationalstaaten ihrerseits nicht bereit sind, auf vertraute Haftungstatbestände des nationalen Rechts zu verzichten oder diese zu modifizieren, führt dies zwangsläufig zur Übernahme der jeweils strengsten Regelungen in das supranationale Statut. Im Verordnungsentwurf für die EPG ist dieser kontraproduktiven Versuchung widerstanden worden. Art. 17 Abs. 1 EPG-VOE legt kurz und prägnant die Sorgfaltsanforderungen an den Geschäftsleiter fest und macht ihn für Pflichtverletzungen haftbar.

Nicht berücksichtigt wurde indessen bei der Ausgestaltung von Art. 17 Abs. 1 EPG-VOE, dass es in den nationalen Rechtsordnungen weitere Anspruchsvoraussetzungen für den Schadensersatzanspruch der Gesellschaft gegenüber ihrer Geschäftsleiter gibt, die jeweils unterschiedlich sein können. Zur Klarstellung sollte Art. 17 Abs. 1 EPG-VOE um die Tatbestandsmerkmale des Verschuldens, des Schadens der Gesellschaft und um die Anwendung einer der *business judgment rule* vergleichbaren Regelung ergänzt werden. Denn bislang fehlt der Haftung des Geschäftsleiters nach Art. 17 Abs. 1 EPG-VOE die Einbindung in ein allgemeines europäisches Gesellschaftsrecht und in ein allgemeines Zivilrecht der Europäischen Union[315], auf das bei der Auslegung der Vorschrift zurückgegriffen werden könnte. Diese beiden Rechtsgebiete sind auf der Ebene des Gemeinschaftsrechts nur partiell angeglichen bzw. vereinheitlicht, was sich in absehbarer Zukunft auch nicht grundlegend ändern wird.

Die interne Haftung des Geschäftsleiters der EPG gegenüber der Gesellschaft entspricht in weiten Teilen den Regelungen der hier untersuchten nationalen Rechtsordnungen. Mit den vorgeschlagenen Änderungen wäre Art. 17 Abs. 1 EPG-VOE ein vollumfänglich eigenständiges und praxistaugliches Werk des europäischen Gesellschaftsrechts.

315 *Hommelhoff*, WM 1997, 2101 (2108).

§ 3 Die Haftung gegenüber den Gesellschaftern

Wie soeben in § 2 aufgezeigt wurde, existiert in den hier untersuchten gesellschaftsrechtlichen Regelungen ein allgemein anerkannter Grundsatz, nach dem die Geschäftsleiter nur gegenüber der Gesellschaft und nicht persönlich gegenüber den Gesellschaftern für Fehler in der Unternehmensleitung haften. Dieses Prinzip der Haftungskanalisierung auf die Gesellschaft soll ein Windhundrennen der Gläubiger verhindern und die Ersatzleistungen des Geschäftsleiters wegen der Schädigung der Gesellschaft allen Gesellschaftsgläubigern und Gesellschaftern in gleicher Weise zukommen lassen.

Dennoch sind Situationen denkbar, in denen die Gesellschafter den Geschäftsleiter persönlich in Anspruch nehmen können. Art. 18 Abs. 1 EPG-VOE setzt das Bestehen eines solchen Anspruchs gegen den Gesellschafter sogar ausdrücklich voraus. Dort heißt es, dass jeder Gesellschafter gegen den oder die Geschäftsleiter eine Schadensersatzklage bezüglich seines persönlich erlittenen Schadens erheben kann. Ob dieser Norm allerdings über eine Klarstellungsfunktion hinaus noch eine weitere eigenständige Bedeutung zukommt, wie z.B. als eigene Anspruchsgrundlage für den einzelnen Gesellschafter, soll nachfolgend als ein Schwerpunkt untersucht werden.

I. Die Rechtslage in Deutschland

In Deutschland besteht nahezu Einigkeit darüber, dass durch § 43 GmbHG keine Ansprüche des Gesellschafters begründet werden; die Vorschrift ist insbesondere kein Schutzgesetz im Sinne von § 823 Abs. 2 BGB[316]. Selbst wenn Gesellschaftern ein Schaden entsteht, weil die GmbH geschädigt worden ist und hierdurch der Wert ihres Anteils an der GmbH geschmälert wurde ("Reflexschaden"), sind sie doch nur mittelbar geschädigt und haben daher keinen direkten Anspruch auf Schadensersatz gegen den Geschäftsführer. Ein Schadensersatzanspruch des Ge-

316 BGHZ 31, 258 (278): *Hachenburg/Mertens*, GmbHG, § 43 Rn. 102; *Baumbach/Hueck/Zöllner*, GmbHG, § 43 Rn. 48; *Lutter/Hommelhoff*, GmbHG, § 43 Rn. 32. Die gegenteilige Position bezieht nur: *Sonnenschein*, Organschaft und Konzerngesellschaftsrecht, S. 159 ff. *Scholz/Schneider*, GmbHG, § 43 Rn. 212 ist der Ansicht, dass zumindest Loyalitätspflichten des Geschäftsführers im Verhältnis zu den Gesellschaftern nicht ausgeschlossen sind.

sellschafters kommt daher nur in Betracht, wenn ihm ein über die bloße Schmälerung des Werts des Geschäftsanteils hinausgehender Schaden entstanden ist, der nicht zugleich Vermögensschaden der Gesellschaft ist.

1. Vertragliche Ansprüche

Ein unmittelbarer vertraglicher Anspruch eines geschädigten Gesellschafters kann in Betracht kommen, wenn der Geschäftsführungsvertrag zugunsten der Gesellschafter als ein Vertrag zugunsten Dritter gemäß § 328 BGB ausgestaltet ist[317]. Dies ist im Allgemeinen aber nicht der Fall und die Haftung aufgrund vertraglicher Ansprüche ist in der Praxis bisher irrelevant geblieben. Allerdings hat der Bundesgerichtshof im Falle einer GmbH & Co. KG die KG in den Schutzbereich des zwischen der GmbH und deren Geschäftsführer geschlossenen Vertrags einbezogen, mit der Begründung, es sei alleinige oder wesentliche Aufgabe der Komplementär-GmbH gewesen, die Geschäfte der KG zu führen[318]. Eine Übertragung dieser Grundsätze auf die GmbH und deren Gesellschafter ist indessen nicht zu erwarten.

2. Haftung aus Organstellung

a) Haftung bei unzulässiger Stammkapitalrückzahlung

Einen Ausnahmefall der Haftung des Geschäftsführers gegenüber den Gesellschaftern regelt § 31 Abs. 6 GmbHG. Wenn der Geschäftsführer entgegen den Bestimmungen des § 30 GmbHG zur Erhaltung des Stammkapitals der Gesellschaft erforderliches Vermögen an die Gesellschafter übertragen hat, so sind diese der Gesellschaft gemäß § 31 Abs. 1 GmbHG zur Erstattung verpflichtet. Können einzelne Gesellschafter die Rückerstattung nicht leisten, so haften die übrigen Mitgesellschafter nach dem Verhältnis ihrer Geschäftsanteile für den zu erstattenden Betrag nach § 31 Abs. 3 GmbHG. Mitgesellschafter, die für den zu erstattenden Rückzahlungsbetrag in Anspruch genommen worden sind, können beim Geschäftsführer nach § 31 Abs. 6 GmbHG Regress nehmen, sofern der Ge-

---

317 *Hachenburg/Mertens*, GmbHG, § 43 Rn. 108; *Espey/von Bitter,* Haftungsrisiken des GmbH-Geschäftsführers, S. 78.

318 Vgl. BGH NJW 1995, S. 1353 (1357).

schäftsführer schuldhaft gegen das Auszahlungsverbot des § 30 GmbHG verstoßen hat[319].

b) Haftung wegen Auskunfts- und Informationspflichtverletzungen

Dem Gesellschafter steht seit der Einführung von § 51a GmbHG durch die GmbH-Novelle von 1980 ein Informationsanspruch gegen die Gesellschaft zu. Allgemein anerkannt ist, dass der Geschäftsführer bei unbefugter Informationserteilung oder unberechtigter Informationsverweigerung der Gesellschaft den daraus entstehenden Schaden gemäß § 43 Abs. 2 GmbHG ersetzen muss[320]. Ebenfalls unproblematisch ist die Haftung des Geschäftsführers wegen vorsätzlicher sittenwidriger Schädigung gemäß § 826 BGB, wenn er den Gesellschaftern durch die Erteilung einer falschen oder Verweigerung einer berechtigten Auskunft in einer gegen die guten Sitten verstoßenden Weise vorsätzlich Schaden zufügt[321].

Noch nicht abschließend geklärt ist, ob der durch die fehlerhafte Informationserteilung oder -verweigerung geschädigte Gesellschafter selbst den Geschäftsführer außerhalb des Anwendungsbereichs des § 826 BGB unmittelbar in Anspruch nehmen kann. Teilweise wird vertreten, die fehlerhafte Informationserteilung bzw. -verweigerung sei eine Verletzung der als absolutes Recht gemäß § 823 Abs. 1 BGB geschützten Mitgliedschaftsrechte des Gesellschafters[322] oder die Vorschrift des § 51a GmbHG sei ein Schutzgesetz im Sinne von § 823 Abs. 2 BGB[323]. Es wird auch die These vertreten, der Geschäftsführer sei kraft seiner Organstellung dem Gesellschafter zur Auskunft verpflichtet und hafte ihm deshalb gemäß § 43 GmbHG auf Schadensersatz[324].

Die gegenteilige Ansicht lehnt einen eigenen Anspruch des Gesellschafters gegen den Geschäftsführer ab, da es keine Anspruchsgrundlage gebe[325]. Weder stelle die unberechtigte Informationsverweigerung oder -erteilung einen Eingriff in ein sonstiges Recht gemäß § 823 Abs. 1 BGB dar, noch sei § 51a GmbHG Schutzgesetz im Sinne von § 823 Abs. 2 BGB. Ebenso scheide eine Haftung aufgrund der Organstellung des Geschäftsführers aus.

---

319 Als Verschuldensmaßstab gilt auch hier § 43 Abs. 1 GmbHG. Vgl.: *Roth/Altmeppen*, GmbHG, § 31 Rn. 36; *Lutter/Hommelhoff*, GmbHG, § 31 Rn. 30.

320 Vgl. hierzu die Ausführungen in § 2 I 3.

321 *Hoffmann/Liebs*, Der GmbH-Geschäftsführer, Rn. 831.2.

322 *Reuter*, BB 1986, S. 1653 (1658).

323 *Roth/Altmeppen*, GmbHG, § 51a Rn. 40.

324 *Scholz/Schneider*, GmbHG, § 43 Rn. 212.

325 *Hachenburg/Hüffer*, GmbHG, § 51a Rn. 72; *Lutter/Hommelhoff*, GmbHG, § 51a Rn. 37.

In der Rechtsprechung hat sich, soweit ersichtlich, noch nicht die Gelegenheit ergeben, zu diesem Problemkreis Stellung zu beziehen. Dies liegt wohl darin begründet, dass ein eigener Anspruch des Gesellschafters unmittelbar gegen den Geschäftsführer gar nicht zwingend erforderlich ist, da der Gesellschafter zumindest die Gesellschaft als Schuldnerin des Informationsanspruchs für Mängel bei der Informationserteilung in Anspruch nehmen kann[326]. Die Gesellschaft ihrerseits kann sich wiederum beim Geschäftsführer schadlos halten[327].

Aus Sicht des Geschäftsführers besteht somit zwar kein großes Risiko, von einem Gesellschafter unmittelbar in Anspruch genommen zu werden, da dieser sich wegen der unsicheren Rechtslage im Zweifel an die GmbH selbst halten wird. Jedoch ist der Geschäftsführer bei schuldhaftem Handeln verpflichtet, der Gesellschaft ihren Schaden gemäß § 43 Abs. 2 GmbHG zu ersetzen, so dass er im Ergebnis das Haftungsrisiko für eine mangelhafte Informationserteilung trägt.

3. *Deliktische Haftungsrisiken*

a) *Ansprüche aus § 823 Abs. 1 BGB*

Die Mitgliedschaft, auch des GmbH-Anteilsinhabers, ist inzwischen als sonstiges Recht im Sinne von § 823 Abs. 1 BGB allgemein anerkannt[328]. Im Schrifttum wird deshalb vereinzelt die Auffassung vertreten, dass der Geschäftsführer gemäß § 823 Abs. 1 BGB schadensersatzpflichtig ist, wenn er schuldhaft durch Verkürzung der im Mitgliedschaftsrecht zusammen gefassten Herrschafts-, Teilhabe- und Vermögensfunktion das Mitgliedschaftsrecht des Gesellschafters verletzt, zum Beispiel durch faktische Veränderung des Unternehmensgegenstandes oder der Verletzung der Gleichbehandlungspflicht aller Gesellschafter[329]. Die

326 Die GmbH ist Schuldnerin des Auskunftsanspruchs. Siehe *Bopp*, Die Informationsrechte des GmbH-Gesellschafters, S. 56 m.w.N.; *Roth/Altmeppen*, GmbHG, § 51a Rn. 16; *Lutter/Hommelhoff*, GmbHG, § 51a Rn. 5.

327 *Hachenburg/Hüffer*, GmbHG, § 51a Rn. 72 a.E.. Zu den Ansprüchen der Gesellschaft diesbezüglich siehe die Ausführungen in § 2 I 3.

328 BGHZ 110, 323 (327 ff.) = BGH NJW 1990, 2877, (2878 f.); *Palandt/Thomas*, § 823 Rn. 27; *Scholz/Schneider*, GmbHG, § 43 Rn. 216 m.w.N.; eingehend hierzu auch: *Habersack*, Die Mitgliedschaft – subjektives und „sonstiges" Recht, S. 117 ff.; zur Aktiengesellschaft: RGZ 100, 274 (278); 158, 248 (255).

329 *Hachenburg/Mertens*, GmbHG, § 43 Rn. 105; dagegen allerdings: *Scholz/Schneider*, GmbHG, § 43 Rn. 216; *Lutter/Hommelhoff*, GmbHG, § 43 Rn. 32; *Meyer-Landrut/Miller/Niehus*, GmbHG, § 43 Rn. 3; *Baumbach/Hueck/Zöllner*, GmbHG, § 43 Rn. 49.

Rechtsprechung hat sich hierzu noch nicht dezidiert geäußert[330], was die diesbezüglich bislang geringe praktische Bedeutung dieser Anspruchsgrundlage zum Ausdruck bringt.

b) Ansprüche aus § 823 Abs. 2 BGB

Schließlich kann der Geschäftsführer auch gemäß § 823 Abs. 2 BGB durch Verletzung eines Schutzgesetzes den Gesellschaftern gegenüber haften, wenn er eine Vorschrift verletzt, die zumindest auch dem Schutze der Gesellschafter dient. Ein solches Schutzgesetz zugunsten der Gesellschafter ist die Vorschrift des § 84 Abs. 1 Nr. 1 GmbHG[331]. Der Geschäftsführer haftet danach den Gesellschaftern persönlich für erlittene Schäden, wenn er es unterlässt, ihnen einen Verlust in Höhe der Hälfte des Stammkapitals anzuzeigen. Das Unterlassen der Beantragung der Eröffnung des Insolvenzverfahrens gemäß § 84 Abs. 1 Nr. 2 GmbHG stellt hingegen keine Schutzgesetzverletzung zugunsten der Gesellschafter dar[332].

Teilweise werden die Falschangabe bei der Kapitalerhöhung nach § 82 Abs. 1 Nr. 3 GmbHG und die falsche Darstellung der Vermögenslage in einer öffentlichen Mitteilung gemäß § 82 Abs. 2 Nr. 2 GmbHG als Schutzgesetze zugunsten der Gesellschafter angesehen[333]. Die überwiegende Meinung lehnt dies allerdings ab[334]. Schließlich haftet der Geschäftsführer auch nach § 823 Abs. 2 BGB, wenn er sich den Gesellschaftern gegenüber wegen Untreue nach § 266 StGB oder Betruges nach § 263 StGB strafbar macht.

4. Zusammenfassung

Im Ergebnis ist festzuhalten, dass die Haftungsrisiken des Geschäftsführers unmittelbar gegenüber den Gesellschaftern gering sind, wenn man von der Verlet-

---

330 Zum Vereinsrecht vgl. BGHZ 110, 323 (327 ff.) = BGH NJW 1990, 2877, (2878 f.).

331 *Hachenburg/Kohlmann*, GmbHG, § 84 Rn. 5; *Lutter/Hommelhoff*, GmbHG, § 84 Rn. 1; *Scholz/Tiedemann*, GmbHG, § 84 Rn. 11.

332 *Baumbach/Hueck/Schulze-Osterloh*, GmbHG, § 84 Rn. 19; *Lutter/Hommelhoff*, GmbHG, § 84 Rn. 1; *Hachenburg/Kohlmann*, GmbHG, § 84 Rn. 33.

333 *Meyer/Landrut*, GmbHG, § 82 Rn. 2.

334 Es werden nur die gegenwärtigen und zukünftigen Gläubiger der Gesellschaft geschützt: *Hachenburg/Kohlmann*, GmbHG, § 82 Rn. 89. Schutzgesetz außerdem auch für zukünftige Gesellschafter: *Baumbach/Hueck/Schulze-Osterloh*, GmbHG, § 82 Rn. 35; *Lutter/Hommelhoff*, GmbHG, § 82 Rn. 27; *Roth/Altmeppen*, GmbHG, § 82 Rn. 3.

zung von Straftatbeständen oder vorsätzlichen Schädigungen der Gesellschafter absieht. Ursache hierfür ist, dass der Geschäftsführer seine Aufgabenerfüllung primär der GmbH schuldet und ebenso seine Loyalitätspflichten grundsätzlich nur gegenüber der Gesellschaft bestehen. Eine unmittelbare Haftung gegenüber den Gesellschaftern setzt grundsätzlich eine besonderen Verpflichtungsgrund des Geschäftsführers voraus.

II. Die Rechtslage in England

Ebenso wie die Geschäftsführer in Deutschland schulden die *directors* in England die ordentliche Erfüllung ihrer Aufgaben grundsätzlich nur der Gesellschaft und nicht den individuellen Mitgliedern[335]. Die Gesellschafter können daher nicht den Minderwert ihres Geschäftsanteils als sogenannten "Reflexschaden" geltend machen, der durch die unmittelbare Schädigung der Gesellschaft eingetreten ist[336]. Vertragliche Ansprüche des Gesellschafters über die Konstruktion eines Vertrags zugunsten Dritter sind dem englischen Recht fremd, was unter anderem seine Ursache in dem fehlenden zwingenden Erfordernis eines Anstellungsvertrags zwischen dem *director* und der Gesellschaft hat[337].

1. Haftung bei mangelhafter Information der Gesellschafter

Trotz des Grundsatzes der Verpflichtung des Geschäftsführers zur Aufgabenerfüllung nur gegenüber der Gesellschaft gab es in jüngster Vergangenheit eine Reihe von Entscheidungen, die den *directors* Pflichten unmittelbar gegenüber den Gesellschaftern auferlegt haben. Die Entscheidungen betrafen allesamt Übernahmeangebote von Gesellschaftsanteilen. In solchen Situationen ist der *director* verpflichtet, den Anteilseignern genügend Informationen und Ratschläge zu geben, damit diese zu einer Entscheidung aufgrund ordentlich erteilter Auskunft gelangen können[338]. Verleitet der *director* die Anteilseigner zu einem Verkauf ihrer Anteile unter Wert, können die Gesellschafter den Verkauf für nichtig

335 *Percival v Wright* [1902] 2 Ch. 421; *Multinational Gas and Petrochemical Co v Multinational Gas and Petrochemical Services Ltd and others* [1983] BCLC 461 (487).

336 *Prudential Assurance Co Ltd v Newman Industries Ltd (No 2)* [1982] Ch 204, [1982] 1 All ER 354; *Pennington*, Company Law, Cha. 15, S. 813.

337 Vgl. hierzu: *Triebel/Hodgson/Kellenter/Müller*, Englisches Handels- und Wirtschaftsrecht, Rn. 732.

338 *Re a company* [1986] BCLC 382 (389 f.).

erklären lassen und nach *equity* die Differenz zwischen dem gezahlten Preis und dem wirklichen Wert des Geschäftanteils zur Zeit des Verkaufs vom *director* ersetzt verlangen[339].

Bevollmächtigen die Gesellschafter die *directors* zum Verkauf ihrer Anteile, so müssen die *directors* Treuepflichten gegenüber den Gesellschaftern beachten. Diese ergeben sich dann allerdings aus dem Recht der Stellvertretung (*agency relationship*) und nicht aufgrund von Treuepflichten aus dem Gesellschaftsverhältnis[340].

In einer neuseeländischen Entscheidung[341] hat der dortige *Supreme Court* Treuepflichten der Geschäftsführer gegenüber einzelnen Gesellschaftern konstituiert. Dort wurden die Geschäftsanteile einer Gesellschaft überwiegend von einer Familie gehalten und der Vater und ein Sohn waren die *managing directors* der Gesellschaft. Als diese *managing directors* eine neue Gesellschaft gründeten, machten sie ein Übernahmeangebot für die Geschäftsanteile der Familiengesellschafter der bereits bestehenden Gesellschaft und verschwiegen dabei Tatsachen, die für den Wert der zu veräußernden Geschäftsanteile relevant waren. Für das Gericht bestand ein ausreichend vertrauensvolles Verhältnis zwischen Gesellschaftern und *directors*, Treuepflichten zugunsten der Minderheits- und Familiengesellschafter zu begründen. Die *directors* dieser Gesellschaft hätten bei dem Übernahmeangebot alle materiellen Tatsachen offen legen und die Gesellschafter darüber aufklären müssen, was nach deren persönlichem Interesse die beste Handlungsmöglichkeit gewesen wäre. Die Missachtung dieser Treuepflichten gegenüber den Gesellschaftern führte dazu, dass die *directors* den Gesellschaftern den Schaden ersetzen mussten, der durch die Annahme des Übernahmeangebots entstanden war. Er bestand in der Differenz zwischen dem wirklichem Wert der Geschäftsanteile zum Zeitpunkt des Übernahmeangebots und dem gezahlten Preis für die Geschäftsanteile.

Eine Übertragung der Grundsätze dieser Entscheidung auf das englische Recht scheint in Anbetracht der dort bereits ergangenen Entscheidungen durchaus als wahrscheinlich[342]. Denn gerade bei Rechtsgeschäften im Zusammenhang mit Übernahmen von Geschäftsanteilen sind Gesellschafter, die nicht selbst an der Unternehmensleitung partizipieren und somit nicht zwangsläufig über die finanzielle Lage und den Wert ihrer Anteile informiert sind, abhängig vom Rat der Geschäftsleitung.

339 *Pennington*, Company Law, Cha. 15, S. 812.

340 *Drury*, in: *Kreuzer* (Hrsg.), Die Haftung der Leitungsorgane von Kapitalgesellschaften, S. 126.

341 *Coleman v Myers* [1977] 2 NZLR 225.

342 *Pennington*, Directors' personal liability, S. 163 hat wenig Zweifel, dass englische Gerichte genauso entscheiden würden.

2. Haftung wegen der Verletzung gesetzlicher Pflichten

Die gesetzlichen Pflichten, die den *directors* gegenüber Gesellschaftern auferlegt werden, sind in der private company nicht umfangreich. Bedeutsam ist hier allein die Haftung bei Nichtbeachtung von Bezugsrechten auf neu ausgegebene Geschäftsanteile. Ein Gesellschafter, dem ein Bezugsrecht (*pre-emption right*) gemäß der Vorschriften der ss. 89 ff. C.A. 1985 im Falle der Ausgabe neuer Geschäftsanteile gewährt wird, hat einen Anspruch auf Ausgleich seines Verlustes und Ersatz seines Schadens, wenn ihm die Ausübung dieses Bezugsrechts nicht angeboten wurde und die Anteile an andere ausgegeben werden. Der Anspruch richtet sich gemäß s. 92 C.A. 1985 gegen die Gesellschaft und gegen jeden *director*, der den Verstoß genehmigt oder erlaubt hat, als Gesamtschuldner[343]. In der *private company* können die Bezugsrechte gemäß der Vorschriften der ss. 89 bis 96 C.A. 1985 allerdings ausgeschlossen und eine eventuelle Haftung des *directors* kann somit vermieden werden[344].

3. Deliktische Haftungsrisiken

Besondere deliktische Haftungsrisiken bestehen für den *director* einer *private limited company* nicht. Selbstverständlich haftet er den Gesellschaftern, wenn er ihnen gegenüber eine unerlaubte Handlung (*tort*) begeht und er diese persönlich schädigt. Eine Aufzählung der in Betracht kommenden Fälle wäre uferlos[345] und bringt keine Erkenntnisse für die Rechtsvergleichung hinsichtlich der Geschäftsleiterhaftung in der Gesellschaft mit beschränkter Haftung.

4. Zusammenfassung

Im englischen Recht lassen sich die Fälle, in denen den *directors* Pflichten gegenüber den Gesellschaftern auferlegt werden, nicht in ein System einordnen. Sie sind vielmehr das Ergebnis der Anwendung von allgemeinen Regeln zu vertraglichen, stellvertretungsrechtlichen oder sonstigen treuhänderischen Beziehungen zwischen *director* und Gesellschafter durch die Rechtsprechung.

343 *Palmer*, Company law, Rn. 5.817.

344 *Hicks/Goo*, Cases and Materials on Company Law, S. 247.

345 Das englische *tort law* kennt keine dem deutschen Recht vergleichbare Systematik. Einige *torts* haben sich schon seit dem Mittelalter entwickelt, was eine systematische Einordung zusätzlich erschwert. Vgl. *Graf von Bernstorff*, Einführung in das englische Recht, S. 97.

Insgesamt ist das Haftungsrisiko des *directors* gegenüber den Gesellschaftern sehr gering, sofern der *director* nicht über das bestehende Gesellschaftsverhältnis hinaus einen selbständigen Verpflichtungsgrund für Haftungsansprüche schafft.

III. Die Rechtslage in den Niederlanden

In den Niederlanden besteht ebenfalls Einigkeit darüber, dass aus Art. 2:9 BW keine individuellen Ansprüche des Gesellschafters gegenüber dem Geschäftsführer herleitbar sind[346]. Auch im niederländischen Gesellschaftsrecht können die Gesellschafter nicht den Minderwert ihres Geschäftsanteils als sogenannten "Reflexschaden" (*afgeleide schade*[347]) geltend machen, der durch die unmittelbare Schädigung der Gesellschaft eingetreten ist. Vertragliche Ansprüche der Gesellschafter gegen den Geschäftsführer bestehen nicht. Dafür können sich aus besonderen Vorschriften des niederländischen Gesellschaftsrechts Haftungsrisiken für den Geschäftsführer gegenüber den Gesellschaftern ergeben.

1. Haftung wegen irreführenden Jahresabschlusses

Eine dieser besonderen Vorschriften ist Art. 2:249 BW. Der Geschäftsführer haftet danach Dritten gegenüber für den Fall, dass der Jahresabschluss, der jährliche Bericht oder die Zwischenberichte, sofern diese Dokumente veröffentlicht werden, eine irreführende Darstellung der finanziellen Situation der Gesellschaft beinhalten, für den einem Dritten daraus entstandenen Schaden. Auch wenn diese Vorschrift primär dem Schutz von Gesellschaftsgläubigern dient[348], können

---

346 HR vom 02.12.1994, NJ 1995, 288 (*Poot-ABP*); *Ebben/Akveld/Westermann*, RIW 1995, 720 (721); *Van der Heijden/Van der Grinten*, Handboek voor de naamloze en de besloten vennootschap, Nr. 257, S. 458; *Wezeman*, Aansprakelijkheid van bestuurders, S. 75 f.; *De Savornin Lohman*, Duties and liability of directors and shareholders under Netherlands law, Cha. 7.19, S. 80; *De Kluiver*, in: *De Kluiver* (Hrsg.) The European Private Company?, S. 117.

347 Vgl. zu diesem Begriff die Entscheidung des HR vom 29.11.1996 (*Cri Cri*) in TVVS 1997, 16 f. mit einer Anmerkung von *L. Timmerman*. Der Fall betraf eine Klage von Gesellschaftern auf Ersatz ihres erlittenen Schadens gegen eine Versicherung der Gesellschaft, die nur die Gesellschaft selbst unmittelbar geschädigt hatte. Als Folge waren die Gesellschafter gezwungen, die Gesellschaft zu liquidieren und wollten den daraus entstandenen Schaden von der Versicherung ersetzt haben.

348 Vgl. hierzu die Ausführungen in § 4 III 3.

Dritte im Sinne des Art. 2:249 BW nach überwiegender Auffassung auch Gesellschafter sein[349]. Der Geschäftsführer kann sich jedoch exkulpieren, wenn er beweist, dass die irreführende Darstellung ihm nicht zuzuschreiben ist, z.B. wenn die Gesellschafterversammlung den Jahresabschluss in anderer Form feststellt, als er vom Geschäftsführer aufgestellt worden war. In der Rechtsprechung der vergangenen Jahre gibt es allerdings keinen veröffentlichten Fall, in dem ein Gesellschafter Ansprüche aus Art. 2:249 BW hergeleitet hat[350].

2. *Informationsrechte der Gesellschafter / Haftung im Falle einer Untersuchung durch die Unternehmenskammer*

Die Informationsrechte der Gesellschafter gegen die Geschäftsführung sind im niederländischen Recht nur schwach ausgeprägt. Gesellschafter haben kein gesetzlich fixiertes Recht, die Bücher und Aufzeichnungen der Gesellschaft einzusehen[351]. Als Ausgleich hierfür steht aber den Gesellschaftern, die mindestens 10 Prozent des Stammkapitals repräsentieren, das Recht zu, eine Untersuchung in die Vorgänge der Gesellschaft (*enqueteprocedure*) vor der Unternehmenskammer des Amsterdamer Berufungsgerichts zu beantragen[352]. Kommt das Gericht aufgrund des ersten Anscheins zu dem Ergebnis, dass ein Fall von Missmanagement (*wanbeleid*) vorliegt, ordnet es eine Untersuchung durch Experten an. Ergibt die Untersuchung, dass Missmanagement vorgelegen hat, so können zahlreiche Anordnungen wie z.B. die Aussetzung oder Annullierung von Beschlüssen der Geschäftsleitung, Entlassung von Geschäftsführern oder sogar die Auflösung der Gesellschaft getroffen werden[353].

Das Haftungsrisiko des Geschäftsführers besteht dabei darin, dass er gemäß Art. 2:354 BW die Kosten für das Untersuchungsverfahren der Gesellschaft erstatten muss, wenn dies von dem Gericht angeordnet wird. Die Anordnung wird auf Antrag getroffen, wenn die Untersuchung ergeben hat, dass der Geschäftsführer für das Missmanagement oder die inkorrekte Geschäftsführungsmaßnah-

---

349 *Wezeman*, Aansprakelijkheid van bestuurders, S. 87 m.w.N.; *De Savornin Lohman*, Duties and liability of directors and shareholders under Netherlands law, Cha. 7.17, S. 77. Die Gegenauffassung vertritt *Van der Heijden/Van der Grinten*, Handboek voor de naamloze en de besloten Vennootschap, Nr. 262, S. 464.

350 *De Savornin Lohman*, Duties and liability of directors and shareholders under Netherlands law, Cha. 7.17, S. 77.

351 *Schuit*, Dutch Business Law, § 9.06 [5].

352 Das Verfahren ist geregelt in Art. 2:335 ff. BW.

353 *De Savornin Lohman*, Duties and liability of directors and shareholders under Netherlands law, Cha. 6.5, S. 28 f..

me verantwortlich ist[354]. Über die Schadensersatzansprüche auch des Gesellschafters kann die Unternehmenskammer allerdings nicht entscheiden.

3. Deliktische Haftungsrisiken

Art. 2:8 BW verlangt, dass sich die Personen, die von Gesetzes wegen und aufgrund der Satzung mit der Organisation der juristischen Person befasst sind, untereinander und gegenüber der juristischen Person verhalten müssen, wie es die Redlichkeit (*redelijkheid*) und Billigkeit (*billijkheid*) gebietet. Die Norm enthält jedoch keine eigene Anspruchsgrundlage für Ansprüche des Gesellschafters gegen den Geschäftsführer[355]. Die Verletzung des Art. 2:8 BW kann indessen eine unerlaubte Handlung gemäß Art. 6:162 BW darstellen[356]. Voraussetzung hierfür ist, dass der Geschäftsführer dem Gesellschafter einen individuellen Schaden zufügt, der sich vom Vermögensschaden der Gesellschaft unterscheidet. Der Anwendungsbereich dieser Anspruchsgrundlage ist im Interesse einer Haftungskanalisierung auf die Gesellschaft damit erheblich eingeschränkt[357]. Eine Haftung des Geschäftsführers ist z.B. in Fällen denkbar, in denen der Geschäftsführer an einem Beschluss zur Ausgabe von neuen Gesellschaftsanteilen mitwirkt, um den

---

354 Die Entscheidung *Mediselect*, Hof Amsterdem (OK) vom 7.01.1993, NJ 1993, 412 beweist, dass von dieser Möglichkeit Gebrauch gemacht wird. In dem entschiedenen Fall mussten zwei Geschäftsführer die Kosten der Untersuchung tragen. Vgl. hierzu auch: De NV 1993, S. 106.

355 *De Kluiver*, in: *De Kluiver/Van Gerven* (Hrsg.), The European Private Company?, S. 117.

356 *Asser-Maeijer*, Band 2, III, Nr. 323, S. 438 f.; De *Savornin Lohman*, Duties and liability of directors and shareholders under Netherlands law, Cha. 6.8, S. 31. Eine Anspruch aus unerlaubter Handlung kann im niederländischen Recht auch für reine Vermögensschäden gewährt werden. Vgl. die Ausführungen in § 4 III 5 zur Außenhaftung des Geschäftsführers wegen unerlaubter Handlung.
Art. 6:162 BW lautet:
1. Derjenige, der einem anderen gegenüber eine unerlaubte Handlung begeht, welche ihm zuzurechnen ist, ist verpflichtet, den Schaden, den der andere demzufolge erleidet, zu ersetzen.
2. Als unerlaubte Handlung sind eine Verletzung eines Rechts und eine Handlung oder Unterlassung, die gegen eine gesetzliche Pflicht oder die Sorgfalt verstößt, die sich aufgrund des ungeschriebenen Rechts im gesellschaftlichen Verkehr geziemt, zu qualifizieren, es sei denn, es liegt ein Rechtfertigungsgrund vor.
3. Eine unerlaubte Handlung kann dem Täter zugerechnet werden, wenn er schuldhaft gehandelt hat oder wenn ihm die Ursache kraft Gesetzes oder kraft der im gesellschaftlichen Verkehr geltenden Auffassung zuzurechnen ist.

357 Vgl. *Wezeman*, Aansprakelijkheid van bestuurders, S 121 ff.; *De Kluiver*, in: *De Kluiver/Van Gerven* (Hrsg.), The European Private Company?, S. 117.

Belangen von manchen, nicht aber allen bisherigen Anteilseignern zu schaden[358]. Hierin läge ein Verstoß gegen die in Art. 2:8 BW statuierte Gleichbehandlungspflicht der Gesellschafter der Gesellschaft.

Eine allgemeine Haftung aus unerlaubter Handlung kommt außerdem in Betracht, wenn der Geschäftsführer außerhalb des Anwendungsbereichs von Art. 2:8 BW den individuellen Gesellschafter schädigt.

4. Zusammenfassung

In den Niederlanden ist ebenso wie in den anderen schon zuvor untersuchten Rechtsordnungen das Haftungsrisiko des Geschäftsführers gegenüber den Gesellschaftern gering gehalten. Vom Gesetzgeber und auch von der Rechtsprechung wird eine Haftungskanaliserung auf die Gesellschaft angestrebt. Abgesehen von der Regelung in Art. 2:249 BW kommt eine Haftung des Geschäftsführers nur über die Anwendung des allgemeinen Deliktsrechts gemäß Art. 6:162 BW in Betracht; dies aber auch nur dann, wenn ein besonderer Verpflichtungsgrund des Geschäftsführers gegenüber dem Gesellschafter vorliegt.

Die untergeordnete Bedeutung der Haftung des Geschäftsführers gegenüber den Gesellschaftern spiegelt sich zudem in der geringen Beachtung wider, die dieser Bereich in der niederländischen Literatur und Rechtsprechung erfährt[359].

IV. Die Rechtslage in der Europäischen Privatgesellschaft

Im Gegensatz zu den untersuchten nationalen Rechtsordnungen enthält der Entwurf für die Verordnung für die Europäische Privatgesellschaft eine eigene Vorschrift betreffend die Klagemöglichkeit des Gesellschafters gegen den Geschäftsleiter. Nach Art. 18 Abs. 1 EPG-VOE kann jeder Gesellschafter gegen den oder die Geschäftsleiter eine Schadensersatzklage bezüglich seines persön-

358 So das Beispiel bei *Van der Heijden/Van der Grinten*, Handboek voor de naamloze en de besloten vennootschap, Nr. 257, S. 459.

359 Die möglichen Haftungsrisiken werden zumeist nur mit einem kurzem Hinweis auf die mögliche Haftung aus unerlaubter Handlung abhandelt. Vgl. z.B.: *Asser-*Maeijer, Band 2, III, Nr. 323, S. 438 f.; *Dijk/Van den Ingh/Netten/Van der Ploeg/Schwarz/Wortel*, Aansprakelijkheid van bestuurders en commissarissen, S. 17; *Sanders/Westbroek*, BV en NV, 5.10, S. 176; *Van der Heijden/Van der Grinten*, Handboek voor de naamloze en de besloten vennootschap, Nr. 257, S. 459; *Van Schilfgaarde*, Van de BV en de NV, Nr. 47, S. 148 f., ohne Hinweis auf Haftungsansprüche der Gesellschafter gegen die Geschäftsführung.

lich erlittenen Schadens erheben. Der Wortlaut dieser Vorschrift lässt nicht zweifelsfrei erkennen, ob dem Gesellschafter eine eigenständige Anspruchsgrundlage im EPG-Statut zur Verfügung stehen soll oder ob hierin lediglich eine deklaratorische Klarstellung der Klagemöglichkeit des einzelnen Gesellschafters gegen den Geschäftsleiter wegen eines Schadensersatzanspruchs zu sehen ist. Dies bedarf zunächst der Klärung, bevor die Haftungsrisiken des Geschäftsleiters gegenüber den Gesellschaftern in der EPG analysiert werden können.

1. Die Bedeutung von Art. 18 Abs. 1 EPG-VOE

Wegen ihres nicht eindeutigen Wortlauts ist die Vorschrift des Art. 18 Abs. EPG-VOE auszulegen. Der EuGH, der voraussichtlich die maßgebliche gerichtliche Instanz für die Auslegung des Art. 18 Abs. 1 EPG-VOE sein wird[360], folgt grundsätzlich den allgemein anerkannten Auslegungsmethoden, d.h. er zieht als Auslegungskriterien Wortlaut, Systematik, Sinn und Zweck und Entstehungsgeschichte der auszulegenden Norm heran[361]. Vorrangig bedient sich der EuGH der systematisch-teleologischen Methode[362] und versucht soweit möglich, dem Effektivitätsprinzip (*effet utile*) Geltung zu verschaffen[363]. Daneben gewinnt die rechtsvergleichende Auslegung auf europäischer Ebene an Bedeutung. Diese Auslegungsmethoden sind daher primär bei der Auslegung von Art. 18 Abs. 1 EPG-VOE heranzuziehen.

a) Wortlaut

Der Wortlaut von Art. 18 Abs. 1 EPG-VOE legt nahe, dass es sich bei der Vorschrift um eine prozessuale Zulässigkeitsvoraussetzung und nicht um eine materiellen Anspruchsgrundlage handelt. Vergleicht man die in dem EPG-VOE ausdrücklich geregelten Anspruchsgrundlagen der Art. 4 Abs. 4, 10 Abs. 2 sowie 17 Abs. 1 und Abs. 2 mit dem Wortlaut des Art. 18 Abs. 1, so fällt eine Diskrepanz der Formulierungen auf. Die soeben zitierten Anspruchsnormen des EPG-VOE

---

360 Die Zuständigkeit des EuGH für die Auslegung der EPG-Verordnung würde sich unmittelbar aus dem Vorlageverfahren gemäß Artt. 220, 234 EGV herleiten. Vgl. *Helms*, Die Europäische Privatgesellschaft, S. 163; *Hommelhoff*, WM 1997, 2101 (2108); *Völter*, Der Lückenschluss im Statut der Europäischen Privatgesellschaft, S. 143.

361 *Bleckmann*, NJW 1982, 1177 ff.; *Streinz*, Europarecht, Rn. 498; *Anweiler*, Die Auslegungsmethoden des Gerichtshofs der Europäischen Gemeinschaften.

362 *Schweitzer/Hummer*, Europarecht, § 4 Rn. 453.

363 *Bleckmann*, Europarecht, § 8 Rn. 559.

sprechen ausdrücklich davon, dass der Anspruchsverpflichtete haftet[364]. In Art. 18 Abs. 1 EPG-VOE fehlt eine entsprechende Formulierung von der Haftung des Geschäftsleiters. Hätte Art. 18 Abs. 1 EPG-VOE als Anspruchsgrundlage des einzelnen Gesellschafters gegen den oder die Geschäftsleiter ausgestaltet werden sollen, so hätte der Verordnungsentwurfgeber sicherlich eine Formulierung analog der anderen zuvor erwähnten Anspruchsgrundlagen im Statut gewählt, worin klar zum Ausdruck kommt, dass der Geschäftsleiter dem Gesellschafter für den persönlich erlittenen Schaden haftet. Überdies nennt Art. 18 Abs. 1 EPG-VOE außer der Notwendigkeit eines persönlich erlittenen Schadens keine weiteren Tatbestandsvoraussetzungen und erfüllt schon deshalb nicht die Funktion einer eigenständigen Anspruchsgrundlage. Es fehlt der Zusammenhang zwischen Tatbestand und Rechtsfolge.

b) Systematik und Entstehungsgeschichte

Die Stellung von Art. 18 Abs. 1 EPG-VOE im Zusammenhang des Verordnungsentwurfs deutet ebenso darauf hin, dass lediglich die Klagebefugnis des einzelnen Gesellschafters klar gestellt werden soll. Denn Art. 18 Abs. 2 und Abs. 3 EPG-VOE regeln ebenfalls formale Voraussetzungen zur Klageerhebung, namentlich das Klagerecht der Gesellschafterminderheit und die Ausschlussfrist zur Geltendmachung von Ansprüchen. Als Anspruchsnorm wäre Art. 18 Abs. 1 systematisch passender als ein zusätzlicher Absatz in Art. 17 EPG-VOE eingefügt worden.

Zur Entstehungsgeschichte des Art. 18 Abs. 1 EPG-VOE lassen sich keine Aussagen treffen, da hierzu keine Materialien vorliegen.

c) Teleologische und rechtsvergleichende Auslegung

In den zuvor untersuchten nationalen Rechtsordnungen existiert jeweils das Prinzip der Haftungskanalisierung auf die Gesellschaft. Einzelne Gesellschafter können Ansprüche gegen den Geschäftsleiter nur aufgrund eines eigenen besonderen Verpflichtungstatbestands geltend machen. Es liegt deshalb nahe, dass Art. 18 Abs. 1 EPG-VOE diese Grundsätze ausdrücklich auf die EPG übertragen soll. Sinn und Zweck der Regelung ist es klarzustellen, wann der einzelne Gesell-

364 Art. 4 Abs. 4: "Falls die Gründungsgesellschafter den Wert der Sacheinlagen [...] abweichend festgesetzt haben, so haften sie [...]".
Art. 10 Abs. 2: "übernimmt die Gesellschaft die Geschäfte nicht, haften die [...] Personen [...]".
Art. 17 Abs. 1: "Der oder die [...] Geschäftsleiter der EPG sind [...] haftbar." (Hervorhebungen vom Verfasser).

schafter selbst gegen den oder die Geschäftsleiter Schadensersatzklage erheben kann und wann dies ausgeschlossen sein soll. Die Verwendung des Tatbestandsmerkmals "persönlich erlittener Schaden" soll dabei wohl zum Ausdruck bringen, dass der Gesellschafter nur dann Klage erheben kann, sofern er einen Schaden erleidet, der nicht zugleich Vermögensschaden der Gesellschaft ist[365]. Damit soll zugleich eine Klage des Gesellschafters in den Fällen ausgeschlossen werden, in denen der Schaden des Gesellschafters nur der sogenannte "Reflexschaden" des Minderwerts seines Geschäftsanteils ist, der durch die unmittelbare Schädigung der Gesellschaft durch den Geschäftsleiter entstanden ist.

Diese teleologische Interpretation ist sach- und interessengerecht und deckt sich auch mit dem geltenden Recht in den untersuchten nationalen Rechtsordnungen. Eine weitergehende Bedeutung kommt Art. 18 Abs. 1 EPG-VOE nicht zu.

Allerdings ist die Formulierung in Art. 18 Abs. 1 etwas unglücklich gewählt, da auch der "Reflexschaden", der sich im Minderwert des Geschäftsanteils eines jeden Gesellschafters niederschlägt, ein Schaden ist, den der Gesellschafter persönlich erleidet. Wenn er z.B. seinen Geschäftsanteil veräußern will, muss der Gesellschafter den finanziellen Mindererlös letztendlich selbst tragen. Dass die Gesellschaft und die anderen Gesellschafter ebenfalls einen entsprechenden Schaden erleiden, ändert nichts an der Tatsache, dass jeder Gesellschafter persönlich, wenn auch zunächst nur mittelbar, geschädigt wird. Insofern müsste der Wortlaut des Art. 18 Abs. 1 EPG-VOE anders gefasst werden, um Missinterpretationen vorzubeugen. Es wäre sachgerechter, den Ausdruck "Schaden, der nicht zugleich Vermögensschaden der Gesellschaft ist" statt "persönlich erlittenen Schaden" zu verwenden[366].

d) Ergebnis

Die Auslegung ergibt, dass Art. 18 Abs. 1 EPG-VOE keine eigene Anspruchsnorm des Gesellschafters gegenüber dem Geschäftsleiter der EPG darstellt. Vielmehr soll Art. 18 Abs. 1 EPG-VOE klarstellen, wann ein einzelner Gesellschafter Schadensersatzklage gegen den oder die Geschäftsleiter erheben kann; namentlich, wenn der Gesellschafter einen Schaden erleidet, der nicht zugleich Vermögensschaden der Gesellschaft ist. Eine Klage ist dagegen ausgeschlossen, wenn der Gesellschafter nur seinen "Reflexschaden" geltend machen

---

365 Ob eine solche Regelung erforderlich und sinnvoll ist, kann bezweifelt werden, da auch in den untersuchten nationalen Rechtsordnungen Klagen des Gesellschafters möglich sind, ohne dass eine eigene Norm die Gesellschafter hierzu ermächtigt.

366 Diese Terminologie wird im Interesse der Klarheit in dieser Arbeit verwendet.

will. Dann soll nur die Gesellschaft selbst Anspruchsberechtigte gegenüber dem Geschäftsleiter sein, um eine Haftungskanalisierung auf die Gesellschaft zu erreichen und ein Wettrennen der Gläubiger und der Gesellschafter zu verhindern.

Für einen Anspruch des Gesellschafters gegen den Geschäftsleiter ist mithin ein selbständiger Verpflichtungsgrund erforderlich. Dass der Verordnungsentwurfgeber von der Existenz solcher Ansprüche des Gesellschafters ausgegangen ist, belegt der Wortlaut des Art. 18 Abs. 1 EPG-VOE.

2. Vertragliche Haftung

Ansprüche aus dem Anstellungsvertrag des Geschäftsleiters, die der Gesellschafter gegenüber dem Geschäftsleiter geltend machen könnte, sind im Verordnungsentwurf nicht normiert. Die Konstruktion eines Anstellungsvertrags des Geschäftsleiter zugunsten Dritter, namentlich der Gesellschafter, ist offensichtlich kein allgemein anerkannter Grundsatz in den nationalen Rechtsordnungen. Die Anwendung des Rechtsinstituts des Vertrags zugunsten Dritter auf den Anstellungsvertrag des Geschäftsleiters der EPG ist daher gemäß Art. 12 Abs. 2 EPG-VOE nicht möglich.

3. Haftung wegen Informationspflichtverletzung

Fraglich ist, ob sich ein Schadensersatzanspruch des Gesellschafters aus der schuldhaften Nicht- oder Falscherteilung von Informationen durch den Geschäftsleiter ergeben kann. Zu erwägen sind hier insbesondere die Fälle, in denen der Gesellschafter seinen Geschäftanteil aufgrund fehlerhafter Information durch den Geschäftsleiter unter Wert veräußert[367].

Der Informationsanspruch des Gesellschafters der EPG ergibt sich aus Art. 30 Abs. 1 und 2 EPG-VOE. Nicht geregelt ist jedoch, wer Schuldner dieses Auskunftsanspruchs ist - die Gesellschaft, der Geschäftsleiter oder beide gemeinsam. Offen bleibt daher auch, ob sich der Schadensersatzanspruch des Gesellschafters wegen fehlerhafter oder unterlassener Auskunftserteilung gegen die Gesellschaft und bzw. oder den Geschäftsleiter persönlich richtet.

Art. 30 Abs. 2 EPG-VOE gestattet es dem Gesellschafter, Fragen hinsichtlich der Gesellschaft zu stellen, die von dem Geschäftsleiter zu beantworten sind. Die Fragen beziehen sich also auf Gesellschaftsangelegenheiten. Daher ist es sachgerecht, die Gesellschaft als Schuldnerin des Informationsanspruches über ihre

367 Siehe hierzu die im englischen Recht ergangenen Entscheidungen in § 3 II 1.

Angelegenheiten anzusehen und nicht deren Geschäftsleiter[368]. Wäre der Geschäftsleiter Schuldner des Informationsanspruchs des Gesellschafters, so müsste der Gesellschafter das Informationsrisiko des Geschäftsleiters tragen, was nicht interessengerecht wäre.

Da die Gesellschaft allerdings durch ein Organ handeln muss, ist es nur konsequent, dass Art. 30 Abs. 2 den Geschäftsleiter als dieses Organ bestimmt. Hierdurch wird der Geschäftsleiter selbst jedoch nicht zum Anspruchsverpflichteten.

Demzufolge handelt der Geschäftsleiter als Vertreter der Gesellschaft, wenn er dem Gesellschafter fehlerhafte Informationen über die Gesellschaft erteilt oder berechtigte Informationen verweigert. Verletzt er dabei seine Pflichten schuldhaft, so muss sich die Gesellschaft dies zurechnen lassen mit der Konsequenz der Haftung der Gesellschaft gegenüber dem Gesellschafter. Diese Auslegung ist interessengerecht, da die Gesellschaft im Falle einer schuldhaften Pflichtverletzung durch den Geschäftsleiter nach Art. 17 Abs. 1 EPG-VOE Regress bei diesem nehmen kann und somit der Geschäftsleiter im Ergebnis das Haftungsrisiko trägt.

Ein direkter Anspruch des Gesellschafters gegen den Geschäftsleiter besteht demnach nicht. Etwas anderes könnte sich nur ergeben, wenn eine besondere persönliche Treuepflicht des Geschäftsleiters zur Auskunftserteilung gegenüber einem Gesellschafter aufgrund spezieller Bindungen besteht[369].

4. Haftung wegen Verletzung einer Mitteilungspflicht nach Art. 28 EPG-VOE

Art. 28 Abs. 1 und Abs. 2 EPG-VOE verpflichten die Gesellschafter im Falle des Sinkens des Eigenkapitals unter die Summe des Mindestkapitals bzw. unter die Hälfte des Stammkapitals innerhalb eines Monats zu entscheiden, ob die Gesellschaft aufgelöst oder fortgesetzt werden soll. Da jedoch regelmäßig die Gesellschafter, die nicht zugleich an der Geschäftsleitung partizipieren, über die finanzielle Situation der Gesellschaft nicht ständig informiert sind, werden sie nicht notwendigerweise wissen, wann eine kritische Verringerung des Eigenkapitals gemäß Art. 28 EPG-VOE bei der Gesellschaft eingetreten ist.

---

368 Ebenso zum deutschen Recht: *Bopp*, Die Informationsrechte des GmbH-Gesellschafters, S. 56 m.w.N.; *Scholz/Schmidt*, GmbHG, § 51a Rn. 16; *Lutter/Hommelhoff*, GmbHG, § 51a Rn. 5.

369 Siehe hierzu den bereits in § 3 II. 1. zitierten, vom neuseeländischen *Supreme Court* entschiedenen Fall (Fn. 26), wo dem *director* aufgrund eines besonderen Treueverhältnisses Informationspflichten gegenüber einzelnen Gesellschaftern auferlegt wurden und die Verletzung dieser Pflichten Schadensersatzansprüche ausgelöst hat.

Es stellt sich daher die Frage, ob nicht etwa der Geschäftsleiter verpflichtet ist, die Gesellschafter über die kritische Verringerung des Eigenkapitals zu informieren und eine Verletzung dieser Pflicht einen Schadensersatzanspruch gegenüber den Gesellschaftern begründen kann. Im deutschen Recht kann der Geschäftsführer z.B. gemäß § 84 Abs. 1 Nr. 1 GmbHG i.V.m. § 823 Abs. 2 BGB den Gesellschaftern gegenüber haften, wenn er es unterlässt, ihnen einen Verlust in Höhe der Hälfte des Stammkapitals anzuzeigen[370]. Da eine ausdrückliche Regelung im EPG-Statut fehlt, kann nicht davon ausgegangen werden, dass der Geschäftsleiter eine Unterrichtungspflicht unmittelbar gegenüber den einzelnen Gesellschaftern hat und im Falle einer nicht oder nicht rechtzeitig erfolgten Unterrichtung jedem Gesellschafter gegenüber persönlich haftet. Führt eine verspätete oder unterlassene Unterrichtung nicht nur zu einem Schaden individueller Gesellschafter sondern zu einem Schaden der Gesellschaft insgesamt, kann der Gesellschafter ohnehin wegen der Regelung in Art. 18 Abs. 1 EPG-VOE seinen "Reflexschaden" nicht gegenüber dem Geschäftsleiter geltend machen.

Sachgerechter erscheint es hier, Art. 28 EPG-VOE in das Konzept einer eigenständigen Regelung zur Haftung des Geschäftsleiters in der Insolvenz einzubeziehen und den Geschäftsleiter explizit in Art. 28 EPG-VOE zu verpflichten, eine Gesellschafterversammlung bei Vorliegen der Voraussetzungen des Art. 28 Abs. 1 oder Abs. 2 EPG-VOE einzuberufen und die Verletzung dieser Pflicht nach Art. 17 Abs. 1 EPG-VOE abschließend zu sanktionieren[371]. Dies hätte zur Folge, dass etwaige Schadensersatzleistungen allen Gläubigern und Gesellschaftern der Gesellschaft in gleichem Maße zugute kämen.

Ein unmittelbarer Anspruch der Gesellschafter lässt sich aus dem gegenwärtigen Wortlaut des Art. 28 Abs. 1 und Abs. 2 EPG-VOE jedenfalls nicht herleiten und sollte auch nicht durch eine entsprechende Änderung der Vorschrift beabsichtigt werden, sofern Art. 28 EPG-VOE in ein eigenständiges Haftungskonzept zur Insolvenzhaftung des Geschäftsleiters einbezogen wird.

5. Deliktische Haftungsrisiken

Das allgemeine nationale Deliktsrecht wird nicht durch den Verordnungsentwurf für die EPG verdrängt. Deliktische Ansprüche des Gesellschafters gegen den oder die Geschäftsleiter richten sich daher nach dem auf die unerlaubte Handlung anwendbaren nationalen Recht. Dass es hierbei zu Unterschieden bei Voraussetzung und Rechtsfolge der Haftung kommen kann, steht außer Frage und

370 Vgl. die Ausführungen in § 3 I 3 b.
371 Ausführlich hierzu in § 5 VI 4 a.

muss in Kauf genommen werden, da eine Vereinheitlichung des europäischen Deliktsrechts durch das EPG-Statut nicht erwartet werden kann[372].

6. Zusammenfassung

Das EPG-Statut enthält keine ausdrückliche Anspruchsgrundlage für Schadensersatzansprüche des Gesellschafters. Art. 18 Abs. 1 EPG-VOE stellt lediglich etwas missverständlich klar, dass der Gesellschafter der EPG seinen sogenannten "Reflexschaden", der durch die unmittelbare Schädigung der Gesellschaft entstanden ist, nicht gegenüber dem Geschäftsleiter geltend machen kann. Weiter folgt aber aus Art. 18 Abs. 1 EPG-VOE die grundsätzliche Möglichkeit des Bestehens von "persönlichen Ansprüchen" des Gesellschafters gegenüber dem Geschäftsleiter. Solche Ansprüche setzen allerdings einen besonderen Verpflichtungsgrund des Geschäftsleiters voraus. Die ordnungsgemäße Pflichterfüllung seiner Aufgaben nach Art. 17 Abs. 1 EPG-VOE schuldet der Geschäftsleiter jedenfalls nur der Gesellschaft.

V. Rechtsvergleichung und Bewertung

Bei einer Analyse der Rechtsordnungen fällt auf, dass das Prinzip der Haftungskanalisierung auf die Gesellschaft allgemein anerkannt ist. Ansprüche der Gesellschafter wegen eines Schadens, der aus der unmittelbaren Schädigung der Gesellschaft durch Missmanagement des Geschäftsleiters folgt, sind grundsätzlich ausgeschlossen. Das Haftungsrisiko des Geschäftsleiters gegenüber den Gesellschaftern ist daher außerhalb von eigenständigen rechtsgeschäftlichen oder deliktischen Verpflichtungen gering. Trotz der geringen Haftungsrisiken gibt es unterschiedliche Haftungsmöglichkeiten für den Geschäftsleiter in den nationalen Rechtsordnungen. So ist z.B. die Solidarhaftung der Gesellschafter nach § 31 Abs. 3 GmbHG eine deutsche Sonderregelung, weswegen der Regressanspruch des Gesellschafters gegen den Geschäftsführer gemäß § 31 Abs. 6 GmbHG keine Entsprechung in den anderen Rechtsordnungen findet. Ausschließlich im niederländischen Recht findet sich eine ausdrückliche Regelung zur Haftung des Geschäftsleiters für einen irreführenden Jahresabschluss oder Zwischenbericht (Art. 2:249 BW). Diese Regelung ist jedoch im Zusammenhang mit der Einfüh-

372 Auf die nationalen Unterschiede kann hier nicht detailliert eingegangen werden. Verwiesen sei in diesem Zusammenhang auf die Darstellungen in den Abschnitten zu den nationalen Rechtsordnungen.

rung der Missbrauchsgesetze in den Niederlanden zu sehen und dient vorrangig den Interessen externer Gläubiger und nicht der Mitglieder der Gesellschaft. Sie nimmt daher eine Sonderstellung ein und findet folglich zu Recht keine Entsprechung im EPG-Statut.

Über die Haftungsrisiken des Geschäftsleiters gegenüber den Gesellschaftern wegen der Erteilung fehlerhafter oder wegen des Unterlassens der Erteilung von Gesellschaftsinformationen besteht in den nationalen Rechtsordnungen noch keine abschließende Klarheit. Die Haftung wird aber bisher einheitlich restriktiv gehandhabt. Sachgerechter erscheint es hier, einen entsprechenden Schadensersatzanspruch nur gegen die Gesellschaft selbst zu gewähren.

Die Haftung des Geschäftsleiters gegenüber den Mitgliedern der Gesellschaft spielt eine nur untergeordnete Rolle. Dies ist auf die fehlende unmittelbare Rechtsbeziehung zwischen Gesellschafter und Geschäftsleiter zurückzuführen. Das Rechtsverhältnis zwischen Geschäftsleiter und Gesellschafter wird lediglich über die Gesellschaft vermittelt. Daher erfordert ein Anspruch des Gesellschafters gegen den Geschäftsleiter grundsätzlich einen eigenständigen rechtsgeschäftlichen oder deliktischen Verpflichtungsgrund.

§ 4 Die zivilrechtliche Außenhaftung gegenüber Dritten

Die zivilrechtliche Außenhaftung des Geschäftsleiters gegenüber Dritten ist ein so umfassendes Gebiet, dass es für sich allein genommen schon eine ganze Arbeit füllen könnte. Die Rechtsprechung beschäftigt sich in allen hier untersuchten Rechtsordnungen in gewohnter Regelmäßigkeit mit diesem Themenkomplex. Zu den bedeutenden Entscheidungen gehört im deutschen Recht die *Baustoff*-Entscheidung[373], im niederländischen Recht die *Beklamel*-Entscheidung[374] und aus der jüngeren Rechtsprechung in England die Entscheidung *Williams v. Natural Life Health Foods Ltd* des *House of Lords*[375]. Trotz der unbestreitbaren Bedeutung der Außenhaftung findet sich in dem Verordnungsentwurf für die Europäische Privatgesellschaft keine eigenständige Regelung zu diesem Themenkomplex. Umso mehr Bedeutung erhalten daher die nationalstaatlichen Regelungen für die Auslegung und Anwendung der Außenhaftung des Geschäftsleiters im Recht der Europäischen Privatgesellschaft.

In den hier untersuchten nationalen Rechtsordnungen gilt, dass die einschlägigen gesellschaftsrechtlichen Gesetze keine umfassenden Regelungen zur Außenhaftung des Geschäftsleiters beinhalten. Vielmehr ergibt sich die Außenhaftung des Geschäftsleiters primär aus dem allgemeinen Zivilrecht.

Die Außenhaftung des Geschäftsleiters umfasst unter anderem auch die steuerrechtliche, umweltrechtliche[376], sozialrechtliche[377], immaterialgüterrechtliche[378], strafrechtliche[379], wettbewerbs- und kartellrechtliche Haftung[380] sowie

373 BGHZ 109, 297 ff..

374 HR vom 06.10.1989 = NJ 1990, 286.

375 *Williams v. Natural Life Health Foods Ltd* [1998] 2 All ER 577 = [1998] 1 WLR 830.

376 Vgl. hierzu z.B.: *Huizink*, De NV 1994, S. 90 ff..

377 Vgl. hierzu z.B.: *Einem*, Haftung des GmbH-Geschäftsführers für nicht abgeführte Sozialversicherungsbeiträge, BB 1986, 2261 ff..

378 Vgl. hierzu z.B.: *Ottofülling*, Die wettbewerbsrechtliche und immaterialgüterrechtliche Störerhaftung des Geschäftsführers der GmbH.

379 Zur strafrechtlichen Verantwortlichkeit des Geschäftsführers siehe den Überblick bei *Schäfer*, GmbHR 1993, 717 ff. und GmbHR 1993, 780 ff..

380 Vgl. hierzu z.B.: *Götting*, GRUR 1994, S. 6 ff..

die Prospekthaftung[381]. Auf diese Bereiche soll jedoch im Rahmen dieser Dissertation nicht eingegangen werden. Ein weiterer wichtiger Teilaspekt der Außenhaftung des Geschäftsleiters ist die Haftung im Falle der Insolvenz, die an anderer Stelle in einem eigenen Kapitel behandelt wird[382].

I. Die Rechtslage in Deutschland

Seit einigen Jahren ist der Geschäftsführer der GmbH in das Visier der Haftung geraten. Seine Haftungsrisiken haben sich seither erheblich erhöht[383]. Vereinzelte Stimmen in der Literatur[384] und teilweise auch die Rechtsprechung[385] versuchen die aufgrund der beschränkten Haftung der GmbH entstehenden Haftungslücken durch eine extensive persönliche Inanspruchnahme des Geschäftsführers zu Gunsten der Gläubiger zu kompensieren, obwohl die Grundnorm des § 13 Abs. 2 GmbHG zum Ausdruck bringt, dass den Gläubigern einer GmbH nur das Gesellschaftsvermögen der GmbH haftet.

1. Haftung als Vertreter ohne Vertretungsmacht

Eigene vertragliche Ansprüche gegen den GmbH-Geschäftsführer sind nur selten in Erwägung zu ziehen. Der Geschäftsführer handelt grundsätzlich im Namen der Gesellschaft und verpflichtet damit auch nur diese gemäß § 36 GmbHG, §§ 164 ff. BGB i.V.m. § 35 Abs. 1 GmbHG[386]. Eine persönliche Haftung in Fällen des Vertragsschlusses mit Dritten kommt daher gemäß § 179 BGB nur in Betracht, wenn der Geschäftsführer als Vertreter ohne Vertretungsmacht handelt[387].

---

381 All diese Bereiche behandelt z.B.: *Sandberger*, Die Außenhaftung des GmbH-Geschäftsführers; einen Überblick gibt auch: *Sudhoff*, Rechte und Pflichten des Geschäftsführers einer GmbH und einer GmbH & Co., S. 101 ff..

382 Siehe anschließend § 5.

383 *Lutter*, GmbHR 1997, 329.

384 Vgl.: *Nölle*, Die Eigenhaftung des GmbH-Geschäftsführers für Organisationspflichtverletzungen, S. 104; *Stapelfeld*, Die Haftung des GmbH-Geschäftsführers für Fehlverhalten in der Gesellschafterkrise, S. 369 f..

385 Aus der Rechtsprechung siehe z.B. die Urteile: BGHZ 109, 297 ff. (*Baustoff*); BGH ZIP 1996, 786 (*Lamborghini*).

386 *Sandberger*, Die Außenhaftung des GmbH-Geschäftsführers, S. 39.

387 Zu beachten ist in diesem Zusammenhang die haftungsausschließende Norm des § 179 Abs. 3 BGB, die insbesondere bei der Eintragung der Gesamtvertretungsbefugnis von mehreren Geschäftsführern in das Handelsregister Bedeutung erlangen kann, wenn nur einer der Geschäftsführer gehandelt hat. Zu den Voraussetzungen

Zu denken ist hier insbesondere an Konstellationen, bei denen ein Geschäftsführer bei Gesamtvertretung der GmbH gemäß § 35 Abs. 1 und 2 GmbHG ohne die Zustimmung der anderen Geschäftsführer Verträge abschließt.

2. Rechtsscheinhaftung

Ein weiteres Haftungsrisiko im Kontext mit Vertragsabschlüssen ergibt sich aus der sogenannten Rechtsscheinhaftung[388]. Der Geschäftsführer haftet danach persönlich, wenn er gegenüber dem Geschäftspartner den Anschein erweckt hat, dass zumindest eine Person unbeschränkt haftet[389] und er den Geschäftspartner zu Dispositionen verleitet, die dieser bei Kenntnis der Haftungsbeschränkung auf das Gesellschaftsvermögen ganz oder zumindest in dieser Form unterlassen hätte. Praktisch relevant wird dies besonders in Fällen, in denen der Geschäftsführer den gemäß § 4 Abs. 2 GmbHG erforderlichen GmbH-Zusatz bei der Firmierung gegenüber Geschäftspartnern der GmbH nicht hinzufügt[390].

3. Haftung aus Verschulden bei Vertragsverhandlungen

Die Haftung des Geschäftsführers aus Verschulden bei Vertragsverhandlungen (früher: c.i.c., jetzt in § 280 Abs. 1 i.V.m. § 311 Abs. 2 und 3 BGB kodifiziert) hat sich in den vergangenen Jahren etwas abgemildert.

Noch bis zum Jahre 1994 war anerkannt, dass ein Geschäftsführer schon bei Vorliegen eines wirtschaftlichen Eigeninteresses am Geschäftsabschluss aus

---

der fahrlässigen Unkenntnis gemäß § 179 Abs. 3 BGB vgl.: BGH NJW 1990, 387 (388).

388 Allgemein hierzu: BGHZ 64, 12 (17); OLG Hamm NJW-RR 1995, 418; *MüKo-Schramm*, § 167 BGB Rn. 39.

389 Sei es z.B. eine Personengesellschaft, ein vom Geschäftsführer geführtes Einzelhandelsunternehmen oder der Geschäftsführer selbst als natürliche Person.

390 Aus der umfangreichen Rechtsprechung und Literatur vgl. nur: BGH NJW 1996, 2645; OLG Hamm GmbHR 1995, 127; BGH NJW 1991, 2627; BGHZ 64, 12 (17); *Espey/von Bitter*, Haftungsrisiken des GmbH-Geschäftsführers S. 96 ff.; *Hachenburg/Mertens*, GmbHG, § 43 Rn. 112; *Wellkamp*, DB 1994, 869. Dagegen will *Haas*, Geschäftsführerhaftung und Gläubigerschutz, S. 93 ff., den Anspruch auf § 823 Abs. 2 BGB i.V.m. mit der Verletzung von Informationspflichten gemäß §§ 35 Abs. 3, 4 Abs. 2 GmbHG stützen und nicht auf die Grundsätze der Rechtsscheinhaftung.

c.i.c. dem Geschäftspartner gegenüber haftbar sein konnte[391]. Dieses Eigeninteresse konnte schon allein aus der Beteiligung des Geschäftsführers an der GmbH resultieren, so dass ein Gesellschafter-Geschäftsführer zwangsläufig wegen c.i.c. haftbar sein konnte. Inzwischen ist diese Rechtsprechung jedoch aufgegeben worden[392], was vom Schrifttum überwiegend begrüßt wurde[393].

Weiter Bestand hat die Haftung aus Verschulden bei Vertragsverhandlungen in Fällen der Inanspruchnahme persönlichen Vertrauens durch den Geschäftsführer[394]. Voraussetzung dieser Haftung ist, dass der Geschäftsführer als Vertreter der GmbH dem Verhandlungspartner eine zusätzliche, von ihm persönlich ausgehende Gewähr für den Bestand und die Erfüllung des in Aussicht genommenen Geschäfts geboten hat, die für den Willensentschluss des anderen Teils bedeutsam war[395]. Dann verlässt der Geschäftsführer seine Position als neutraler Organwalter und wird zur eigenen Person, die besonderes Vertrauen in Anspruch nimmt[396].

Erleidet der Geschäftspartner in diesem Fall z.B. durch die Insolvenz der Gesellschaft einen Schaden, so haftet der Geschäftsführer persönlich auf das negative Interesse. Zu beachten ist, dass allein die unterlassene Aufklärung über die finanzielle oder wirtschaftliche Lage der Gesellschaft die Haftung nach § 280 Abs. 1 i.V.m. § 311 Abs. 2 und 3 BGB (früher: c.i.c.) nicht auslöst[397].

Insgesamt kommt nach diesem Konzept eine Eigenhaftung des Geschäftsführers aus § 280 Abs. 1 i.V.m. § 311 Abs. 2 und 3 BGB (früher: c.i.c.) nur in Ausnahmefällen in Betracht[398]. Diese Konzeption steht daher in Einklang mit der Grundnorm des § 13 Abs. 2 GmbHG.

---

391 BGHZ 87, 27 (33); BGH WM 1982, 1322; BGH NJW 1984, 2284 (2286); BGH ZIP 1986, 26 (29); *Wellkamp*, DB 1994, 869; ausführlich zu dem Ganzen: *Sandberger*, Die Außenhaftung des GmbH-Geschäftsführers, S. 47 ff..

392 BGHZ 126, 181; BGH GmbHR 1995, 125 (130).

393 *Lutter*, DB 1994, 129 (133); *Baumbach/Hueck/Zöllner*, GmbHG, § 43 Rn. 55 mit umfangreichen Nachweisen. Schon vorher dieser Ansicht war: *Medicus*, in FS für Steindorff, S. 725 (734).

394 Vgl. jetzt auch § 311 Abs. 3 S. 2 BGB; *Roth/Altmeppen*, GmbHG § 64 Rn. 67.

395 BGH NJW-RR 1988, 615 (616). Ausführlicher zu den einzelnen Voraussetzungen und Anwendungsgebieten: *Medicus*, in FS für Steindorff, S. 725 (734 ff.) und *Sandberger*, Die Außenhaftung des GmbH-Geschäftsführers, S. 98 ff.

396 *Lutter*, GmbHR 1997, 329 (330).

397 BGHZ 126, 181 (189).

398 *Medicus*, in FS für Steindorff, S. 725 (741).

4. Deliktische Außenhaftung

Die größten und am wenigsten überschaubaren Gefahren für den Geschäftsführer bei der Außenhaftung ergeben sich aus der Deliktshaftung.

Die umfangreichen Haftungsrisiken lassen sich daher auch nicht erschöpfend in dieser Arbeit darstellen.

a) Haftung aus § 823 Abs. 1 BGB

Unstreitig haftet jeder Geschäftsführer dem Geschädigten direkt nach § 823 Abs. 1 BGB für alle Delikte, die er eigenhändig begangen hat, das heißt für Verletzungen der in § 823 Abs. 1 BGB genannten absolut geschützten Rechtsgüter[399]. Eine entsprechende Haftung besteht, wenn der Geschäftsführer um Verletzungen oder bevorstehende Verletzungen durch Mitarbeiter weiß und nichts zu ihrer Verhinderung unternimmt[400].

In dem bereits zitierten Baustoff-Urteil[401] hat der BGH des Weiteren Organisationspflichten des Geschäftsführers gegenüber Gläubigern statuiert. Der Geschäftsführer hat durch entsprechende Organisation und Überwachung der Gesellschaft und deren Mitarbeiter sicherzustellen, dass keine unerlaubten Handlungen von diesen Personen begangen werden. Selbst wenn der Geschäftsführer nichts von der bevorstehenden Verletzungshandlung weiß, haftet er demnach gemäß § 823 Abs. 1 BGB, sofern er seine Organisations- und Überwachungspflichten verletzt hat und eine Garantenstellung für den Gläubiger bestand[402]. Dabei werden an das Vorliegen der Garantenstellung keine allzu strengen Anforderungen gestellt. Der Geschäftsführer ist im Interesse der Gläubiger verpflichtet, die drohenden Gefahren zu steuern und abzuwehren[403].

Folge und eventuell auch eine Ursache dieser extensiven Rechtsprechung ist der sogenannte "deep-pocket-Effekt"[404]. Die Gesellschaft muss sich das Fehl-

---

399 Hierzu ausführlich: *Kleindiek*, Deliktshaftung und juristische Person, S. 231 ff.; LG Lübeck, WM 1994, 457 (458); *Roth/Altmeppen*, GmbHG, § 43 Rn. 43; *Lutter*, GmbHR 1997, 329 (334).

400 Vgl. den berühmten "Lederspray-Fall" BGH ZIP 1990, 1413 = GmbHR 1990, 501; *Lutter*, GmbHR 1997, 329 (330).

401 BGHZ 109, 297.

402 BGHZ 109, 297 (302 ff.). Zur Haftung des Geschäftsführers wegen Organisationspflichtverletzungen vgl. außerdem: *Grünwald*, Die deliktische Außenhaftung des GmbH-Geschäftsführers für Organisationsdefizite; *Nölle*, Die Eigenhaftung des GmbH-Geschäftsführers für Organisationspflichtverletzungen.

403 Eine Analyse der einschlägigen Rechtsprechung findet sich bei: *Kleindiek*, Deliktshaftung und juristische Person, S. 460 ff..

404 Diesen Begriff verwendet *Lutter*, GmbHR 1997, 329 (334).

verhalten des Geschäftsführers ohne Exkulpationsmöglichkeit über § 31 BGB zurechnen lassen und somit neben dem Geschäftsführer selbst mit dem Gesellschaftsvermögen haften. Der Zugriff auf die tiefe Tasche des Gesellschaftsvermögens verspricht im Normalfall für den Gläubiger bessere Befriedigungschancen als der Zugriff auf das Privatvermögen des Geschäftsführers. Dieser "deep-pocket-Effekt" kann die Gerichte dazu verleiten, eine möglichst extensive Haftung des Geschäftsführers zu begründen, um über die Anwendung des § 31 BGB dem Gläubiger auch den Zugriff auf das Gesellschaftsvermögen zu ermöglichen[405]. Insbesondere vor dem Hintergrund der in § 13 Abs. 2 GmbHG getroffenen gesetzgeberischen Entscheidung zur Beschränkung der Haftungsmasse für die Gläubiger auf das Gesellschaftsvermögen und der Gefahr einer uferlosen Haftung des Geschäftsführers hat diese Rechtsprechung zum Teil erhebliche Kritik in der Literatur erfahren[406].

b) Haftung aus § 823 Abs. 2 BGB i.V.m. einer Schutzgesetzverletzung

Eine Direkthaftung des Geschäftsführers kann sich weiterhin aus einer Schutzgesetzverletzung in Verbindung mit § 823 Abs. 2 BGB ergeben. Hauptanwendungsfall dieser Haftung ist ein Verstoß gegen die Insolvenzantragspflicht des § 64 Abs. 1 GmbHG[407].

Die Schwierigkeit der Anwendung des § 823 Abs. 2 BGB als Anspruchsgrundlage liegt in der Bestimmung von Gesetzen als Schutzgesetz zugunsten der Gläubiger[408]. Unproblematisch ist dies in der Regel bei Straftatbeständen wie z.B. §§ 263 ff. StGB[409] oder § 82 GmbHG[410], die im Allgemeinen zumindest auch dem Schutz des Einzelnen dienen und somit Schutzgesetz im Sinne des § 823 Abs. 2 BGB sind.

Da eine Auflistung der in Betracht kommenden Schutzgesetze keine generellen Rückschlüsse auf die Außenhaftung des Geschäftsführers zulässt und so-

---

405 Hierzu eingehend: *Kleindiek*, Deliktshaftung und juristische Person, S. 231 ff. und S. 372 ff..

406 *Dreher*, ZGR 1992, 22 (34); *Hachenburg/Mertens*; § 43 Rn. 115; *Lutter*, GmbHR 1997, 329 (333 ff.); *ders*, DB 1994, 129 (131 f.); *Westermann*, Anm. zum BGH-Urteil vom 5.12.1989 (Baustoff) in DNotZ 1991, 813 (817 f.) m.w.N..

407 Hierzu sogleich unter § 5 I 2.

408 Zum Streit, ob die Buchführungspflicht gemäß § 41 GmbHG ein Schutzgesetz iSv § 823 Abs. 2 BGB ist, siehe: *Biletzki*, BB 2000, 521 ff., *Schmidt*, ZIP 1994, 837 (842); *Stapelfeld*, GmbHR 1991, 91 (95 ff.).

409 Allgemein hierzu: *Ransiek*, ZGR 1992, 203 ff..

410 Vgl. hierzu *Espey/v. Bitter*, Haftungsrisiken des GmbH-Geschäftsführers, S. 94; *Lutter/Hommelhoff*, GmbHG, § 82 Rn. 27.

mit für die Rechtsvergleichung nicht förderlich ist, soll sie im Rahmen dieser Arbeit unterbleiben.

c) Haftung aus § 826 BGB

Endlich kann sich eine Haftung des Geschäftsführers aus § 826 BGB ergeben, wenn der Geschäftsführer der GmbH dem Geschäftspartner zumindest bedingt vorsätzlich durch eine gegen die guten Sitten verstoßende Handlung einen Schaden zufügt.

Hierfür kann schon ausreichen, dass der Geschäftsführer dem Dritten gegenüber wider besseren Wissens behauptet, die Gesellschaft sei leistungsfähig und der Dritte durch den Vertragsabschluss mit der GmbH einen Schaden erleidet[411]. Auf besondere Risiken im Zusammenhang mit einem Geschäftsabschluss muss der Geschäftsführer den Vertragspartner hinweisen, wobei ein Verschweigen des Geschäftsführers für dessen bedingten Schädigungsvorsatz spricht[412]. Für einen redlichen Geschäftsführer sind demnach die Haftungsrisiken aus der Anwendung von § 826 BGB als gering einzustufen.

5. Zusammenfassung

Eine Analyse der Haftungssituation des Geschäftsführers gegenüber außenstehenden Dritten ergibt ein deutlich zunehmendes Haftungsrisiko für den Geschäftsführer einer GmbH in den letzten Jahren insbesondere aufgrund der deliktischen Anspruchsgrundlagen und deren extensiver Anwendung durch die Rechtsprechung.

Im vertraglichen Bereich ist der redliche Geschäftsführer weitgehend vor einer persönlichen Inanspruchnahme geschützt, sofern er nicht seine Position als neutraler Organwalter verlässt und persönliches Vertrauen in Anspruch nimmt. Weiterhin kann der Geschäftsführer persönlich in Anspruch genommen werden, wenn er einen ihm zurechenbaren Rechtsschein der unbeschränkten Haftung zumindest einer Person setzt oder er als Vertreter ohne Vertretungsmacht handelt.

---

411 Vgl. BGH NJW 1994, 197 (198) = GmbHR 1994, 464 (465).

412 OLG Celle, GmbHR 1994, 467 f.; *Scholz/Schneider*, GmbHG, § 43 Rn. 238.

II. Die Rechtslage in England

Auch im englischen Recht gilt der Grundsatz, dass der *director* seine Aufgabenerfüllung nur der Gesellschaft und nicht den Gläubigern schuldet. Er haftet daher den Gläubigern grundsätzlich nicht bei Pflichtverletzungen gegenüber der Gesellschaft[413].

Dennoch ergeben sich für den *director* Haftungsrisiken gegenüber außenstehenden Dritten wegen unerlaubter Handlungen (*tort*) oder aufgrund gesetzlicher Anordnung. Die Fälle, in denen *directors* Dritten gegenüber persönlich haftbar waren, haben in den letzten Jahren in England ebenfalls zugenommen.

1. Haftung als Vertreter ohne Vertretungsmacht

Ebenso wie im deutschen Recht kommen eigene vertragliche Ansprüche der Gläubiger der Gesellschaft gegen den *director* außerhalb von persönlichen Garantien oder anderen persönlichen Sicherheiten nicht in Betracht[414]. Der *director* einer *private limited company* handelt als Vertreter der Gesellschaft, die eine eigenständige Rechtseinheit (*legal entity*) ist und aus dem Rechtsgeschäft des handelnden *directors* verpflichtet wird. Solange der *director* ordnungsgemäß im Namen der Gesellschaft gehandelt hat, ist er dem Geschäftspartner nicht persönlich haftbar[415].

Falls ein *director* für die Gesellschaft einen Vertrag abschließt, der diese nicht bindet, weil ihm die erforderliche Vertretungsmacht fehlt, kann er dem anderen Vertragspartner nach dem allgemeinen vertretungsrechtlichen Grundsatz des Missbrauchs der Vertretungsmacht (*breach of warranty of authority*) persönlich haftbar sein[416]. Der zu ersetzende Schaden des Vertragspartners besteht

413 *Barham*, in: *Campbell* (Hrsg.), International liability of Corporate Directors, S. 220 m.w.N. und dem Hinweis auf Entscheidungen, die eine generelle Pflicht des *directors* gegenüber Gläubigern zumindest andeuten.

414 Siehe zum Bestellen von Sicherheiten: *Palmer*, Company Law, Rn. 8.602 und *Pennington*, Directors' personal liability, S. 180 f..

415 *Palmer*, Company Law, Rn. 8.601; *Pennington*, Company Law, Cha. 15, S. 814.

416 Vgl. hierzu: *Hartlieb*, Die Haftung eines 'directors' einer englischen Kapitalgesellschaft, des Vorstandsmitgliedes einer AG sowie des GmbH-Geschäftsführers nach deutschem Recht, S. 177; *Pennington*, Directors' personal liability, S. 177 ff.. Zur Rechtsprechung siehe *West London Commercial Bank Ltd. v. Kitson* [1884] 13 QBD 360.

in dem Wert, den der Vertrag für ihn gehabt hätte, wenn dieser die Gesellschaft verpflichtet hätte[417].

Die Haftung des *directors* als Vertreter ohne Vertretungsmacht ist allerdings im englischen Gesellschaftsrecht nahezu bedeutungslos geworden, nachdem die Vorschrift des s. 35 Abs. 1 C.A. 1985 durch den *Companies Act* von 1989 geändert und die Vorschrift des s. 35A C.A. 1985 neu eingefügt wurde. Nach s. 35 Abs. 1 C.A. 1985 kann die Wirksamkeit einer Handlung einer Gesellschaft nicht wegen einer fehlenden Berechtigung der Gesellschaft zur Vornahme entsprechender Handlungen aufgrund irgendwelcher Beschränkungen des Unternehmensgegenstandes im Gesellschaftsvertrag (*memorandum*) in Frage gestellt werden. Die Vorschrift des s. 35A Abs. 1 C.A. 1985 bestimmt, dass zugunsten einer Person, die im guten Glauben mit der Gesellschaft Transaktionen tätigt, die Befugnis des *board of directors*, die Gesellschaft zu verpflichten oder andere dazu zu bevollmächtigen, nach der Verfassung der Gesellschaft unbeschränkt ist.

Damit sind auch Verträge, die das *board of directors* oder ein *director* allein außerhalb der eingeräumten Vertretungsbefugnis schließen, grundsätzlich für die Gesellschaft und deren Vertragspartner bindend, so dass sich keine Haftungsansprüche des Dritten gegen den *director* persönlich ergeben[418]. Für den Vertragspartner der Gesellschaft ergibt sich auch bei Überschreitung des Gesellschaftszwecks kein Schaden, da diese Überschreitung gemäß s. 35A Abs. 1 C.A. 1985 keine Auswirkungen auf die Wirksamkeit des getätigten Geschäfts mit der Gesellschaft hat. Die frühere Geltung der *ultra-vires-doctrine* ist im Außenverhältnis abgeschafft[419].

Im Innenverhältnis behält sie aber weiterhin ihre Bedeutung. Auch in Zukunft haftet der *director* intern der Gesellschaft gegenüber, wenn er seine Pflicht zum Handeln in Konformität mit der Verfassung der Gesellschaft verletzt oder die ihm eingeräumten Befugnisse überschreitet und somit der Gesellschaft einen Schaden zufügt[420].

---

417 *Pennington*, Directors' personal liability, S. 178. Der Wert ist demnach geringer, wenn die Gesellschaft insolvent ist und ihre vertraglichen Verpflichtungen nicht oder nicht ganz hätte erfüllen können: *Firbank's Executors v. Humphreys* [1886] 17 QBD 54 (62).

418 *Halsbury's Laws of England*, Band 7 (1), para 583; *Pennington*, Company Law, Cha. 4 S. 118; *Davies*, in: Gower's Principles of Modern Company Law, S. 175.

419 *Halsbury's Laws of England*, Band 7 (1), para 583; zur *ultra-vires-doctrine* vgl. z.B. *Hicks*, Cases and materials on company law, S. 146 ff. und *Palmer*, Company law Rn. 2.604 ff..

420 Vgl. hierzu schon die Ausführungen in § 2 II 1 c.

2. Rechtsscheinhaftung

Eine mit der deutschen Rechtsscheinhaftung vergleichbare Haftung des *directors* besteht, wenn jener bei Abschluss des Vertrages den Anschein der persönlichen Haftung erweckt hat[421]. In diesem Fall haftet der *director* für die Erfüllung der vertraglichen Pflichten persönlich[422].

3. Haftung aus s. 349 Abs. 4 C.A. 1985

Der *director* einer *private company* haftet außerdem persönlich, wenn er im Namen der Gesellschaft Wechsel, Schuldscheine, Schecks oder Orderpapiere[423] unterzeichnet und dabei den Namen der Gesellschaft auf diesen Dokumenten nicht korrekt wiedergibt, auf den in diesen Dokumenten bezeichneten Betrag, sofern der Betrag nicht von der Gesellschaft bezahlt wird (s. 349 Abs. 4 C.A. 1985). Der hiernach persönlich haftende *director* befindet sich in einer Position ähnlich dem Sicherungsgeber. Er muss nur leisten, falls die Gesellschaft selbst nicht leistet; er unterliegt mithin einer subsidiären Haftung.

Diese Vorschrift wird von den englischen Gerichten im Interesse des Gläubigerschutzes streng interpretiert[424]. Sie geht einerseits weiter als die Haftung wegen fehlenden GmbH-Zusatzes nach deutschem Recht. Schon geringe Abweichungen von der genauen Bezeichnung der Gesellschaft auf dem Dokument können eine persönliche Haftung auslösen, auch wenn kein Zweifel besteht, wer Verpflichteter aus dem Dokument sein soll[425]. Lediglich gängige Abkürzungen wie z.B. *Ltd* für *Limited company* oder *Co.* für *Company* werden als unschädlich erachtet[426].

---

421 *Fleischer*, Deliktische Geschäftsführerhaftung gegenüber außenstehenden Dritten im englischen Gesellschaftsrecht, ZGR 2000, 153 (163); Neuling, Deutsche GmbH und englische private company, S. 132.

422 *Bridges and Salmon Ltd v. The Swan (Owner)* [1968] 1 Lloyd's Rep. 5.

423 *Bill of exchange, promissory note, cheque or order for money or goods.*

424 *Palmer*, Company Law, Rn. 2.405. Vgl. auch *Atkin and Co. v. Wardle* [1889] 61 L.T. 23 (26).

425 Die Unterzeichnung eines Schecks der *L & R Agencies Ltd* durch einen ihrer *director* in dem die Gesellschaft als "L R *Agencies Ltd*" bezeichnet wurde, führte zur persönlichen Haftung (*Hendon v. Adelman and Others* [1973] 117 S.J. 631). Ebenso die Bezeichnung der "*South Shields Salt Water Baths Company Limited*" als "*Salt Water Baths Co. Limited, South Shields*" (*Atkin and Co. v. Wardle* [1889] 61 L.T. 23).

426 *Banque de l'Indochine v. Euroseas Finance* [1981] 3 All E.R. 198 (201); *Palmer*, Company Law, Rn. 2.405.

Die Haftung ist andererseits aber nicht so weitreichend wie die Haftung des Geschäftsführers bei fehlendem GmbH-Zusatz, da sie nur im Falle der falschen Bezeichnung der Gesellschaft auf den oben genannten Dokumenten eingreift, mithin nicht für den gesamten Rechtsverkehr Anwendung findet und nur subsidiär eingreift.

Ferner kann gegen den *director* bei Verstoß gegen die korrekte Bezeichnung der Gesellschaft in den in s. 349 Abs. 1 bis Abs. 4 C.A. 1985 genannten Fällen eine empfindliche Geldstrafe verhängt werden[427].

4. Haftung nach s. 216, 217 IA 1986

Zum Schutz des Rechtsverkehrs haftet ein *director* nach s. 217 Abs. 1 und Abs. 2, 216 IA 1986 persönlich für alle Verbindlichkeiten der Gesellschaft, wenn er innerhalb von 12 Monaten nach der Abwicklung einer insolventen *private limited company* mit einer Gesellschaft ähnlichen Namens die Geschäfte wieder aufnimmt ("*Phoenix syndrome*")[428].

5. Haftung beim Handeln als director *trotz Disqualifizierung*

Nach den Vorschriften des Company Directors Disqualification Act 1986[429] (CDAA 1986) kann das Gericht Personen, die zur Wahrnehmung der Aufgaben eines *directors* für untauglich befunden wurden, in verschiedenen Fällen für einen Zeitraum von bis zu 15 Jahren als *director* einer Gesellschaft disqualifizieren[430]. Dies ist z.B. möglich, wenn der *director* für *fraudulent* oder *wrongful trading* in der Insolvenz der Gesellschaft verantwortlich ist[431] oder wenn ein *director* wegen einer Straftat gegenüber der Gesellschaft verurteilt wurde. Die hiernach disqualifizierte Person darf die Stellung eines *directors* während des gerichtlich festgelegten Zeitraums nicht einnehmen.

---

427 Die Strafe kann auch verhängt werden, wenn der Name der Gesellschaft auf anderen Dokumenten wie z.B. Geschäftsbriefen, Veröffentlichungen, Rechnungen, Quittungen etc. nicht richtig wiedergeben ist; siehe: s. 349 (1) CA 1985. In diesen Fällen besteht aber keine zivilrechtliche Haftung.

428 *Neuling*, Deutsche GmbH und englische private company, S. 132.

429 Allgemein hierzu siehe: *Hicks*, Disqualification of directors - 40 years on, JBL 1988, 27 ff..

430 1995/96 lag die Zahl bei 903 disqualifizierten Personen (Quelle: *Hicks*, Cases and materials on company law, S. 61).

431 Siehe hierzu die Ausführungen in § 5 II.

Ebenso kann ein nicht entlasteter Gemeinschuldner (*undischarged bankrupt*) ohne Zustimmung des Gerichts kein *director* einer Gesellschaft sein oder werden[432].

Handelt eine Person, die nach den Vorschriften des CDDA 1986 von der Geschäftsleitung einer Gesellschaft ausgeschlossen ist, trotzdem als *director* einer *private company*, haftet sie neben der Gesellschaft gesamtschuldnerisch für alle Schulden der Gesellschaft und deren Schadensersatzverpflichtungen, die in dem Zeitraum ihrer Tätigkeit entstanden sind[433]. Die Haftung trifft auch denjenigen, der auf Anweisung einer disqualifizierten Person als *director* handelt[434]. Hierdurch soll die mittelbare Einflussnahme einer disqualifizierten Person ausgeschlossen und der Einsatz von Strohmännern unterbunden werden.

Eine nach dem CDAA 1986 disqualifizierte Person, die sich über das Verbot hinwegsetzt, eine Geschäftsführertätigkeit auszuüben, ist also einem enormen zivilrechtlichen Haftungsrisiko ausgesetzt[435].

6. Deliktische Außenhaftung

Im englischen Recht beruht die Haftung für unerlaubte Handlungen (*torts*) allein auf Fallrecht (*case law*). Es ist daher nicht möglich, alle eventuellen Haftungsrisiken des *directors* strukturiert darzustellen. Außerdem ist das Recht der unerlaubten Handlungen in England weiter gefasst als in Deutschland und umfasst z.B. auch vermögensrechtliche Ansprüche wegen Vertragsverletzungen. Daher muss sich diese Arbeit mit einem generellen Überblick begnügen.

Allein die Tatsache, dass eine Person *director* einer *private company* ist, macht diese Person noch nicht für unerlaubte Handlungen persönlich haftbar, die von der Gesellschaft begangen werden[436]. Im englischen Recht sind in diesem Zusammenhang grundsätzlich zwei Konstellationen zu unterscheiden. Einmal die unerlaubten Handlungen, die von anderen Personen als dem *director* begangen werden, und zum anderen die unerlaubten Handlungen, die der *director* selbst als Vertreter der Gesellschaft begeht.

---

432 s. 11 CCDA 1986.

433 Dies gilt wohl auch für Steuerschulden und Ansprüche aus unerlaubten Handlungen, an denen die disqualifizierte Person nicht beteiligt ist. Siehe: *Pennington*, Directors' personal liability, S. 188.

434 *Pennington*, Directors' personal liability, S. 188.

435 Daneben ist dieses Handeln auch unter Strafe gestellt: s. 13 CDAA 1986.

436 *Pennington*, Directors' personal liability, S. 173.

a) *Die unerlaubte Handlung durch eine vom director verschiedene Person*

Wenn ein Angestellter der Gesellschaft oder ein weiteres Geschäftsführungsmitglied eine unerlaubte Handlung als Vertreter der Gesellschaft begangen hat, haftet der *director* grundsätzlich nicht persönlich. Eine persönliche Haftung setzt in diesen Fällen voraus, dass der *director* die unerlaubte Handlung ausdrücklich genehmigt oder veranlasst hat. Das Gericht prüft dabei das Vorliegen dieser Haftungsvoraussetzung anhand eines jeden Einzelfalles[437]. Auf die Kenntnis des *directors*, dass die von ihm genehmigte oder veranlasste Handlung unerlaubt ist, kommt es nicht an[438]. Falls die Haftung aus unerlaubter Handlung jedoch eine bestimmte Absicht oder ein bestimmtes Wissen voraussetzt, muss dies auch bei dem *director* nachgewiesen werden können[439]. Deshalb ist es für den Geschädigten oftmals schwer, Ansprüche gegen den *director* persönlich durchzusetzen.

b) *Die unerlaubte Handlung durch den director selbst als Vertreter der Gesellschaft*

In England ist das stellvertretungsrechtliche Prinzip, wonach der Stellvertreter für die von ihm begangenen unerlaubten Handlungen persönlich haftet, nur beschränkt auf das Gesellschaftsrecht übertragbar. Der *director* ist in bestimmten Fällen mit der Gesellschaft zu identifizieren, so dass seine Handlungen solche der Gesellschaft sind[440] und sie daher keine persönliche Haftung des *directors* auslösen. Dem Prinzip, dass für Verbindlichkeiten der Gesellschaft den Gläubigern grundsätzlich nur das Gesellschaftsvermögen haften soll, wird somit auch im Deliktsbereich Geltung verschafft.

Eine persönliche Haftung des handelnden *directors* wegen einer von ihm im Namen der Gesellschaft begangenen unerlaubten Handlung setzt voraus, dass er persönlich Verantwortung für die Handlung oder Unterlassung übernommen hat[441]. Dies gilt insbesondere bei Ersatzansprüchen von außenstehenden Dritten wegen Vermögensschäden (*economic loss*) durch Vertragsverletzungen. Nach englischem Recht unterfallen auch solche Sachverhaltskonstellationen dem Bereich des Deliktsrechts. Das *House of Lords* hat erst vor kurzem wieder in der viel beachteten Entscheidung *Williams v. Natural Life Health Foods Ltd* bestä-

437 *Palmer*, Company law, Rn. 8.605; *Evans C. & Sons Ltd v. Spritebrand Ltd* [1985] 2 All E.R. 415 (424); 1 WLR 317 (329) CA.

438 *Palmer*, Company law, Rn. 8.605 mit weiteren Rechtsprechungsnachweisen.

439 *Evans C. & Sons Ltd v. Spritebrand Ltd* [1985] 2 All E.R. 415 (424); 1 WLR 317 (329) CA.

440 *Trevor Ivory Ltd v. Andersen* [1992] 2 NZLR 517 (527).

441 *Fairline Shipping Corporation v. Adamson* [1975] QB 180 (190).

tigt[442], dass der *director* dem Dritten gegenüber nur dann persönlich für Vertragsverletzungen der Gesellschaft haftet, wenn er ihm gegenüber eine besondere Sorgfaltspflicht übernommen hat[443]. Allerdings muss der Geschädigte die Übernahme einer besonderen Sorgfaltspflicht dartun. Diese Rechtsprechung ist vergleichbar mit der Rechtsprechung zur Haftung des GmbH-Geschäftsführers aus c.i.c. (jetzt: § 280 Abs. 1 i.V.m. § 311 Abs. 2 und 3 BGB) wegen der Inanspruchnahme persönlichen Vertrauens des Geschäftsführers.

Der *director* ist nicht verpflichtet, bei einer Vertragsanbahnung den Dritten auf eine bestehende Zahlungsunfähigkeit der Gesellschaft hinzuweisen, es sei denn dass ein besonderes Vertrauensverhältnis (*duty to take care*) gegenüber dem Dritten besteht[444].

Mit der Verletzung von Organisationspflichten hat noch kein englisches Gericht eine persönliche Haftung des *directors* gegenüber Dritten aus unerlaubter Handlung begründet. Sollte ein entsprechender Fall einmal zu entscheiden sein, so wird man wohl nicht so weitgehende Organisationspflichten des *directors* gegenüber Dritten statuieren, wie man sie aus dem deutschen Recht kennt[445]. Dafür wird die persönliche Inanspruchnahme des *directors* wegen unerlaubter Handlungen der Gesellschaft zumindest bisher zu restriktiv gehandhabt[446].

Außerdem existiert im englischen Recht keine dem § 31 BGB entsprechende Zurechnungsnorm, die den Anreiz schafft, zunächst eine persönliche Haftung des Geschäftsführers zu statuieren, um sodann den Zugriff auf das Gesellschaftsvermögen über diese Zurechnungsnorm zu ermöglichen.

7. Zusammenfassung

Es ist auffällig, dass der englische Gesetzgeber mit der Einführung des s. 349 C.A. 1985 und des CDDA 1986 erhebliche gesetzlich normierte Haftungsgefah-

---

442 *Williams v. Natural Life Health Foods Ltd* [1998] 2 All ER 577: Erforderlich ist eine Verantwortungsübernahme durch eine besondere Verbindung und ein Vertrauen des Geschäftspartners auf die Haftung des *directors*.

443 *Williams v. Natural Life Health Foods* [1998] 2 All ER 577.

444 *Neuling*, Deutsche GmbH und englische private company, S. 132. Ebenso in der Einschätzung: *Palmer*, Company law, Rn. 8.605.

445 Vgl. zum deutschen Recht die Ausführungen in § 4 I 4 a. Ebenso: *Fleischer*, Deliktische Geschäftsführerhaftung gegenüber außenstehenden Dritten im englischen Gesellschaftsrecht, ZGR 2000, 153 (163).

446 Vgl. hierzu auch die Analyse der Rechtsprechung durch *Griffin*, LQR 115, 36 (40): "The assumption of personal responsibility must be evidenced by an act which transgresses the director's corporate authority, to the extent that any accountibility for the tortious act becomes, in reality, the director's and his alone."

ren für den *director* gegenüber Gläubigern geschaffen hat. Die Einführung des CDDA 1986 berührt allerdings nur Personen, denen das Recht zur Ausübung der Funktion des *directors* entzogen wurde.

Dagegen besteht beim Handeln als Vertreter ohne Vertretungsmacht oder bei der Überschreitung des Gesellschaftszwecks ein nur geringes Haftungsrisiko gegenüber außenstehenden Dritten, da die Vertretungsmacht im Außenverhältnis durch den Gesellschaftsvertrag nicht beschränkbar ist. Dieses geringe Haftungsrisiko wird allerdings durch eine Innenhaftung gegenüber der Gesellschaft kompensiert.

Im Deliktsrecht haben die englischen Gerichte bisher nicht versucht, die durch die beschränkte Haftung der Gesellschaft möglicherweise bestehenden Haftungslücken durch eine extensive persönliche Inanspruchnahme des *directors* zu schließen. Insofern ist das Haftungspotenzial im Deliktsrecht für den *director* vergleichsweise gering, sofern er nicht persönliche Verantwortung für die Handlungen als Vertreter der Gesellschaft übernommen hat.

III. Die Rechtslage in den Niederlanden

In den Niederlanden hat die Einführung der Missbrauchsgesetze im Jahre 1987 die Haftungsrisiken des Geschäftsführers (*bestuurder*) einer B.V. gegenüber außenstehenden Dritten erheblich verschärft. Das zweite Missbrauchsgesetz zielte auf die persönliche Haftung des Geschäftsführers für Steuer- und Versicherungsverbindlichkeiten der Gesellschaft ab[447] - ein Teilbereich, der in dieser Arbeit unberücksichtigt bleiben soll. Veränderungen hinsichtlich der Vorschriften über die Insolvenz der Gesellschaft brachte das dritte Missbrauchsgesetz. Hierdurch wurde die Haftung des Geschäftsführers im Falle der Insolvenz der Gesellschaft verschärft[448].

Aber auch außerhalb dieser Spezialregelungen können sich beträchtliche Haftungsrisiken für den Geschäftsführer einer B.V. ergeben. Der Anteil von Fällen, in denen der Geschäftsführer persönlich in Anspruch genommen werden kann, hat in den letzten Jahren zugenommen[449].

---

447 Vgl. allgemein hierzu: *Van* Schilfgaarde, Misbruik van rechtspersonen; *Ebben/Akveld/Westermann*, RIW 1995, 720 (723 ff.).

448 Hierzu ausführlich in § 5 III.

449 So *Sanders/Westbroek*, BV en NV, S. 175.

1. Haftung als Vertreter ohne Vertretungsmacht

Ebenso wie im deutschen und englischen Recht kommen eigene vertragliche Ansprüche der Gläubiger der Gesellschaft gegen den Geschäftsführer, der im Namen der Gesellschaft handelt, grundsätzlich nicht in Betracht. Das Handeln im Namen und in Vollmacht der Gesellschaft führt regelmäßig nur zu einer Verpflichtung der Gesellschaft und nicht der persönlich Handelnden.

Die Außenhaftung als Vertreter ohne Vertretungsmacht hat kaum Bedeutung, da im niederländischen Recht die Vertretungsmacht gemäß Art. 2:240 BW unbeschränkt und unbedingt ist, soweit das Gesetz nichts Gegenteiliges bestimmt[450]. Bedeutung erlangt diese Haftung daher nur in Fällen der Gesamtvertretung der Gesellschaft durch mehrere Geschäftsführer, wenn nur einer der Geschäftsführer ohne Zustimmung der anderen handelt. Voraussetzung ist allerdings, dass die Gesamtvertretung zuvor im Handelsregister eingetragen wurde[451], d.h. dem Dritten gegenüber bekannt gemacht wurde.

Da auch ein rechtsgeschäftliches Handeln bei Überschreiten des Gesellschaftszwecks (ultra-vires) die Gesellschaft grundsätzlich bindet, kommt auch in diesen Fällen eine Außenhaftung des Geschäftsführers nicht zum Tragen[452]. Die Innenhaftung gegenüber der Gesellschaft bleibt aber unberührt, wenn der Geschäftsführer unbefugt seine Vertretungsbefugnisse überschreitet oder dem Gesellschaftszweck zuwider handelt.

2. Rechtsscheinhaftung

Nach Art. 2:186 BW muss auf allen Schriftstücken, gedruckten Angelegenheiten und Ankündigungen der Gesellschaft die vollständige Firma der Gesellschaft deutlich erkennbar sein. Ein Verstoß gegen diese Vorschrift hat indessen keine zivilrechtlichen, sondern lediglich strafrechtliche Konsequenzen für den Geschäftsführer[453]. Insbesondere führt die Verletzung dieser Vorschrift nicht dazu, dass anstelle der juristischen Person der in ihrem Namen Handelnde aus dem

450 Vgl. *Van der Heijden/Van der Grinten*, Handboek voor de naamloze en de besloten vennootschap, Nr. 235, S. 414 f..

451 *Sanders/Westbroek*, BV en NV, S. 157; *Van der Heijden/Van der Grinten*, Handboek voor de naamloze en de besloten vennootschap, Nr. 235, S. 416.

452 *Van Schilfgaarde*, Van de BV en de NV, Nr. 58 S. 173 f.; *Sanders*, BV en NV, 5.7.8, S. 162.

453 *Rb Amsterdam, 10.09.1997*, JOR 1998/2. Zu den strafrechtlichen Folgen siehe Art. 1 unter 4. des WED.

Rechtsgeschäft verpflichtet wird[454]. Eine dem deutschen Recht entsprechende Rechtsscheinhaftung des Geschäftsführers gegenüber dem Dritten, der darauf vertraute, mit zumindest einer unbeschränkt haftenden Person zu kontrahieren, ist im niederländischen Recht bislang nicht bekannt.

3. Haftung wegen irreführenden Jahresabschlusses

Wie bereits zur Haftung des Geschäftsführers gegenüber Gesellschaftern angeführt wurde[455], haftet der Geschäftsführer gemäß Art. 2:249 BW Dritten gegenüber für den Fall, dass der Jahresabschluss, der jährliche Bericht oder die Zwischenberichte - sofern diese Dokumente veröffentlicht werden - eine irreführende Darstellung der finanziellen Situation der Gesellschaft beinhalten, für den dem Dritten daraus entstehenden Schaden[456]. Irreführend ist die Darstellung dann, wenn sie zu positiv, aber auch dann, wenn sie zu negativ ist[457]. Ein Geschäftsführer haftet nicht, wenn er beweist, dass die falsche Darstellung ihm nicht zuzuschreiben ist. Dies kann z.B. der Fall sein, wenn die Gesellschafterversammlung den Jahresabschluss in anderer Form feststellt, als er von der Geschäftsleitung vorgelegt wurde[458].

Die praktische Anwendung dieser Vorschrift ist bislang jedoch gering geblieben.

4. Nichteintragung der Gesellschaft / Nichteinzahlung des Kapitals

Die Geschäftführung ist verpflichtet, die Gesellschaft nach deren Gründung zum Handelsregister anzumelden. Erst wenn die Gesellschaft zum Handelsregister angemeldet ist, der eingezahlte Anteil des Gesellschaftskapitals mindestens dem bei der Gründung vorgeschriebenen Mindestkapital[459] entspricht und erst, wenn mindestens ein Viertel des Nennwertes des bei der Gründung festgesetzten Stammkapitals eingezahlt ist, erlischt die persönliche Gründerhaftung des Geschäftsführers nach Art. 2:180 Abs. 2 a) bis c) BW. Bis zu diesem Zeitpunkt

---

454 *Rb Amsterdam, 10.09.1997*, JOR 1998/2.
455 Vgl. hierzu die Ausführungen in § 3 III 1.
456 Ausführlich bei *Van der Heijden/Van der Grinten*, Handboek voor de naamloze en de besloten vennootschap, Nr. 262, S. 465.
457 *Jansen*, GmbHR 1995, 286 (289).
458 Beispiel aus *De Savornin Lohman*, Duties and liability of directors and shareholders under Netherlands law, Cha. 7.17, S. 77.
459 Das Mindestkapital beträgt zur Zeit EUR 18.000,00.

haftet der Geschäftsführer persönlich gemäß Art. 2:180 Abs. 2 BW gesamtschuldnerisch neben der Gesellschaft für jede Rechtshandlung während seiner Geschäftsführungstätigkeit, die die Gesellschaft bindet. Diese erhebliche zivilrechtliche Sanktionsandrohung in Art. 2:180 Abs. 2 BW soll die ordnungsgemäße Eintragung und Kapitalausstattung der Gesellschaft nach deren Entstehen gewährleisten[460].

5. Deliktische Außenhaftung

Praktisch am bedeutsamsten für die zivilrechtliche Außenhaftung des Geschäftsführers ist die deliktische Haftung aufgrund von Art. 6:162 BW (früher: Art. 1401 BW). Diese Vorschrift ist eine für die Gläubiger attraktive Anspruchsgrundlage, da der Tatbestand des Art. 6:162 BW im Gegensatz zur deutschen Regelung in § 823 Abs. 1, Abs. 2 und § 826 BGB sehr viel weiter gefasst ist[461]. Eine Haftung des Geschäftsführers ist nach Art. 6:162 BW auch möglich, wenn der Dritte einen bloßen Vermögensschaden erleidet wegen eines schuldhaften Verstoßes gegen die Sorgfalt, welche dem Geschäftsführer aufgrund ungeschriebenen Rechts im gesellschaftlichen Verkehr obliegt. Im deutschen Recht hingegen kann der reine Vermögensschaden nur im Falle einer Schutzgesetzverletzung gemäß § 823 Abs. 2 BGB oder der Verletzung des § 826 BGB ersetzt verlangt werden.

Die Haftung aus unerlaubter Handlung setzt voraus, dass dem Geschäftsführer ein persönlicher Schuldvorwurf hinsichtlich der unerlaubten Handlung gemacht werden kann[462]. Eine verschuldensunabhängige Haftung des Geschäftsführers für jedwede unerlaubte Handlung, die durch die Gesellschaft begangen wird, besteht folglich nicht[463].

Ein gutes Beispiel für die Anwendung des niederländischen Deliktsrechts auf die Außenhaftung des Geschäftsführers ist die grundlegende "*Beklamel*-Entscheidung" des *Hoge Raad* aus dem Jahre 1989[464]. Dort hat der *Hoge Raad*

---

460 Bei Unterlassung der Anmeldung der Gesellschaft zum Handelsregister drohen den Geschäftsleitern zudem strafrechtliche Sanktionen. Siehe: *De Kluiver*, in: *De Kluiver/Van Gerven* (Hrsg.), The European Private Company?, S. 111.

461 So *Timmerman*, ZGR 1993, 489 (492); *Nölle*, Die Eigenhaftung des GmbH-Geschäftsführers für Organisationspflichtverletzungen, S. 163.

462 HR 14.11.1997 = RvdW 1997, 230 = TVVS 1998, S. 58 mit Anm. *Timmerman*; *Van der Heijden/Van der Grinten*, Handboek voor de naamloze en de besloten vennootschap, Nr. 240, S. 428; *Dijk/Van den Ingh/Netten/Van der Plog/Schwarz/Wortel*, S. 17.

463 Vgl. *Asser-Van der Grinten*, Band 2-I, Nr. 177, S. 158.

464 HR vom 06.10.1989 = NJ 1990, 286 m. Anm. *Maeijer*.

den bedeutenden Rechtssatz aufgestellt, dass ein Geschäftsführer persönlich aus unerlaubter Handlung für den Schaden eines Gläubigers der Gesellschaft haftet, falls er zum Zeitpunkt des Vertragsschlusses mit dem Gläubiger wusste oder hätte wissen müssen, dass die Gesellschaft nicht in der Lage sein würde, ihre Verbindlichkeiten innerhalb einer angemessenen Zeit zu erfüllen. Insbesondere in der Insolvenz der Gesellschaft gewinnt diese mögliche persönliche Haftung des Geschäftsführers an Bedeutung[465]. Der Geschäftsführer hat also bei Vertragsabschlüssen mit Dritten besonders vorsichtig zu sein, wenn sich die wirtschaftliche Lage der Gesellschaft verschlechtert[466]. Versuche, diese Haftung des Geschäftsführers gegenüber Gläubigern auf weitere Sachverhalte zu erweitern, sind allerdings bislang fehlgeschlagen[467].

Die Verletzung einer gesetzlichen Norm kann ebenfalls zu einer Haftung des Geschäftsführers aus Art. 6:162 Abs. 2 BW führen, wenn die Norm, gegen die verstoßen wurde, dem Schutz des Verletzten dient (*relativiteitsvereiste*; Art. 6:163 BW)[468]. Diese Relativitätsdoktrin ist mit der Schutzgesetzlehre nach § 823 Abs. 2 BGB im deutschen Recht vergleichbar[469].

Ob dem Geschäftsführer auch Organisationspflichten gegenüber Dritten obliegen und eine Verletzung derselben Schadensersatzansprüche gegenüber privaten Gläubigern auslösen kann, ist bisher noch nicht entschieden worden. Nach der gegenwärtigen Rechtslage und der tendenziell gläubigerfreundlichen Rechtsprechung sind solche Ansprüche aus unerlaubter Handlung jedenfalls nicht auszuschließen.

6. Zusammenfassung

In den Niederlanden existieren einige gesetzliche Vorschriften, deren Verletzung eine Haftung gegenüber außenstehenden Dritten auslösen kann. Für einen redlichen Geschäftsführer, der die gesetzlichen Handlungsgebote befolgt, besteht indessen nur ein geringes Haftungsrisiko. Haftungsrechtlich bedeutsamer für den

---

465 Siehe hierzu die Ausführungen in § 5 III 3.

466 Nach *Timmerman*, ZGR 1993, 489 (497) wird besonders in Fällen der Durchgriffshaftung entsprechenden Klagen der Gläubiger aufgrund dieses Rechtssatzes häufig statt gegeben.

467 Vgl. *Timmerman*, TVVS 1991, 197 (198) sowie HR vom 18.02.2000, Ondernemingsrecht 2000, 191 m. Anm. *Timmerman*.

468 *De Jong/Van Vliet*, in: *Campbell* (Hrsg.), International liability of corporate directors, S. 528; *De Savornin Lohman*, Duties and liability of directors and shareholders under Netherlands law, Cha. 7.18, S. 78.

469 Vgl. *De Jong/Van Vliet*, in: *Campbell* (Hrsg.), International liability of corporate directors, S. 528.

Geschäftsführer ist die Anwendung des weit gefassten allgemeinen deliktsrechtlichen Tatbestands auf Handlungen des Geschäftsführers im Namen der Gesellschaft. Der Geschäftsführer, der ein Rechtsgeschäft für die Gesellschaft vorgenommen hat, kann persönlich haftbar gemacht werden, wenn die Gesellschaft nicht in der Lage ist, ihre Verpflichtungen zu erfüllen und er dies wusste oder hätte wissen können. Insbesondere in der wirtschaftlichen Krise der Gesellschaft besteht somit ein erhebliches Haftungsrisiko des Geschäftsführers gegenüber außenstehenden Dritten.

Dieser Befund spiegelt die in den Niederlanden vorherrschende Auffassung wider, derzufolge es die Teilnahme von Rechtspersonen mit beschränkter Haftung am allgemeinen Rechtsverkehr gebietet, die Missbrauchsgefahren dieser Gesellschaftsform zu minimieren und den Gläubigerschutz zu stärken[470].

IV. Die Rechtslage in der Europäischen Privatgesellschaft

Der Entwurf für eine Verordnung für die Europäische Privatgesellschaft enthält keine ausdrückliche Regelung zur Außenhaftung des Geschäftsleiters. Es ist daher zunächst zu untersuchen, ob die Außenhaftung des Geschäftsleiters überhaupt Regelungsgegenstand des EPG-VOE ist. Die Haftungsnorm des Art. 17 Abs. 1 S. 1 EPG-VOE betrifft ausschließlich die interne Haftung des Geschäftsleiters gegenüber der Gesellschaft. Dies ergibt sich aus der eindeutigen Formulierung einer Haftung der Geschäftsleiter "gegenüber der Gesellschaft". Dagegen fehlt in Art. 17 Abs. 1 S. 2 EPG-VOE, der den allgemeinen Haftungstatbestand für das Fehlverhalten der Geschäftsleiter regelt, ein ausdrücklicher Hinweis auf eine Haftung lediglich "gegenüber der Gesellschaft", so dass auf den ersten Blick eine Außenhaftung der Geschäftsleiter aufgrund dieser Norm in Betracht zu kommen scheint. Allerdings bestimmt Satz 2 von Art. 17 Abs. 1 ausdrücklich, dass die Geschäftsleiter "nach denselben Bedingungen" wie in Art. 17 Abs. 1 S. 1 EPG-VOE haften, so dass zu untersuchen ist, wie diese Formulierung auszulegen ist. Die Tatbestandsvoraussetzungen der Haftung nach Art. 17 Abs. 1 S. 2 EPG-VOE sind dort selbst geregelt (Pflichtverstoß bzw. Nichtbeachtung der geforderten Sorgfalt). Die gewählte Formulierung einer Haftung "nach denselben Bedingungen" wie in Satz 1 kann sich daher nicht auf die Tatbestandsvoraussetzungen von Satz 1 beziehen, da in Satz 1 andere Tatbestandsvoraussetzungen haftungsbegründend sind. Knüpft demnach Art. 17 Abs. 1 Satz 2 nicht an die Haftungsvoraussetzungen von Satz 1 an, ergibt sich zwangsläufig, dass sich diese Anknüpfung einer Haftung "nach denselben Bedingungen" nur auf die Art

470 Vgl. *Ebben/Akveld/Westermann*, RIW 1995, 720 (722).

und Weise (Rechtsfolge) der Haftung der Geschäftsleiter nach Art. 17 Abs. 1 S. 1 EPG-VOE beziehen kann. Rechtsfolge eines Anspruchs nach Art. 17 Abs. 1 S. 1 EPG-VOE ist eine ausschließlich gegenüber der Gesellschaft bestehende Haftung der Geschäftsleiter. Somit ergibt sich im Rahmen einer Wortlautauslegung des Art. 17 Abs. 1 EPG-VOE eine Beschränkung der Haftung nach Art. 17 Abs. 1 S. 2 EPG-VOE auf eine Binnenhaftung gegenüber der Gesellschaft. Ebenso eindeutig ist die Wortlautauslegung in der englischen Fassung des Verordnungsentwurfs. Dort heißt es in Art. 17 Abs. 1 S. 2, dass die Geschäftsleiter "in the same manner", d.h. in der gleichen Weise wie nach Satz 1 der Vorschrift haften. Haftung in gleicher Weise ("in the same manner") wie in Satz 1 der Vorschrift bedeutet eine ausschließlich interne Haftung gegenüber der Gesellschaft.

Trotz des bereits eindeutigen Befunds aufgrund der Auslegung nach dem Wortlaut der Norm soll nachfolgend auch aus der Systematik des Verordnungsentwurfs hergeleitet werden, dass Art. 17 Abs. 1 Satz 2 EPG-VOE keine Regelung über die Außenhaftung des Geschäftsleiters der EPG trifft. Die allgemeine Haftungsnorm des Art. 17 Abs. 1 S. 2 EPG-VOE findet sich unmittelbar im Anschluss an und im gleichen Absatz wie die ausdrücklich als interne Haftung gegenüber der Gesellschaft ausgestaltete Anspruchsgrundlage des Art. 17 Abs. 1 S. 1 EPG-VOE. Aus dieser bewusst vom Verordnungsentwurfgeber gewählten systematischen Eingliederung der allgemeinen Haftungsnorm in Art. 17 EPG lässt sich ebenfalls erkennen, dass Art. 17 Abs. 1 S. 2 ausschließlich eine Binnenhaftung der Geschäftsleiter gegenüber der Gesellschaft regelt.

Ansprüche der Gläubiger unmittelbar gegen die Geschäftsleiter wegen der Verletzung derer Pflichten sind daher nicht von Art. 17 Abs. 1 S. 2 EPG-VOE mitumfasst[471]. Eine Außenhaftung des Geschäftsleiters unmittelbar gegenüber Gläubigern ist weder Regelungsgegenstand der allgemeinen Haftungsnorm des Art. 17 EPG-VOE noch anderer Normen des Verordnungsentwurfs.

Dieser Befund deckt sich auch mit der Rechtslage in den drei untersuchten nationalen Rechtsordnungen. Sowohl in Deutschland und England als auch in den Niederlanden ist die Außenhaftung des Geschäftsleiters nicht - auch nicht konkludent - in den Statuten für die jeweilige Rechtsform der GmbH, *limited* und B.V. geregelt. Eine Außenhaftung kann sich in den jeweiligen Rechtsordnungen entweder aus der Inanspruchnahme besonderen Vertrauens, aus Deliktsrecht oder aus spezialgesetzlichen Regelungen ergeben. Diese Bereiche sind im Verordnungsentwurf aber nicht geregelt worden.

Daher könnte nach der gegenwärtigen Fassung des EPG-Statuts eine einheitliche Handhabung der zivilrechtlichen Außenhaftung des Geschäftsleiters nur

471 Ebenso der Vorschlag von *Hommelhoff/Helms* in: Boucourechliev/*Hommelhoff* (Hrsg.), Vorschläge für eine Europäische Privatgesellschaft, S. 166.

über die Anwendung von Art. 12 EPG-VOE unter Rückgriff auf dessen "Kaskade subsidiärer Rechtsquellen"[472] erreicht werden. Jedoch existieren hinsichtlich der zivilrechtlichen Haftung von Geschäftsleitern einer juristischen Person gegenüber Gläubigern weder in dem Verordnungsentwurf für die EPG, noch im Gesellschaftsrecht der Gemeinschaft, noch in den nationalen Rechtsordnungen allgemeine Prinzipien, die auf die zivilrechtliche Außenhaftung des Geschäftsleiters der EPG Anwendung finden könnten[473]. Für die zivilrechtliche Außenhaftung des Geschäftsleiters muss es deshalb bei der Anwendung des nationalen Rechts des Staates bleiben, in dem die EPG gemäß Art. 6 Abs. 1 EPG-VOE ihren Sitz hat (Umkehrschluss aus Art. 12 Abs. 1 S. 2 EPG-VOE)[474]. Denn die zivilrechtliche Außenhaftung des Geschäftsleiters ist ein Bereich, der in dem EPG-Statut nicht - auch nicht konkludent - geregelt wurde. Die Verordnung über die Europäische Privatgesellschaft wird sich hinsichtlich der Bereiche, die durch das EPG-Statut nicht geregelt werden, wie jede andere Verordnung der EG auch, in die jeweilige nationale Rechtsordnung einfügen müssen.

Dabei ist jedoch zu beachten, dass die Anwendung des nationalen Gesellschaftsrechts des Sitzstaates der EPG durch Art. 12 Abs. 3 EPG-VOE ausdrücklich ausgeschlossen ist, sofern nicht der Verordnungsentwurf ausdrücklich auf das nationale Gesellschaftsrecht verweist[475]. Da ein solcher Verweis im Verordnungsentwurf für die EPG hinsichtlich der zivilrechtlichen Außenhaftung des Geschäftsleiters nicht gegeben ist, ist die Anwendung des nationalen Gesellschaftsrechts bezüglich der Außenhaftung des Geschäftsleiters gegenüber Dritten ausgeschlossen. Es muss hier also bei der Anwendung des allgemeinen Zivilrechts des Sitzstaates der EPG bleiben.

Für Rechtsordnungen, die eine eigenständige Regelung der zivilrechtlichen Außenhaftung des Geschäftsleiters im nationalen Gesellschaftsrecht getroffen haben, kann dies zu einer Abschwächung des Gläubigerschutzes im Vergleich zu der nationalen Gesellschaft mit beschränkter Haftung führen. Die Vorschriften des CDDA (Handeln einer disqualifizierten Person) aus dem englischen Recht und Art. 2:249 BW (Haftung bei unrichtigem Jahresabschluss) aus dem niederländischen Recht sind z.B. nach dem gegenwärtigen Wortlaut des EPG-Statuts nicht auf eine EPG mit Sitz in England bzw. in den Niederlanden anwendbar, da es sich bei diesen Vorschriften um nationales Gesellschaftsrecht handelt.

---

472 Diesen Begriff verwenden *Hommelhoff/Helms*, GmbHR 1999, 53 (57).

473 Allgemein zum Fehlen solcher Prinzipien siehe *Ehricke*, RabelsZ 64 (2000), 497 (515).

474 Vgl. den Kommentar zu Art. 12 in: *Boucourechliev/Hommelhoff*, Vorschläge für eine Europäische Privatgesellschaft, S. 298.

475 Vgl. den Kommentar zu Art. 12 in: *Boucourechliev/Hommelhoff*, Vorschläge für eine Europäische Privatgesellschaft, S. 298.

Eine weitere Unstimmigkeit bezüglich der Außenhaftung des Geschäftsleiters der EPG kann sich ergeben, wenn ein Haftungstatbestand für den Geschäftsleiter in einem Mitgliedstaat aus dem allgemeinen Recht hergeleitet wird, während er in einem anderen Mitgliedstaat in dem auf die EPG anwendbaren nationalen Gesellschaftsrecht geregelt ist. Dann könnten die zuständigen Gerichte nach dem gegenwärtigen Wortlaut des Art. 12 Abs. 1 und Abs. 3 EPG-VOE eine Haftung des Geschäftsleiters der EPG im ersteren Fall unter Anwendung des nationalen Rechts begründen, während im letzteren Fall die gleiche Haftung unter Hinweis auf Art. 12 Abs. 3 EPG-VOE abgelehnt werden müsste. Möglicherweise kann allerdings im letzteren Fall bei der Unanwendbarkeit des nationalen Gesellschaftsrechts subsidiär auf das allgemeine nationale Recht zurückgegriffen werden.

Im Interesse einer möglichst einheitlichen Anwendung des EPG-Statuts in allen Mitgliedstaaten sollte eine divergierende Außenhaftung des Geschäftsleiters der EPG weitestgehend vermieden werden. Bevor jedoch im Rahmen dieser Arbeit Regelungsvorschläge für das EPG-Statut unterbreitet werden, soll zunächst untersucht werden, wie die zivilrechtliche Außenhaftung des Geschäftsleiters der EPG mit Sitz in den Mitgliedstaaten der EG, deren Rechtsordnungen hier analysiert werden, nach der gegenwärtigen Fassung des EPG-Statuts ausgestaltet ist.

1. Haftung als Vertreter ohne Vertretungsmacht

Auch in der EPG ist die Vertretungsmacht des Geschäftsleiters nach Art. 16 Abs. 2 EPG-VOE im Außenverhältnis grundsätzlich unbeschränkt und nicht durch die Satzung beschränkbar. Diese Regelung entspricht den Vorgaben durch die Erste gesellschaftsrechtliche Richtlinie des Rates aus dem Jahre 1968[476] und ist daher auch mit den Regelungen in den nationalen Rechtsordnungen konform. Der Geschäftsleiter kann somit im Außenverhältnis grundsätzlich nicht als Vertreter ohne Vertretungsmacht handeln und ist infolgedessen keiner unmittelbaren Haftung als vollmachtloser Vertreter gegenüber Vertragspartnern der Gesellschaft ausgesetzt.

---

476 Erste gesellschaftsrechtliche Richtlinie vom 9. März 1968 Publizitätsrichtlinie - 68/151/EWG - Abl. EG Nr. L 65 vom 14.3.68, S. 8 ff.. Abgedruckt bei *Lutter*, Europäisches Unternehmensrecht, S. 104 ff..

2. Europäische Privatgesellschaft mit Sitz in Deutschland

Die allgemeine zivilrechtliche Haftung des Geschäftsführers gegenüber außenstehenden Dritten nach deutschem Recht beruht ausschließlich auf allgemeinem Zivilrecht und nicht auf gesellschaftsrechtlichen Vorschriften. Dies gilt sowohl für die Rechtsscheinhaftung, die vertragsähnliche Haftung nach c.i.c. (jetzt: § 280 Abs. 1 i.V.m. § 311 Abs. 2 und 3 BGB), als auch für die deliktische Außenhaftung.

Auf Geschäftsleiter einer EPG, die ihren Sitz in Deutschland hat, sind somit diese Haftungstatbestände anwendbar, da die allgemeinen Vorschriften des nationalen Rechts nicht durch Art. 12 EPG-VOE für unanwendbar erklärt worden sind. Insoweit besteht kein Unterschied zwischen der Haftung des Geschäftsleiters der EPG mit Sitz in Deutschland und des Geschäftsführers der GmbH.

3. Europäische Privatgesellschaft mit Sitz in England

In England hingegen sind die besonderen Haftungstatbestände aus s. 349 Abs. 4 C.A. 1985, aus s. 216, 217 IA 1986 und aus dem CDDA 1986 im nationalen Gesellschaftsrecht geregelt[477]. Deren Anwendung ist nach dem eindeutigen Wortlaut von Art. 12 Abs. 3 EPG-VOE für eine EPG mit Sitz in England ausgeschlossen. Denn es handelt sich hierbei um Bestimmungen des englischen nationalen Gesellschaftsrechts, auf die durch die Verordnung nicht ausdrücklich verwiesen wird.

Lediglich im Zusammenhang mit der Insolvenz, der Liquidation oder vergleichbarer Vorgänge in der EPG kann der nationale Gesetzgeber gemäß Art. 36 Abs. 1 EPG-VOE regeln, welchen Verboten bestimmte Personen ausgesetzt sind, und somit die Disqualifikation einer Person auch auf deren Tätigkeit für die EPG erstrecken. Zur Anordnung einer allgemeinen zivilrechtlichen Haftung des Geschäftsleiters, der gegen ein nationalstaatlich angeordnetes Verbot zur Ausübung der Geschäftsleitertätigkeit verstößt, gegenüber der Gesellschaft wird der nationale Gesetzgeber in Art. 36 Abs. 1 EPG-VOE indessen nicht ermächtigt[478].

Konsequenz dieser Rechtslage ist, dass beispielsweise eine als *director* disqualifizierte Person nach dem CDDA 1986 in England zwar keine *private limited company*, dafür aber eine EPG als Geschäftsleiter führen könnte, ohne der

---

477 Siehe hierzu die Ausführungen in § 4 II 3 und 4.

478 Allenfalls wäre hier an eine konkludente Ermächtigung für den nationalen Gesetzgeber durch die Regelung in Art. 36 Abs. 1 EPG-VOE zu denken.

strengen zivilrechtlichen Haftung des CDDA 1986 zu unterliegen[479]. Da die EPG keine Mehrstaatlichkeit voraussetzt (Art. 1 Abs. 1 EPG-VOE)[480], wird sie nach ihrer Einführung in Konkurrenz zu den nationalen Gesellschaftsformen mit beschränkter Haftung treten. Sie ermöglicht daher zumindest theoretisch eine Umgehung der zivilrechtlichen Haftung nach dem CDDA 1986 in England[481] durch die Gründung einer EPG an Stelle einer *private limited company* durch eine disqualifizierte Person[482]. Diese aus Sicht des englischen Gläubigerschutzes unbefriedigende Lösung könnte man verhindern, wenn man sowohl die Anforderungen, die an die Person des Geschäftsleiters der EPG zu stellen sind, als auch die Haftung bei der Nichtbeachtung dieser Anforderungen im Statut selbst regelt oder der Anwendung nationalen Rechts unterstellt.

Zumindest wegen deliktischer Ansprüche gegen den Geschäftsleiter einer EPG mit Sitz in England kann jedoch auf das allgemeine englische Recht zurückgegriffen werden, so dass es hier zu einem Gleichlauf zwischen der Außenhaftung des Geschäftsleiters der EPG mit Sitz in England und dem *managing director* der *private limited company* kommt.

4. Europäische Privatgesellschaft mit Sitz in den Niederlanden

In den Niederlanden ist die Haftung wegen irreführenden Jahresabschlusses (Art. 2:249 BW)[483] und die Haftung bei Nichteintragung der Gesellschaft bzw. bei Nichteinzahlung des gesetzlich festgelegten Kapitals[484] im 2. Buch des *Burgerlijk Wetboek* für juristische Personen, mithin im niederländischen Gesellschaftsrecht geregelt. Diese Bestimmungen sind daher allesamt gemäß Art. 12 Abs. 3 EPG-VOE nicht auf die EPG mit Sitz in den Niederlanden anwendbar. Eine Verweisung auf das nationale Gesellschaftsrecht in der Verordnung fehlt für diese Vorschriften.

---

479 Allerdings bleibt die strafrechtliche Haftung des Geschäftsleiters nach dem CDDA bestehen, da nach Art. 34 EPG-VOE die nationalen Strafvorschriften ausdrücklich auf den Geschäftsleiter der EPG Anwendung finden.

480 Für dieses Kriterium aber: *Hommelhoff/Helms*, GmbHR 1999, 53 (57).

481 Gerade für den Fall einer als Geschäftsleiter "untauglichen" Person sollte daher überlegt werden, ob nicht im EPG-Statut selbst Geeignetheitskriterien für die Bestellung von natürlichen Personen zu Geschäftsleitern festgelegt werden sollten. Als Vorbilder könnten der CDDA 1986 oder aber auch § 6 Abs. 2 GmbHG dienen.

482 Vor dem Hintergrund der auch in der EPG bestehenden strafrechtlichen Strafandrohung dürfte dieses Problem allerdings praktisch nicht besonders relevant werden.

483 Siehe hierzu die Ausführungen in § 4 III 3.

484 Siehe hierzu die Ausführungen in § 4 III 4.

Zwar unterliegt die EPG nach Art. 32 EPG-VOE den Rechnungslegungsvorschriften der ihr gleich gestellten Gesellschaftsform eines jeden Mitgliedstaates. Die Vorschrift des Art. 2:249 BW enthält jedoch keine Bestimmungen über die Art und Weise der Rechnungslegung der B.V.. Sie knüpft die Haftung des Geschäftsführers lediglich an die fehlerhafte Veröffentlichung der Geschäftszahlen der Gesellschaft an. Art. 2:249 BW ist daher keine Rechnungslegungsvorschrift im Sinne des Art. 32 EPG-VOE. Zudem ist die Norm im fünften Kapitel des fünften Teils des 2. Buchs des *Burgerlijk Wetboek* unter der Überschrift "Die Geschäftsführung der Gesellschaft und die Aufsicht über die Geschäftsführung" und nicht im neunten Teil des 2. Buchs des *Burgerlijk Wetboek* unter der Überschrift "Der Jahresabschluss und der Jahresbericht" geregelt. Dies verdeutlicht, dass auch der niederländische Gesetzgeber die Norm nicht als eine Rechnungslegungsvorschrift der B.V. betrachtet.

In den Niederlanden könnten daher durch die Gründung einer EPG anstelle einer B.V. die strengeren Haftungsregeln des niederländischen Gesellschaftsrechts zum Gläubigerschutz umgangen werden. Lediglich die deliktische Haftung aus Art. 6:162 BW kann auf den Geschäftsleiter einer EPG mit Sitz in den Niederlanden angewendet werden.

5. Ergebnis

Die gegenwärtige Regelung im EPG-Statut hat zur Folge, dass die zivilrechtliche Außenhaftung des Geschäftsleiters einer EPG niemals strenger sein kann als die Außenhaftung des Geschäftsleiters in der der EPG gleich gestellten Gesellschaftsform des Mitgliedstaates, in dem die EPG ihren Sitz hat. Sie wird regelmäßig sogar milder sein, da die Anwendung von Haftungsnormen aus dem nationalen Gesellschaftsrecht durch Art. 12 Abs. 3 EPG-VOE in der EPG grundsätzlich ausgeschlossen ist.

Die EPG tritt hinsichtlich der Außenhaftung des Geschäftsleiters und damit auch im Hinblick auf den Gläubigerschutz in unmittelbare Konkurrenz zu den nationalen Gesellschaften mit beschränkte Haftung. In Rechtsordnungen, in denen zahlreiche Haftungstatbestände des Geschäftsleiters zugunsten der Gläubiger der Gesellschaft im nationalen Gesellschaftsrecht normiert sind, kann die EPG auch zur Umgehung dieser strengeren nationalen Gläubigerschutzvorschriften verwendet werden. Insbesondere hiervon betroffene Mitgliedstaaten werden der Einführung einer entsprechenden EPG-VO nur zustimmen, wenn die EPG-VO selbst ein lückenloses Konzept zum Gläubigerschutz enthält.

V. Rechtsvergleichung und Bewertung

Die Rechtsvergleichung muss sich in diesem Kapitel auf einen Vergleich der Haftung des Geschäftsleiters in den nationalen Rechtsordnungen beschränken, da der Verordnungsentwurf für die EPG keine eigenständigen Regelungen trifft und sich die zivilrechtliche Außenhaftung des Geschäftsleiters der EPG somit nach dem nationalen Recht des Mitgliedstaates richtet, in dem die EPG ihren Sitz hat[485]. Anhand dieser Rechtsvergleichung können jedoch Gemeinsamkeiten und Unterschiede in den nationalen Rechtsordnungen aufgezeigt werden, die für eine eventuell erforderliche eigenständige Regelung der zivilrechtlichen Außenhaftung des Geschäftsleiters in dem EPG-Statut richtungsweisend sein können.

1. Haftung als Vertreter ohne Vertretungsmacht

Auf schuldrechtlicher Ebene besteht Einigkeit darüber, dass aus Rechtsgeschäften, die ordnungsgemäß im Namen der Gesellschaft abgeschlossen werden, nur die Gesellschaft verpflichtet und berechtigt wird.

Die Außenhaftung des Geschäftsleiters als Vertreter ohne Vertretungsmacht ist in allen hier untersuchten Rechtsordnungen nahezu bedeutungslos geworden. Ursächlich hierfür ist die Rechtsangleichung durch die Umsetzung der Ersten gesellschaftsrechtlichen Richtlinie des Rates aus dem Jahre 1968[486], die unter anderem eine Vereinheitlichung des Schutzes von gutgläubigen Geschäftspartnern von Kapitalgesellschaften anstrebte und somit zu einer Ausweitung und Angleichung der Vertretungsmacht der Leitungsorgane der Gesellschaften im Außenverhältnis geführt hat.

2. Rechtsscheinhaftung / Falsche Firmierung der Gesellschaft

Eine zivilrechtliche Rechtsscheinhaftung des Geschäftsleiters im Falle des rechtsgeschäftlichen Handelns ohne den Zusatz der beschränkten Haftung ist nur im deutschen Recht bekannt, obwohl alle drei nationalen Rechtsordnungen und im Übrigen auch der EPG-VOE in Art. 7 Abs. 2 den Rechtsformzusatz als zwingend erforderlich erachten. Die Niederlande beschränken sich bei der Durchset-

485 Siehe zur Anwendbarkeit des nationalen Rechts die Ausführungen in § 4 IV.

486 Erste gesellschaftsrechtliche Richtlinie vom 9. März 1968 Publizitätsrichtlinie - 68/151/EWG - Abl. EG Nr. L 65 vom 14.3.68, S. 8 ff.. Abgedruckt bei *Lutter*, Europäisches Unternehmensrecht, S. 104 ff..

zung dieses Handlungsgebots auf eine strafrechtliche Sanktion des Geschäftsführers, die wiederum dem deutschen Recht fremd ist. In England gibt es dagegen einen Haftungstatbestand (s. 349 Abs. 4 C.A. 1985) der den *director* für jede falsche Bezeichnung der Gesellschaft auf den dort genannten Dokumenten haften lässt. Diese Haftung ist einerseits weiter gefasst als in Deutschland, da der *director* auch bei marginaler Falschbezeichnung der Firma der Gesellschaft haften kann; andererseits ist die Haftung enger ausgestaltet, weil sie auf die falsche Bezeichnung der Gesellschaft in den in s. 349 Abs. 4 C.A. 1985 genannten Dokumenten beschränkt ist.

3. Haftung aufgrund eines Vertrauenstatbestandes

In Deutschland ist eine Haftung des Geschäftsführers aus c.i.c. (jetzt: § 280 Abs. 1 i.V.m. § 311 Abs. 2 und 3 BGB) gegenüber einem Geschäftspartner der Gesellschaft für den Fall anerkannt, dass er persönliches Vertrauen in Anspruch nimmt. Eine ganz ähnliche Haftung existiert für den *director* im englischen Recht. Der *director* haftet persönlich dem Geschäftspartner der Gesellschaft gegenüber für erlittene Vermögensschäden, wenn er für die Handlung der Gesellschaft persönlich Verantwortung übernommen oder wenn er eine spezielle Sorgfaltspflicht gegenüber dem Geschäftspartner übernommen hat. Im englischen Recht beruht diese Haftung allerdings nicht auf vertragsähnlicher Grundlage, sondern auf Deliktsrecht, das auf Vertragsverletzungen anwendbar ist und zugleich den Ersatz von Vermögensschäden ermöglicht (*economic loss*). Hieran wird deutlich, dass trotz unterschiedlicher dogmatischer Ansätze zur Lösung vergleichbarer Rechtsprobleme sehr ähnliche Ergebnisse bei der Haftung von Unternehmensleitern möglich sind.

In den Niederlanden hingegen hat sich soweit ersichtlich noch kein vergleichbarer Haftungstatbestand entwickelt. Aufgrund des dort weit gefassten Deliktstatbestands erscheint jedoch eine Anwendung von Art. 6:162 BW durch die Rechtsprechung auf entsprechende Fallkonstellationen als durchaus möglich.

4. Deliktische Außenhaftung

Wie soeben schon angedeutet, gestatten die weiter gefassten Deliktstatbestände des englischen und niederländischen Rechts eine umfassendere Inanspruchnahme des Geschäftsleiters als in Deutschland, nämlich auch für reine Vermögensschäden der Vertragspartner der Gesellschaft und sonstiger Dritter.

Besonders bemerkenswert in diesem Zusammenhang ist die niederländische Rechtsprechung zur Haftung des Geschäftsführers für Vertragsabschlüsse mit Dritten im Namen der Gesellschaft, wenn der Geschäftsführer zum Zeitpunkt des Vertragsabschlusses wusste oder hätte wissen müssen, dass die Gesellschaft in angemessener Zeit ihre Verpflichtungen nicht wird erfüllen können. Hierdurch wird der Geschäftsführer in der Krise der Gesellschaft unter Umständen schon weit vor dem Zeitpunkt der Überschuldung oder Zahlungsunfähigkeit der Gesellschaft einem enormen Haftungsrisiko ausgesetzt.

Aber auch das deutsche Deliktsrecht kennt strenge Haftungsmaßstäbe für den Geschäftsführer der GmbH, die weder im englischen noch im niederländischen Recht eine Entsprechung finden. So wurden bislang nur im deutschen GmbH-Recht dem Geschäftsführer weitreichende Organisationspflichten auferlegt, deren Verletzung Schadensersatzansprüche außenstehender Dritter auslösen kann.

5. Zusammenfassung

Jede der hier untersuchten Rechtsordnungen kennt besondere Haftungstatbestände des Geschäftsleiters gegenüber außenstehenden Dritten, die keine Entsprechung in den anderen Rechtsordnungen finden. Hierbei handelt es sich zum einen um Vorschriften, die unredliches Verhalten der Geschäftsleiter unterbinden sollen, aber auch um allgemeine Haftungstatbestände.

Das Recht der unerlaubten Handlung ist in allen Rechtsordnungen ein Einfallstor, um die persönliche Haftung von Geschäftsleitern zu begründen und die grundsätzliche Haftungsbeschränkung der Gesellschaften zugunsten Dritter zu umgehen. Auffällig ist zudem, dass die allgemeine Haftung aus Delikt in allen Rechtsordnungen jeweils unterschiedliche Anspruchsvoraussetzungen kennt und auch hinsichtlich der Rechtsfolgen nicht einheitlich gehandhabt wird. Zwischen dem allgemeinen Zivilrecht, insbesondere dem Deliktsrecht, und dem Gesellschaftsrecht besteht in allen Rechtsordnungen ein enger funktionaler Zusammenhang.

Das EPG-Statut schweigt zur zivilrechtlichen Außenhaftung des Geschäftsleiters gegenüber außenstehenden Dritten. Allerdings kann von dem Statut auch keine Vollregelung eines Bereichs erwartet werden, der seine Wurzeln zum Großteil im allgemeinen und besonderen Schuldrecht der Mitgliedstaaten hat. Aufgabe des EPG-Statuts kann es nicht sein, das allgemeine Zivilrecht der Mitgliedstaaten zu vereinheitlichen. Ein solches Vorhaben kann nicht durch die Vereinheitlichung des Gesellschaftsrechts bewerkstelligt werden und wäre deshalb von Anfang an zum Scheitern verurteilt.

Die zivilrechtliche Außenhaftung des Geschäftsleiters der EPG ist daher zwangsläufig in jedem Sitzstaat der EPG unterschiedlich ausgeprägt. Bedenkt man jedoch, dass zwischen dem Gesellschaftsrecht und dem allgemeinen Zivilrecht ein enger funktionaler Zusammenhang besteht, so sollte im Sinne einer möglichst einheitlichen und nicht uferlosen zivilrechtlichen Außenhaftung des Geschäftsleiters der EPG der Einfluss des nationalen Rechts möglichst gering gehalten und die Geschäftsleiterhaftung nach allgemeinen zivilrechtlichen Grundsätzen eng begrenzt werden.

VI. Regelungsvorschlag für das EPG-Statut

Aus diesen Gründen bietet es sich an, in dem EPG-Statut selbst zumindest Rahmenbedingungen für eine zivilrechtliche Außenhaftung des Geschäftsleiters festzulegen, um deren möglichst einheitliche Handhabung zu gewährleisten und gleichzeitig die allgemeine zivilrechtliche Geschäftsleiter-Außenhaftung möglichst eng zu begrenzen.

Wie bereits dargestellt wurde, kann es nicht Aufgabe des EPG-Statuts sein, das allgemeine Zivilrecht der Mitgliedstaaten zu vereinheitlichen. Ausgehend von dieser Prämisse kann eine Regelung in dem Statut selbst nur generelle Aussagen zur zivilrechtlichen Außenhaftung des Geschäftsleiters der EPG treffen und muss die Klärung von Detailfragen dem nationalen Recht überlassen. Aus deutscher Sicht sollte insbesondere klargestellt werden, dass eine Haftung aus unerlaubter Handlung nur unter engen Voraussetzungen in Betracht kommt, um einer ausufernden persönlichen Inanspruchnahme des Geschäftsleiters als Ausgleich einer etwa bestehenden Haftungslücke aufgrund der Haftungsbeschränkung der Gesellschaft vorzubeugen.

Vorbild einer solchen Regelung für die EPG könnte zunächst § 13 Abs. 2 GmbHG sein. Würde man entsprechend § 13 Abs. 2 GmbHG für die EPG bestimmen, dass den Gläubigern für die Verbindlichkeiten der Gesellschaft nur das Gesellschaftsvermögen haftet, so wäre den Gerichten eine restriktive Handhabung der persönlichen Inanspruchnahme von Geschäftsleitern vorgegeben. Wie die *Baustoff-Entscheidung* des BGH[487] jedoch verdeutlicht hat, bietet eine solch allgemeine Grundregel noch keine ausreichende Sicherheit für den Geschäftsleiter, nicht persönlich für Fehler der Gesellschaft haftbar gemacht zu werden. Der Bundesgerichtshof hat jedoch in mehreren Entscheidungen ausdrücklich anerkannt, dass die persönliche Haftung des gesetzlichen Vertreters einer GmbH oder AG nur dann in Betracht kommt, wenn dieser selbst die Rechtsverletzung

487 BGHZ 109, 297.

begangen hat oder wenn er wenigstens von ihr Kenntnis hatte und ihm eine Verhinderung der Rechtsverletzung möglich war[488]. Die Aufnahme einer entsprechenden Regelung in das EPG-Statut wäre sachgerecht, um eine uferlose persönliche Haftung des Geschäftsleiters zu verhindern und einen einheitlichen Rahmen für die Haftung des Geschäftsleiters der EPG in allen Mitgliedstaaten abzustecken[489]. Es wäre damit sichergestellt, dass der Geschäftsleiter für eigenes deliktisches Fehlverhalten haftet, ihm aber andererseits nicht jedes Fehlverhalten der Gesellschaft bzw. ihrer Mitglieder und Angestellten zugerechnet werden kann. Dieser Grundgedanke ließe sich mit den hier untersuchten nationalen Rechtsordnungen in Einklang bringen.

Zu bedenken bleibt indessen, dass eine Regelung wie die soeben vorgeschlagene nicht geeignet ist, eine umfassende Angleichung der zivilrechtlichen Haftungsrisiken des Geschäftsleiters zu bewirken. Nach wie vor könnte jeder Mitgliedstaat beispielsweise frei entscheiden, ob die Verletzung vertraglicher Pflichten eine unerlaubte Handlung nach Deliktsrecht darstellt und ob auch reine Vermögensschäden vom Geschäftsleiter nach den Regeln des Deliktsrechts zu ersetzen sind. Eine weitergehende Regelung im EPG-Statut hätte aber zwangsläufig eine Angleichung des allgemeinen Deliktsrechts zur Folge, die aufgrund des unterschiedlichen Anwendungsbereichs sowie der ungleichen Anspruchsvoraussetzungen und Rechtsfolgen dieses Bereichs im nationalen Recht in einem Statut für eine europäische Gesellschaftsrechtsform nicht gelingen kann. Eine solche Angleichung muss dem allgemeinen Zivilrecht vorbehalten bleiben.

Aufgrund des funktionalen Zusammenhangs zwischen allgemeinem Zivilrecht und Gesellschaftsrecht kann auch in der EPG nicht gänzlich auf die Anwendung der Vorschriften des allgemeinen Zivilrechts und somit auf die Anwendung nationalen Rechts verzichtet werden. Eine unterschiedliche Ausgestaltung des Haftungsrisikos des Geschäftsleiters der EPG gegenüber Dritten in den jeweiligen Mitgliedstaaten kann daher nicht vollständig verhindert werden und ist in Kauf zu nehmen.

Sofern Art. 12 Abs. 3 EPG-VOE die Anwendung nationalen Gesellschaftsrechts für die EPG ausschließt, sollte darauf geachtet werden, dass hierdurch die Außenhaftung des Geschäftsleiters der EPG gegenüber Dritten im Vergleich zum nationalen Gesellschaftsrecht nicht zu mild ausgestaltet wird.

Zudem sollte verhindert werden, dass der Ausschluss nationalen Rechts zu einer unterschiedlich streng ausgeprägten Außenhaftung des Geschäftsleiters der

488 BGH ZIP 1986, 183 (186) = NJW 1987, 127 (129); BGH ZIP 1994, 867 = GmbHR 1994, 390.

489 Für eine entsprechende Haftung des Geschäftsführers der GmbH: *Lutter*, GmbHR 1997, 329 ff.; *ders.*, ZHR 157 (1993), S. 464 (482).

EPG führen kann, abhängig von dem Gesellschaftssitz der EPG und der Tatsache, dass in dem jeweiligen Sitzstaat der EPG die Außenhaftung des Geschäftsleiters überwiegend im nationalen Gesellschaftsrecht und nicht im allgemeinen Zivilrecht geregelt ist.

§ 5 Die Haftung in der Insolvenz der Gesellschaft

Die Haftung des Geschäftsleiters in der Insolvenz der Gesellschaft ist ein wichtiger Baustein innerhalb des Gläubigerschutzes einer jeden Kapitalgesellschaft mit beschränkter Haftung. Die Sanktionsandrohungen für Verstöße gegen das vom Geschäftsleiter geforderte Verhalten im Falle der wirtschaftlichen Krise bzw. der Insolvenz der Gesellschaft sollen deshalb auch insbesondere die Gläubiger der Gesellschaft vor erstmaligem oder weiterem Schaden schützen. In dieser Phase geht es vorrangig um die Sicherung und Verteilung des nun als Haftungsmasse dienenden Gesellschaftsvermögens[490].

Für ein einheitliches Gesamtkonzept des Gläubigerschutzes in der EPG ist es daher nachteilig, dass der Verordnungsentwurf für die EPG keine eigenständige Regelung zur Geschäftsleiterhaftung in der Insolvenz enthält, sondern vielmehr in Art. 36 Abs. 1 EPG-VOE auf das nationale Recht verweist.

Neben der allgemeinen Analyse der Geschäftsleiterhaftung in den nationalen Rechtsordnungen soll daher in diesem Kapitel untersucht werden, ob nicht eine eigenständige Regelung im EPG-Statut insbesondere im Interesse des einheitlichen Gläubigerschutzes unabhängig vom Recht des Staates, in dem die EPG ihren Sitz hat, erstrebenswert ist und wie eine solche Regelung gestaltet sein könnte.

I. Die Rechtslage in Deutschland

Im deutschen Recht ist der maßgebliche Anknüpfungspunkt für das Eingreifen von Haftungstatbeständen die Überschuldung[491] oder die Zahlungsunfähigkeit[492]

490 So auch *Haas*, in: *Hommelhoff/Helms* (Hrsg.), Neue Wege in die Europäische Privatgesellschaft, S. 158.

491 Überschuldung liegt nach § 19 Abs. 2 S. 1 InsO vor, wenn das Vermögen der GmbH die bestehenden Verbindlichkeiten nicht mehr deckt. Vgl. auch OLG Düsseldorf GmbHR 1999, S. 718 und *Uhlenbruck*, GmbHR 1999, 313 (321).

492 Zahlungsunfähigkeit liegt nach § 17 Abs. 2 InsO vor, wenn die GmbH nicht mehr in der Lage ist, die fälligen Zahlungspflichten zu erfüllen. Stellt die GmbH ihre Zahlungen ein, so wird die Zahlungsunfähigkeit vermutet. Vgl. *Uhlenbruck*, GmbHR 1999, 313 (319 f.).

der Gesellschaft[493]. Liegt einer dieser Insolvenzauslösetatbestände vor, ist der Geschäftsführer nach § 64 Abs. 1 GmbHG verpflichtet, Insolvenzantrag zu stellen. Zu den Insolvenzauslösetatbeständen zählt des Weiteren die drohende Zahlungsunfähigkeit (§ 18 InsO). Sie ist jedoch den beiden anderen Auslösetatbeständen zeitlich vorgelagert und nicht in die Insolvenzantragspflicht nach § 64 Abs. 1 GmbHG einbezogen, um freie Sanierungen im Vorfeld der Insolvenz nicht zu erschweren[494].

1. Haftung gegenüber der Gesellschaft

a) Verspätete oder unterlassene Antragstellung

Zur ordnungsgemäßen Geschäftsführung gehört, dass der Geschäftsführer wirtschaftliche Krisen der GmbH rechtzeitig erkennt und hierauf angemessen reagiert. Daher haftet er der Gesellschaft nach der allgemeinen Regelung in § 43 Abs. 2 GmbHG für den Schaden, der ihr durch Verspätung oder Unterlassung eines Insolvenzantrags entstanden ist[495].

Vermögensminderungen, die auch bei rechtzeitiger Antragstellung eingetreten wären, sind bei der Schadensberechnung nicht zu berücksichtigen[496]. In der Insolvenz der Gesellschaft gehört der Anspruch zur Masse und kann nur vom Insolvenzverwalter geltend gemacht werden[497]. Außerhalb der Insolvenz können Gläubiger in diesen Anspruch der GmbH vollstrecken[498].

b) Schmälerung der Insolvenzmasse

Der Geschäftsführer ist nach § 64 Abs. 2 S. 1 GmbHG verpflichtet, das Vermögen der Gesellschaft in der Zeit zwischen Eintritt der Insolvenz und dem Verlust der Verfügungsbefugnis (§ 80 Abs. 1 InsO) nicht zu schmälern. Leistet der Geschäftsführer dennoch Zahlungen nach Eintritt der Zahlungsunfähigkeit oder

---

493 Diese beiden Begriffe werden in § 64 Abs. 1 GmbHG verwendet. § 64 Abs. 1 ist durch Art. 48 Nr. 7 EGInsO neu gefasst worden, um dem neuen Insolvenzverfahren Rechnung zu tragen, aber im Übrigen inhaltlich unverändert geblieben.

494 *Haas*, NZG 1999, 373.

495 *Baumbach/Hueck/Schulze-Osterloh*, GmbHG, § 64 Rn. 80; *Hachenburg/Ulmer*, GmbHG, § 64 Rn. 46; *Scholz/Schmidt*, § 64 Rn. 36; *Lutter/Hommelhoff*, GmbHG, § 64 Rn. 29.

496 *Baumbach/Hueck/Schulze-Osterloh*, GmbHG, § 64 Rn. 80.

497 *Lutter/Hommelhoff*, GmbHG, § 64 Rn. 29.

498 *Lutter/Hommelhoff*, GmbHG, § 64 Rn. 29.

nach Feststellung der Überschuldung, so ist er der Gesellschaft zum Ersatz verpflichtet. Auf einen Schaden der Gesellschaft kommt es hierbei indessen nicht an[499]. Der Sache nach handelt es sich zwar um eine Haftung gegenüber der Gläubigergesamtheit[500]. Der Anspruch wird jedoch in der Regel vom Insolvenzverwalter geltend gemacht (§ 92 InsO)[501].

Die Rechtsprechung legt den Begriff der "Zahlungen" in § 64 Abs. 2 S. 1 GmbHG weit aus. Zahlungen gleich gestellt sind auch sonstige Minderungen des Gesellschaftsvermögens, z.B. solche durch Einreichung einer Gutschrift auf ein debitorisches Bankkonto, mit der Folge, dass lediglich die Schuld gegenüber der Bank vermindert wird und somit die Tilgung nicht allen Gläubigern gleichermaßen zugute kommt[502].

Eine Ausnahme von der Haftung gilt gemäß § 64 Abs. 2 S. 2 GmbHG lediglich für Zahlungen, die nach dem Eintritt der Zahlungsunfähigkeit oder der Feststellung der Überschuldung mit der Sorgfalt eines ordentlichen Geschäftsmanns vereinbar sind. Maßstab für die Prüfung, ob eine Zahlung mit der Sorgfalt eines ordentlichen Geschäftsmanns vereinbar ist, sind neben den allgemeinen Handlungspflichten des Geschäftsführers auch der Zweck des § 64 Abs. 2 GmbHG, Masseverkürzungen der Gesellschaft und eine bevorzugte Befriedigung einzelner Gesellschaftsgläubiger zu verhindern[503].

2. Haftung gegenüber Dritten

Erhebliche Bedeutung in der Insolvenz der Gesellschaft kommt auch der Haftung des Geschäftsführers gegenüber Dritten zu. Verletzt der Geschäftsführer schuldhaft die ihm auferlegte Pflicht zur Insolvenzantragstellung aus § 64 Abs. 1 GmbHG, so haftet er den geschädigten Gesellschaftsgläubigern aus § 823 Abs. 2 BGB i.V.m. § 64 Abs. 1 GmbHG. Die Vorschrift des § 64 Abs. 1 GmbHG ist allgemein als Schutzgesetz im Sinne des § 823 Abs. 2 BGB anerkannt[504]. Da ei-

---

499 OLG Celle GmbHR 1995, 54 (55).

500 BGH NJW 1974, 1089 (1090); *Lutter/Hommelhoff*, GmbHG, § 64 Rn. 30; *Baumbach/Hueck/Schulze-Osterloh*, GmbHG, § 64 Rn. 70.

501 *Baumbach/Hueck/Schulze-Osterloh*, GmbHG, § 64 Rn. 70; *Hachenburg/Ulmer*, GmbHG, § 64 Rn. 38.

502 Vgl. zu diesem Sachverhalt BGHZ 143, 184 ff.. Allgemein hierzu: R*oth/Altmeppen*, GmbHG, § 64 Rn. 42; *Baumbach/Hueck/Schulze-Osterloh*, GmbHG, § 64 Rn. 71; *Hachenburg/Ulmer*, GmbHG, § 64 Rn. 39 f..

503 BGHZ 146, 264 ff..

504 Vgl. aus der Rechtsprechung nur: BHGZ 29, 100; 108, 134 (136); 126, 181 (190 ff.); BGH GmbHR 1995, 226; zur übereinstimmenden Auffassung der Literatur siehe z.B.: *Scholz/Schmidt*, GmbHG, § 64 Rn. 37.

ne insolvente Gesellschaft regelmäßig nicht in der Lage ist, alle Gesellschaftsgläubiger zu befriedigen, versuchen die Gläubiger, durch eine persönliche Inanspruchnahme des Geschäftsführers gemäß § 823 Abs. 2 BGB i.V.m. § 64 Abs. 1 GmbHG ihren Schaden zu minimieren.

a) Tatbestandsvoraussetzungen

Eine persönliche Haftung des Geschäftsführers setzt gemäß § 64 Abs. 1 GmbHG zunächst voraus, dass dieser die Stellung des Antrags auf Eröffnung des Insolvenzverfahrens schuldhaft verzögert, d.h. verspätet stellt oder ganz unterlässt. Dabei wird dem Geschäftsführer eine Höchstfrist von drei Wochen zugebilligt, die er aber nur ausnutzen darf, sofern dies kein "schuldhaftes Zögern" darstellt[505].

Die Frage, ob der Geschäftsführer eine Pflichtverletzung begangen hat, wird dabei aus der ex ante Sicht eines ordentlichen Geschäftsmannes beurteilt[506]. Dem Geschäftsführer wird dabei eine Prognoseentscheidung abverlangt. Bei der Ausübung dieser Ermessensbetätigung hat er eine besonders sorgfältige Abwägung der Risiken[507] unter Einbeziehung aller Umstände, nämlich des Interesses der Gesellschaft und ihrer Mitglieder, der Arbeitnehmer und der Kunden sowie der allgemeinwirtschaftlichen Belange vorzunehmen[508]. Im Rahmen der Überschuldungsprüfung wird dem Geschäftsführer von der Rechtsprechung ein Beurteilungsspielraum hinsichtlich der Vermögensbewertung der Gesellschaft eingeräumt[509].

Weitere Haftungsvoraussetzung ist, dass zwischen der Pflichtverletzung und dem Schaden ein Kausalzusammenhang besteht. Wäre der Schaden des Gläubigers auch bei rechtzeitiger Antragstellung eingetreten, haftet der Geschäftsführer nicht aus § 823 Abs. 2 BGB i.V.m. § 64 Abs. 1 GmbHG.

---

505 Vgl. BGH DStR 2001, 1537 ff..

506 Vgl. BGHZ 126, 181 = GmbHR 1994, 539.

507 BGHZ 75, 96 (110).

508 *Goette*, ZinsO 2001, 529 (534).

509 *Goette*, ZinsO 2001, 529 (534); *Haas*, NZG 1999, 373 (374); vgl. zum zweistufigen Überschuldungsbegriff nach altem Recht: BGHZ 119, 201 (213); 126, 181 = GmbHR 1994, 539; OLG Celle, GmbHR 1997, 127 (128); sowie zur neueren Rechtsprechung: *Lutter/Hommelhoff*, GmbHG, § 64 Rn. 11 und *Frings*, GmbHR 2000, 184 f. Ob der Überschuldungsbegriff für das alte Recht auch nach Inkrafttreten der InsO weiter gilt, ist noch nicht höchstrichterlich entschieden, vgl. hierzu: *Goette*, ZinsO 2001, 529 (534).

b) Rechtsfolge

Hinsichtlich des Umfangs des vom Geschäftsführer zu leistenden Schadensersatzes ist zu unterscheiden zwischen Gläubigern, die schon vor dem Zeitpunkt der Pflicht zur Insolvenzantragstellung Gläubiger der Gesellschaft waren, sogenannte "Altgläubiger", und solchen, die erst nach diesem Zeitpunkt Gläubiger der Gesellschaft geworden sind, sogenannte "Neugläubiger". Maßgeblich für die Abgrenzung ist grundsätzlich der Zeitpunkt des Vertragsschlusses zwischen Gesellschaft und Gläubiger[510] bzw. die Entstehung des gesetzlichen Schuldverhältnisses.

(1) Umfang des Schadensersatzanspruchs der Altgläubiger

Der Geschäftsführer hat den Altgläubigern der Gesellschaft lediglich den sogenannten "Quotenschaden" zu ersetzen. Dies ist der Schaden, den die Altgläubiger dadurch erlitten haben, dass sich die zu ihrer Befriedigung zur Verfügung stehende Insolvenzmasse zwischen dem Eintritt des Insolvenzgrundes und der tatsächlichen Verfahrenseröffnung verringert hat[511]. Dieser Schaden errechnet sich aus der Differenz zwischen der Quote, die der Gläubiger bei rechtzeitiger Antragstellung erhalten hätte und der tatsächlich erzielten Quote. In der Praxis kann es bei der Ermittlung des Quotenschadens durchaus zu erheblichen Schwierigkeiten kommen[512].

Geltend gemacht werden kann der Anspruch der Altgläubiger gegenüber dem Geschäftsführer in der Insolvenz der Gesellschaft nur vom Insolvenzverwalter (§ 92 InsO). Erst nach Beendigung des Insolvenzverfahrens oder nach Ablehnung der Eröffnung des Insolvenzverfahrens mangels Masse kommt eine individuelle Geltendmachung in Betracht[513].

(2) Umfang des Schadensersatzanspruchs der Neugläubiger

Nach der Grundsatzentscheidung des BGH vom 06. Juni 1994[514] können zumindest vertragliche Neugläubiger nunmehr nicht nur den Quotenschaden vom Ge-

510 *Haas,* NZG 1999, 373 (375).

511 Siehe aus der umfangreichen Rechtsprechung: BGHZ 29, 100 (104 ff.); 108, 134 (136). Zur Frage, ob ausnahmsweise ein darüber hinaus gehender Schaden zu ersetzen ist, siehe: *Haas*, NZG 1999, 373 (375).

512 Vgl. *Dauner-Lieb*, ZGR 1998, 617 (622 ff.).

513 *Roth/Altmeppen*, GmbHG, § 64 Rn. 41; *Baumbach/Hueck/Schulze-Osterloh*, GmbHG, § 64 Rn. 88.

514 BGH v. 6.6.1994 – II ZR 292/91; BGHZ 126, 181 = GmbHR 1994, 539.

schäftsführer ersetzt verlangen, sondern den vollen Schaden, der ihnen daraus entstanden ist, dass sie mit einer überschuldeten oder zahlungsunfähigen Gesellschaft kontrahiert haben. Dies war lange Zeit umstritten, ist aber nunmehr weitgehend anerkannt[515].

Der Umfang des zu leistenden Schadensersatzes bemisst sich danach, wie der Neugläubiger stehen würde, wenn der Insolvenzantrag rechtzeitig gestellt worden wäre. Dann hätte der Neugläubiger in aller Regel Kenntnis von der Insolvenz gehabt und nicht mit der Gesellschaft kontrahiert. Sein Schaden ist folglich der Vertrauensschaden, das negative Interesse. Die erzielte Quote im Insolvenzverfahren ist auf den Anspruch anzurechnen.

Ob der Geschäftsführer auch deliktischen oder anderen gesetzlichen Neugläubigern gegenüber voll schadensersatzpflichtig ist, ist bislang offen geblieben[516].

Gegenüber Neugläubigern kommen zudem Ansprüche aus § 823 Abs. 2 i.V.m. §§ 263, 265b StGB in Betracht, wenn der Geschäftsführer zum Zeitpunkt der Begründung der Verpflichtung wusste, dass die Gesellschaft die Verbindlichkeiten zu den jeweiligen Fälligkeiten nicht würde erfüllen können und er einen entsprechenden Irrtum bei dem geschädigten Gläubiger hervorgerufen hat.[517]

Durchgesetzt wird der Anspruch der Neugläubiger von diesen selbst und nicht vom Insolvenzverwalter, da es sich hier um einen Individualschaden der Gläubiger handelt, der schon systematisch nicht zur Insolvenzmasse gehört[518].

c) Beweis- und Darlegungslast

In einem Rechtsstreit obliegt es grundsätzlich dem Gläubiger als Kläger, die anspruchsbegründenden Tatsachen darzulegen und zu beweisen. Dies gilt auch hier für das Vorliegen der Zahlungsunfähigkeit oder Überschuldung der Gesell-

515 Zur früheren Rechtslage siehe die Nachweise in *Lutter/Hommelhoff*, GmbHG, § 64 Rn. 40. Zur Kritik gegenüber der neuen Rechtsprechung siehe: *Ulmer*, ZIP 1993, 763 (771) und *Baumbach/Hueck/Schulze-Osterloh*, GmbHG, § 64 Rn. 84.

516 Mit guten Argumenten gegen eine Gleichstellung deliktischer und anderer gesetzlicher Gläubiger: *Haas*, NZG 1999, 373 (376 f.).

517 Vgl. *Uhlenbruck*, GmbHR 1999, 313 (325). Zu Ansprüchen aus c.i.c. (jetzt: § 280 Abs. 1 i.V.m. § 311 Abs. 2 und 3 BGB) wegen der Inanspruchnahme persönlichen Vertrauens siehe schon die Ausführungen in § 4 I 3 sowie: *Roth/Altmeppen*, GmbHG § 64 Rn. 67.

518 Herrschende Meinung: BGHZ 126, 181 = GmbHR 1994, 539; BGHZ 138, 211 (214); *Roth/Altmeppen*, GmbHG, § 64 Rn. 63; *Lutter/Hommelhoff*, GmbHG, § 64 Rn. 45; *Haas*, NZG 1999, 373 (378); a.A.: *Wilhelm*, ZIP 1993, 1833 (1836 f.).

schaft[519]. Es ist dann allerdings Sache des Geschäftsführers, die Umstände darzulegen, die es nach damaliger Sicht rechtfertigten, das Unternehmen trotz vorliegender rechnerischer Überschuldung fortzuführen[520]. Ihm wird dabei ein gewisser Beurteilungsspielraum hinsichtlich einer günstigen Fortbestehungsprognose zugebilligt[521]. Liegt eine objektive Pflichtverletzung vor, so wird ein Verschulden des Geschäftsführers widerleglich vermutet[522]. Er muss dartun, dass die Insolvenz der Gesellschaft für ihn nicht erkennbar war. Der Gläubiger trägt hingegen die Beweislast für eine ungünstige Fortbestehungsprognose[523]. Weiterhin obliegt es dem Gläubiger, den Eintritt eines Schadens darzulegen und gegebenenfalls zu beweisen[524].

3. Zusammenfassung

In der Insolvenz der Gesellschaft schuldet der Geschäftsführer nicht mehr nur der Gesellschaft, sondern auch den Gläubigern derselben die ordnungsgemäße Erfüllung bestimmter Aufgaben. Insofern erweitern sich der Inhalt sowie die Schutzrichtung der zu beachtenden Pflichten und damit zugleich das Haftungsrisiko. Die wirtschaftliche Krise der Gesellschaft bedeutet also in Deutschland ein erhebliches Haftungspotenzial für den Geschäftsführer: Stellt er den Insolvenzantrag zu früh, macht er sich gegenüber der Gesellschaft nach § 43 Abs. 2 GmbHG haftbar; stellt er den Insolvenzantrag zu spät, ist er aus § 823 Abs. 2 BGB i.V.m. § 64 Abs. 1 GmbHG den Gläubigern der Gesellschaft schadensersatzpflichtig. Der Geschäftsführer sollte sich daher rechtzeitig in der Krise der Gesellschaft von kompetenten Beratern (Wirtschaftsprüfern, Steuerberatern, Rechtsanwälten etc.) unterstützen lassen. Hat eine dementsprechende Beratung stattgefunden und befolgt der Geschäftsführer den fachlichen Rat, wird er ein schuldhaftes Zögern bei der Insolvenzantragstellung regelmäßig widerlegen und dadurch eine persönliche Haftung nach § 43 Abs. 2 GmbHG oder wegen Verstoßes gegen § 64 Abs. 1 GmbHG vermeiden können.

---

519 Vgl. OLG Celle, GmbHR 1997, 127 (128); *Meyke*, ZIP 1998, 1179 (1180).

520 OLG Celle, GmbHR 1997, 127 (128).

521 Vgl. BGHZ 126, 181 = GmbHR 1994, 539.

522 BGH GmbHR 1994, 539 (545); *Lutter/Hommelhoff*, GmbHG, § 64 Rn. 37; *Baumbach/Hueck/Schulze-Osterloh*, GmbHG, § 64 Rn. 75; *Altmeppen*, ZIP 1997, 1173 (1177).

523 Vgl. OLG Düsseldorf, GmbHR 1999, S. 718. Der BGH hat – soweit ersichtlich – diese Frage noch nicht entschieden, jedoch die Gegenansicht als "zweifelhaft" bezeichnet (BGHZ 126, 181 (200)).

524 Vgl. hierzu auch BGH NJW 2003, 358 ff..

Für die Gläubiger der Gesellschaft stellt sich häufig das Problem, die anspruchsbegründenden Tatsachen für eine Haftung des Geschäftsführers nach § 823 Abs. 2 BGB i.V.m. § 64 Abs. 1 GmbHG beweisen zu können.

II. Die Rechtslage in England

Der englische Gesetzgeber hat bezüglich der Haftung der Geschäftsführer in der Insolvenz der Gesellschaft einen anderen dogmatischen Ansatz gewählt. In England sind die einschlägigen Haftungstatbestände insolvenzrechtlich und nicht gesellschaftsrechtlich ausgestaltet. Darüber hinaus besteht für den *director* keine Pflicht, zu einem bestimmten Zeitpunkt einen Antrag auf Liquidation der Gesellschaft (*petition for a winding-up order*) zu stellen[525]. Die Vorschrift des s. 124 IA 1986 gibt dem *director* lediglich ein Recht, die Liquidation der Gesellschaft zu beantragen.

Das englische Insolvenzrecht setzt voraus, dass eine *company* das Abwicklungsverfahren (*liquidation* oder *winding up*) durchlaufen hat, bevor sie aufgelöst werden kann[526].

1. Haftung wegen fraudulent trading (s. 213 IA 1986)

Bereits seit den zwanziger Jahren kennt das englische Recht Vorschriften, die der rechtswidrigen und betrügerischen Fortführung von Unternehmen in der Krise der Gesellschaft vorbeugen sollen[527]. Hierzu gehört die in inzwischen in s. 213 IA 1986 geregelte Haftung wegen *fraudulent trading*[528]. Ihre Voraussetzungen sind gemäß s. 213 Abs. 1 IA 1986 erfüllt, wenn es bei der Liquidation der Gesellschaft den Anschein hat, dass irgendwelche Geschäfte der Gesellschaft mit der Absicht geführt wurden, Gläubiger der Gesellschaft oder andere Personen zu betrügen oder Geschäfte zu sonstigen betrügerischen Zwecken geführt wurden. Die Achillesferse dieser Anspruchsgrundlage sind die strengen subjektiven

525 *Boschma/Lennarts*, in: *Wouters/Schneider* (Hrsg.), Current Issues of Cross-Border Establishment of Companies in the European Union, S. 204.

526 *Triebel/Hodgson/Kellenter/Müller*, Englisches Handels- und Wirtschaftsrecht, Rn. 777; *Graf von Bernstorff*, Einführung in das englische Recht, § 13 II 1.

527 Vgl. hierzu: *Goode*, Principles of Corporate Insolvency Law, S. 456 ff..

528 Sie ist nicht nur auf Geschäftsleiter anwendbar. S. 214 IA 1986 Abs. 2 : "... *any persons who were knowingly parties to the carrying on of the business...*". Das betrügerische Verhalten ist auch unter Strafe gestellt: s. 458 C.A. 1985.

Tatbestandvoraussetzungen[529]. Sie erfordern den Nachweis einer Betrugsabsicht bei dem in Anspruch Genommenen, der aufgrund der von der Rechtsprechung aufgestellten strengen Grundsätze nur selten geführt werden kann[530]. Der Anspruch aus s. 213 IA 1986 kann gemäß s. 213 Abs. 2 IA 1986 ausschließlich vom Liquidator der Gesellschaft geltend gemacht werden[531].

Rechtsfolge der Haftung aus s. 213 IA 1986 ist die Verpflichtung zur Leistung einer vom Gericht zu bestimmenden Ausgleichszahlung in das Vermögen der Gesellschaft. Das Gericht kann die Höhe der Ausgleichszahlung in freiem Ermessen festlegen. Sie kann sowohl kompensatorische Elemente als auch Strafelemente (*punitive elements*) beinhalten[532].

In der Praxis spielt der Tatbestand des *fraudulent trading* eine nur untergeordnete Rolle, da der Nachweis der Betrugsabsicht eine für den Liquidator nahezu unüberwindbare Hürde darstellt. Zudem wurde der nachfolgend behandelte Tatbestand des *wrongful trading*, der eine Haftung des *directors* unter erleichterten Voraussetzungen anordnet, 1986 in das englische Recht eingeführt.

2. Haftung wegen wrongful trading *(s. 214 IA 1986)*

Die für die Gläubiger unbefriedigende Rechtslage im Falle der Insolvenz von Gesellschaften veranlasste den Gesetzgeber, eine Haftung wegen *wrongful trading* in s. 214 IA 1986 neu einzuführen. Der Sache nach handelt es sich um einen Anspruch der Gesellschaft, der aber nur vom Liquidator geltend gemacht werden kann[533], mit der Folge, dass Ersatzleistungen allen Gläubigern gleichmäßig zufließen und ein Windhundrennen der Gläubiger vermieden wird.

---

529 So *Fleischer*, AG 1999, 350 (355).

530 In *Re Patrick and Lyon Limited* [1933] Ch. 786 forderte das Gericht *actual dishonesty involving ... real moral blame* als subjektives Tatbestandsmerkmal. Dies nachzuweisen erwies sich in den meisten Fällen als unmöglich, weshalb letztendlich auch der Tatbestand des *wrongful trading* eingeführt wurde.

531 Der Liquidator entspricht in seiner Funktion dem Insolvenzverwalter nach deutschem Recht.

532 Vgl. *Hanson/Wilkinson*, in: *Sørensen*, Directors' Liabilities in Case of Insolvency, S. 192; *Re a company* [1991] BCLC 197.

533 *Sealy*, Disqualification and Personal Liability of Directors, Nr. 611, S. 49; *Pennington*, Company law, Cha. 2 S. 54.

a) Objektive Haftungsvoraussetzungen

Im Zentrum der Vorschrift steht die Verpflichtung eines jeden *directors*, alles Erdenkliche zu unternehmen, um den möglichen Verlust für die Gläubiger der Gesellschaft so gering wie möglich zu halten (s. 214 Abs. 3 IA 1986)[534].

Die Interessen der Gläubiger hat der *director* nach der gesetzlichen Anordnung ab dem Zeitpunkt zu beachten, zu dem keine vernünftige Aussichten mehr bestehen, die Auflösung der Gesellschaft zu vermeiden (s. 214 Abs. 2 b) IA 1986; "*point of no return*"). Diese Umschreibung ist sehr vage und für den Rechtsanwender zunächst wenig hilfreich. Es wurde aber bewusst auf eine Legaldefinition des *wrongful trading* verzichtet, weil man - wohl aus der angelsächsischen Tradition heraus - der Auffassung war, die Auslegung der Vorschrift sollte den Gerichten vorbehalten bleiben[535]. Wann der *"point of no return"* erreicht ist, muss daher anhand eines jeden Einzelfalles geklärt werden. So wurde in der Praxis beispielsweise auf den letztmöglichen Zeitpunkt abgestellt, an dem die Jahresabschlüsse für das defizitäre Geschäftsjahr hätten vorgelegt werden müssen[536] oder auf den Zeitpunkt, zu dem die *directors* wussten, dass die Gläubiger bereits Druck wegen ausstehender Zahlungen machten und ein Lieferant sich bereits weigerte, an die Gesellschaft zu liefern[537].

Voraussetzung einer Haftung des *directors* ist zudem gemäß s. 214 Abs. 2 a) IA 1986, dass die Gesellschaft tatsächlich wegen Insolvenz abgewickelt wird[538].

b) Subjektive Haftungsvoraussetzungen

Auf subjektiver Tatbestandsseite ist Anspruchsvoraussetzung, dass der *director* die Unvermeidbarkeit der Insolvenz vorhergesehen hat oder hätte vorhersehen können. Der Zeitpunkt, zu dem der *director* dies vorhergesehen hat oder hätte vorhersehen müssen, wird durch die Gerichte in jedem Einzelfall korrespondierend zum Vorliegen des "*point of no return*" anhand der vorliegenden Anhaltspunkte beurteilt[539]. Hinzukommen muss nach s. 214 Abs. 3 i.V.m. Abs. 4 IA

534 *Forum Europaeum Konzernrecht*, ZGR 1998, 672 (754).
535 Vgl. zur Entstehungsgeschichte: *Palmer*, Company Law Rn. 15.459.
536 *Re Produce Marketing Consortium Ltd (No 2)* [1989] BCLC 520.
537 *Re DKG Contractors Ltd* [1990] BCC 903 (912).
538 Wortlaut des Abs. 2 a): "*... the company has gone into insolvent liquidation.*"
539 In *Re Produce Marketing Consortium Ltd (No 2)* [1989] BCLC 520, dem ersten Rechtsstreit wegen *wrongful trading*, wurde auf den letztmöglichen Zeitpunkt abgestellt, an dem die Jahresabschlüsse für das defizitäre Geschäftsjahr hätten vorgelegt werden müssen. In *Re DKG Contractors Ltd* [1990] BCC 903 (912) wurde auf den Zeitpunkt abgestellt, zu dem die *director* wussten, dass die Gläubiger Druck

1986 eine zumindest fahrlässige Unterlassung von Maßnahmen zum Schutz der Gesellschaftsgläubiger vor der weiteren Verschlechterung ihrer Befriedigungschancen.

Ob die Unvermeidbarkeit der Insolvenz vorhersehbar war und der *director* alle Schritte unternommen hat, den Verlust der Gläubiger zu minimieren, wird anhand eines objektiven Maßstabs beurteilt, der allerdings auch die subjektiven Fähigkeiten des *directors* berücksichtigt. Nach s. 214 Abs. 4 IA 1986[540] kommt es einerseits auf das durchschnittliche Wissen, die Fähigkeiten und Erfahrungen an, die man vernünftigerweise von einer Person erwarten kann, die dieselben Aufgaben wie ein *director* im Verhältnis zur Gesellschaft ausführt. Andererseits sind auch das durchschnittliche Wissen, die Fähigkeit und Erfahrung des betroffenen *directors* zu berücksichtigen.

Die Einführung eines objektiven Maßstabs in s. 214 IA 1986 bedeutete für das englische Recht einen radikalen Schnitt, nachdem man zuvor Sorgfaltsverstöße der Geschäftsführer lediglich anhand ihrer individuellen Fähigkeiten beurteilt hatte[541].

c) Rechtsfolge

Nach s. 214 Abs. 1 IA 1986 wird dem Gericht ein freies Ermessen bei der Festlegung der Höhe der an die Gesellschaft zu leistenden Schadensersatzsumme eingeräumt. Im Gegensatz zur Haftung aus *fraudulent trading* kommt der Haftung aus *wrongful trading* kein Strafcharakter zu. Das Gericht richtet sich bei der Festlegung der angemessenen Summe regelmäßig nach dem Schaden, der den Gläubigern durch die Pflichtverletzung des *directors* entstanden ist[542]. Es kann aber auch eine höhere oder niedrigere Summe zusprechen[543].

---

wegen ausstehender Zahlungen machten und ein Lieferant sich bereits weigerte, an die Gesellschaft zu liefern.

540 Die Übersetzung des Wortlauts von s. 214 Abs. 4 IA 1986 ist abgedruckt in Fn. 44 in § 2.

541 Vgl. zu den Anforderungen an die Sorgfalt eines *directors* nach der alten Rechtsprechung: *Re City Equitable Fire Insurance Co. Ltd* [1925] Ch. 407. Siehe auch die Ausführungen in § 2 II 1 b zum Sorgfaltsmaßstab für Handlungen des *directors*.

542 So Richter Knox in: *Re Produce Marketing Consortium Ltd* (No 2) [1989] BCLC 520 (553). s. 727 CA 1985, wonach eine Haftung aus Billigkeitsgründen unter bestimmten Voraussetzungen abgelehnt werden kann, ist auf s. 214 IA 1986 allerdings nicht anwendbar. Vgl.: *McKenzie*, [1995] JRL 519 (531 f.); *Re Produce Marketing Consortium Ltd* [1989] BCLC 513.

543 Vgl. *Re Produce Marketing Consortium Ltd (No 2)* [1989] BCLC 520.

Hingegen kann das Gericht nicht bestimmen, welchen Gläubigern die Zahlungen zugute kommen sollen[544]. Insbesondere können auch nicht die Gläubiger bevorzugt werden, die erst nach dem Zeitpunkt, zu dem die Unvermeidbarkeit der Auflösung der Gesellschaft vorhersehbar war, Forderungen gegen die Gesellschaft erworben haben[545] (vergleichbar den "Neugläubigern" nach deutschem Recht). Sie haben nach Auffassung der Rechtsprechung keinen stärkeren Anspruch ("*...no stronger claim...*") als die "Altgläubiger"[546], da beide gleichermaßen darunter leiden, dass das Vermögen der Gesellschaft durch das *wrongful trading* des *directors* vermindert wurde. Die Frage, ob Neugläubiger wie in Deutschland ihren vollen Schaden selbst geltend machen können, ist somit für das englische Recht zu verneinen[547].

d) Beweis- und Darlegungslast

Es obliegt dem Liquidator, der allein zur Geltendmachung des Anspruchs berechtigt ist, sowohl die objektiven Anspruchsvoraussetzungen als auch die Vorhersehbarkeit der Unvermeidbarkeit der Insolvenz für den *director* zu beweisen. Es ist dann Sache des *directors* selbst, den Nachweis zu führen, dass er jeden möglichen Schritt unternommen hat, den Schaden für die Gläubiger so gering wie möglich zu halten[548]. In der Praxis gelingt letzteres allerdings äußerst selten[549]. Gelingt es also dem Liquidator, die anspruchsbegründenden Tatsachen zu beweisen, kann der *director* der Haftung kaum mehr entgehen.

---

544 *Sealy*, Disqualification and Personal Liability of Directors, Nr. 612, S. 49.

545 *Re Purpoint Ltd* [1991] BCC 121: "... Moreover, creditors whose debts were incurred after the critical date in fact have no stronger claim than those whose debts were incurred before that date...".

546 Siehe das Zitat in Fn. 56.

547 Ebenso: *Prentice*, Creditor's interests and Director's Duties, [1990] Oxf. J. Leg. Stud., 265 (272 f.) und *Boschma/Lennarts*, in: *Wouters/Schneider*, Current Issues of Cross-Border Establishment of Companies in the European Union, S. 202; *dieselben* in: TVVS 1994, 285 (287).

548 *McKenzie*, [1995] JRL 519 (529); *Pennington*, Company law, Cha. 2 S. 54; *Forum Europaeum Konzernrecht*, ZGR 1998, 755; *Goode*, Principles of Corporate Insolvency Law, S. 470. Anderer Auffassung: *Sealy*, Disqualification and Personal Liability of Directors, Nr. 608, S. 47.

549 Vgl. die Nachweise in Fn. 59.

3. Zusammenfassung

Die Einführung des *wrongful trading* Tatbestandes war ein signifikanter Einschnitt im englischen Gesellschaftsrecht. In der Literatur wurde sie als eine der wichtigsten Entwicklungen im Gesellschaftsrecht im 20. Jahrhundert gepriesen[550]. Systematisch führt s. 214 IA 1986 zu einer Erweiterung der Sorgfaltspflichten des *directors* um die Beachtung der Gläubigerinteressen der Gesellschaft schon mit Eintritt der Krise der Gesellschaft und nicht erst im Falle der Überschuldung oder Zahlungsunfähigkeit der Gesellschaft.

Die Gefahr, in der Insolvenz der Gesellschaft persönlich in Anspruch genommen zu werden, hat sich für den *director* durch s. 214 IA 1986 dramatisch erhöht. Der Tatbestand des *wrongful trading* ist dabei eine weit schärfere Waffe in der Hand des Liquidators als der Tatbestand des *fraudulent trading*[551], da ersterer nicht den Nachweis einer betrügerischen Absicht erfordert. Wenn ein Liquidator trotzdem Ansprüche aus *fraudulent trading* geltend macht, dann in der Hoffnung, das Gesellschaftsvermögen durch zusätzliche Strafzahlungen zu vermehren. Ansonsten bestehen hinsichtlich der Rechtsfolge keine Unterschiede zwischen beiden Anspruchsgrundlagen.

In der Praxis ergibt sich allerdings das Problem, dass Geschäftsführer von Gesellschaften mit finanziellen Schwierigkeiten oftmals selbst in finanziellen Nöten sind und eine Geltendmachung von Ansprüchen daher nicht lohnt[552]. Die durch das Gerichtsverfahren zusätzlich entstehenden Kosten können eine weitere Schmälerung des verteilungsfähigen Vermögens der Gesellschaft bewirken, so dass in aussichtslosen Fällen besser von einer Klage abgesehen wird.

Zumindest der mit der Einführung des *wrongful trading* Tatbestandes angestrebte Präventiveffekt, nämlich der sorgsame Umgang mit dem noch vorhandenen Kapital der Gesellschaft in der Krise der Gesellschaft, ist nicht abzustreiten[553].

III. Die Rechtslage in den Niederlanden

Die Erfahrungen, die man in den Niederlanden Ende der siebziger und Anfang der achtziger Jahre mit dem betrügerischen Missbrauch von juristischen Personen mit beschränkter Haftung und der damit einhergehenden Zunahme von In-

550 *Prentice*, Creditor's Interests and Director's Duties, Oxf. J. Leg. Stud., 1990, 265 (277.).
551 Dieses Bild verwendet *Hicks*, (1993) 14 Co Law 16.
552 Vgl. hierzu *Hicks*, (1993) 8 Ins L & P 134.
553 Vgl. hierzu *Hicks*, (1993) 8 Ins L & P 134.

solvenzen dieser Rechtspersonen gemacht hat, führten zu einer neuen strengeren Gesetzgebung auf diesem Gebiet. Im Jahre 1987 trat unter anderem das dritte Missbrauchsgesetz in Kraft (*Wet Besturdersaansprakelijkheid in geval van faillissement, WBF*), das insbesondere Verschärfungen hinsichtlich der Haftung des Geschäftsführers in der Insolvenz der Gesellschaft vorsah[554].

Nach niederländischem Recht ist der Geschäftsführer im Falle der wirtschaftlichen Notsituation der Gesellschaft nicht verpflichtet, Insolvenzantrag für die Gesellschaft zu stellen[555]. Er ist dazu ohne Ermächtigung durch die Gesellschafterversammlung noch nicht einmal befugt (Art. 2:246 BW)[556]. Zudem ist alleiniger Insolvenzgrund für die B.V. nach Art. 1 des Insolvenzgesetzes die Zahlungseinstellung der Gesellschaft. Aus diesen grundsätzlichen Ausführungen zur Insolvenz der B.V. folgt bereits, dass das niederländische Recht eine andere Konzeption der Geschäftsführerhaftung im Falle der Insolvenz der Gesellschaft als das deutsche Recht gewählt hat.

1. Haftung des Geschäftsführers gemäß Art. 2:248 BW

Der Grundsatz der in Art. 2:248 Abs. 1 BW durch das *WBF* neu eingeführten Haftung des Geschäftsführers lautet, dass im Falle der Insolvenz jeder Geschäftsführer als Gesamtschuldner für das bestehende Defizit der Gesellschaft haftet, wenn die Geschäftsführung ihre Aufgaben offensichtlich nicht ordnungsgemäß erfüllt hat und anzunehmen ist, dass dies eine wichtige Ursache für die Insolvenz darstellt[557]. Berücksichtigt werden jedoch gemäß Art. 248 Abs. 6 S. 1 BW nur Handlungen oder Unterlassungen der Geschäftsführung in einem Zeitraum der letzten drei Jahre vor Eintritt der Insolvenz. Eine dem Geschäftsführer gewährte Entlastung bzw. Haftungsfreistellung durch die Gesellschafterver-

554 Daneben trat auch das zweite Missbrauchsgesetz (*WBA*) in Kraft, das die Haftung für nicht abgeführte Steuern und Sozialabgaben verschärfte.

555 *Boschma/Lennarts*, in: *Wouters/Schneider*, Current Issues of Cross-Border Establishment of Companies in the European Union, S. 202.

556 Es sei denn, der Gesellschaftsvertrag sieht etwas anderes vor. Vgl. *Gotzen* in: *Behrens* (Hrsg.), Die Gesellschaft mit beschränkter Haftung im internationalen und europäischen Recht, NL 51, S. 662.

557 In der niederländischen Literatur ist umstritten, ob es sich bei der Haftung um eine interne gegenüber der Gesellschaft oder um eine externe gegenüber den Gläubigern handelt. Für interne Haftung: *Van der Heijden/van der Grinten*, Handboek voor de naamloze en de besloten Vennootschap, S. 685 Nr. 399.1. Für externe Haftung: *Witteveen*, TVVS 1998, 107 (109). Letzterer gibt auch eine Darstellung der unterschiedlichen Meinungen.

sammlung steht gemäß Art. 2:248 Abs. 6 S. 2 BW der Geltendmachung des Anspruchs durch den Insolvenzverwalter nicht entgegen.

Der Insolvenzverwalter (*curator*) ist ausschließlich befugt, den Anspruch nach Art. 2:248 BW im Interesse der Gläubiger für die Gesellschaft geltend zu machen[558].

a) Tatbestandsvoraussetzungen

(1) Offensichtlich nicht ordnungsgemäße Aufgabenerfüllung

Eine Haftung des Geschäftsführers nach Art. 2:248 BW setzt zunächst voraus, dass der Geschäftsführer seine Aufgaben offensichtlich nicht ordnungsgemäß erfüllt hat (*taak kennelijk onbehoorlijk heeft vervuld*). Das Wort "offensichtlich" zeigt, dass die Unsorgfältigkeit der Geschäftsführung unstreitig sein muss[559]. Der Geschäftsführer hat bei seinen Handlungen einen gewissen Ermessenspielraum, der das unternehmerische Risiko eines Geschäftsführers einer B.V. berücksichtigt[560]. Die Auslegung dieses unbestimmten Tatbestandsmerkmals richtet sich dabei nach einem objektiven Maßstab. Der Geschäftsführer handelt offensichtlich unsorgfältig, wenn ein verständiger Unternehmer in der gleichen oder ähnlichen Geschäftsbranche die Geschäftshandlung als offensichtlich unsorgfältig betrachten würde[561]. Zudem sind in der Gesetzesbegründung als Auslegungshilfe weitere Beispiele für eine offensichtlich unsorgfältige Aufgabenerfüllung genannt[562]. Es geht dabei stets um Verhaltensweisen, die letztlich die Gläubiger schädigen[563]. Das Tatbestandsmerkmal "offensichtlich nicht ordnungsgemäße Geschäftsführung" nach Art. 2:248 Abs. 1 BW ist daher mit dem

558 Vgl. *De Savornin Lohman*, Duties and liability of directors under Netherlands law, S. 52; *Wezeman*, Aansprakelijkheid van bestuurders, S. 280.

559 *Ebben/Akveld/Westermann*, RIW 1995, 720 (724).

560 So angeblich auch der zuständige Minister Korthals in einer Ansprache am 14. März 1985. Vgl.: *Wezeman*, Aansprakelijkheid van bestuurders, S. 281 dort Fn. 28; *Ebben/Akveld/Westermann*, RIW 1995, 720 (724).

561 *Van Schilfgaarde*, Misbruik van rechtspersonen, S. 23; *Wezeman*, Aansprakelijkheid van bestuurders, S. 281; ebenso: *Van der Heijden/Van der Grinten*, Handboek voor de naamloze en de besloten vennootschap, Nr. 399.1, S. 682.

562 Vgl. die Aufzählung bei: *Ebben/Akveld/Westermann*, RIW 1995, 720 (724) und *Wezeman*, Aansprakelijkheid van bestuurders, S. 285 f., z.B.:
- wenn eindeutig unfähige Geschäftsleiter die Möglichkeit bekommen haben, die Gesellschaft in unbegrenzter Höhe zu verpflichten.
- wenn es versäumt wurde, sich von der Kreditwürdigkeit von Vertragspartnern zu überzeugen, denen auf Kredit geliefert worden ist.

563 *Van Mourik* in: *Kreuzer* (Hrsg.), Die Haftung der Leitungsorgane von Kapitalgesellschaften, S. 203.

Tatbestandsmerkmal "grober Vorwurf" nach Art. 2:9 BW bei der internen Haftung des Geschäftsführers gegenüber der Gesellschaft vergleichbar[564].

Eine enorme Verschärfung der Haftung des Geschäftsführers enthält Art. 2:248 Abs. 2 BW. Danach wird - über eine gesetzliche Fiktion - unwiderlegbar vermutet, dass die Geschäftsführung ihre Aufgaben nicht ordnungsgemäß erfüllt hat, wenn der Buchführungspflicht gemäß Art. 2:10 BW nicht ordnungsgemäß nachgekommen wurde oder der Jahresabschluss der vergangenen Jahre nach Art. 2:394 BW nicht rechtzeitig veröffentlicht worden ist[565]. Während die Gesetzesfiktion hinsichtlich der mangelhaften Buchführungspflicht nachzuvollziehen ist, weil der Insolvenzverwalter gerade bei unsorgfältiger Buchführung in Beweisschwierigkeiten kommen kann, entbehrt sie in Bezug auf die strenge Gesetzesfiktion im Falle verspäteter Veröffentlichung des Jahresabschlusses einer logischen Begründung. Diesem Teil der Vorschrift kommt daher primär ein Strafcharakter für den unsorgfältigen Geschäftsleiter zu.

Dem Geschäftsführer ist jedenfalls stets zu raten, höchstes Augenmerk auf die ordnungsgemäße Buchführung und Veröffentlichung der Jahresabschlüsse zu legen. Etwas abgemildert wird die unwiderlegbare Vermutung durch die Ergänzung in Art. 2:248 Abs. 2 S. 3 BW, wonach ein lediglich "unbedeutendes Versäumnis" des Geschäftsführers bei der Buchführung oder der Veröffentlichung des Jahresabschlusses nicht berücksichtigt wird. Wann ein Versäumnis als unbedeutend im Sinne dieser Vorschrift qualifiziert werden kann, hängt von den Umständen des Einzelfalls ab[566].

(2) Wichtige Ursache für die Insolvenz

Weitere Anspruchsvoraussetzung nach Art. 2:248 Abs. 1 BW ist, dass die unsorgfältige Aufgabenerfüllung eine wichtige Ursache für die Insolvenz (*een be-*

---

564 *Van Schilfgaarde* ist der Auffassung, dass zwischen dem Tatbestandsmerkmal der offensichtlich nicht ordnungsgemäßen Geschäftsführung und dem "groben Vorwurf" nach Art. 2:9 BW bei der internen Haftung des Geschäftsleiters der Sache nach kein Unterschied besteht: *Van Schilfgaarde*, ZGR 1987, 233 (238) und *ders.*, in: Misbruik van rechtspersonen, S. 19.

565 Nach Art. 2:394 Abs. 3 BW ist der Jahresabschluss innerhalb von 13 Monaten nach Ende des Geschäftsjahres zu veröffentlichen.

566 *Pfennings v. Niederer*, HR 02.02.1996, NJ 1996, 406. Der Justizminister gab in der Gesetzesbegründung die geringe Überschreitung der Frist zur Veröffentlichung des Jahresabschlusses in Art. 2:394 BW als ein Beispiel für ein unbedeutendes Versäumnis an. Vgl. den Nachweis in: *Witteveen*, TVVS 1998, 107 dort in Fn. 7. Ebenso wie der Justizminister: *Van Schilfgaarde*, ZGR 1987, 233 (239): Nach Hof Amsterdam vom 22.12. 1994, NJ 1996, 43 = TVVS 1995, 307 mit Anm. *Vlas* ist eine Überschreitung der Frist um 2 ½ Monate kein unbedeutendes Versäumnis mehr.

langrijke orzaak [...] van het faillissement) gewesen ist. Hierbei greift ebenfalls eine gesetzliche Vermutung für das Vorliegen einer wichtigen Ursache ein, wenn die Pflichten gemäß Art. 2:10 und Art. 2:394 BW verletzt wurden. Allerdings kann sich der Geschäftsführer durch Führung des Gegenbeweises exkulpieren.

Greift die Gesetzesfiktion nicht ein, weil andere Umstände die offensichtlich unsorgfältige Aufgabenerfüllung begründen, bleibt dem Insolvenzverwalter ein Beweisproblem, da nicht klar ist, welche Ursachen als wichtig eingestuft werden können und welche nicht[567]. Einen vollen Beweis muss der Insolvenzverwalter jedenfalls nicht führen, da es nach Art. 2:248 Abs. 2 BW a.E. bereits ausreicht, wenn lediglich anzunehmen ist, dass eine wichtige Ursache für die Insolvenz vorlag[568].

b) Rechtsfolge

Art. 2:248 Abs. 1 BW ordnet eine gesamtschuldnerische Haftung aller zum Zeitpunkt der Insolvenz bestellten Geschäftsführer der B.V. an , jedoch mit Exkulpationsmöglichkeit nach Art. 2:248 Abs. 3 BW. Die Geschäftsführer müssen für das gesamte Defizit aufkommen, das durch die Insolvenz der Gesellschaft den Gläubigern entstanden ist[569]. Der Insolvenzverwalter ist also von dem Nachweis des Umfangs des Schadens befreit, der durch die nicht ordnungsgemäße Aufgabenerfüllung verursacht wurde[570]. Das Gericht hat nach Art. 2:248 Abs. 4 BW allerdings die Möglichkeit, den Schadensersatzbetrag anhand der dort genannten Kriterien zu ermäßigen[571].

c) Beweis- und Darlegungslast

Grundsätzlich hat der *curator*, der den Anspruch geltend macht, die anspruchsbegründenden Tatsachen zu beweisen. Art. 2:248 BW selbst enthält jedoch Regelungen zur Beweislastumkehr sowie gesetzliche Fiktionen. Hat die Geschäftsführung ihre Pflichten aus Art. 2:10 und 2:394 BW nicht erfüllt, so wird einerseits nach Art. 2:248 Abs. 2 BW unwiderleglich vermutet, dass die Geschäfts-

567 Vgl. HR vom 20.05.1988, NJ 1989, 676 (*Koster v Van Nie*); so auch *Van Schilfgaarde*, ZGR 1987, 233 (238).
568 Vgl. *Wezeman*, Aansprakelijkheid van bestuurders, S. 293.
569 *Van Schilfgaarde*, ZGR 1987, 233 (239)
570 *Timmerman*, ZGR 1993, 489 (497).
571 Insbesondere bei Vorliegen anderer Ursachen für die Insolvenz, bei der Mitwirkung in einem lediglich kurzen Zeitraum als Geschäftsführer in der insolventen Gesellschaft oder bei nicht so schwerwiegenden Fehlern in der Geschäftsführung kommt eine Reduzierung des Schadensersatzbetrags in Betracht.

führung ihre Aufgaben offensichtlich unsorgfältig erfüllt hat. Andererseits beinhaltet Art. 2:248 Abs. 2 BW die widerlegliche Vermutung, dass die unsorgfältige Aufgabenerfüllung eine wichtige Ursache der Insolvenz war. Der Geschäftsführer muss in diesen Fällen also darlegen und beweisen, dass die unsorgfältige Aufgabenerfüllung keine wichtige Ursache der Insolvenz war.

Steht jedoch fest, dass die offensichtlich unsorgfältige Aufgabenerfüllung eine wichtige Ursache der Insolvenz war, so ordnet Art. 2:248 Abs. 1 BW eine gesamtschuldnerische Haftung aller Geschäftsführer an. Will der einzelne Geschäftsführer diese vermeiden, muss er sich gemäß Art. 2:248 Abs. 3 BW exkulpieren. Er hat demnach darzulegen und zu beweisen, dass die unsorgfältige Aufgabenerfüllung durch die Geschäftsführung ihm nicht zuzuschreiben ist und er es nicht versäumt hat, die nötigen Maßnahmen zur Abwendung der sich aus der unsorgfältigen Aufgabenerfüllung ergebenden Folgen zu treffen.

2. Haftung für die Fortführung der Geschäfte nach einem kritischen Zeitpunkt

Die Vorschrift des Art. 2:248 Abs. 1 BW regelt jedoch einen wichtigen Sachverhalt nicht: Haftet der Geschäftsführer auch dann den Gläubigern für entstehende Schäden, wenn externe, nicht auf eine unsorgfältige Geschäftsführung zurückzuführende Gründe dazu geführt haben, dass die Gesellschaft ihre Verbindlichkeiten nicht mehr begleichen kann und er sich trotzdem für die Fortführung der Geschäfte für einen gewissen Zeitraum entscheidet?

Von dem Wortlaut des Art. 2:248 BW werden entsprechende Konstellationen, die nach deutschem Recht der Insolvenzverschleppungshaftung und nach englischem Recht der Haftung wegen *wrongful trading* unterfallen können, nicht erfasst[572]. Denn die Weiterführung der Geschäfte nach einem kritischen Zeitpunkt ist in diesem Fallbeispiel nicht zwingend ursächlich für die Insolvenz der Gesellschaft. Verneint man die Anwendung des Art. 2:248 BW auf diese Sachverhaltskonstellationen, können lediglich die vertraglichen Gläubiger der Gesellschaft einen eigenen deliktischen Anspruch gegen den Geschäftsführer aus Art. 6:162 BW[573] geltend machen, der unter anderem die Kenntnis oder fahrlässige Unkenntnis des Geschäftsführers von der Leistungsunfähigkeit der Gesellschaft bei Vertragsschluss voraussetzt.

572 Siehe *Boschma/Lennarts*, in: *Wouters/Schneider* (Hrsg.), Current Issues of Cross-Border Establishment of Companies in the European Union, S. 202; *dieselben* in: TVVS 1994, 285.

573 Vgl. dazu die Ausführungen in § 4 III 5.

Zu einer Anwendung von Art. 2:248 BW auf die beschriebene Sachverhaltskonstellation gelangt man jedoch, wenn man die Passage in Art. 248 Abs. 1 BW a.E.[574] so versteht, dass das nicht mehr ausreichend vorhandene Vermögen der Gesellschaft durch die unsorgfältige Geschäftsführung verursacht worden sein muss[575]. Dann wäre eine unbeschränkte Haftung des Geschäftsführers aus Art. 2:248 BW zumindest dann gegeben, wenn der Fehlbetrag durch die Fortführung der Geschäfte nach dem kritischen Zeitpunkt vergrößert worden ist.

Dieses Problem wurde in der niederländischen Literatur noch kaum behandelt[576] und auch die Rechtsprechung hat soweit ersichtlich noch keine Gelegenheit zur Entscheidung eines solchen Sachverhalts gehabt. Die im deutschen und englischen Recht im Falle der Haftung in der Insolvenz der Gesellschaft so bedeutende Tatbestandsvoraussetzung der Fortführung der Geschäfte nach einem näher bestimmten kritischen Zeitpunkt spielt zumindest bisher im Rahmen des Art. 2:248 BW keine Rolle.

3. Individuelle Ansprüche der Gläubiger gegen den Geschäftsführer

Eine persönliche Haftung des Geschäftsführers gegenüber vertraglichen Gläubigern der Gesellschaft kommt nach Art. 6:162 BW in Betracht, wenn er zum Zeitpunkt des Vertragsabschlusses wusste oder hätte wissen müssen, dass die Gesellschaft ihre Verbindlichkeit innerhalb einer angemessenen Zeit nicht werde erfüllen können[577]. Demnach obliegt dem Geschäftsführer eine entsprechende Sorgfaltspflicht gegenüber den Gläubigern bei Vertragsabschlüssen im Namen der Gesellschaft. Diese verletzt er, wenn er im Namen der Gesellschaft mit Dritten kontrahiert, obwohl er wusste oder hätte wissen müssen, dass die Gesellschaft ihre Verpflichtungen nicht in angemessener Weise werde erfüllen können.

---

574 Der Wortlaut Art. 2:248 Abs. 1 BW lautet: "Im Falle der Insolvenz der Gesellschaft ist jeder Geschäftsführer gegenüber der Insolvenzmasse gesamtschuldnerisch für den Betrag der Verbindlichkeiten haftbar, sofern diese nicht durch Liquidation der übrigen Aktiva beglichen werden können, wenn die Geschäftsführung ihre Aufgabe offensichtlich nicht ordnungsgemäß erfüllt hat und anzunehmen ist, dass dies eine wichtige Ursache der Insolvenz ist."

575 Siehe *Boschma/Lennarts*, in: *Wouters/Schneider* (Hrsg.), Current Issues of Cross-Border Establishment of Companies in the European Union, S. 202; *dieselben* in: TVVS 1994, 285. Diese Auslegung beruht allerdings auf dem alten Text von Art. 2:138 BW, der die Worte "... Ursache für die Situation der Gesellschaft" anstatt "... Ursache für die Insolvenz der Gesellschaft" verwendete.

576 Außer *Boschma/Lennarts* (siehe vorhergehende Fn.) hat soweit ersichtlich noch kein Autor dieses Problem aufgegriffen.

577 Vgl. die Ausführungen in § 4 III 5.

Der Nachweis dieser Kenntnis bzw. der fahrlässigen Unkenntnis auf Seiten des Geschäftsführers wird oftmals nur schwer zu führen sein. Zumindest im Falle der Zahlungsunfähigkeit bzw. der Überschuldung der Gesellschaft wird man aber regelmäßig von der Kenntnis oder der fahrlässigen Unkenntnis des Geschäftsführers hinsichtlich der Leistungsunfähigkeit der Gesellschaft ausgehen können mit der Folge, dass Ansprüche aus Delikt gemäß Art. 6:162 BW mit Ansprüchen aus Art. 2:248 BW konkurrieren können.

Es ist in diesem Zusammenhang jedoch umstritten, ob Gläubiger eigene Ansprüche aus Delikt neben Ansprüchen des Insolvenzverwalters aus Art. 2:248 BW geltend machen können, oder ob diese persönlichen Ansprüche ausgeschlossen sind. Einige Stimmen in der Literatur[578] befürworten einen Ausschluss von persönlichen Klagen der Gläubiger neben Klagen aus Art. 2:248 BW. Denn nach dem System des Art. 2:248 BW hafte der Geschäftsführer auf das gesamte Defizit, so dass alle Gläubiger durch eine Klage aus Art. 2:248 BW voll befriedigt werden, wenn der in Anspruch genommene Geschäftsführer solvent ist. Außerdem trete der Insolvenzverwalter für alle Gläubiger auf[579].

Die Gegenansicht[580], die durch eine Entscheidung des *Hof Leeuwarden*[581] unterstützt wird, lässt persönliche Klagen der Gläubiger neben Klagen des Insolvenzverwalters zu. Aus dem Gesetz ergebe sich nicht, dass Gläubiger gehindert sind, eigene Ansprüche geltend zu machen, wenn gleichzeitig der Insolvenzverwalter das Recht hat, Ansprüche gegen den Geschäftsführer geltend zu machen. Beide Ansprüche haben unterschiedliche Grundlagen und Zwecke[582]. Konsequenz dieser Ansicht ist, dass Ansprüche des Insolvenzverwalters mit Ansprüchen der Gläubiger konkurrieren können. Die Vermutung, dadurch könnte ein Windhundrennen zwischen Gläubigern und Insolvenzverwaltern entstehen, hat sich bislang indes nicht bewahrheitet. Es ist in der Praxis zudem möglich, dass der Insolvenzverwalter die persönlichen Ansprüche der Gläubiger aus Delikt zusammen mit Ansprüchen aus Art. 2:248 BW geltend macht[583]. Zumindest wenn der Insolvenzverwalter keine Klage aus Art. 2:248 BW erhebt, kann der

---

578 *Van der Grinten*, De NV 1986, 19 (21); *De Groot*, Bestuurdersaansprakelijkheid, S. 85.

579 *De Groot*, Bestuurdersaansprakelijkheid, S. 87.

580 *Wezeman*, Aansprakelijkheid van bestuurders, S. 337; *Timmerman*, TVVS 1991, 197 (201); *Witteveen*, TVVS 1998, 107 (110 f.); *Van Schilfgaarde*, Misbruik van rechtspersonen, S. 77.

581 *Hof Leeuwarden*, 08.08.1990, NJ 1991, 445. In diesem Fall hatte der Insolvenzverwalter allerdings keine Ansprüche gegen den Geschäftsführer geltend gemacht.

582 *Hof Leeuwarden*, 08.08.1990, NJ 1991, 445.

583 Vgl. zu den Voraussetzungen hierfür: *Van Schilfgaarde*, Misbruik van rechtspersonen, S. 77.

Gläubiger unstreitig eigene Ansprüche gegen den Geschäftsführer gerichtlich durchsetzen.

4. Zusammenfassung

Die niederländischen Regelungen zur Haftung des Geschäftsführers in der Insolvenz der Gesellschaft sind sehr streng. Insbesondere durch Gesetzesfiktionen und Beweislastumkehrungen zugunsten des Insolvenzverwalters und damit zumindest mittelbar der Gläubiger wird versucht, die Haftung des Geschäftsführers zu verschärfen. Andererseits erschweren die unbestimmten Tatbestandsmerkmale des Art. 2:248 Abs. 1 BW bei Nichteingreifen der Gesetzesfiktionen und Beweislastumkehrungen die Geltendmachung von Ansprüchen, da wegen der Verwendung des Tatbestandsmerkmals "offensichtlich unsorgfältige Geschäftsführung" nur eindeutige Fälle zur Haftung des Geschäftsführers führen. Ein Kritikpunkt an der neuen Regelung des Art. 2:248 BW ist, dass auch bloß glücklose Geschäftsführer einer durch andere Umstände als den Missbrauch der juristischen Person in die Insolvenz geratenen Gesellschaft von der Haftung erfasst werden können[584].

Ob Gläubiger eigene Ansprüche gegen den Geschäftsführer aus Delikt neben Ansprüchen des Insolvenzverwalters geltend machen können, ist noch nicht abschließend geklärt. Ebenso offen ist, ob das Fortführen der Geschäfte nach einem kritischen Zeitpunkt Haftungsrisiken für den Geschäftsführer nach Art. 2:248 BW in sich birgt. Durch die Anwendung der deliktischen Haftung gemäß Art. 6:162 BW auf solche Sachverhaltskonstellationen ist eine entsprechende Auslegung von Art. 2:248 BW in der Praxis bislang nicht erforderlich gewesen.

Die bislang nicht sehr umfangreiche Rechtsprechung[585] zur Haftung des Geschäftsführers aus Art. 2:248 BW ist wohl darauf zurückzuführen, dass Geschäftsführer einer insolventen Gesellschaft oftmals selbst finanzielle Schwierigkeiten haben und daher keine aussichtsreiche Zugriffsmöglichkeit für die Gläubiger bzw. den Insolvenzverwalter bieten[586]. Es besteht deshalb der Eindruck,

584 *Ebben/Akveld/Westermann*, RIW 1995, 720 (727) sprechen von einer "Hexenjagd" auf Geschäftsführer.

585 So bemerkt *Timmerman* in TVVS 1991 197 (201), dass es zu dem Kernbegriff der "offensichtlich unsorgfältigen Aufgabenerfüllung" noch keine Rechtsprechung gibt. Etwas positiver beurteilt *De Kluiver*, in: *De Kluiver/Van Gerven* (Hrsg.), The European Private Company?, S. 109 (120 f.) die Wirkung der neuen Gesetzgebung in der Rechtsprechung.

586 *Timmerman*, ZGR 1993, 489 (498); ebenso: *Van der Grinten/Honée/Gotzen*, in: *Lutter* (Hrsg.), Die Gründung einer Tochtergesellschaft im Ausland, 505 (518).

dass bislang erst wenige Geschäftsführer persönlich gemäß Art. 2:248 BW haftbar gemacht worden sind[587].

IV. Die Rechtslage in der Europäischen Privatgesellschaft

Die gegenwärtige Fassung des Entwurfs für eine Verordnung für die Europäische Privatgesellschaft enthält keine eigenständige Regelung zur Haftung des Geschäftsleiters in der Insolvenz der Gesellschaft. Lediglich in Art. 36 Abs. 1 S. 1 EPG-VOE wird hinsichtlich der Auflösung oder Liquidation, des Konkurses, der Zahlungseinstellung und vergleichbarer Vorgänge auf die Vorschriften des nationalen Rechts verwiesen, die auf die Gesellschaften Anwendung finden, denen die EPG in jedem Staat durch die Verordnung über die EPG gleichstellt wird. Nach Art. 36 Abs. 1 S. 2 EPG-VOE bestimmt das nationale Recht, wer einzeln oder gesamtschuldnerisch für die Gesellschaftsverbindlichkeiten ganz oder teilweise haftet, und welchen Verboten und Rechtsverlusten diese Personen ausgesetzt sind.

Der Verweis auf das nationale Recht in Art. 36 Abs. 1 EPG-VOE umfasst als allgemeiner Oberbegriff unter anderem auch das nationale Gesellschaftsrecht. Sowohl die insolvenzrechtliche Haftung der *directors* einer *private limited company*, die gesellschaftsrechtliche Insolvenzverschleppungshaftung des GmbH-Geschäftsführers, als auch die Haftung des *bestuurders* gemäß Art. 2:248 BW können folglich gemäß Art. 36 Abs. 1 EPG-VOE abhängig vom Gesellschaftssitz der EPG auf deren Geschäftsleiter Anwendung finden[588]. Im Falle der Insolvenz der EPG kommt es bezüglich der Haftung des Geschäftsleiters somit zu einem Gleichlauf mit der Haftung des Geschäftsführers der Gesellschaft des nationalen Rechts, die der EPG in ihrem Sitzstaat gleich gestellt ist.

Ergebnis dieser Regelung in Art. 36 Abs. 1 EPG-VOE sind unterschiedliche Haftungsmodelle in jedem der gegenwärtig fünfzehn Mitgliedstaaten der EU im Falle der Insolvenz der EPG[589]. Weder für den der Haftung ausgesetzten Geschäftsleiter selbst, noch für die Gläubiger einer insolventen EPG ist eine solche Rechtslage wünschenswert, da sie keine Vereinfachung bzw. Vereinheitlichung

---

587 So: *Timmerman*, ZGR 1993, 489 (498).

588 Ebenso: *Haas*, in: *Hommelhoff/Helms* (Hrsg.), Neue Wege in die Europäische Privatgesellschaft, S. 162 f..

589 Sicherlich gibt es auch vereinzelt Gemeinsamkeiten in den Rechtsordnungen. Dem rechtsunkundigen Laien hilft das aber nicht weiter. Eine knappe Darstellung der nationalen Regelungen aller Mitgliedstaaten findet sich bei *Behrens* (Hrsg.), Die Gesellschaft mit beschränkter Haftung im internationalen und europäischen Recht.

im Binnenmarkt bewirkt, sondern vielmehr die bisher existierenden nationalen Unterschiede bestehen lässt.

Die Haftung des Geschäftsleiters in der Insolvenz der Gesellschaft ist ein wichtiger Baustein im Konzept des Gläubigerschutzes einer jeden Kapitalgesellschaft mit beschränkter Haftung. Durch den Verweis auf das nationale Recht kann es gegenwärtig für die EPG kein einheitliches Konzept zum Gläubigerschutz geben, da jede Rechtsordnung unterschiedliche Haftungsmodelle des Geschäftsleiters kennt. Diese Rechtslage kann demzufolge nicht befriedigen.

Deshalb sollen im Anschluss an die Rechtsvergleichung alternative Gestaltungsmöglichkeiten für eine Regelung der Geschäftsleiterhaftung im Statut der EPG selbst aufgezeigt und auf ihre Praktikabilität untersucht werden[590].

V. Rechtsvergleichung und Bewertung

Die vorstehend analysierten nationalen Haftungsmodelle geben ein gutes Beispiel dafür, welch' unterschiedliche Konzeptionen man bei der Lösung ein und desselben gesellschaftsrechtlichen Problems wählen kann. In allen drei Nationalstaaten hat der Gesetzgeber erkannt, dass dem Missbrauch von Gesellschaften mit beschränkter Haftung insbesondere in der wirtschaftlichen Krise der Gesellschaft vorgebeugt werden muss und die Gläubiger von insolventen Gesellschaften vor Schäden oder zumindest vor weiter gehenden Schäden zu schützten sind. Folgerichtig statuieren sämtliche hier untersuchten Rechtsordnungen eine persönliche Haftung des Geschäftsführers zumindest mittelbar gegenüber Gläubigern der Gesellschaft, wenn der Geschäftsführer die Geschäfte der Gesellschaft auf Kosten der Gläubiger führt. Einigkeit besteht auch hinsichtlich der ausschließlichen Berechtigung des Insolvenzverwalters, *liquidators* bzw. *curators*, die jeweiligen Ansprüche geltend zu machen, die der Masse zugute kommen sollen[591]. Hierdurch wird in allen Rechtsordnungen ein Windhundrennen der individuellen Gläubiger vermieden.

Hinsichtlich der einzelnen Voraussetzungen und Rechtsfolgen der Geschäftsführerhaftung bestehen aber teilweise erhebliche Unterschiede. Nur im deutschen Recht ist der Geschäftsführer verpflichtet, Insolvenzantrag für die GmbH im Falle deren Überschuldung oder Zahlungsunfähigkeit zu stellen. Im englischen Recht ist der *director* lediglich berechtigt, die Abwicklung der Gesellschaft zu beantragen, während das niederländische Recht, vorbehaltlich abwei-

590 Siehe sogleich unter VI.

591 Der Anspruch der Neugläubiger nach deutschem Recht gehört systematisch nicht zur Insolvenzmasse und wird daher von den Neugläubigern selbst durchgesetzt.

chender Vereinbarungen in der Satzung der Gesellschaft, dem Geschäftsführer noch nicht einmal ein solches Antragsrecht einräumt.

Sowohl im deutschen als auch im englischen Recht knüpft die persönliche Haftung des Geschäftsführers gegenüber Gläubigern an einen bestimmten Zeitpunkt an. Während dies im deutschen Recht die Überschuldung oder Zahlungsunfähigkeit der Gesellschaft ist, greift die Haftung in England nach s. 214 IA bereits dann ein, wenn keine vernünftige Aussichten mehr bestehen, die Auflösung der Gesellschaft zu vermeiden - also unter Umständen schon weit vor der Überschuldung oder Zahlungsunfähigkeit. Für Fehler in der Unternehmensleitung, die vor dem jeweils einschlägigen Zeitpunkt liegen, haftet der Geschäftsführer den Gläubigern außerhalb anderweitiger Verpflichtungstatbestände nicht persönlich. Er haftet demnach nur für Fehler während der finanziellen Krise der Gesellschaft.

Ein anderes Konzept hat der niederländische Gesetzgeber gewählt. Der Geschäftsführer haftet dort nicht für unsorgfältige Geschäftsführung während der wirtschaftlichen Krise der Gesellschaft, sondern dafür, dass seine Fehler eine wichtige Ursache für die wirtschaftliche Notlage (Insolvenz) der Gesellschaft waren. Der Geschäftsführer hat also nicht nur in der wirtschaftlichen Krise der Gesellschaft, sondern während seiner gesamten Tätigkeit stets die Gläubigerinteressen zu berücksichtigen, da im Falle der Insolvenz der Gesellschaft die Geschäftsführungstätigkeit der letzten drei Jahre vor der Insolvenz Grundlage für Haftungsansprüche sein kann; sie erstreckt sich also unter Umständen auf einen Zeitraum, in dem sich die wirtschaftliche Krise noch nicht abgezeichnet haben muss.

Durch die Anwendung des Deliktsrechts auf das Verhalten bei Vertragsabschlüssen, die der Geschäftsführer einer B.V. im Namen der Gesellschaft während der wirtschaftlichen Krise vornimmt, hat die niederländische Rechtsprechung eine der Insolvenzverschleppungshaftung gegenüber "Neugläubigern" der GmbH zumindest vergleichbare Haftung des Geschäftsführers der B.V. eingeführt. Denn spätestens im Falle der Zahlungsunfähigkeit bzw. der Überschuldung der B.V. wird man regelmäßig davon ausgehen können, dass der Geschäftsführer der B.V. die zur Haftung aus Delikt erforderliche Kenntnis von der Leistungsunfähigkeit der Gesellschaft hatte oder hätte haben müssen, mit der Folge, dass sowohl in der GmbH als auch in der B.V. der Geschäftsführer "Neugläubigern" gegenüber den Vertrauensschaden ersetzen muss. Im englischen Recht wird hingegen eine unterschiedliche Behandlung der Alt- und Neugläubiger der Gesellschaft abgelehnt.

Ferner ist es im niederländischen Recht im Gegensatz zum deutschen und englischen Recht nicht erforderlich, dass das Fehlverhalten des Geschäftsführers konkret für den Schaden der Gläubiger kausal war. War die offensichtlich unsorgfältige Geschäftsführung nur eine von mehreren wichtigen Ursachen für die Insolvenz der Gesellschaft, haftet der Geschäftsführer für den gesamten Fehlbetrag der Gesellschaft.

Zusammenfassend ist festzuhalten, dass der Geschäftsführer in allen drei Rechtsordnungen einem enormen Haftungsrisiko im Falle der Insolvenz der Gesellschaft ausgesetzt ist. Allerdings kommt es oftmals nicht zur Durchsetzung von Haftungsansprüchen. Ursache hierfür kann sein, dass Geschäftsführer von insolventen Gesellschaften selbst finanzielle Schwierigkeiten haben oder über keine ausreichende Vermögensmasse für den Insolvenzverwalter bzw. die Gläubiger verfügen. Dies ist ein allgemein zu beobachtendes, nicht auf einzelne Staaten beschränktes Phänomen.

VI. Alternative Regelungsvorschläge für das EPG-Statut

Der Verweis auf nationales Recht hinsichtlich der Haftung des Geschäftsleiters in der Insolvenz der Gesellschaft stellt keine befriedigende Lösung für die EPG dar. Wie die Untersuchung von lediglich drei nationalen Rechtsordnungen zeigt, bestehen hinsichtlich Haftungsvoraussetzungen und Rechtsfolge zum Teil erhebliche Unterschiede. Eine solche Regelung würde den Beratungsbedarf von kleinen und mittleren Unternehmen gerade nicht wie beabsichtigt verringern und die Niederlassung von Gesellschaften über die nationalen Grenzen hinweg innerhalb der EU keineswegs fördern. Für Geschäftsleiter, die im Ausland beispielsweise eine Zweigniederlassung oder Tochtergesellschaft gründen und leiten sollen, ergäben sich kaum Vorteile gegenüber der gegenwärtigen Situation, da sie weiterhin in gesellschaftsrechtlich wichtigen Bereichen ihres Handelns mit dem jeweiligen nationalen Recht vertraut sein müssen. Zudem wäre ein und dieselbe Gesellschaftsform in den jeweiligen Mitgliedstaaten auch divergierender Rechtsentwicklung ausgesetzt, wodurch die Rechtslage insbesondere für die Unternehmer und Unternehmen noch unübersichtlicher würde[592]. Die neue Gesellschaftsform der EPG wäre in dieser Ausgestaltung keine attraktive Alternative gegenüber den bisher existierenden nationalen Gesellschaftsformen.

Die zivilrechtliche Geschäftsleiterhaftung ist ein für die Praxis zentraler Bereich, der im EPG-Statut möglichst umfassend und abschließend geregelt werden und nicht zur Schaffung einer EPG mit fünfzehn nationalstaatlichen Varianten führen sollte[593]. Letzteres wäre auch sicherlich nicht geeignet, das Vertrauen der

592 *Ehricke*, RabelsZ 64 (2000). 497 (514).

593 Eine nicht repräsentative Miniumfrage in der Praxis hat ergeben, dass die Geschäftsleiterhaftung als außerordentlich wichtiger Bereich im Statut selbst geregelt

europäischen Wirtschaft für die EPG zu gewinnen. Von verschiedenen Autoren wird daher auch eine Regelung der Geschäftsleiterhaftung in der Insolvenz der Gesellschaft im EPG-Statut selbst gefordert[594].

Die Schwierigkeit einer solchen Regelung besteht jedoch darin, dass gemäß Art. 36 Abs. 1 EPG-VOE die EPG im Falle ihrer Insolvenz und dem damit zusammenhängenden Insolvenz- oder Abwicklungsverfahren dem nationalen Recht unterstellt wird und von dem EPG-Statut nicht erwartet werden kann, das außerhalb des Gesellschaftsrechts liegende Insolvenzrecht zu vereinheitlichen. Da aber die Haftung des Geschäftsleiters in manchen Mitgliedstaaten der EU insolvenzrechtlich und nicht gesellschaftsrechtlich ausgestaltet ist[595], muss die Haftung des Geschäftsleiters der EPG aus den dortigen allgemeinen insolvenzrechtlichen Vorschriften herausgelöst und in das EPG-Statut eingefügt werden, ohne einen systematischen Bruch mit dem nationalen Insolvenzrecht herbeizuführen. Hierin besteht, neben dem allgemeinen Problem des zu findenden Konsenses auf europäischer Ebene, die Hauptschwierigkeit einer eigenständigen Regelung im EPG-Statut.

Es stellt sich daher die Frage, wie eine entsprechende eigenständige Regelung im EPG-Statut ausgestaltet sein muss. Drei Vorschläge existieren bereits zu diesem Problemkreis:

1. Anwendung von Art. 17 der Zweiten gesellschaftsrechtlichen Richtlinie (Kapitalrichtlinie)

Von deutscher Seite wird vorgeschlagen, die Verpflichtung aus Art. 17 der Zweiten gesellschaftsrechtlichen Richtlinie (Kapitalrichtlinie)[596] in das EPG-Statut zu übernehmen, diese Verpflichtung den Geschäftsführern aufzuerlegen und deren Verletzung abschließend nach Art. 17 Abs. 1 EPG-VOE zu sanktio-

---

werden sollte. Vgl. *Brandi*, in: *Hommelhoff/Helms* (Hrsg.), Neue Wege in die Europäische Privatgesellschaft, S. 80.

594 So z.B.: *Timmerman*, in: *Boucourechliev/Hommelhoff* (Hrsg.), Vorschläge für eine Europäische Privatgesellschaft, S. 140; *Haas*, in: *Hommelhoff/Helms* (Hrsg.), Neue Wege in die Europäische Privatgesellschaft, S. 199 f.; *Hommelhoff/Helms*, GmbHR 1999, 53 (56); dieselben, in: *Boucourechliev/Hommelhoff* (Hrsg.), Vorschläge für eine Europäische Privatgesellschaft, S. 16; *Helms*, Die Europäische Privatgesellschaft, S. 321. Ebenso bereits: *Hirte*, in: *De Kluiver/Van Gerven* (Hrsg.), The European Private Company?, S. 107.

595 Vgl. zum englischen Recht die Ausführungen in § 5 II.

596 Abl. EG Nr. L 26 v. 31. Januar 1977, S. 1 ff.. Abgedruckt bei: *Lutter*, Europäisches Unternehmensrecht, S. 114 ff.

nieren[597]. Art. 17 der bisher nur für Aktiengesellschaften anwendbaren Kapitalrichtlinie bestimmt, dass bei schweren Verlusten des gezeichneten Kapitals die Hauptversammlung innerhalb einer bestimmten Frist einberufen werden muss, um zu prüfen, ob die Gesellschaft aufzulösen ist oder andere Maßnahmen zu ergreifen sind. Den Rechtsvorschriften der Mitgliedstaaten ist es dabei überlassen, die Höhe des als schwer zu erachtenden Verlustes festzusetzen - jedoch auf nicht mehr als die Hälfte des gezeichneten Kapitals.

Auf die EPG übertragen bedeutet dies, dass der Geschäftsleiter bei schweren Verlusten der Gesellschaft eine Gesellschafterversammlung einberufen müsste (vgl. zum deutschen Recht § 49 Abs. 3 GmbHG). Die Unterlassung der Einberufung hätte einen Schadensersatzanspruch der Gesellschaft gegen den Geschäftsleiter gemäß Art. 17 Abs. 1 EPG-VOE zur Folge. Der Vorteil einer solchen Lösung liegt in der EU-weiten Akzeptanz des Art. 17 der Kapitalrichtlinie für Aktiengesellschaften. Eine derartige Regelung erscheint zumindest als konsensfähig für die EPG. Ebenfalls als positiv zu bewerten ist die durch die vorgeschlagene Regelung erfolgende Haftungskanalisierung auf die Gesellschaft und damit einhergehend die Vermeidung eines Windhundrennens von Gläubigern einer insolventen Gesellschaft.

Ein Manko dieser Bestimmung ist allerdings die Verwendung des Tatbestandsmerkmals "bei schweren Verlusten" und die in der Richtlinie den Mitgliedstaaten eingeräumte Kompetenz, diesen Begriff jedenfalls im dort vorgegebenen Rahmen zu definieren. Eine unterschiedliche Definition dieses Begriffes in den Mitgliedstaaten würde wiederum einen Rückgriff auf nationales Recht bedeuten und somit keinen entscheidenden Vorteil gegenüber dem Verweis in Art. 36 EPG-VOE bringen. Hier müsste wohl an die in Art. 28 EPG-VOE vorgesehene Regelung angeknüpft werden und "schwere Verluste" bezogen auf die EPG als Sinken des Eigenkapitals unter die Summe des Mindestkapitals (Art. 28 Abs. 1 S. 1) oder als Sinken des Eigenkapitals auf weniger als die Hälfte des Stammkapitals (Art. 28 Abs. 2 S. 1) verstanden werden.

Weiterhin ersetzt eine solche Haftung nur Schäden, die der Gesellschaft daraus entstehen, dass der Geschäftsleiter nicht rechtzeitig eine Gesellschafterversammlung einberufen hat. Weitergehende Schäden der Gesellschaftsgläubiger können gegenüber der Geschäftsleitung nicht geltend gemacht werden[598]. Beschließt die Gesellschafterversammlung z.B. die Weiterführung der Geschäfte, so scheidet eine Haftung des Geschäftsleiters wegen der Fortführung der Geschäfte nach einem kritischen Zeitpunkt aus. Dem Gläubigerschutz in der EPG

597 *Hommelhoff/Helms*, GmbHR 1999, 53 (56).

598 Für das deutsche Recht gilt, dass § 92 Abs. 1 AktG keinen Schadensersatzanspruch der Gesellschaftsgläubiger begründet. Vgl. *Hüffer*, AktG, § 92 Rn. 15.

wäre allein mit einer Haftung des Geschäftsleiters wegen nicht oder nicht rechtzeitig einberufener Gesellschafterversammlung nicht ausreichend Rechung getragen.

Art. 17 der Kapitalrichtlinie verpflichtet mithin den Geschäftsleiter nicht in hinreichendem Maße, die Interessen der Gesellschaftsgläubiger in der Krise der Gesellschaft zu berücksichtigen. Weder ist der Geschäftsleiter zur Insolvenzantragstellung oder Sanierung der Gesellschaft ab einem bestimmten kritischen Zeitpunkt verpflichtet, noch unterliegt er einer allgemeinen Haftung auf den Fehlbetrag des Gesellschaftsvermögens in deren Insolvenz. Im Zeitpunkt der Insolvenz der Gesellschaft verwaltet der Geschäftsleiter jedoch primär das verteilungsfähige Vermögen der Gesellschaftsgläubiger und er sollte daher gesetzlich verpflichtet sein, die Gläubigerinteressen angemessen zu berücksichtigen.

2. Haftung entsprechend § 823 Abs. 2 BGB i.V.m. § 64 Abs. 1 GmbHG

Von *Helms* wurde vorgeschlagen, eine Außenhaftung im Falle der unterlassenen oder verspäteten Insolvenzantragsstellung entsprechend § 823 Abs. 2 BGB i.V.m. § 64 Abs. 1 GmbHG in das EPG-Statut mit aufzunehmen, da dieser Pflicht eine unmittelbar gläubigerschützende Funktion zukomme[599]. Dem ist grundsätzlich nicht zu widersprechen. Der Vorteil einer solchen Regelung wäre, dass der Geschäftsleiter die Gläubigerinteressen spätestens ab der Überschuldung bzw. Zahlungsunfähigkeit der Gesellschaft oder einem anderen in der Regelung festzulegendem Zeitpunkt berücksichtigen müsste und die Gläubiger durch Schadensersatzansprüche gegen den Geschäftsleiter bei schuldhaftem Verstoß gegen die Insolvenzantragspflicht geschützt wären.

In der EPG besteht jedoch keine solche Insolvenzantragspflicht für den Geschäftsleiter, da in Art. 36 Abs. 1 EPG-VOE bezüglich der Insolvenz auf nationales Recht verwiesen wird und z.B. das englische und niederländische Recht eine solche Insolvenzantragspflicht des *directors* oder *bestuurders* nicht kennen. Wenn eine eigenständige Regelung im EPG-Statut den Verweis in Art. 36 Abs. 1 EPG-VOE ersetzen soll, müsste dementsprechend in der EPG-Verordnung selbst die Verpflichtung des Geschäftsleiters verankert werden, bei Vorliegen der Voraussetzungen Insolvenzantrag für die Gesellschaft zu stellen. Eine entsprechende Regelung wird sicherlich auf den Widerstand von Mitgliedstaaten treffen, deren nationales Recht eine Insolvenzantragspflicht nicht kennt oder sogar dem Geschäftsleiter ein derartiges Antragsrecht nicht einmal gewährt[600].

599 *Helms*, Die Europäische Privatgesellschaft, S. 321.
600 Vgl. zur Situation in den Niederlanden die Ausführungen in § 5 III.

Des Weiteren sind die Gründe für die Insolvenz der Gesellschaften in den nationalen Rechtsordnungen nicht identisch. In den Niederlanden sind beispielsweise nicht die Überschuldung oder Zahlungsunfähigkeit sondern die Zahlungseinstellung der Gesellschaft alleiniger Insolvenzgrund[601]. Damit wird sich ein einheitlicher Zeitpunkt, zu dem der Geschäftsleiter Insolvenzantrag für die EPG stellen muss, ohne die Angleichung der nationalen Insolvenzrechte nur schwerlich finden lassen. Der konzeptionell nicht zu beanstandende Vorschlag von *Helms* wird sich daher in der EPG praktisch nicht umsetzen lassen.

3. *Haftung entsprechend der action en comblement du passif nach Art. 180 des französischen Insolvenzrechts*

Schließlich wird vorgeschlagen, die Haftung des Geschäftsleiters entsprechend der im französischen Recht gewährten *action en comblement du passif* (Art. 180 loi no. 85-98 vom 25. Januar 1985[602]) zu regeln[603]. Danach kann das Gericht die vollständige oder partielle Haftung eines oder mehrerer Geschäftsführer, im letzteren Fall auch gesamtschuldnerisch, für den Fehlbetrag im Gesellschaftsvermögen anordnen, wenn diesem ein schuldhaftes Verhalten nachgewiesen werden kann, das zur Insolvenz der *société à responsabilité limitée* (SARL) beigetragen hat[604]. Das Gericht hat bei der Beurteilung des zu zahlenden Betrages ein weites Ermessen.

Das Fehlverhalten des Geschäftsführers muss zeitlich vor der Eröffnung des Insolvenzverfahrens liegen[605]. Haftungsauslösende Geschäftsführungsfehler sind insbesondere die verspätete Stellung des Insolvenzantrags, eine fehlende Buch-

---

601 Vgl. hierzu § 5 III.

602 Art. 180 lautet wie folgt: "Wird im Rahmen eines gerichtlichen Sanierungs- oder Liquidationsverfahrens einer juristischen Person ein Mangel auf der Aktivseite festgestellt und ist dieser Mangel auf einen Fehler in der Geschäftsführung zurückzuführen, so kann das Gericht bestimmen, dass die an der Geschäftsführung beteiligten Personen oder einige von ihnen, auch wenn sie nur rein rechtlich daran beteiligt sind, unabhängig davon, ob sie für ihre Tätigkeit vergütet wurden oder nicht, ganz oder teilweise und allein oder gemeinsam für die Schulden der Gesellschaft haften." Abgedruckt bei: *Schmidt/Gramling*, in: *Lutter* (Hrsg.), Die Gründung einer Tochtergesellschaft im Ausland, S. 225.

603 Der Vorschlag kommt von niederländischer Seite: Siehe *Timmerman*, in: *Boucourechliev/Hommelhoff* (Hrsg.), Vorschläge für eine Europäische Privatgesellschaft, S. 140. Siehe auch *Merkt*, in: *VGR* (Hrsg.), Gesellschaftsrecht in der Diskussion 1999, VGR Bd. 2 (2000), S. 135 ff..

604 *Hébert*, in: *de Kluiver/van Gerven* (Hrsg.), The European Private Company?, S. 86.

605 *Marquardt/Hau*, RIW 1998, 441 (442).

führung[606], riskante Geschäftsführung, die Rückzahlung von Schulden vor Fälligkeit oder das Zulassen weiterer Verschuldung der Gesellschaft trotz Zahlungsunfähigkeit[607].

Aus Sicht der Gläubiger wäre eine derartige Regelung im EPG-Statut begrüßenswert, da ihre Interessen sehr umfassend geschützt wären. Die Regelung würde auch das nationale Insolvenzrecht grundsätzlich unberührt lassen und eignet sich daher für die Verwendung in einer europäischen Gesellschaftsform, die nicht zugleich das nationale Insolvenzrecht angleicht.

Allerdings wäre eine derartige Haftung des Geschäftsleiters der EPG in der Insolvenz der EPG zu weitreichend. Sie würde, ähnlich wie die Haftung nach Art. 2:248 BW in den Niederlanden, auch glücklose Geschäftsführer bestrafen, denen während ihrer Tätigkeit Fehler unterlaufen sind. Außerdem können bei einer mehrköpfigen Geschäftsleitung auch diejenigen Geschäftsleiter haftbar sein, die nicht tatsächlich für die fehlerhafte Unternehmensleitung verantwortlich sind. Für Fehler bei der Unternehmensleitung während der regulären Geschäftstätigkeit ist jedoch eine Innenhaftung gegenüber der Gesellschaft gemäß Art. 17 Abs. 1 EPG-VOE ausreichend und angemessen. Entsprechende Ansprüche der Gesellschaft gemäß Art. 17 Abs. 1 EPG-VOE können zudem in der Insolvenz der Gesellschaft von dem Insolvenzverwalter geltend gemacht werden.

Geschäftsleiter schulden grundsätzlich die Erfüllung ihrer Pflichten nur der Gesellschaft. Erst wenn die Gesellschaft insolvent wird, erweitert sich der Pflichtenkreis des Geschäftsleiters um die Wahrnehmung der Interessen der Gläubiger. Dann, aber auch erst dann, sollten Pflichtverletzungen des Geschäftsleiters Schadensersatzansprüche der Gläubiger der Gesellschaft auslösen.

4. Eigener Vorschlag für eine autonome Regelung im EPG-Statut

Ausgangspunkt für die Überlegungen zu einer eigenständigen Regelung im EPG-Statut sollten folgende Prämissen sein:

- Grundsätzlich trägt jeder Gläubiger das Insolvenzrisiko seines Geschäftspartners. Das sollte auch in Bezug auf die EPG gelten. Erst wenn besondere, näher zu bestimmende Umstände in der Person des Geschäftsleiters hinzukom-

606 *Haas*, in: *Hommelhoff/Helms* (Hrsg.), Neue Wege in die Europäische Privatgesellschaft, S. 173; *Hébert*, in: *De Kluiver/Van Gerven* (Hrsg.), The European Private Company?, S. 86.

607 *Marquardt/Hau*, RIW 1998, 441 (442); *Süß*, EuZW 1996, 65.

men, ist es gerechtfertigt, das Insolvenzrisiko der Gläubiger auf den Geschäftsleiter der EPG zu verlagern.

- Die Haftung des Geschäftsleiters der EPG im Falle der Insolvenz der Gesellschaft sollte Teil eines einheitlichen, in sich stimmigen Konzeptes zum Gläubigerschutz in der EPG sein.
- Die Haftung des Geschäftsleiters darf einerseits nicht so streng ausgestaltet werden, dass die Rechtsform der EPG für die Unternehmenspraxis unattraktiv wird; sie darf jedoch andererseits nicht so mild ausgestaltet sein, dass einzelne Mitgliedstaaten fürchten könnten, die EPG werde zur Umgehung der strengeren nationalen Rechtsformen missbraucht.
- Eine Vereinheitlichung der nationalen Insolvenzrechte kann und darf von der Verordnung für die EPG nicht erwartet werden.

Ausgehend von diesen Prämissen sollte der Geschäftsleiter der EPG ab einem gewissen Zeitpunkt in der wirtschaftlichen Krise der Gesellschaft verpflichtet werden, Maßnahmen zur Vermeidung von (weiteren) Verlusten der Gläubiger der Gesellschaft zu ergreifen[608]. Dieser Zeitpunkt sollte dabei so konkret wie möglich festgelegt sein, um Rechtsunsicherheiten zu vermeiden[609].

Die Regelung muss dabei das Spannungsverhältnis auflösen zwischen dem Interesse der Gläubiger an einem möglichst frühzeitigem Warnsystem einerseits, und andererseits dem Interesse der Gesellschaft und deren Geschäftsleiter an einer möglichst langen Chance zur Sanierung der Gesellschaft sowie einem möglichst langen Zeitraum zur Abschätzung der Fortführungsprognose. Je früher der Gläubigerschutz einsetzt, umso ungewisser ist es jedoch, ob die Gesellschaft bereits zu diesem Zeitpunkt auf eine unvermeidbare Insolvenz zusteuert.

a) Pflicht zur Einberufung einer Gesellschafterversammlung gemäß Art. 28 EPG-VOE

Als erster Baustein des Gläubigerschutzes in der Krise der Gesellschaft sollte der Vorschlag von *Hommelhoff* und *Helms*[610] aufgegriffen werden, die Verpflichtung aus Art. 17 der Kapitalrichtlinie dem Geschäftsleiter der EPG aufzuerlegen und die Verletzung der Pflicht abschließend nach Art. 17 Abs. 1 EPG-VOE zu sanktionieren.

---

608 Ebenso: *Boschma/Lennarts*, in: *Wouters/Schneider* (Hrsg.), Current Issues of Cross-Border Establishment of Companies in the European Union, S. 214; *dieselben* in: TVVS 1994, 285.

609 Die Formulierung des *wrongful trading* Tatbestands in England ist z.B. zu allgemein und auslegungsbedürftig.

610 *Hommelhoff/Helms*, GmbHR 1999, 53 (56).

Allerdings sollte die Einberufungspflicht der Gesellschafterversammlung nicht an das allgemeine Tatbestandsmerkmal "schwere Verluste" anknüpfen, sondern konkret an die in Art. 28 Abs. 1 und Abs. 2 EPG-VOE genannten Anzeichen der wirtschaftlichen Krise. Mithin sollte der Geschäftsleiter explizit verpflichtet werden, eine Gesellschafterversammlung bei Vorliegen der Voraussetzungen des Art. 28 Abs. 1 oder Abs. 2 EPG-VOE einzuberufen[611], und die Verletzung dieser Pflicht sollte nach Art. 17 Abs. 1 EPG-VOE abschließend sanktioniert werden. Der gegenwärtige Wortlaut des Art. 28 Abs. 1 und Abs. 2 EPG-VOE legt dem Geschäftsleiter gerade keine ausdrückliche Pflicht zur Einberufung einer Gesellschafterversammlung auf. Zwar wird regelmäßig nur der Geschäftsleiter über die notwendigen Buchhaltungsunterlagen verfügen, aus denen sich der Verlust des Eigenkapitals der Gesellschaft ergibt. Aus diesem Grund impliziert Art. 28 Abs. 1 und Abs. 2 EPG-VOE die Notwendigkeit für den Geschäftsleiter, die Gesellschafter über das Sinken des Eigenkapitals unter die Summe des Mindestkapitals bzw. unter die Summe des hälftigen Stammkapitals zu informieren. Eine konkrete Pflicht zur Einberufung einer Gesellschafterversammlung ist jedoch in Art. 28 EPG-VOE nicht statuiert. Seiner in Art. 28 EPG-VOE lediglich implizierten Informationspflicht gegenüber den Gesellschaftern könnte der Geschäftsleiter auch durch einfache Mitteilung Genüge tun.

Es empfiehlt sich daher, in Art. 28 EPG-VOE zunächst explizit den Geschäftsleiter zur unverzüglichen Unterrichtung der Gesellschafter über das Sinken des Eigenkapitals unter die Summe des Mindestkapitals bzw. unter die Summe des hälftigen Stammkapitals und gleichzeitig zur unverzüglichen Einberufung einer außerordentlichen Gesellschafterversammlung zu verpflichten[612]. Eine derartige Regelung hätte bei der Verletzung dieser Pflichten eine Innenhaftung gegenüber der Gesellschaft gemäß Art. 17 Abs. 1 EPG-VOE zur Folge und würde den Geschäftsleiter der EPG zur ständigen Überwachung der finanziellen Situation der Gesellschaft, insbesondere in schlechteren wirtschaftlichen Zeiten veranlassen. Folglich wäre hierdurch ein "Frühwarnsystem" installiert, das zumindest mittelbar dem Schutz der Gläubiger dient. Auf der außerordentlichen Gesellschafterversammlung können Entscheidungen zur Sanierung oder Auflösung der Gesellschaft getroffen werden, die möglicherweise einen weitergehenden Schaden der Gläubiger verhindern.

---

611 Insoweit müsste in Art. 28 EPG-VOE unmissverständlich zum Ausdruck gebracht werden, dass es Aufgabe des Geschäftsleiters ist, eine Gesellschafterversammlung einzuberufen. Eine solche Regelung wäre auch sachgerecht, denn regelmäßig wird nur die Geschäftsleitung und nicht die Gesellschafter über die notwendigen Buchführungsunterlagen verfügen.

612 Vgl. hierzu die deutsche Regelung des § 49 Abs. 3 GmbHG und des § 92 Abs. 1 AktG.

Zusätzlich ist zu überlegen, ob man die Einberufung einer Gesellschafterversammlung bei Vorliegen der Voraussetzungen des Art. 28 Abs. 1 und Abs. 2 EPG-VOE der Publizitätspflicht aus Art. 9 EPG-VOE unterstellt. Dadurch wäre die Unterrichtung der Gläubiger über die wirtschaftliche Krise der Gesellschaft gewährleistet und dem Informationsbedürfnis der Gläubiger nach der Kreditwürdigkeit der Gesellschaft Rechnung getragen.

b) Haftung für Schäden der Gläubiger ab einem kritischen Zeitpunkt

Die Verankerung eines "Frühwarnsystems" allein ist nicht ausreichend für den Gläubigerschutz in der EPG. Dieses System umfasst lediglich Schadensersatzansprüche der Gesellschaft wegen nicht oder verspätet einberufener Gesellschafterversammlung. Weitergehende Schäden der Gläubiger, insbesondere solche, die durch die Fortführung der Geschäfte nach einem kritischen Zeitpunkt entstehen, muss der Geschäftsleiter nicht nach Art. 17 Abs. 1 EPG-VOE ersetzen, sofern sie nicht zugleich Schäden der Gesellschaft sind[613]. In der Insolvenz der Gesellschaft wäre der Gläubiger nicht genügend geschützt. Es bedarf daher einer ergänzenden gläubigerschützenden Regelung im EPG-Statut.

Wie bereits ausgeführt wurde[614], ist eine allgemeine Haftung des Geschäftsleiters in der Insolvenz der Gesellschaft auf den Fehlbetrag im Gesellschaftsvermögen für Geschäftsleitungsfehler in der Zeit vor der Insolvenz der Gesellschaft, wie sie in Frankreich und den Niederlanden anzutreffen ist, zu weit reichend und wegen der umfassenden internen Haftung gemäß Art. 17 Abs. 1 EPG-VOE auch nicht geboten. Geschäftsleiter sind als Organ der Gesellschaft nicht zugleich Nutznießer der beschränkten Haftung der juristischen Person, sofern sie nicht auch deren Gesellschafter sind[615]. Sie sollten daher nicht als Haftungsobjekt bei der Durchbrechung der beschränkten Haftung der Gesellschaft missbraucht werden.

Im Interesse der Gläubiger sollte vielmehr der Geschäftsleiter der EPG verpflichtet werden, ab einem näher zu bestimmenden Zeitpunkt, die Verluste der Gesellschaft so gering wie möglich zu halten, und ein Verstoß gegen diese Pflicht mit einem vom Insolvenzverwalter geltend zu machenden Schadensersatzanspruch zu Gunsten des Gesellschaftsvermögens sanktioniert werden. Für die EPG bietet sich deshalb eine Lösung an, die sich an der Haftung wegen *wrongful trading* nach s. 214 IA 1986 anlehnt. Diese Lösung würde dem Geschäftsleiter zwar keine Insolvenzantragspflicht auferlegen, ihn aber ab einem

613 Vgl. die Ausführungen in § 5 VI 1.
614 Vgl. die Ausführungen in § 5 VI 3.
615 Vgl. *Helms*, Die Europäische Privatgesellschaft, S. 320.

bestimmten Zeitpunkt dazu verpflichten, alle erforderlichen Maßnahmen zu treffen, um den Verlust der Gläubiger so gering wie möglich zu halten[616]. Wird die Gesellschaft insolvent, sollte der Geschäftsleiter haftbar gemacht werden, für den Schaden, der den Gläubigern durch seine Pflichtverletzung entstanden ist. Der Schadensersatzanspruch der Gesellschaft sollte der Masse zufließen.

Aus Gründen der Rechtssicherheit ist der Zeitpunkt, ab dem eine persönliche Haftung des Geschäftsleiters wegen *wrongful trading* in Betracht kommt, konkreter als in England zu bestimmen. Hier würde sich eine Bezugnahme auf die Überschuldung und Zahlungsunfähigkeit der Gesellschaft als Anknüpfungszeitpunkt entsprechend § 64 Abs. 1 GmbHG anbieten[617]. Diese Begriffe lassen sich hinreichend genau definieren[618]. Zwar liegt der Zeitpunkt der Überschuldung oder der Zahlungsunfähigkeit unter Umständen später als der Zeitpunkt, ab dem im englischen Recht eine Haftung wegen *wrongful trading* eingreift. Diese für die Gläubiger möglicherweise nachteiligere Regelung wird aber durch die gewonnene Rechtssicherheit aufgewogen. Zudem werden durch ein spätes Eingreifen der Haftung in der Insolvenz die Sanierungschancen der Gesellschaft verbessert[619]. Solange der Geschäftsleiter keine persönliche Haftung wegen der zusätzlichen Verringerung des Gesellschaftsvermögens befürchten muss, kann er noch Maßnahmen zur Sanierung der Gesellschaft einleiten, die er bei einer frühzeitigen Verpflichtung zur Minimierung der Gläubigerverluste möglicherweise nicht mehr ergreifen würde. So ist es ihm länger möglich, die drohende Insolvenz der Gesellschaft noch abzuwenden. Eine erfolgreiche Sanierung würde den Geschäftsleiter vor "allen Weiterungen" bewahren[620].

---

616 Eine solche Maßnahme kann je nach Ausgestaltung des nationalen Rechts auch die Stellung eines Insolvenzantrags sein.

617 Das *Forum Europaeum Konzernrecht*, ZGR 1998, 672 (762 f.) schlägt als maßgeblichen Zeitpunkt innerhalb von Konzernverhältnissen das Feststehen der fehlenden Überlebensfähigkeit der Gesellschaft vor. Auch dieser Zeitpunkt lässt sich nur schwer exakt bestimmen. Zur Kritik vgl: *Blaurock*, in: FS für Otto Sandrock, S. 79 (92 f.).

618 Vgl. zum deutschen Recht § 17 Abs. 2 und § 19 Abs. 2 InsO sowie *Baumbach/Hueck/Schulze-Osterloh*, GmbHG, § 64 Rn. 3 ff. und 11 ff. mit zahlreichen Nachweisen.

619 Konsequenz einer solchen Regelung wäre auch, dass ein Geschäftsleiter einer EPG mit Sitz in Deutschland bei Überschuldung oder Zahlungsunfähigkeit der EPG keinen Insolvenzantrag stellen müsste. Da das nationale Insolvenzrecht aber unberührt bleibt und nach deutschem Recht die Überschuldung oder Zahlungsunfähigkeit der Gesellschaft die Insolvenz auslösende Tatbestände sind, wäre der Geschäftsleiter zumindest berechtigt, in diesen Fällen einen Insolvenzantrag zu stellen.

620 So auch das *Forum Europaeum Konzernrecht*, ZGR 1998, 672 (762 f.).

c) Ergebnis

Im Ergebnis bietet sich somit für die EPG eine auf zwei Säulen basierende Geschäftsleiterhaftung in der Krise der Gesellschaft an, die gleichzeitig den Interessen des Gläubigerschutzes und des Geschäftsleiters selbst Rechnung trägt: Einerseits eine als "Frühwarnsystem" gedachte Innenhaftung, angelehnt an die bereits existierende Regelung des Art. 28 EPG-VOE, und andererseits eine Haftung entsprechend dem "*wrongful trading*" im englischen Recht durch eine neue eigenständige Regelung im EPG Statut. Die Anwendung des nationalen Rechts bezüglich der Geschäftsleiterhaftung in der Insolvenz der EPG, wie sie bisher in Art. 36 Abs. 1 EPG-VOE geregelt ist, sollte zugleich ausdrücklich ausgeschlossen werden.

§ 6 Die Zulässigkeit von Weisungen der Gesellschafter an den Geschäftsleiter und die Haftung der Geschäftsleiter bei der Befolgung solcher Weisungen

Die rechtlichen Einflussmöglichkeiten der Gesellschafter auf die Geschäftsleitung sind in den hier verglichenen nationalen Rechtsordnungen zum Teil sehr unterschiedlich ausgestaltet. Im Verordnungsentwurf für die Europäische Privatgesellschaft ist lediglich geregelt, dass die gemeinsamen Gesellschafterbeschlüsse das Leitungsorgan binden (Art. 15 Abs. 2 S. 3 EPG-VOE). Welche Rechtsfolgen sich hieraus für den Geschäftsleiter ergeben, ist dagegen unklar.

Im folgenden Abschnitt soll deshalb untersucht werden, inwieweit die Gesellschafter im nationalen Recht und im Recht der EPG befugt sind, Einfluss auf die Geschäftsleitung zu nehmen, und welche Haftungsfolgen sich hieraus für den Geschäftsleiter ergeben, der aufgrund von Weisungen oder Anordnungen der Gesellschafter gehandelt hat. Das Haftungsrisiko der anweisenden Gesellschafter selbst, insbesondere als sogenannte "faktische Geschäftsleiter", wird in dem eigenständigen Abschnitt über die Haftung des faktischen Geschäftsleiters untersucht[621].

I. Die Rechtslage in Deutschland

Im deutschen Gesellschaftsrecht ist die GmbH im Gegensatz zur Aktiengesellschaft als Mitunternehmergemeinschaft ausgestaltet. Die Gesellschafter der GmbH beteiligen sich nicht wie bei der Aktiengesellschaft nur mit ihrem Kapital an der Gesellschaft, sondern können die Ziele der Gesellschaft und die Mittel zu Erreichung dieser Ziele selbst festlegen. Daher leitet der Geschäftsführer der GmbH die Gesellschaft auch nicht wie der Vorstand der Aktiengesellschaft in eigener Verantwortung[622].

621 Siehe hierzu: Die Haftung des faktischen Geschäftsleiters in § 7. Dort insbesondere zur Haftung der Muttergesellschaft in Konzernverhältnissen.

622 *Scholz/Schneider*, GmbHG, § 37 Rn. 30; *Konzen*, NJW 1989, 2977; *Heisse*, Die Beschränkung der Geschäftsführerhaftung gegenüber der GmbH, S. 65. Vgl. insoweit zur AG: § 76 Abs. 1 AktG.

1. Zulässigkeit von Weisungen der Gesellschafter

Aus der soeben dargestellten gesetzgeberischen Entscheidung für die Mitunternehmerschaft der Gesellschafter in der GmbH folgt der Grundsatz der Weisungsabhängigkeit der Geschäftsführer von den Gesellschaftern[623]. Die Gesellschafterversammlung kann den Geschäftsführern in allen Bereichen der Unternehmensleitung Weisungen erteilen. Die Weisungen können sowohl genereller als auch spezieller Art sein[624]. Gesetzliche Grundlage ist hierfür die Regelung in § 37 Abs. 1 GmbHG. Soweit ein Weisungsrecht (z.B. für einzelne Gesellschafter oder für den Aufsichtsrat) nicht im Gesellschaftsvertrag verankert ist, entscheiden die Gesellschafter durch Beschluss[625].

Verbindliche Weisungen der Gesellschafter verpflichten den Geschäftsführer zu deren Befolgung (Grundsatz der Folgepflicht)[626]. Selbstverständlich bezieht sich die Folgepflicht nicht auf unwirksame oder sittenwidrige Weisungen, die z.B. gegen die Verbote aus § 30 oder § 33 GmbHG verstoßen. Dies folgt auch schon aus dem Wortlaut des § 43 Abs. 3 S. 3 GmbHG[627]. Seit der "ITT-Entscheidung" des BGH[628] ist darüber hinaus klargestellt, dass Weisungen auch nicht gegen die gesellschaftsrechtliche Treuepflicht verstoßen dürfen. Für den Geschäftsführer ergibt sich demnach die Pflicht, die erteilten Weisungen vor ihrer Befolgung auf ihre Vereinbarkeit mit dem Gesetz, mit der Satzung und mit den guten Sitten zu überprüfen.

2. Haftung des Geschäftsführers

Die Abhängigkeit des Geschäftsführers von den Gesellschaftern bedingt seine Freistellung von der Haftung gemäß § 43 GmbHG gegenüber der Gesell-

---

623 *Scholz/Schneider*, GmbHG, § 37 Rn. 30; *Lutter/Hommelhoff*, GmbHG, § 37 Rn. 17; *Hachenburg/Mertens*, GmbHG, § 37 Rn. 19.

624 Die Gesellschafter können z.B. bestimmen, dass allgemein keine Geschäftstätigkeit in dem Land X entfaltet werden oder dass ein konkretes Geschäft mit Y nicht abgeschlossen werden soll. Vgl.: *Lutter/Hommelhoff*, GmbHG, § 37 Rn. 17; *Scholz/Schneider*, GmbHG, § 37 Rn. 30.

625 *Konzen*, NJW 1989, 2977; *Scholz/Schneider*, GmbHG, § 37 Rn. 31; *Lutter/Hommelhoff*, GmbHG, § 37 Rn. 17; *Hachenburg/Mertens*, GmbHG, § 37 Rn. 19.

626 BGHZ 31, 258 (278); *Scholz/Schneider*, GmbHG, § 37 Rn. 30 und § 43 Rn. 95; *Heisse*, Die Beschränkung der Geschäftsführerhaftung gegenüber der GmbH, S. 65.

627 BGHZ 31, 258 (278); *Baumbach/Hueck Zöllner*, GmbHG, § 37 Rn. 12; *Lutter/Hommelhoff*, GmbHG, § 37 Rn. 22; *Konzen*, NJW 1989, 2977 (2981 f.).

628 BGHZ 65, 15 ff..

schaft[629]. Der Geschäftsführer haftet also nicht, wenn er einen wirksamen und verbindlichen Gesellschafterbeschluss oder eine entsprechende Weisung des Alleingesellschafters befolgt[630]. Eine Weisung allein des Mehrheitsgesellschafters ist hingegen nicht von der Regelung des § 37 Abs. 1 GmbHG umfasst und beseitigt die Haftung des Geschäftsführers nicht[631].

Unwirksame oder sittenwidrige Weisungen der Gesellschafter führen jedoch nicht zu einer Haftungsfreistellung des Geschäftsführers, da insoweit keine Folgepflicht für den Geschäftsführer besteht[632]. Führt der Geschäftsführer dennoch eine nicht verbindliche Gesellschafterweisung aus, so kann der Durchsetzung des Schadensersatzanspruchs durch die Gesellschaft regelmäßig der Einwand der unzulässigen Rechtsausübung entgegengehalten werden[633]. Wenn die Handlung allerdings spezielle, im Interesse des Gläubigerschutzes unverzichtbare Regeln der Kapitalerhaltung verletzt, führt die Befolgung einer Weisung nicht zu einer Freistellung von der Verpflichtung zur Schadensersatzleistung gegenüber der Gesellschaft (§ 43 Abs. 3 Satz 3 GmbHG)[634]. Zudem kann der Geschäftsführer verpflichtet sein, inhaltliche Bedenken gegen eine erteilte Weisung vor deren Ausführung geltend zu machen[635].

Dem Geschäftsführer der GmbH verbleibt daher stets ein gewisses Haftungsrisiko bei der Befolgung von Gesellschafterweisungen: Selbst eine verbindliche Weisung entbindet den Geschäftsführer nicht von der Pflicht, die Recht- und Zweckmäßigkeit der Weisung zu überprüfen und die Konsequenzen der Befolgung der Weisung für die Gesellschaft vor deren Vollziehung abzuschätzen.

---

629 § 75 Abs. 4 RegE 1971 sah sogar ausdrücklich vor, dass die Ersatzpflicht nicht eintritt, "wenn die Handlung in Übereinstimmung mit Gesetz und Gesellschaftsvertrag auf einem Beschluss der Gesellschafter oder einer für die Geschäftsführer verbindlichen Weisung beruht." BT-Dr 7/253.

630 BGHZ 31, 258 (278); *Lutter/Hommelhoff*, GmbHG, § 43 Rn. 22; *Scholz/Schneider*, GmbHG, § 43 Rn. 97. Zu der besonderen Situation, in der der Geschäftsführer zugleich Alleingesellschafter ist vgl.: BGH, DB 2000, 661 ff. sowie *Altmeppen*, DB 2000, 657 ff..

631 *Ebenroth/Lange*, GmbHR 1992, 69 (73); *Lutter/Hommelhoff*, GmbHG, § 43 Rn. 22; *Hachenburg/Mertens*, GmbHG, § 43 Rn. 69; *Rowedder/Koppensteiner*, GmbHG, § 43 Rn. 30; *Espey/von* Bitter, Haftungsrisiken des GmbH-Geschäftsführers, S. 36.

632 *Ebenroth/Lange*, GmbHR 1992, 69 (73); *Scholz/Schneider*, GmbHG, § 43 Rn. 97.

633 Vgl. BGH GmbHR 1974, 131 (132); *Mennicke*, NZG 2000, 622 (625 f.); *Rowedder/Koppensteiner*, GmbHG, § 43 Rn. 33.

634 Siehe auch BGH, DB 2000, 661.

635 *Espey/von Bitter*, Haftungsrisiken des GmbH-Geschäftsführers, S. 37; *Konzen*, NJW 1989, 2977 (2985).

Unterlässt es umgekehrt der Geschäftsführer, eine rechtswirksame und verbindliche Weisung zu befolgen, so hängt seine Haftung davon ab, ob das Verhalten des Geschäftsführers die Gesellschaft geschädigt hat[636].

3. Zusammenfassung

Der Geschäftsführer der GmbH erfüllt seine Aufgaben im Spannungsverhältnis zwischen Weisungsgebundenheit einerseits und Haftungsrisiko durch Organverantwortlichkeit andererseits. Er ist an wirksame Weisungen der Gesellschaftergesamtheit gebunden und haftet grundsätzlich nicht, wenn die Befolgung der wirksamen Weisung zu einer Schädigung der Gesellschaft führt. Indessen trifft ihn bei der Befolgung unwirksamer oder unverbindlicher Weisungen vorbehaltlich des Einwands der unzulässigen Rechtsausübung ein persönliches Haftungsrisiko.

II. Die Rechtslage in England

Auch im englischen Gesellschaftsrecht werden die Geschicke der *private limited company* von der Gesellschafterversammlung (*general meeting*) und der Geschäftsführung (*board of directors*) bestimmt. Anders als im deutschen Recht unterscheidet sich die Struktur der *private limited company* jedoch nicht von der Struktur der *public limited company* (Aktiengesellschaft). Beide sind Typen einer einheitlichen Kapitalgesellschaftsform, die die Gesellschafter primär als Kapitalgeber ansieht. Ein Prinzip der Mitunternehmerschaft der Gesellschafter der *private limited company* wie es dem GmbH-Gesetz zugrunde liegt, ist dem englischen Recht daher fremd. Die Entscheidungsbefugnisse über die Unternehmensführung liegen in der *private limited company* wie auch in der *public limted company* überwiegend bei den Geschäftsführern. Deren Befugnisse im Einzelnen ergeben sich allein aus den *articles of association* und nicht aus dem Gesetz oder dem *common law*[637]. Die Aufgabenverteilung innerhalb der Gesellschaft und somit auch das Recht zur Einflussnahme auf die Geschäftsführung ist daher zu großen Teilen der Privatautonomie bei Abfassung der *articles of association* überlassen.

---

636 *Konzen*, NJW 1989, 2977 (2984).

637 *Triebel/Hodgson/Kellenter/Müller*, Englisches Handels- und Wirtschaftsrecht, Rn. 712.

1. Zulässigkeit von Weisungen der Gesellschafter

Wenn es in der deutschsprachigen Literatur oftmals heißt, dass der Geschäftsführer der *private limited company* keiner rechtlichen Weisungsbefugnis durch die Gesellschaftergesamtheit unterliegt[638], so ist dies nur eingeschränkt zutreffend. Der Grundsatz der fehlenden Weisungsbefugnis der Gesellschafter gegenüber der Geschäftsführung leitet sich zwar aus dem *case law* ab. Denn bereits 1906 entschied der *Court of Appeals*[639], die Aufteilung der Befugnisse der Gesellschaftsorgane beruhe auf den Bestimmungen in den *articles of association* und die Gesellschafterversammlung dürfe sich nicht in die darin den Geschäftsführern übertragenen Befugnisse einmischen[640]. Zudem wurden in zwei weiteren Gerichtsentscheidungen Beschlüsse der Gesellschafterversammlung für nichtig erklärt, die zum einen die Anweisung zur Einreichung einer Klage für die Gesellschaft betrafen[641] und zum anderen die Anweisung zur Zahlung einer vorläufigen Dividende enthielten[642]. Nach Auffassung der Gerichte waren die jeweils relevanten Befugnisse in den *articles of association* auf die Geschäftsführer übertragen gewesen und die Gesellschafter daher nicht weisungsbefugt.

Inzwischen ist jedoch vor dem Hintergrund der ergangenen Entscheidungen der Wortlaut der damals gültigen Mustersatzung *Table A*, mit dem die *articles of association* der betroffenen Gesellschaften in den zuvor zitierten Entscheidungen nahezu identisch waren, geändert worden. Nach dem gegenwärtigen Text des Art. 70 Satz 1 der Mustersatzung *Table A*[643] werden die Geschäfte der Gesellschaft - vorbehaltlich der Regelungen im Gesetz und in der Satzung sowie vor-

---

638 *Triebel/Hodgson/Kellenter/Müller*, Englisches Handels- und Wirtschaftsrecht, Rn. 712; *Neuling*, Deutsche GmbH und englische private company, S. 120. Einschränkend schon: *Pennington/Gansen*, in: *Lutter* (Hrsg.), Die Gründung einer Tochtergesellschaft im Ausland, S. 296.

639 *Automatic Self-Cleansing Filter Syndicate Co. v. Cunninghame* [1906] 2 Ch. 34.

640 Die *articles* in dem zugrunde liegenden Fall hatten bestimmt, dass die *directors* allein die Geschäfte führen sollten ("*the directors and the directors alone shall manage*"), *Automatic Self-Cleansing Filter Syndicate Co. v. Cunninghame* [1906] 2 Ch. 34 (44).

641 *Shaw & Sons (Salford) Ltd. v. Shaw* [1935] All E.R. 456 (464).

642 *Scott v. Scott* [1943] 1 All E.R. 582.

643 *Table A* 1985, Art. 70, abgedruckt z.B. bei: *Hicks/Goo*, Cases and materials on company law, S. 42 f. Art. 70 lautet: "Subject to the provisions of the Act, the memorandum and the articles and to any directions given by special resolution, the business of the company shall be managed by the directors who may exercise all the powers of the company. No alteration of the memorandum or articles and no such direction shall invalidate any prior act of the directors which would have been valid if that alteration had not been made or that direction had not been given... (Hervorhebung vom Verfasser).

behaltlich von Weisungen der Gesellschaftergesamtheit durch außerordentlichen Beschluss (*special resolution*[644]) - von den Geschäftsführern geführt. Art. 70 Satz 2 *Table A* bestimmt, dass eine Satzungsänderung oder eine Weisung jedoch nicht zur Unwirksamkeit einer zeitlich vorher erfolgten Handlung der Geschäftsführer führt, die ohne die Satzungsänderung oder Weisung wirksam gewesen wäre[645].

Dem Grunde nach beinhaltet die Neufassung des Art. 70 *Table A* eine Bestätigung des *case law*, jedoch mit der erheblichen Einschränkung, dass die Gesellschafterversammlung die zukünftigen Befugnisse der Geschäftsführer durch einen außerordentlichen Beschluss (*special resolution*) beschneiden kann[646]. Einige Stimmen in der Literatur vertreten deshalb die Auffassung, dass die Gesellschafterversammlung durch einen entsprechenden Beschluss die Geschäftsführer sogar zwingen kann, eine bestimmte Transaktion zu tätigen oder zu unterlassen, wenn die *articles of association* der Gesellschaft der Mustersatzung in Art. 70 des *Table A* entsprechen[647].

Letztendlich muss die Zulässigkeit von Weisungen der Gesellschaftergesamtheit an die Geschäftsführung in jedem Einzelfall durch die Interpretation der jeweiligen *articles of association* der Gesellschaft beantwortet werden[648].

Die Gesellschafter können aber auch ohne Weisungsrecht durch die Drohung mit der Abberufung faktisch die Unternehmenspolitik mitbestimmen oder auf Einzelmaßnahmen der Geschäftsführung Einfluss nehmen[649]. Denn die Abberufung (*removal*) der Geschäftsführer ist durch einfachen Beschluss der Gesellschafterversammlung jederzeit möglich (s. 303 CA 1985).

2. Haftung des Geschäftsführers

In der englischen Literatur und Rechtsprechung gibt es bislang soweit ersichtlich keine Auseinandersetzung mit der Frage der Haftung des Geschäftsführers beim

---

644 Gemäß s. 378 CA 1985 sind für einen solchen Beschluss 75 % der Stimmen erforderlich.

645 Vgl. den Wortlaut von Art. 70 S. 2 *Table A* in Fn. 643.

646 Aus dem Umkehrschluss des Art. 70 ergibt sich, dass zukünftige Handlungen des Geschäftsführers, die einer Weisung zuwiderlaufen, unwirksam sind. *Dreibus*, Die Vertretung verselbstständigter Rechtsträger in europäischen Ländern, Teil IV, Vereinigtes Königreich von Großbritannien und Nordirland, S. 102.

647 *Davies*, Gower's Principles of Modern Company Law, S. 186; *Pennington*, Company law, S. 767 f.; *Xuereb*, The rights of shareholders, S. 70.

648 So auch *Xuereb*, The rights of shareholders, S. 61.

649 *Neuling*, Deutsche GmbH und englische private company, S. 120.

Handeln auf Weisung der Gesellschafter[650]. Denn in der Praxis der *private limited company* kommen Weisungen der Gesellschafter an die Geschäftsführung regelmäßig nicht vor, sei es, weil es die Satzung der Gesellschaft nicht gestattet oder weil das *case law* die Zulässigkeit von Weisungen bisher abgelehnt hat. Zudem werden die Gesellschafter der *private limited company* primär als Kapitalgeber und nicht als Mitunternehmer angesehen.

Nichtsdestotrotz ist anzunehmen, dass ein englisches Gericht, sofern es einmal darüber zu befinden hat, eine Haftung des Geschäftsführers ablehnen wird, wenn der Geschäftsführer eine rechtmäßige Handlung auf Weisung der Gesellschafter vorgenommen hat. Auch nach englischem Recht liegt weder eine Treuepflichtverletzung[651] (Verletzung der *fiduciary duties*) noch eine Sorgfaltspflichtverletzung[652] (Verletzung der *duties of care, skill and diligence*) vor, wenn der Geschäftsführer auf Weisung der Gesellschafter die Interessen der Gesellschaft sorgfältig wahrnimmt[653]. An eine persönliche Haftung wäre allenfalls dann zu denken, wenn der Geschäftsführer vorab nicht auf die Rechtswidrigkeit oder von ihm erkannte oder erkennbare Risiken der vorzunehmenden Handlung hinweist oder wenn er die Gesellschaft nicht im Voraus mit den nötigen und ihm bekannten Informationen zur Entscheidungsfindung versorgt hat, ihm also eine persönliche Pflichtverletzung vorgeworfen werden kann.

3. Zusammenfassung

Obwohl die Mustersatzung *Table A* in Art. 70 inzwischen Weisungen der Gesellschafter an die Geschäftsführung grundsätzlich zulässt, spielen Weisungen der Gesellschafter an die Geschäftsführung aufgrund der Struktur der *private limited company* und des bisher eindeutigen *case laws* betreffend die Nichtigkeit bzw. Unwirksamkeit von Gesellschafterweisungen keine Rolle. Der faktische Einfluss der Gesellschafter durch die Drohung mit der Abberufung oder der nicht erneuten Bestellung des Geschäftsführers ist eine stärkere Waffe in der Hand der Gesellschafter als die möglicherweise aus dem Wortlaut der Satzung abzuleitende Weisungsbefugnis, die von den Gerichten bisher abgelehnt wurde.

Kommt es dennoch zu einer Schädigung der Gesellschaft durch eine Handlung des Geschäftsführers, die auf einer rechtmäßigen Gesellschafterweisung ba-

650 Vgl. z.B.: *Xuereb*, The rights of shareholders, S. 73.
651 Siehe hierzu bereits die Ausführungen in § 2 II 1 c.
652 Siehe hierzu bereits die Ausführungen in § 2 II 1 a.
653 *Pennington*, Company law, S. 879.

siert, dürfte es grundsätzlich an einer Pflichtverletzung des Geschäftsführers fehlen, so dass eine persönliche Haftung des Geschäftsführers ausscheidet.

III. Die Rechtslage in den Niederlanden

Die niederländische B.V. ist unter gesellschaftsrechtlichen Gesichtspunkten streng körperschaftlich organisiert[654]. Ebenso wie im englischen Recht sind die B.V. und die N.V. (Aktiengesellschaft) lediglich unterschiedliche Typen einer einheitlichen Kapitalgesellschaftsform, in der die Anteilseigner primär als Kapitalgeber angesehen werden. Die Geschäftsführung ist das Leitungsorgan der Gesellschaft, während die Gesellschafterversammlung das Willensbildungsorgan der Anteilseigner darstellt[655]. Jedes der genannten Organe ist mit eigenen originären Befugnissen ausgestattet, in welche das jeweils andere Organ nur in beschränktem Umfang eingreifen kann[656].

1. Zulässigkeit von Weisungen der Gesellschafter

Aus der soeben dargestellten Struktur der B.V. folgt, dass der Geschäftsführer die Geschäfte der Gesellschaft prinzipiell autonom leitet[657]. Er ist grundsätzlich nicht an Weisungen der Gesellschafterversammlung gebunden[658]. Dies hat der *Hoge Raad* für die N.V. bereits im Jahre 1955 entschieden[659] und die dort aufgestellten Rechtssätze finden auf die B.V. ebenfalls Anwendung. Der grundlegen-

---

654 *Gotzen*, in: *Behrens* (Hrsg.), Die Gesellschaft mit beschränkter Haftung im internationalen und europäischen Recht, NL 18, S. 647.

655 Unter bestimmten Voraussetzungen kann zudem ein Aufsichtsrat als Kontrollorgan eingerichtet werden. Die Bestellung eines Aufsichtsrats ist für die B.V. grundsätzlich fakultativ (Art. 2:250 (1) S. 1 BW). Sie ist allerdings obligatorisch, wenn die B.V. als "große Gesellschaft" im Sinne des Gesetzes anzusehen ist (Art. 2:263 (2) BW) und wenn sie als solche drei aufeinander folgende Jahre lang zum Handelsregister angemeldet worden ist (Art. 2 : 264 Abs. 1 BW).

656 *Gotzen*, in: *Behrens* (Hrsg.), Die Gesellschaft mit beschränkter Haftung im internationalen und europäischen Recht, NL 18, S. 647.

657 *Van Schilfgaarde*, Van de BV en de NV, Nr. 43 S. 138.

658 *Sanders/Westbroek*, BV en NV, S. 151 f.; *Van Schilfgaarde*, Van de BV en de NV, Nr. 43 S. 138; *Huizink*, Bestuurders van rechtspersonen, S. 27 ff.; *Gotzen*, in: *Behrens* (Hrsg.), Die Gesellschaft mit beschränkter Haftung im internationalen und europäischen Recht, NL 18, S. 647; *Gotzen*, Niederländisches Handels- und Wirtschaftsrecht, Rn. 341; *Van der Grinten/Honeé/Gotzen*, in: *Lutter* (Hrsg.), Die Gründung einer Tochtergesellschaft im Ausland, S. 516.

659 HR vom 21.01.1955, NJ 1959, 43 (*Forumbank*).

den Entscheidung lag eine Weisung der Gesellschafterversammlung zum Rückkauf eigener Aktien der Gesellschaft zugrunde. Der *Hoge Raad* urteilte, dass der Rückkauf eigener Aktien in die Kompetenz der Geschäftsführung falle und die Gesellschafterversammlung nur im Rahmen der ihr durch das Gesetz oder die Satzung eingeräumten Befugnisse handeln dürfe. Deshalb durfte die Gesellschafterversammlung die Geschäftsführung nicht zum Aktienrückkauf anweisen. Die Weisung wurde als nichtig angesehen.

Jedoch wird der Zulässigkeit der Einflussnahme der Gesellschafterversammlung auf die Geschäftsführung im Rahmen der Satzungsautonomie ein gewisser Spielraum eröffnet. So darf nach § 9 der Richtlinien des Justizministeriums (MRL)[660] in der Satzung festgelegt werden, dass sich die Geschäftsführung im Hinblick auf die allgemeinen Richtlinien der zu verfolgenden Finanz-, Sozial-, Wirtschafts- und Personalpolitik an die Weisungen der Gesellschafterversammlung halten muss[661]. Keineswegs darf jedoch das Weisungsrecht der Gesellschafter der Geschäftsführung die Handlungsfreiheit entziehen[662].

Die Satzung kann des Weiteren festlegen, dass bestimmte Beschlüsse der Geschäftsführung an die Zustimmung der Gesellschafterversammlung gebunden sind[663]. Hierdurch wird den Gesellschaftern allerdings nur ein Vetorecht und kein Weisungsrecht eingeräumt.

Teilweise wird in der Literatur die Auffassung vertreten, dass die Muttergesellschaft in Konzernverhältnissen einen größeren Einfluss auf die Geschäftsführung der Tochtergesellschaft ausüben darf als die Gesellschafter einer konzernfreien B.V. auf deren Geschäftsführung und dass deshalb Gesellschafterweisungen in der Satzung der Tochtergesellschaft zugelassen werden können[664]. Diese

---

660 Hierbei handelt es sich um vom niederländischen Justizministerium erarbeitete Richtlinien für die Beurteilung von Gründungen und Änderungen des Gesellschaftsvertrags von Aktienge-sellschaften und Gesellschaften mit beschränkter Haftung. Anhand dieser Richtlinien prüft das Justizministerium die Rechtmäßigkeit der Satzung der Gesellschaft bei der Erteilung der Unbedenklichkeitsbescheinigung oder bei einer Satzungsänderung. Vgl.: *Gotzen*, Niederländisches Handels- und Wirtschaftsrecht, Rn. 254; *ders.*, in: *Behrens* (Hrsg.), Die Gesellschaft mit beschränkter Haftung im internationalen und europäischen Recht, NL 14, S. 645.

661 *Van Schilfgaarde*, Van de BV en de NV, Nr. 43, S. 138 f.; *Gotzen*, in: *Behrens* (Hrsg.), Die Gesellschaft mit beschränkter Haftung im internationalen und europäischen Recht, NL 18, S. 647; *Sanders/Westbroek*, BV en NV, S. 151.

662 *Asser-Maeijer*, Band 2, III, Nr. 299, S. 401; *Van der Grinten/Honeé/Gotzen*, in: *Lutter* (Hrsg.), Die Gründung einer Tochtergesellschaft im Ausland, S. 517.

663 *Van der Grinten/Honeé/Gotzen*, in: *Lutter* (Hrsg.), Die Gründung einer Tochtergesellschaft im Ausland, S. 517.

664 *Asser-Maeijer*, Band 2, III, Nr. 299, S. 401; *Van Schilfgaarde*, Van de BV en de NV, Nr. 43, S. 138 f.; *Slagter*, in *Lutter* (Hrsg.), Konzernrecht im Ausland, S. 180 ff..

Meinung wird aber überwiegend abgelehnt, da sie weder im Gesetz, noch in den ministeriellen Richtlinien oder der bisherigen Rechtsprechung eine Stütze findet[665].

Die Gesellschafterversammlung kann demnach - auch im Konzern - nur faktisch durch Drohung mit der Abberufung oder der nicht erneuten Bestellung auf die Geschäftsführung über die allgemeine Richtlinienpolitik hinaus Einfluss nehmen. Die Abberufung ist nach Art. 2:244 Abs. 1 BW jederzeit möglich, wenn auch gegebenenfalls nur gegen Entschädigung[666].

2. Haftung des Geschäftsführers

Da Weisungen der Gesellschafter an die Geschäftsführung nur in ganz engen Grenzen und nur bezüglich allgemeiner Richtlinien zur Unternehmenspolitik zulässig sind, stellt sich im niederländischen Recht die Frage nach der Haftung des Geschäftsführers bei der Befolgung von Gesellschafterweisungen nicht[667]. Der Geschäftsführer leitet die Gesellschaft in eigener Verantwortung. Der *Hoge Raad* hat in der Forumbank-Entscheidung[668] klargestellt, dass Gesellschafterweisungen, die weder auf einer satzungsgemäßen noch auf einer gesetzlichen Ermächtigung beruhen, nichtig sind. Ein Geschäftsführer wird sich daher gegenüber einem Schadensersatzanspruch der Gesellschaft nicht auf eine erteilte Weisung der Gesellschafterversammlung berufen können.

3. Zusammenfassung

Zwischen den organschaftlichen Befugnissen der Gesellschafterversammlung und der Geschäftsführung wird im niederländischen Gesellschaftsrecht streng getrennt. Hieraus folgt die grundsätzliche Autonomie und Eigenverantwortlichkeit der Geschäftsführung bei der Leitung der Gesellschaft. Die Befolgung von Weisungen der Gesellschafterversammlung, die über die Vorgabe allgemeiner

---

665 *Pitlo/Löwensteyn*, Rechtspersonenrecht, Nr. 1.123, S. 117; *Asser-Maeijer*, Band 2, III, Nr. 618, S. 619.

666 *Gotzen*, in: *Behrens* (Hrsg.), Die Gesellschaft mit beschränkter Haftung im internationalen und europäischen Recht, NL 20, S. 647.

667 Lediglich Huizink deutet an, dass gegen die Verschiebung von Befugnissen der Geschäfts-führung auf die Gesellschafterversammlung keine Bedenken bestehen, wenn sie mit einer gleichzeitigen Verschiebung der Verantwortlichkeit einhergeht: *Huizink*, Bestuurders van rechtspersonen, S. 39.

668 HR vom 21.01.1955, NJ 1959, 43 (*Forumbank*).

Richtlinien der Unternehmenspolitik hinausgehen, führt deshalb wohl zu keiner Haftungserleichterung für den Geschäftsführer, da solche Weisungen nichtig sind.

IV. Die Rechtslage in der Europäischen Privatgesellschaft

Das Statut der Europäischen Privatgesellschaft zeichnet sich durch seine Flexibilität und Satzungsautonomie aus. Die Struktur und die Organisation der EPG sind von dem Verordnungsentwurfgeber nicht zwingend vorgegeben, sondern können individuell an die Bedürfnisse der jeweiligen Gesellschaft angepasst werden. Dies wird insbesondere durch die Reglungen in Art. 2 Abs. 3 und Art. 14 EPG-VOE zum Ausdruck gebracht. Danach werden die Organisation und Funktionsweise der Gesellschaft durch die Regelungen in der Satzung bestimmt.

1. Zulässigkeit von Weisungen der Gesellschafter

Die Zulässigkeit von Weisungen der Gesellschafter an die Geschäftsleitung in der EPG hängt nach der Entscheidung des Verordnungsentwurfgebers von der Ausgestaltung der Satzung der EPG ab. Nach Art. 2 Abs. 3 EPG-VOE werden die Organisation und Funktionsweise der Gesellschaft und die Machtbefugnisse ihrer Organe im Rahmen der Verordnung durch den Gesellschaftsvertrag bestimmt. Art. 14 EPG-VOE ergänzt, dass die Satzung die Organisation der Gesellschaft regelt und insbesondere die Befugnisse und Funktionsweise der Gesellschaftsorgane und ihre Beziehungen zueinander festlegt. In Teilbereichen überschneiden sich demnach die Bestimmungen des Art. 2 Abs. 3 und Art. 14 EPG-VOE.

Die Tatsache, dass in Art. 2 Abs. 3 EPG-VOE vom "Gesellschaftsvertrag" und in Art. 14 EPG-VOE von der "Satzung" gesprochen wird, hat rechtlich keine Relevanz und ist vermutlich nur auf eine uneinheitliche Übersetzung des Verordnungstextes zurückzuführen. Im englischen Text heißt es sowohl in Artikel 2 Abs. 3 EPG-VOE als auch in Art. 14 EPG-VOE "articles of association" und im französischen Text wird jeweils der Begriff "les statuts" verwandt. Die Begriffe "Gesellschaftsvertrag" in Art. 2 Abs. 3 EPG-VOE und "Satzung" in Art. 14 EPG-VOE werden demnach synonym verwandt.

Aufgrund der weitreichenden Satzungsautonomie in der EPG kann die Regelung in der Satzung der EPG betreffend die Einflussnahme der Gesellschafter auf die Geschäftsleitung von der Gestattung von detaillierten Einzelweisungen der Gesellschafterversammlung bis hin zu einer von Weisungen autonomen Geschäftsleitung reichen. Gestaltungen, die einen Mittelweg zwischen den soeben beschriebenen Kompetenzzuweisungen beschreiten, sind aufgrund der Satzungsautonomie ebenfalls möglich[669]. Die Gesellschafter haben allerdings nicht nur die Möglichkeit, sondern auch die Verpflichtung, den Organisationsaufbau und -ablauf der Gesellschaft festzulegen[670].

Für den Fall, dass eine eigenständige Regelung zur Kompetenzverteilung zwischen Gesellschaftern und Geschäftsführung in der Satzung fehlt, hält der Verordnungsentwurf eine subsidiär anwendbare Vorschrift bereit. Art. 15 Abs. 2 S. 3 EPG-VOE bestimmt, dass die gemeinsamen Beschlüsse der Gesellschafter das Leitungsorgan binden, soweit nichts Abweichendes im Gesellschaftsvertrag vorgesehen ist. Beschließen die Gesellschafter gemeinsam, eine einzelne Transaktion zu tätigen, oder legen sie allgemeine Unternehmensziele der Gesellschaft durch Beschluss fest, so ist der Geschäftsleiter vorbehaltlich abweichender Satzungsregeln gemäß Art. 15 Abs. 2 S. 3 EPG-VOE an solche Beschlüsse gebunden. Insofern hat der deutsche Vorschlag zur Zulässigkeit von Gesellschafterweisungen im EPG-Statut Berücksichtigung gefunden[671].

Schließlich können die Gesellschafter der EPG unabhängig von einem Weisungsrecht faktisch Einfluss auf die Geschäftsleitung nehmen, indem sie mit der Abberufung oder nicht erneuten Bestellung des Geschäftsleiters drohen, wenn dieser den Weisungen der Gesellschafter nicht Folge leistet. Wie effektiv diese Einflussmöglichkeit in der Praxis letztendlich ist, hängt primär von der Ausgestaltung des Rechts zur Abberufung des Geschäftsleiters in der Satzung der Gesellschaft ab.

---

669 Es hat sich somit der niederländische und französische Vorschlag zum EPG-Statut durchgesetzt, der eine möglichst flexible Satzung vorgesehen hatte. Vgl.: *Timmerman*, in: *Boucourechliev/Hommelhoff* (Hrsg.), Vorschläge für eine Europäische Privatgesellschaft, S. 138 f. und *Boucourechliev*, in: Boucourechliev/*Hommelhoff* (Hrsg.), Vorschläge für eine Europäische Privatgesellschaft, S. 206. Ähnlich aber auch *Hicks/Drury*, in: *Boucourechliev/Hommelhoff* (Hrsg.), Vorschläge für eine Europäische Privatgesellschaft, S. 113 ff..

670 Vgl. die Kommentierung zu Art. 14 und 15 EPG-VOE, abgedruckt bei: *Boucourechliev/Hommelhoff* (Hrsg.), Vorschläge für eine Europäische Privatgesellschaft, S. 300 f..

671 Der Vorschlag zum EPG-Statut von deutscher Seite sieht vor, dass die Gesellschafter der Geschäftsleitung durch Beschluss Weisungen erteilen können. *Hommelhoff/Helms*, in: *Boucourechliev/Hommelhoff* (Hrsg.), Vorschläge für eine Europäische Privatgesellschaft, S. 166.

2. Haftung des Geschäftsleiters

Falls ein Geschäftsleiter auf Weisung der Gesellschafterversammlung durch Beschluss oder auf Weisung des Alleingesellschafters nach Art. 15 Abs. 4 EPG-VOE gehandelt und die Handlung zu einer Schädigung der Gesellschaft geführt hat, stellt sich die Frage der Haftung des Geschäftsleiters im Innenverhältnis gegenüber der Gesellschaft.

Grundsätzlich muss auch für die EPG gelten, dass ein Geschäftsleiter nicht haftet, wenn er in Befolgung von rechtmäßigen und verbindlichen Weisungen der Gesellschafterversammlung handelt[672]. Die Befolgung einer solchen Weisung allein kann keine schuldhafte Pflichtverletzung des Geschäftsleiters gegenüber der Gesellschaft darstellen. Erst wenn weitere Umstände hinzukommen, die eine Pflichtverletzung des Geschäftsleiters zu begründen vermögen, kommt eine persönliche Haftung des Geschäftsleiters in Betracht. Solche Umstände können z.B. die Kenntnis oder die fahrlässige Unkenntnis des Geschäftsleiters von der Nachteiligkeit der Befolgung der Gesellschafterweisung oder auch die mangelhafte Information der Gesellschafter vor deren Beschlussfindung sein. Gegebenenfalls muss der Geschäftsleiter die Gesellschafterversammlung über seine Bedenken informieren und auf die Gefahren der Ausführung der Weisung hinweisen. Die Unterlassung dieser Unterrichtungspflicht kann als Pflichtverletzung eine Haftung nach Art. 17 Abs. 1 S. 2 EPG-VOE auslösen[673]. Die persönliche Haftung des Geschäftsleiters nach Art. 17 Abs. 1 S. 2 EPG-VOE muss also stets an weitere Umstände neben der Befolgung der Weisung selbst anknüpfen. Auch bei der Befolgung von Weisungen muss der Geschäftsleiter stets das Interesse der Gesellschaft im Auge behalten und die von Art. 17 Abs. 1 S. 2 EPG-VOE geforderte Sorgfalt bei der Erfüllung seiner Aufgaben anwenden. Er darf nicht blind auf die Recht- und Zweckmäßigkeit der Gesellschafterweisung vertrauen.

Unterlässt der Geschäftsleiter die Befolgung einer rechtmäßigen und wirksamen Weisung der Gesellschafterversammlung, so liegt darin regelmäßig ebenfalls eine Pflichtverletzung nach Art. 17 Abs. 1 S. 1 EPG-VOE. Die Verpflichtung zur Zahlung von Schadensersatz hängt dann von dem Eintritt eines Schadens bei der Gesellschaft aufgrund der Unterlassung ab.

Ein persönliches Haftungsrisiko für den Geschäftsleiter besteht ebenfalls, wenn er unwirksame oder unverbindliche Weisungen der Gesellschafterversammlung befolgt. Derartige Weisungen können keine Rechtswirkungen und

672 Vgl. zum deutschen Recht die Ausführungen in § 6 I 2.

673 Zur Haftung wegen Pflichtverletzungen nach Art. 17 Abs. 1 S. 2 EPG-VOE siehe bereits die Ausführungen in § 2 IV 1.

damit keine Folgepflicht für den Geschäftsleiter begründen und ihn deshalb auch nicht von seiner Organverantwortung bei der Leitung der Gesellschaft entbinden.

Um eine gerechte Verteilung des Haftungsrisikos zu erreichen, sollte auch im Recht der EPG in Erwägung gezogen werden, dem Geschäftsleiter die Einrede der unzulässigen Rechtsausübung entsprechend dem Rechtsgedanken des *venire contra factum proprium* gegen die Durchsetzung des Anspruchs der Gesellschaft zu gewähren, sofern dem keine gläubigerschützende Vorschriften entgegenstehen[674]. Denn es kann ein widersprüchliches und rechtsmissbräuchliches Verhalten der Gesellschafter darstellen, wenn sie den Geschäftsleiter zu einer bestimmten Handlung oder Unterlassung anweisen, um ihn nach der Befolgung der Weisung auf Schadensersatz wegen Verletzung seiner Pflichten aus Art. 17 Abs. 1 S. 2 EPG-VOE in Anspruch zu nehmen.

3. Zusammenfassung

Die Zulässigkeit von Weisungen der Gesellschafter an die Geschäftsleitung hängt primär von der Ausgestaltung der Satzung der EPG ab. Enthält die Satzung keine diesbezüglichen Regelungen, greift die subsidiäre Norm des Art. 15 Abs. 2 S. 3 EPG-VOE ein, die eine Bindungswirkung von Gesellschafterbeschlüssen für die Geschäftsleitung anordnet.

Die Befolgung einer wirksamen und verbindlichen Weisung der Gesellschaftergesamtheit führt grundsätzlich zu keiner Haftung des Geschäftsleiters wegen einer Pflichtverletzung gegenüber der Gesellschaft. Erst wenn der Geschäftsleiter weitere Pflichten im Vorfeld oder bei der Befolgung der Weisung verletzt, kommt eine persönliche Haftung des Geschäftsleiters gegenüber der Gesellschaft in Betracht. Unwirksame oder unverbindliche Weisungen der Gesellschafter lösen keine Folgepflicht für den Geschäftsleiter aus und entfalten daher keine haftungsbefreiende Wirkung für den Geschäftsleiter. Eine Verminderung dieses Haftungsrisikos sollte über den Einwand der unzulässigen Rechtsausübung im Einzelfall ermöglicht werden.

674 Vgl. zum deutschen Recht: *Mennicke*, NZG 2000, 622 (625) und die Ausführungen in diesem Kapitel unter I 2.

V. Rechtsvergleichung und Bewertung

1. Zulässigkeit von Gesellschafterweisungen

Die rechtlichen Möglichkeiten der Einflussnahme der Gesellschafter auf die Geschäftsleitung durch Weisungen sind in den hier untersuchten Rechtsordnungen sehr unterschiedlich ausgestaltet. Ursächlich hierfür sind die strukturellen Unterschiede, die zwischen den jeweiligen Gesellschaften mit beschränkter Haftung bestehen. In den Niederlanden und in England sind die B.V. bzw. die *private limited company* im Vergleich zu den dortigen Aktiengesellschaften lediglich unterschiedliche Typen einer einheitlichen Kapitalgesellschaftsform, wohingegen die GmbH mitnichten eine "kleine AG" sondern eine eigenständige Kapitalgesellschaftsform ist[675]. Während im deutschen Recht aufgrund des Prinzips der Mitunternehmerschaft der Gesellschafter ein umfassendes Weisungsrecht der Gesellschaftergesamtheit besteht, bezieht das niederländische Recht mit seiner streng körperschaftlichen Struktur eine konträre Rechtsposition. Weisungen sind dort nur hinsichtlich der Vorgabe allgemeiner Richtlinien möglich, niemals aber Weisungen, die dem Geschäftsführer die Handlungsfreiheit entziehen. Das englische Recht nimmt im Vergleich zu den beiden vorgenannten Rechtsordnungen eine vermittelnde Position ein. Nach dem dortigen *case law* sind Weisungen zwar nicht in solchen Bereichen zulässig, die der Verantwortung des Geschäftsführers übertragen wurden, aber die Mustersatzungen lassen grundsätzlich ein Weisungsrecht zu. Den Gesellschaftern steht es im englischen Recht aufgrund der großen Disposivität bei der Organisation der Gesellschaft frei, ein umfassendes Weisungsrecht in der Satzung zu konstituieren.

Der Verordnungsentwurf für die EPG ist dem englischen Leitbild der möglichst großen Privatautonomie und Disposivität gefolgt und räumt den Gesellschaftern das Recht ein, die Befugnisse und Organisation der Gesellschaftsorgane in der Satzung frei zu regeln. Insoweit weicht das EPG-Statut erheblich von dem insoweit weniger flexiblen deutschen und niederländischen Recht ab. Diese Flexibilität des EPG-Statuts ist zu begrüßen, da so die Möglichkeit gegeben ist, die Organisation der Gesellschaft auf die jeweiligen Bedürfnisse der Gesellschafter zuzuschneiden. Ein weiterer positiver Aspekt dieser Disposivität ist, dass sowohl das deutsche als auch das niederländische System der Kompetenzverteilung durch entsprechende Vorkehrungen in der Satzung auf die EPG übertragen werden können. Somit wird ein Streit über die Frage, welches System Eingang in das EPG-Statut finden sollte, aller Voraussicht nach vermieden wer-

675 *Hommelhoff*, in: *Roth* (Hrsg.), Das System der Kapitalgesellschaften im Umbruch - ein internationaler Vergleich, S. 33.

den können. Mithin können grundsätzlich alle nationalstaatlichen Organisationsmodelle auf die EPG übertragen werden.

Schließlich ist in den Rechtsordnungen, die kein umfassendes Weisungsrecht der Gesellschafter kennen, die Drohung mit der Abberufung oder der nicht erneuten Bestellung des Geschäftsleiters ein probates Mittel, um zumindest faktisch erheblichen Einfluss auf die Geschäftsleitung zu nehmen.

2. Haftung des Geschäftsleiters

Die fehlende Zulässigkeit von Gesellschafterweisungen im niederländischen und bisher auch überwiegend im englischen Recht hat zwangsläufig dazu geführt, dass sich die dortige Rechtsprechung und Rechtslehre nicht oder nur in sehr geringem Umfang mit der Haftung des Geschäftsführers bei der Befolgung von Gesellschafterweisungen auseinandergesetzt hat. Insoweit ist ein Rechtsvergleich mit diesen Rechtsordnungen nicht aussagekräftig. Aufgrund der großen Dispositivität des EPG-Statuts hinsichtlich der Organisation und Funktionsweise der Gesellschaft lassen sich allgemein gültige Aussagen hinsichtlich der Haftung des Geschäftsleiters bei der Befolgung von Gesellschafterweisungen für alle möglichen Varianten der Kompetenzverteilung in der EPG kaum treffen. Hier wird den einzelnen Bestimmungen in der Satzung der Gesellschaft besondere Bedeutung zukommen. Dies sollte auch bei der Gestaltung der Mustersatzungen für die EPG nach Art. 13 EPG-VOE berücksichtigt werden. Der Grundsatz aus dem deutschen Recht, wonach ein Geschäftsführer nicht persönlich haftet, wenn er in Befolgung einer wirksamen und verbindlichen Weisung der Gesellschafter handelt, ist auch auf die EPG übertragbar. Genauso sollte Übereinstimmung bestehen, dass eine unwirksame oder unverbindliche Weisung grundsätzlich keine Haftungsfreistellung des Geschäftsleiters zur Folge haben kann. Eine gerechte Risikoverteilung kann in solchen Situationen im Einzelfall über die Unzulässigkeit der Durchsetzung des Schadensersatzanspruchs wegen Rechtsmissbrauchs durch die Gesellschaftergesamtheit erfolgen.

§ 7 Die Haftung des faktischen Geschäftsleiters

In der Praxis werden die Geschäfte der Gesellschaft häufig nicht oder nicht nur von den ordnungsgemäß bestellten Organen geleitet. So können beispielsweise Mängel bei der Bestellung des Geschäftsleiters zu einer fehlerhaften Organstellung führen. Dritte können, etwa weil sie im Rechtsverkehr nicht in Erscheinung treten wollen, durch Anweisungen an die lediglich vorgeschobenen Geschäftsleiter faktisch die Geschäftsleitung einer Gesellschaft übernehmen (sog. "Strohmann-Konstruktionen"). Ebenso können Gesellschafter maßgeblichen Einfluss auf die Geschäftsleiter ausüben und infolgedessen tatsächlich die Unternehmensführung übernehmen. Letztere Konstellation ist insbesondere in Konzernverhältnissen anzutreffen, wenn die Muttergesellschaft ihre Interessen in der Tochtergesellschaft wahrnimmt. Die Haftungsrisiken dieser oftmals als "faktische Geschäftsleiter" zu bezeichnenden Personen sollen im folgenden analysiert werden[676].

I. Die Rechtslage in Deutschland

Der Begriff des "faktischen Geschäftsführers" wird im deutschen Recht nicht einheitlich gebraucht[677]. Im Rahmen dieser Arbeit werden die Haftungsrisiken der nicht ordnungsgemäß bestellten Geschäftsführer, der Personen, die sich eines Strohmanns als Geschäftsführer bedienen, sowie der sonstigen Personen, die maßgeblichen Einfluss auf die Geschäftsführung nehmen, untersucht.

676 Art. 17 Abs. 3 EPG-VOE stellt die faktischen den ordentlich bestellten Geschäftsführern gleich.

677 Vgl. hierzu: *Stein*; Das faktische Organ, S. 33 ff.. *Baumbach/Hueck/Zöllner*, GmbHG, § 43 Rn. 3 wollen den Begriff des faktischen Geschäftsführers z.B. nicht auf die Einfluss nehmenden Gesellschafter ausgedehnt wissen. Aus der Rechtsprechung siehe: GBH NJW 2002, 1803.

1. Der nicht ordnungsgemäß bestellte Geschäftsführer

Ist lediglich die Bestellung des Geschäftsführers einer GmbH nichtig, so nimmt dieser formalrechtlich nicht die Stellung eines Geschäftsführers ein[678]. Übt er dennoch die Tätigkeit des Geschäftsführers der Gesellschaft aus, so ist allgemein anerkannt, dass seine Rechts- und Pflichtenstellung der eines wirksam bestellten Organs entspricht[679]. Er haftet demgemäß wie ein ordnungsgemäß bestellter Geschäftsführer[680]. Mithin ist in entsprechenden Sachverhaltskonstellationen die tatsächliche Aufnahme der Geschäftstätigkeit und nicht der formale Akt der Bestellung im haftungsrechtlichen Sinne maßgeblich.

2. Haftung bei Einsatz eines Strohmann-Geschäftsführers

Insbesondere zur Umgehung der Eignungsvoraussetzungen für Geschäftsführer gemäß § 6 Abs. 2 GmbHG werden Personen als Geschäftsführer bestellt bzw. vorgeschoben, die tatsächlich nicht die Geschäfte der Gesellschaft führen (sog. "Strohmänner"). Die Geschäftsführung bleibt einem Hintermann vorbehalten, der durch Anweisungen an den Strohmann die Geschäftspolitik der Gesellschaft bestimmt. Da der Hintermann durch den Strohmann in der Gesellschaft präsent ist, kann man ihn als "faktisches Organ" bezeichnen[681]. In entsprechenden Sachverhaltskonstellationen ist die Haftung des Hintermannes entsprechend einem ordentlich bestellten Geschäftsführer anerkannt, wenn der Hintermann dauerhaft die Gesellschaft leitet und nach außen für die Gesellschaft handelt[682]. Dass der tatsächlich bestellte Geschäftsführer daneben auch haftet, ist selbstverständlich[683].

---

678 Ist die Bestellung wirksam und lediglich der Anstellungsvertrag fehlerhaft, haftet der Geschäftsführer voll, da seine Geschäftsführerstellung fehlerfrei ist. Vgl. *Baumbach/Hueck/Zöllner*, GmbHG, § 43 Rn. 2.

679 Vgl. BGHZ 41, 282 (287) zur AG; *Roth/Altmeppen*, GmbHG, § 43 Rn. 69; *Hachenburg/Mertens*, GmbHG, § 43 Rn 7 ff.; *Rowedder/Koppensteiner*, GmbHG, § 43 Rn. 51 und § 35 Rn. 75.

680 Zur Innenhaftung gemäß § 43 GmbHG siehe die Nachweise in Fn. 4; zur Haftung in der Insolvenz vgl. *Baumbach/Hueck/Schulze-Osterloh*, GmbHG, § 64 Rn. 40; *Lutter/Hommelhoff*, GmbHG, § 64 Rn. 49.

681 *Reich*, DB 1967, 1663 (1665).

682 BGH NJW 2002, 1803; *Baumbach/Hueck/Zöllner*, GmbHG, § 43 Rn. 3; *Scholz/Schneider*, GmbHG, § 43 Rn. 15; *Reich*, DB 1967, 1663 (1665); a.A. zur Haftung wegen § 43 GmbHG: *Hachenburg/Mertens*, GmbHG, § 43 Rn. 7.

683 Vgl. nur *Scholz/Schneider*, GmbHG, § 43 Rn. 15 und *Hachenburg/Mertens*, GmbHG, § 43 Rn. 6.

3. *Haftung sonstiger Personen bei der Einflussnahme auf die Geschäftsführung*

a) *Haftung außerhalb von Konzernverhältnissen*

Die Gesellschafter einer GmbH haben gemäß § 37 Abs. 1 GmbHG das Recht, durch Weisungen oder sonstige Vorgaben an die Geschäftsführung Einfluss auf die Geschicke der Gesellschaft zu nehmen. Solange die Gesellschafter sich darauf beschränken, die ihnen eingeräumten mitgliedschaftlichen Rechte wahrzunehmen, haften sie nicht wie ein Geschäftsführer[684]. Dies gilt sowohl bei der Mitwirkung an Entscheidungen über die Unternehmenspolitik als auch bei der Erteilung von Einzelweisungen an den Geschäftsführer[685].

Erst wenn ein Gesellschafter tatsächlich die Leitung der Gesellschaft übernimmt und seine Mitwirkung nicht mehr auf einzelne Weisungen oder Entscheidungen beschränkt ist, kommt eine Haftung über die Grundsätze der Haftung eines faktischen Geschäftsführers in Betracht. Voraussetzung hierfür ist nach der Rechtsprechung des Bundesgerichtshofs[686], dass der Betreffende in maßgeblichem Umfang Geschäftsführungsaufgaben wahrgenommen hat, wie sie nach dem Gesetz oder dem Gesellschaftsvertrag für den Geschäftsführer kennzeichnend sind. Erforderlich ist auch ein nach außen hervortretendes, üblicherweise der Geschäftsführung zuzurechnendes Handeln[687]. Eine völlige Verdrängung der gesetzlichen Geschäftsführung ist jedoch nicht erforderlich. Der Haftung steht es demnach nicht entgegen, wenn in begrenztem Maße eine Geschäftsführung durch die berufenen Organe weiterläuft[688].

Die Haftung als "faktischer Geschäftsführer" ist nicht auf die Gesellschafter der GmbH beschränkt. Sie kann auch gegenüber sonstigen außenstehenden Dritten eingreifen, die unter den von der Rechtsprechung entwickelten Voraus-

---

684 *Scholz/Schneider*, GmbHG, § 43 Rn. 16; *Lutter/Hommelhoff*, GmbHG, § 43 Rn. 53. Zur Gegenposition vgl. *Wilhelm*, Rechtsform und Haftung bei der juristischen Person, S. 336 ff..

685 *Scholz/Schneider*, GmbHG, § 43 Rn. 16.

686 BGHZ 104, 44 ff. = GmbHR 1988, 299 ff.: In dem zugrunde liegenden Fall wurde eine Konkursantragspflicht des faktischen Geschäftsführers nach § 64 GmbHG bejaht. Der faktische Geschäftsführer war allerdings nicht Gesellschafter sondern lediglich ein Angestellter des an der Gemeinschuldnerin (die KG einer GmbH & Co.KG) maßgeblich beteiligten Kommanditisten. Vgl. auch: *Roth*, ZGR 1989, 421 ff.; OLG Düsseldorf GmbHR 1993, 159; a.A.: *Hachenburg/Mertens*, GmbHG, § 43 Rn. 8.

687 BGH NJW 2002, 1803.

688 BGHZ 104, 44 (48) = GmbHR 1988, 299 (300).

setzungen faktisch die Geschäftsführung einer GmbH übernommen haben[689]. Maßgebend ist hierfür, dass derjenige, der als "faktischer Geschäftsführer" haftbar gemacht werden soll, die Geschäftsführung im Einverständnis mit den Gesellschaftern ohne förmliche Bestellung faktisch übernommen und ausgeübt hat[690].

b) Haftung der Muttergesellschaft in Konzernverhältnissen

Die GmbH bildet ein wichtiges Bauelement in der Konzernpraxis[691] und wird daher oftmals als abhängige Gesellschaft innerhalb eines Konzerns eingesetzt. Nach einer Mindermeinung in der Literatur kann die beherrschende Gesellschaft, die Mehrheitsgesellschafterin einer von ihr unterschiedlichen GmbH ist, der Haftung als "faktischer Geschäftsführerin" der abhängigen GmbH unterliegen, wenn sie entsprechend der soeben unter lit. a) dargestellten Kriterien der Rechtsprechung maßgebenden Einfluss auf die Geschäftsführung der Tochtergesellschaft ausübt[692]. Zumindest im Anwendungsbereich des § 64 Abs. 1 GmbHG soll eine entsprechende Haftung der Obergesellschaft möglich sein[693].

In der Praxis hat die Haftung der Obergesellschaft als faktische Geschäftsführerin der Untergesellschaft jedoch bislang keine Bedeutung erlangt, da im deutschen Konzernrecht zunächst eine spezifische konzernrechtliche Haftung der Obergesellschaft für Verbindlichkeiten der abhängigen Gesellschaft bestand[694].

---

689 BGHZ 104, 44 ff. = GmbHR 1988, 299 (300); *Sudhoff*, Rechte und Pflichten des Geschäfts-führers einer GmbH und GmbH & Co., S. 138; vgl. zur Haftung aus § 64 Abs. 1 GmbHG i.V.m. § 823 Abs. 2 BGB: OLG Düsseldorf GmbHR 1993, 159.

690 So die Rechtsprechung zur Haftung aus § 64 Abs. 1 GmbHG und auch die strafrechtliche Rechtsprechung. Vgl. zuletzt: BGH NJW 2000, 2285 mit zahlreichen Nachweisen.

691 *Kübler*, Gesellschaftsrecht, § 29 V. 1.; *Scholz/Emmerich*, GmbHG, Anh. Konzernrecht, Rn. 1 ff..

692 *Ehricke*, Das abhängige Konzernunternehmen in der Insolvenz, S. 251 bejaht eine Haftung des Mutterunternehmens, wenn der tatsächliche Geschäftsführer nicht mehr als eine Marionette ist. Dies gilt nach *Ehricke*, aaO, S. 39 sowohl für die Haftung aus § 43 Abs. 2 GmbHG als auch aus § 64 Abs. 1 GmbHG i.V.m. § 823 Abs. 2 BGB.

693 *Ehricke*, Das abhängige Konzernunternehmen in der Insolvenz, S. 229 ff.; *Roth*, ZGR 1989, 421 (432). Gegen eine Qualifizierung der Muttergesellschaft als faktische Geschäftsführerin, da auch "echter" Geschäftsführer nur eine natürliche Person sein könne: *Lutter/Hommelhoff*, § 64 Rn. 50. Aus der Rechtsprechung vgl. zur Haftung aus § 64 Abs. 1 i.V.m. § 823 Abs. 2 BGB: OLG Düsseldorf GmbHR 1993, 159 und BGHZ 65, 15 (19).

694 Vgl. hierzu z.B.: *Emmerich/Sonnenschein*, Konzernrecht, §§ 30 und 31; *Ziemons*, Die Haftung der Gesellschafter für Einflußnahmen auf die Geschäftsführung der

In seiner "Bremer Vulkan"-Entscheidung[695] hat der BGH jedoch die entsprechende Anwendung der konzernrechtlichen Regelungen gemäß §§ 291 ff, 311 ff. AktG zumindest für den Fall aufgegeben, in dem es sich um den Schutz einer GmbH vor Eingriffen ihres Alleingesellschafters handelt[696]. An die Stelle der speziellen konzernrechtlichen Haftung ist nunmehr ein System des Bestandsschutzes zugunsten der abhängigen GmbH getreten[697]. Der Alleingesellschafter einer Ein-Personen-GmbH hat bei Eingriffen in das Vermögen der Gesellschaft angemessene Rücksicht auf deren Eigenbelange zu nehmen[698]. Der Schutz beschränkt sich demnach auf die Erhaltung des Stammkapitals gemäß §§ 30, 31 GmbHG[699] und die Sicherung des Bestands der Gesellschaft (kein "existenzvernichtender Eingriff" des Alleingesellschafters).

Einer Haftung der Obergesellschaft über die Anwendung der Rechtsfigur des "faktischen Geschäftsführers" bedarf es daher nicht. Dogmatischer Anknüpfungspunkt der konzernrechtlichen Haftung ist nach ganz überwiegender Auffassung die gesellschaftsrechtliche Treuepflicht und nicht die Betätigung der Obergesellschaft als "faktische Geschäftsführerin" der Untergesellschaft[700]. Ebenso gründet die jüngste Rechtsprechung des BGH zum Bestandsschutz für die abhängige Ein-Personen-GmbH nach überwiegender Auffassung[701] dogmatisch auf der Treuepflicht des Alleingesellschafters und nicht auf der Haftung des Alleingesellschafters als faktisches Organ der GmbH[702].

GmbH, S. 112 ff.; *Hommelhoff*, ZGR 1994, 395 ff. Zum Vertragskonzern vgl. nur: *Baumbach/Hueck/Zöllner*, GmbHG, GmbH-KonzernR, Rn. 77 m.w.N.; *Hommelhoff*, Die Konzernleitungspflicht, S. 303. Zum inzwischen aufgegebenen Begriff des qualifiziert faktischen Konzern siehe: BGHZ 95, 330 (*Autokran*); BGHZ 107, 15 (*Tiefbau*); *Baumbach/Hueck/Zöllner*, GmbHG, GmbH-KonzernR, Rn. 80 m.w.N.

695 BGH NJW 2001, 3622 ff. (*Bremer Vulkan*) = DStR 2001, 1853 ff. (mit Anm. *Goette*). Vgl. auch BGH NJW 2002, 1803 ff.

696 So: *Rowedder/Schmidt-Leithoff*, GmbHG, Einl. Rn. 57.

697 Hierzu: *Goette*, DStR 2001, 1857; *Ulmer*, ZIP 2001, 2021 (2024); *Altmeppen*, ZIP 2001, 1837 (1838).

698 BGH NJW 2001, 3622 (3623) (*Bremer Vulkan*) = DStR 2001, 1853 (1854).

699 *Mülbert*, DStR 2001, 2338 (2339).

700 Vgl. BGHZ 65, 15 (*ITT*); *Lutter/Hommelhoff*, Anh. § 13 Rn. 17.

701 Vgl. BGH NJW 2002, 1803 ff.; *Ulmer*, ZIP 2001, 2021, 2026 f.; *Mülbert*, DStR 2001, 1937, 1946.

702 So aber *Altmeppen*, ZIP 2001, 1873, 1843 f.

4. Zusammenfassung

In Deutschland haftet auch der "faktische Geschäftsführer" grundsätzlich wie ein ordentlich bestellter Geschäftsführer. Rechtsgrund seiner Haftung ist somit nach der Rechtsprechung primär die Herrschaftsfunktion und nicht die Organfunktion des Anspruchsverpflichteten. Ob die Voraussetzungen für die Qualifizierung einer Person als "faktischer Geschäftsführer" der Gesellschaft vorliegen, muss letztlich anhand der von der Rechtsprechung aufgestellten Kriterien für jeden Einzelfall geprüft werden. Auch der Gesellschafter kann dabei als faktischer Geschäftsführer qualifiziert werden, aber erst, wenn er über die ihm gestatteten mitgliedschaftlichen Befugnisse hinaus Funktionen und Aufgaben der Geschäftsführung in maßgeblichem Umfang wahrgenommen hat.

Bei einer Analyse der Rechtsprechung der letzten Jahre zu diesem Themenkomplex zeigt sich, dass der Figur des "faktischen Geschäftsführers", abgesehen von wenigen Einzelfällen, keine erhebliche praktische Bedeutung zugekommen ist. Mitursächlich hierfür ist die eigenständige Haftung von Mutterunternehmen für Verbindlichkeiten der abhängigen GmbH nach konzernrechtlichen Bestimmungen bzw. aufgrund einer konzernunabhängigen Haftungsstruktur für den Bestand der Gesellschaft, so dass die Figur des "faktischen Geschäftsführers" auf diesem praktisch bedeutsamen Gebiet von der Rechtsprechung nicht weiter entwickelt wurde.

II. Die Rechtslage in England

Im englischen Recht ist die Terminologie für nicht oder nicht ordnungsgemäß bestellte Geschäftsführer, die tatsächlich die Geschäfte der Gesellschaft leiten, präziser als im deutschen Recht. Während die ordentlich bestellten Geschäftsführer als "*de jure directors*" bezeichnet werden, wird bei den "faktischen Geschäftsführern" zwischen "*de facto directors*" und "*shadow directors*" unterschieden. Als *de facto directors* bezeichnet man Personen, die offen für die Gesellschaft handeln, so als ob sie wirksam bestellt worden wären, ohne dies aber tatsächlich zu sein[703]. Im Gegensatz dazu übt der *shadow director* seine Leitungsmacht durch Anweisungen aus dem Hintergrund an die vorgeschobenen ordentlich bestellten Geschäftsführer der Gesellschaft aus, ohne selbst im

703 Vgl. *Palmer*, Company law, Rn. 8.003; *Davies*, Gower's Principles of Modern Company Law, S. 183.

Rechtsverkehr nach außen als Vertreter der Gesellschaft in Erscheinung zu treten[704].

1. Haftung des de facto directors

Leitungsorgane der Gesellschaft, die ohne eine ordnungsgemäße Bestellung wie ein Geschäftsführer der Gesellschaft nach außen auftreten[705], werden wie bereits ausgeführt als *de facto director* bezeichnet. Um als *de facto director* qualifiziert werden zu können, ist es erforderlich, dass Funktionen und Aufgaben wahrgenommen werden, die an sich nur von der Geschäftsführung ordnungsgemäß wahrgenommen werden können[706]. Nicht ausreichend ist dagegen die Erfüllung von Managementaufgaben, die unterhalb der Geschäftsführungsebene (*board level*) angesiedelt sind und daher auch von Nichtgeschäftsführern erledigt werden können[707].

De facto directors handeln, als ob sie ordentlich bestellt wären. Deshalb ist es gerechtfertigt, ihnen grundsätzlich die gleichen Pflichten, wie einem ordentlich bestellten Geschäftsführer aufzuerlegen. Sie haften infolgedessen auch wie ein ordentlich bestellter Geschäftsführer für Pflichtverletzungen gegenüber der Gesellschaft oder Dritten[708].

---

704 Vgl. die Nachweise in Fn. 27 sowie die Legaldefinitionen in S. 741 Abs. 2 C.A. 1985 (abgedruckt in Fn. 33); s. 251 IA 1986 und s. 22 Abs. 5 CDDA 1986. Eine bildliche Umschreibung des *shadow directors* gibt Millet J. in der Entscheidung *Re Hydrodam (Corby) Ltd* [1994] 2 BCLC 180 (183) = [1994] BCC 161 (163): "A shadow director, by contrast, does not claim or purport to act as a director. On the contrary, he claims not to be a director. He lurks in the shadows, sheltering behind others who, he claims, are the only directors of the company to the exclusion of himself."

705 Z.B. wegen eines fehlenden Quorums bei der Bestellung zum *director* im *general meeting*.

706 *Re Hydrodam (Corby) Ltd* [1994] 2 BCLC 180 (183) = [1994] BCC 161 (163).

707 *Re Hydrodam (Corby) Ltd* [1994] 2 BCLC 180 (183) = [1994] BCC 161 (163).

708 Vgl. *Morris v. Kanssen* [1946] AC 459 = [1946] 1 All ER 586; *Pennington*, Directors' personal liability, S. 26; siehe auch den Vorschlag der *Law Commission Report*, Company directors: regulating conflicts of interest and formulating a statement of duties, S. 309 f.. Der Report ist im Internet auf der Seite der *Law Commission* unter: http://www.lawcom.gov.uk/files/cp153.pdf abgedruckt.

2. Haftung des shadow directors

Der Begriff des *shadow directors* ist eine gesetzliche Erfindung. S. 741 Abs. 2 C.A. 1985, s. 251 IA 1986 und auch s. 22 Abs. 5 CDDA 1986 enthalten eine jeweils gleichlautende Legaldefinition dieses Begriffes[709]. Als *shadow director* bezeichnet man eine Person, deren Weisungen oder Anordnungen die Geschäftsführer der Gesellschaft gewöhnlich befolgen.

a) Allgemeine Haftung des shadow directors

In zahlreichen gesetzlichen Bestimmungen wird die Anwendbarkeit von Vorschriften betreffend die Geschäftsführer der Gesellschaft ausdrücklich auf *shadow directors* ausgedehnt.[710] Aus dieser Tatsache wurde teilweise abgeleitet, dass sich die Pflichten eines *shadow directors* ausschließlich auf die Beachtung der Vorschriften beschränken, in denen das Gesetz eine Gleichstellung ausdrücklich anordnet, und der *shadow director* darüber hinaus nicht den *common law* Pflichten eines ordentlich bestellten *director* unterliegt[711]. Die Rechtsprechung ist dieser Ansicht jedoch nicht gefolgt und hat dem *shadow director* die Beachtung der gleichen Pflichten wie dem ordentlich bestellten *director* auferlegt und ihn somit einer entsprechenden Haftung unterworfen[712].

b) Haftung des shadow directors wegen wrongful trading

Die größte praktische Bedeutung hat die Ausdehnung des Tatbestands des *wrongful trading* auf *shadow directors* nach s. 214 Abs. 7 IA 1986[713]. In der In-

709 Der Wortlaut von s. 741 Abs. 2 C.A. lautet: "In relation to a company, "shadow director" means a person in accordance with whose directions or instructions the directors of the company are accustomed to act. However, a person is not deemed a shadow director by reason only that the directors act on advice given by him in a professional capacity."

710 So z.B. die Pflicht, Interessen der Arbeitnehmer zu berücksichtigen nach s. 309 C.A. 1985, die Pflicht des *directors,* ein Eigeninteresse an einem Vertrag mit der Gesellschaft offen zu legen gemäß s. 317 C.A. 1985, die Beschränkungen über die Gewährung von Darlehen an *directors* der Gesellschaft gemäß s. 330 ff. C.A. 1985 sowie die Pflichten nach s. 214 IA 1986 gemäß s. 214 Abs. 7 IA 1986.

711 *Pennington*, Company law, S. 712; *derselbe*, in: Directors' personal liability, S. 29

712 In *Yukong Line Ltd. v. Rendsburg Investments Corporation (No 2)* [1998] 1 WLR 294 (311) entschied das Gericht, dass der *shadow director* der Gesellschaft Treuepflichten schuldet: "... Mr. Yamvrias undoubtedly owed a fiduciatry duty to Rendsburg (*Anm: dies ist die Firma der Gesellschaft*)". Siehe auch: *Palmer*, Company law, Rn. 8.003 am Ende und Rn. 8.501.

713 s. 214 Abs. 7 IA 1986 lautet: "In this section 'director' includes a shadow director."

solvenz der Gesellschaft lassen sich Forderungen gegen die Gesellschaft regelmäßig nicht mehr realisieren, so dass Gläubiger der Gesellschaft versuchen, ihre bestehenden Forderungen gegenüber sonstigen potenziell solventen Dritten durchzusetzen. Personen, die als *shadow director* qualifiziert werden können, sind daher als potenzielle Haftungsschuldner in das Visier der Gläubiger geraten. In der Rechtsprechung haben sich systematisch drei Personengruppen herausgebildet, die primär einer Haftung wegen *wrongful trading* unterliegen können: Banken, professionelle Berater und Muttergesellschaften[714]. Allesamt sind potenziell solvente Schuldner. Die Entscheidungen der Rechtsprechung ermöglichen zudem eine Konkretisierung der auslegungsbedürftigen Legaldefinition des Begriffes des *shadow directors*.

(1) Haftung von Banken

In dem Fall *Re M C Bacon Ltd*[715] machte ein Insolvenzverwalter Ansprüche gegen eine Bank wegen *wrongful trading* geltend. Die Bank hatte, nachdem die in die Krise geratene Gesellschaft ihren Kreditrahmen erschöpft hatte, eine Prüfung der geschäftlichen Verhältnisse der Gesellschaft vorgenommen und anschließend darauf gedrängt, dass die Gesellschaft die von ihr vorgeschlagenen Sanierungsmaßnahmen durchführte. Zu einer gerichtlichen Entscheidung in der Sache kam es indessen nicht mehr, da der Insolvenzverwalter sein Klagebegehren vorher zurückzog. Der zuständige Richter machte aber deutlich, dass eine Haftung der Bank nur ganz ausnahmsweise in Betracht kommen kann, nämlich wenn sie wie ein Marionettenspieler alle Fäden der Gesellschaft in ihren Händen gehalten hätte[716]. Die Forderung der Rückführung von Bankkrediten und die Unterbreitung von Sanierungsvorschlägen reicht für eine Haftung als *shadow director* wegen *wrongful trading* jedenfalls nicht aus[717].

(2) Haftung von professionellen Beratern

Neben Banken können insbesondere externe Berater als Außenstehende Einfluss auf die Geschäftsführung der Gesellschaft nehmen. Zwar regelt s. 251 IA 1986

714 *Fleischer*, AG 1999, 350 (356); *Koh*, [1996]14 C&SLJ, 340; ohne Berücksichtigung der professionellen Berater: *Davies*, Gower's Principles of Modern Company Law, S. 154.

715 [1990] BCC 78 = [1990] BCLC 324.

716 Vgl. *Millet*, [1991] 1 The Insolvency Practicioner 14 unter der Überschrift "shadow directorship - A Real or Imagined Threat to the Banks?".

717 Insoweit zustimmend: *Fidler*, [1992] 1 JIBL 97 (99) und *Turing*, [1994] 6 JIBL 244 (245). Zu einer ähnlichen Entscheidung vgl. *Re PFTZM Ltd* [1995] BCC 161.

gleichlautend zu s. 741 Abs. 2 C.A. 1985 ausdrücklich, dass niemand schon allein deshalb als *shadow director* anzusehen ist, weil die Geschäftsführung aufgrund von Ratschlägen gehandelt hat, die er in seiner beruflichen Eigenschaft gegeben hat. Trotzdem können auch professionelle Berater in die Rolle eines *shadow directors* schlüpfen, wie anhand des Falles *Re Tasbian Ltd (No 3)*[718] deutlich wird. Das Gericht qualifizierte einen Buchprüfer als *shadow director*, der die Geschicke der in der Krise befindlichen Gesellschaft übernommen, deren Bankkonto treuhänderisch verwaltet, mit den Gesellschaftsgläubigern ein Stillhalteabkommen ausgehandelt, Verhandlungen mit den Steuerbehörden geführt und schließlich tiefgreifende Umstrukturierungen eingeleitet hatte[719]. Sein Einwand, er habe seine Dienste lediglich im Interesse des Mehrheitsgesellschafters erbracht, blieb unberücksichtigt. Das Gericht hielt es für möglich, dass ein Unternehmensberater *shadow director* einer Gesellschaft sein kann[720].

(3) Haftung der Muttergesellschaft

Schließlich können neben "einfachen" Mehrheitsgesellschaftern auch Muttergesellschaften als *shadow director* qualifiziert werden[721]. Die Haftung wegen *wrongful trading* kann demzufolge Konzerndimensionalität erlangen. Das englische Recht tut sich mit einem solchen legislatorischen Kunstgriff leichter als das deutsche Recht, weil dort auch juristische Personen ordentlich bestellte *director* einer *private limited company* sein können[722]. Die Zulassung von juristischen Personen als "echte" Geschäftsführer von Gesellschaften erleichtert dogmatisch die Einordnung der Muttergesellschaft als "unechte" bzw. "faktische“ Geschäftsführerin der Gesellschaft[723].

718 [1993] BCLC 297 = [1992] BCC 358.

719 *Re Tasbian Ltd (No 3),* [1993] BCLC 297 (299) = [1992] BCC 358 (360).

720 *Re Tasbian Ltd (No 3),* [1993] BCLC 297 (304) = [1992] BCC 358 (364).

721 S. 741 Abs. 3 C.A. 1985 schließt zwar Muttergesellschaften aus dem Anwendungsbereich einiger Vorschriften, die auch für den *shadow director* gelten, ausdrücklich aus; dies gilt aber gerade nicht für die Haftung wegen *wrongful trading*. Die Legaldefinition des s. 251 Abs. 2 IA 1986 beschränkt die Figur des *shadow directors* somit nicht nur auf natürliche Personen. Vgl. auch *Schuberth*, Konzernrelevante Regelungen im britischen Recht, S. 192 ff.

722 Zur Zulässigkeit von juristischen Personen als *director* einer anderen juristischen Person vgl.: *Hicks/Goo*, Cases and Materials on Company Law, S. 299 und *Fleischer*, AG 1999, 350 (361).

723 Im deutschen Recht wird die Qualifizierung von Mutterunternehmen als "faktische Geschäftsführerinnen" zum Teil gerade deshalb abgelehnt, weil sie auch keine "echten" Geschäftsführer sein können. Vgl. hierzu: *Lutter/Hommelhoff*, § 64 Rn. 50.

Für eine Haftung der Muttergesellschaft wegen *wrongful trading* reicht eine Beteiligung allein - auch eine 100 %ige - nicht aus. In der grundlegenden Entscheidung *Re Hydrodam (Corby) Ltd.*[724] aus dem Jahre 1994 wurden Grundsätze aufgestellt, nach denen eine Haftung der Muttergesellschaft für Verbindlichkeiten der Tochtergesellschaft in Betracht kommt:

Im Verhältnis zwischen Mutter und Tochter muss sich ein allgemeines Verhaltensmuster zeigen, nach dem die Geschäftsführung der Tochtergesellschaft nicht von ihrem eigenen Ermessen Gebrauch macht, sondern nach den Anweisungen der Mutter handelt[725]. Auf eine Verpflichtung der Tochtergesellschaft, die Weisungen der Muttergesellschaft zu befolgen, kommt es indessen nicht an[726]. Häufig fehlt sogar ein verbindliches Weisungsrecht der Gesellschafter, weil das englische Recht eine § 37 Abs. 1 GmbHG entsprechende Regelung nicht kennt[727].

Es obliegt dem Kläger, in einem Rechtsstreit nachzuweisen, dass der Beklagte die Voraussetzungen eines *shadow directors* tatsächlich erfüllt[728].

Die Auslegung des Begriffes "*shadow director*" insbesondere im Zusammenhang mit Konzernverhältnissen befindet sich derzeit noch im Fluss. Die vorerwähnte und bislang einzige Entscheidung zur Definition des Begriffes "*shadow directors*"[729] liefert nur erste Anhaltspunkte für dessen Interpretation. Eine weitere Konkretisierung der Haftung von Muttergesellschaften für Verbindlichkeiten ihrer Tochtergesellschaften wegen *wrongful trading* wird sich in Zukunft ergeben müssen.

3. Zusammenfassung

Auffallend ist im englischen Recht die Unterscheidung zwischen *de facto directors* und *shadow directors*, die eine klarere Einteilung der "faktischen Geschäftsführer" ermöglicht und verschiedene Sachverhaltskonstellationen besser abzugrenzen vermag als das deutsche Recht. Ist lediglich der formale Akt der Be-

---

724 [1994] 2 BCLC 180 = [1994] BCC 161; dazu die Besprechungen von *Bhattacharyya*, [1994] Co Law, 151; *Campbell*, [1994] JBL 609; *Girvin*, [1995], JLR 414.

725 *Re Hydrodan (Corby) Ltd* [1994] 2 BCLC 180 (183) = [1994] BCC 161 (163).

726 *Forum Europaeum Konzernrecht*, ZGR 1998 674 (756 f.).

727 Da die *directors* jederzeit von den Gesellschaftern abberufen werden können, besteht oftmals eine faktische Verpflichtung, Anweisungen der Gesellschafter zu befolgen. Siehe hierzu: *Hadden*, in: *Mestmäcker/Behrens* (Hrsg.), Das Gesellschaftsrecht der Konzerne im internatio-nalen Vergleich, S. 330.

728 So das Gericht in der Entscheidung: *Re Hydrodan (Corby) Ltd* [1994] 2 BCLC 180 (183) = [1994] BCC 161 (163).

729 Re *Hydrodan (Corby) Ltd* [1994] 2 BCLC 180 (183) = [1994] BCC 161 (163).

stellung unterblieben oder fehlerhaft ausgeführt worden, so haftet der *de facto director* grundsätzlich wie ein ordnungsgemäß bestellter Geschäftsführer. Aber auch der *shadow director* haftet prinzipiell wie ein ordnungsgemäß bestellter *director*. In zahlreichen Vorschriften ist er dem "echten" *director* gleich gestellt. Der entscheidende Unterschied besteht darin, dass der *shadow director* im Rechtsverkehr nicht nach außen auftritt und seine Existenz daher verborgen bleiben kann.

Die größte praktische Bedeutung kommt der Figur des *shadow directors* in Konzernverhältnissen zu, da sich die Haftung wegen *wrongful trading* auch auf den *shadow director* erstreckt und infolgedessen Konzerndimensionalität erreichen kann. Die Rechtsprechung hat allerdings die Voraussetzungen einer solchen Konzernhaftung bisher noch nicht hinreichend genau konkretisiert, um von einer vollends gesicherten rechtlichen Ausgangslage sprechen zu können.

III. Die Rechtslage in den Niederlanden

Auch in den Niederlanden hat der Gesetzgeber das Problem des "faktischen Geschäftsführers" erkannt und diesbezüglich Regelungen getroffen. Das niederländische Recht unterscheidet dabei zwischen Personen, die durch die bloße tatsächliche Einflussnahme auf die Geschäftsführung die Geschicke der Gesellschaft bestimmen oder mitbestimmen, und solchen, die aufgrund gesellschaftsrechtlicher Ermächtigung handeln, ohne formal als Geschäftsführer bestellt zu sein.

1. Haftung des ermächtigten, aber nicht bestellten "Geschäftsführers"

Nach Art. 2:261 Abs. 1 BW werden alle Personen, Aufsichtsratsmitglieder oder andere, die - ohne Mitglied der Geschäftsführung zu sein - gemäß irgendeiner Bestimmung im Gesellschaftsvertrag oder gemäß eines Beschlusses der Gesellschafterversammlung für eine bestimmte Zeit oder unter gewissen Umständen Geschäftsführungshandlungen vornehmen, in Bezug auf ihre Rechte und Verpflichtungen gegenüber der Gesellschaft und Dritten als Geschäftsführer behandelt[730]. Die Vorschrift hat jedoch nur geringe praktische Bedeutung erlangt[731].

730 Art. 2:261 Abs. 1 BW lautet: "Alle Personen, Aufsichtsratsmitglieder oder andere, die ohne Mitglied der Geschäftsführung zu sein, gemäß irgendeiner Bestimmung des Gesellschaftsvertrags oder gemäß eines Beschlusses der Gesellschafterversammlung für eine bestimmte Zeit oder unter gewissen Umständen Geschäftsfüh-

Sie stellt lediglich klar, dass Personen, die berechtigterweise Aufgaben der Geschäftsführung wahrnehmen, genauso haften wie die Geschäftsführer selbst[732]. Nach dem Willen des Gesetzgebers soll es nicht möglich sein, die Rechte eines Geschäftsführers auf Dritte zu übertragen, ohne zugleich auch die entsprechenden Pflichten mit übergehen zu lassen[733]. Die Haftung kann Aufsichtsratsmitglieder, Gesellschafter oder sonstige Dritte gleichermaßen treffen[734]. Art. 2:261 BW findet im Gegensatz zu der sogleich unter Ziff. 2. zu untersuchenden Haftung nach Art. 2:248 Abs. 1 und 2 i.V.m. Abs. 7 BW nur auf solche Handlungen oder Unterlassungen Anwendung, die ausdrücklich durch die Satzung oder einen Beschluss der Gesellschafterversammlung gestattet worden sind.

2. *Haftung der nicht ermächtigten Personen, die die Führung der Geschäfte der Gesellschaft bestimmt oder mitbestimmt haben*

Im Rahmen der Missbrauchsgesetzgebung Ende der 80er Jahre hat der Gesetzgeber im Falle der Insolvenz der Gesellschaft den "faktischen Geschäftsführer" (*beleidsbepaler* bzw. *medebeleidsbepaler*[735]) dem ordnungsgemäß bestellten Geschäftsführer weitgehend gleich gestellt. Insbesondere wollte man damit die Verwendung von Strohmann-Konstruktionen unterbinden[736]. Nach Art. 2:248 Abs. 7 BW[737] wird bei der Anwendung dieser Vorschrift eine Person, die die

rungshandlungen vornehmen, werden in bezug auf ihre Rechte und Verpflichtungen gegenüber der Gesellschaft und Dritten als Geschäftsführer behandelt."

731 Vgl. *Van der Heijden/Van der Grinten*, Handboek voor de naamloze en de besloten vennootschap, Nr. 263, S. 466. Zu einem Fall, in dem ein Dritter als Geschäftsführer der Gesellschaft im Sinne des Art. 2:151 BW (wortgleiche Vorschrift wie Art. 2:261 BW für die NV) angesehen wurde vgl.: Rb Utrecht vom 08.09.1992, VN 1992, 2745 (*M&M Beheer*).

732 Vgl. *Van der Heijden/Van der Grinten*, Handboek voor de naamloze en de besloten vennootschap, Nr. 263, S. 466.

733 Siehe die Ausführungen des Gesetzgebers abgedruckt bei: *Van der Heijden/Van der Grinten*, Handboek voor de naamloze en de besloten vennootschap, Nr. 263, S. 466.

734 *Savornin Lohman*, Duties and liability of directors and shareholders under Netherlands law, Cha. 7.2, S. 36.

735 *Huizink*, in: Rechtspersonen, Band 2 zu Art. 2:138 BW, Anm. 2; *Pitlo/Löwensteyn*, Rechtspersonenrecht, Nr. 4.192 bevorzugt den Begriff "*feitelijke bestuurder*", da dieser Begriff besser wiedergebe, worum es bei Art. 2:138 Abs. 7 bzw. 2:248 Abs. 7 BW gehe.

736 So auch *Van Schilfgaarde*, ZGR 1987, 233 (244).

737 Art. 2:248 Abs. 7 BW lautet: "Mit einem Geschäftsführer wird zur Anwendung dieses Artikels eine Person gleich gestellt, die die Führung der Gesellschaft derartig

Führung der Gesellschaft wie ein Geschäftsführer bestimmt oder mitbestimmt hat, dem ordnungsgemäßen Geschäftsführer gleich gestellt.

Erste Voraussetzung einer Haftung als "faktischer Geschäftsführer" gemäß Art. 2:248 Abs. 1 und 2 i.V.m. Abs. 7 BW ist also, dass die nicht als Geschäftsführer bestellte Person die Führung der Geschäfte bestimmt oder mitbestimmt hat. Dies kann z.B. der Fall sein, wenn ein ordnungsgemäß bestellter Geschäftsführer ganz fehlt[738] oder wenn dieser nur vorgeschoben wird. Dieses Tatbestandsmerkmal kann aber auch von Mehrheitsgesellschaftern, insbesondere Mutterunternehmen in Konzernverhältnissen, Aufsichtsratsmitgliedern, Prokuristen der Gesellschaft, Kreditgebern oder externen Beratern erfüllt werden[739]. Der Insolvenzverwalter wird durch Satz 2 des Art. 2:248 Abs. 7 BW ausdrücklich von einer möglichen Haftung als faktischer Geschäftsführer ausgenommen. Um die vorerwähnten Personen oder Personengesamtheiten nicht generell dem Anwendungsbereich des Art. 2:248 Abs. 7 BW unterfallen zu lassen, ist als zweite Tatbestandsvoraussetzung ein Handeln "wie wenn man Geschäftsführer wäre" erforderlich. Hiermit soll zum Ausdruck gebracht werden, dass nur derjenige als *(mede-)beleidsbepaler* angesehen werden kann, der die Stellung eines Geschäftsführers der Gesellschaft einnimmt und die "echten" Geschäftsführer quasi nur als Marionetten fungieren lässt[740]. Prokuristen der Gesellschaft scheiden daher als *(mede-)beleidsbepaler* aus, sofern sie lediglich die ihnen eingeräumten Rechte als Prokuristen wahrnehmen, auch wenn diese Geschäftsführungscharakter haben sollten[741]. Ebenso gilt für Mehrheitsgesellschafter, kreditgebende Banken, Aufsichtsratsmitglieder und externe Berater wie z.B. Wirtschaftsprüfer oder Steuerberater, dass sie keiner Haftung nach Art. 2:248 Abs. 7 BW unterliegen, wenn sie aufgrund vertraglicher oder gesetzlicher Befugnisse durchaus großen Einfluss auf die Geschäftsführung nehmen können[742]. Erst wenn sie faktisch der Geschäftsführung gleich gestellt sind, überschreiten sie die haftungsauslösende Schwelle des Handelns wie ein Geschäftsführer[743].

bestimmt oder mitbestimmt hat, wie wenn sie Geschäfts-führer wäre. Die Forderung kann nicht gegen den vom Gericht bestellten Insolvenzverwalter geltend gemacht werden."

738 *Asser-Maejier*, Band 2-III., Nr. 331, S. 459 f..

739 *Van Schilfgaarde*, Misbruik van rechtspersonen, S. 24.

740 *Asser-Maejier*, Band 2-III., Nr. 331, S. 459 f..

741 So der zuständige Minister in der erneuten Begründung des Gesetzes MvA 16 631, S. 23/24 abgedruckt bei: *Van Schilfgaarde*, Misbruik van rechtspersonen, S. 24 f..

742 *Wezeman*, Aansprakelijkheid van bestuurders, S. 202.

743 *Asser-Maejier*, Band 2-III., Nr. 331, S. 459 f.; so auch der zuständige Minister in der erneuten Begründung des Gesetzes MvA 16 631, S. 23/24 abgedruckt bei: *Van Schilfgaarde*, Misbruik van rechtspersonen, S. 24 f..

Die Gerichte haben also anhand eines jeden Einzelfalles zu prüfen, ob eine Person die Voraussetzungen eines *(mede-)beleidsbepalers* erfüllt[744]. Dabei obliegt es grundsätzlich dem Insolvenzverwalter, die Voraussetzungen für die Qualifizierung eines Dritten als *(mede-)beleidsbepaler* zu beweisen[745].

In der Rechtsprechung hat sich noch nicht die Gelegenheit ergeben, die vorerwähnten Tatbestandsmerkmale des Art. 2:248 Abs. 7 BW abschließend zu konkretisieren. Dem einzigen veröffentlichten Fall[746], in dem Art. 2:248 Abs. 7 BW zur Anwendung kam, lag ein recht eindeutiger Sachverhalt zugrunde. Der Ehemann der als Geschäftsführerin bestellten Ehefrau wurde dort als faktischer Geschäftsführer angesehen, da er nahezu ausschließlich die Geschicke der Gesellschaft geleitet hatte und auch sein Name auf dem Briefpapier der Gesellschaft abgedruckt war. Die Ehefrau hatte keinen oder zumindest nur sehr geringen Einfluss auf die tatsächliche Leitung der Gesellschaft. Nach einem weiteren Urteil des Hof Leeuwarden[747] setzt Art. 2:248 Abs. 7 BW voraus, dass der faktische Geschäftsführer sich unmittelbar in die Geschäftsführung einmischt und die formalen Geschäftsführer aus deren Stellung verdrängt. Dabei müssen die täglichen Geschäfte, die Zukunftsplanung, das In-Angriff Nehmen von neuen Projekten und/oder das Planen von neuen Strategien betroffen sein oder zumindest Aktivitäten gleichen Gewichts und Umfangs. Diese Voraussetzungen waren jedoch in dem entschiedenen Fall nicht erfüllt. Im Einzelnen gilt für die in der Praxis bedeutsamsten Sachverhaltskonstellationen folgendes:

a) Haftung bei dem Einsatz eines Strohmann-Geschäftsführers

Wie bereits ausgeführt, hatte der Gesetzgeber bei der Einführung von Art. 2:248 Abs. 7 BW insbesondere Personen im Visier, die im Hintergrund die Fäden der Gesellschaft in den Händen halten und die Gesellschaft durch vorgeschobene Geschäftsführer handeln lassen. Ein Hintermann eines Strohmann-Geschäftsführers handelt, als ob er selbst Geschäftsführer wäre, so dass Art. 2:248 Abs. 7 BW auf ihn anwendbar ist[748].

Neben dem Hintermann haftet auch der vorgeschobene Geschäftsführer persönlich[749].

---

744 *Wezeman*, Aansprakelijkheid van bestuurders, S. 199.
745 *Asser-Maejier*, Band 2-III., Nr. 331, S. 459.
746 HR vom 20.05. 1988, NJ 1989, 676 (*Koster v Van Nie*).
747 Zitiert in: HR vom 28.06.1996, NJ 1997, 58 (S. 275 li. Sp.) (*Bodam Jachtservice*).
748 *Pitlo/Löwensteyn*, Rechtspersonenrecht, Nr. 4.192; *Asser-Maejier*, Band 2-III., Nr. 331, S. 459 f.; *Huizink*, in: Rechtspersonen, Band 2 zu Art. 2: 138 BW, Nr. 2.
749 Vgl. nur: *Van Schilfgaarde*, Misbruik van rechtspersonen, S. 24.

b) Haftung des Mutterunternehmens in Konzernverhältnissen

Von Gesetzes wegen haben die Gesellschafter kein umfassendes Weisungsrecht gegenüber der Geschäftsführung[750]. Allerdings können sie die Geschäftsführer ernennen, suspendieren und abberufen (Art. 2:242 und 244 BW), so dass ihnen ein tatsächliches Druckmittel gegenüber der Geschäftsführung zur Durchführung von Anweisungen zur Verfügung steht. Ferner ist es möglich, gesellschaftsvertraglich ein Weisungsrecht der Gesellschafter im Hinblick auf die allgemeinen Richtlinien der zu verfolgenden Finanz-, Sozial-, Wirtschafts- und Personalpolitik zu vereinbaren[751]. Hiervon wird insbesondere in Konzernverhältnissen Gebrauch gemacht. Besteht ein solches allgemeines satzungsrechtliches Weisungsrecht, ist das weisungsberechtigte Organ jedoch noch nicht per definitionem als faktischer Geschäftsführer zu qualifizieren[752]. Ebenso führt die Tatsache, dass eine Gesellschaft 100 %iger Anteilseigner an einer von ihr verschiedenen B.V. ist, noch nicht zu einer Haftung des Alleingesellschafters als faktischem Geschäftsführer[753].

Die Muttergesellschaft erfüllt die Voraussetzungen eines *(mede-)beleidsbepalers* erst dann, wenn sie unmittelbar den formalen Geschäftsführern der Tochtergesellschaft ihren Willen auferlegt und sich die Geschäftsführungsaufgaben der Tochtergesellschaft auf die Ausführungen der Anweisungen der Muttergesellschaft beschränken[754]. Ob die Muttergesellschaft als faktische Geschäftsführerin haftbar ist, soll also von der tatsächlichen und nicht von der rechtlichen Machtposition der Muttergesellschaft in der von ihr kontrollierten Gesellschaft abhängen.

3. Zusammenfassung

Bei der Behandlung von "faktischen Geschäftsführern" unterscheidet das niederländische Recht zwischen gesellschaftsrechtlich gestatteter Geschäftsführung

---

750 Vgl. die Ausführungen in § 6 III 1.

751 Vgl. die Ausführungen in § 6 III 1.

752 So der zuständige Minister bei der Erläuterung des Gesetzes, abgedruckt in: *Wezeman*, Aansprakelijkheid van bestuurders, S. 206. Ebenso: *Van Schilfgaarde*, ZGR 1987, 233 (244) und *Asser-Maejier*, Band 2 III., Nr. 331, S. 460.

753 Vgl. *Huizink*, in: Rechtspersonen, Band 2 zu Art. 2:138 BW, Anm. 22; *Pitlo/Löwensteyn*, Rechtspersonenrecht, Nr. 4.193.

754 So der zuständige Minister bei der Erläuterung des Gesetzes, abgedruckt in: *Wezeman*, Aansprakelijkheid van bestuurders, S. 205, Siehe auch: *Huizink*, in: Rechtspersonen, Band 2 zu Art. 2:138 BW, Nr. 22.

und rein faktischer Geschäftsführung durch Dritte. Im ersteren Fall sind gemäß Art. 2:261 BW Personen, die in Übereinstimmung mit einer Ermächtigung im Gesellschaftsvertrag oder eines Beschlusses der Gesellschafterversammlung handeln, den formalen Geschäftsführern in Bezug auf deren Rechte und Pflichten gleich gestellt. Dagegen kommt im letzteren Fall lediglich in der Insolvenz der Gesellschaft eine Haftung nach Art. 2:248 Abs. 1 und 2 i.V.m. Abs. 7 BW für Personen in Betracht, die faktisch die Geschicke der Gesellschaft maßgeblich bestimmen oder mitbestimmen. Eine generelle Gleichsetzung "faktischer Geschäftsführer" mit den ordnungsgemäß bestellten Geschäftsführern besteht somit nicht. Bei der internen Haftung gegenüber der Gesellschaft fehlt beispielsweise eine Gleichstellung der *(mede-)beleidsbepaler* mit den "echten" Geschäftsführern. Eine solche Gleichstellung ist jedoch aus Gläubigersicht auch nicht zwingend erforderlich, da sich die Haftung des Geschäftsführers in der Insolvenz der Gesellschaft auf Handlungen in einem Zeitraum von drei Jahren vor der Insolvenz erstreckt[755] und somit auch der *(mede-)beleidsbepaler* für Fehler noch während der "normalen" Geschäftstätigkeit der Gesellschaft haftbar gemacht werden kann.

IV. Die Rechtslage in der Europäischen Privatgesellschaft

Ebenso wie im englischen und niederländischen Recht findet sich in dem Verordnungsentwurf für die Europäische Privatgesellschaft eine eigenständige Regelung betreffend den "faktischen Geschäftsführer" (Art. 17 Abs. 3 EPG-VOE). Hierbei ist zunächst zu klären, was unter dem Begriff des "faktischen Geschäftsführers" zu verstehen ist und sodann zu untersuchen, für welche Sachverhaltskonstellationen diese Vorschrift Geltung beansprucht.

1. Begriff des "faktischen Geschäftsleiters"[756]

In Art. 17 Abs. 3 EPG-VOE heißt es, dass die faktischen Geschäftsleiter den gemäß dem Gesellschaftsvertrag bestellten Geschäftsleiter hinsichtlich aller Ver-

755 Vgl. die Ausführungen in § 5 III 1.

756 Die Terminologie in Art. 17 Abs. 3 EPG-VOE ist im deutschen Text im Vergleich zu den übrigen Vorschriften nicht einheitlich. Außer in Art. 17 Abs. 3 EPG-VOE wird immer nur vom "Geschäftsleiter" (vgl. Art. 17 Abs. 1 und Abs. 2; Art. 18 Abs. 1; Art. 30 Abs. 2 ; Art. 34 EPG-VOE) und nicht vom "Geschäftsführer" gesprochen. In dieser Arbeit wird daher auch in diesem Kapitel der Begriff "Geschäftsleiter" beibehalten.

pflichtungen und Verantwortlichkeiten, die letzteren obliegen, gleich gestellt sind. Eine Definition des Begriffes "faktischer Geschäftsleiter" fehlt indes. Es wird also nach der gegenwärtigen Fassung des Art. 17 Abs. 3 EPG-VOE letztendlich den Gerichten obliegen, die Vorschrift auszulegen und Kriterien festzulegen, anhand derer sich bestimmen lässt, wer als "faktischer Geschäftsleiter" einer EPG zu gelten hat.

Bei der Auslegung des Art. 17 Abs. 3 EPG-VOE ist zunächst vom Wortlaut der Vorschrift auszugehen. In der deutschen Fassung dieser Norm lassen sich ebenso wie in der französischen Version[757] keine Anhaltspunkte für eine nähere Konkretisierung des Begriffs "faktischer Geschäftsleiter " finden. Interessant ist jedoch, dass die englische Fassung des Art. 17 Abs. 3 EPG-VOE bestimmt, dass lediglich *de facto officers* wie *de jure officers* (ordnungsgemäß bestellte Vorstandsmitglieder) zu behandeln sind[758]. Wie jedoch bereits in dem Abschnitt zum englischen Recht dargestellt wurde[759], unterteilt man dort die "faktischen Geschäftsführer" in *de facto directors* und *shadow directors*. Der Begriff "*de facto director*" umfasst dabei nur solche Personen, die, ohne wirksam bestellt worden zu sein, offen für die Gesellschaft handeln, so als ob sie wirksam als *director* bestellt worden wären[760]. Es stellt sich daher die Frage, ob der Verordnungsentwurf für die EPG in Art. 17 Abs. 3 lediglich die nicht ordnungsgemäß bestellten Geschäftsleiter den ordnungsgemäß bestellten gleich stellen wollte und eine Regelung für die im Hintergrund durch Anweisung agierenden Personen (*shadow directors* nach englischem Recht) nicht getroffen werden sollte. Diese Frage lässt sich ohne weiteres nicht beantworten, da keine aussagekräftigen Materialien zur Begründung des Verordnungsentwurfs vorliegen[761]. Bei der Frage,

757 Im französischen Text von Art. 17 Abs. 3 EPG-VOE ist vom "*dirigeant de fait*" die Rede. Dieser Begriff umfasst alle natürlichen und juristischen Personen, die neben oder anstelle der berufenen Geschäftsführer regelmäßig in unabhängiger Stellung Geschäftsführungsfunktionen wahrnehmen, also auch Mehrheitsgesellschafter und Strohmann-Konstruktionen. Vgl. *Forum Europaeum Konzernrecht*, ZGR 1998, 674 (758) m.w.N.; *Marquardt/Hau*, RIW 1998, 441 (442).

758 Art. 17 Abs. 3 EPG-VOE in der englischen Fassung lautet: "D*e facto* officers shall be treated as *de jure* officers as regards all obligations and liability to which the latter are subject."

759 Vgl. die Ausführungen in § 7 II 1 und 2.

760 Vgl. die Ausführungen in § 7 II 1. Ebenso die Rechtsprechung des BGH im deutschen Recht: NJW 2002, 1803.

761 *Helms*, Die Europäische Privatgesellschaft, S. 321 macht den Vorschlag, dass auch Gesellschafter und andere, die aktiv in die Geschäftsführung eingreifen, als faktische Geschäftsführer für schuldhafte Pflichtverstöße haften sollten. Ähnlich: *Hommelhoff/Helms*, in: *Boucourechliev/Hommelhoff* (Hrsg.), Vorschläge für eine Europäische Privatgesellschaft, S. 166.

welche Personen als faktische Geschäftsleiter gemäß Art. 17 Abs. 3 EPG-VOE qualifiziert werden sollen, gilt es folgendes zu berücksichtigen:

a) *Beschränkung der Rechtsfigur des "faktischen Geschäftsleiters" auf nicht oder nicht ordnungsgemäß bestellte Geschäftsführer*

Beschränkt man den Anwendungsbereich der Rechtsfigur, wie nach dem gegenwärtigen Wortlaut der englischen Fassung von Art. 17 Abs. 3 EPG-VOE, lediglich auf nicht oder nicht ordnungsgemäß bestellte Geschäftsleiter, die offen für die Gesellschaft handeln, als ob sie deren Geschäftsleiter wären, so werden insbesondere für den Minderheiten- und Gläubigerschutz bedeutsame Konstellationen nicht erfasst: Sowohl der im Hintergrund durch lediglich vorgeschobene "Strohmänner" handelnde Außenstehende, als auch der Gesellschafter, der faktisch die Geschäfte der Gesellschaft durch "Strohmann-Geschäftsleiter" führt, unterlägen keiner Innenhaftung wegen schuldhafter Pflichtverletzungen gegenüber der Gesellschaft nach Art. 17 Abs. 1 i.V.m. Abs. 3 EPG-VOE. Es wäre jedoch unbillig und fände auch keine Stütze in den hier untersuchten nationalen Rechtsordnungen, einen Hintermann eines Strohmann-Geschäftsleiters nicht der Haftung nach Art. 17 Abs. 1 EPG-VOE unterfallen zu lassen[762]. Insbesondere um dem Missbrauch der Rechtsform der EPG vorzubeugen, sollten außenstehende Personen, die durch Strohmann-Geschäftsführer verdeckt agieren, und auch Gesellschafter, die sich der beschränkten Haftung der EPG bedienen und die Geschicke der Gesellschaft selbst durch vorgeschobene "Geschäftsleiter-Marionetten" bestimmen, dem gleichen Pflichtenkatalog und somit der gleichen Haftung wie ein "echter" Geschäftsleiter unterworfen werden.

b) *Konzerndimensionalität der Rechtsfigur des faktischen Geschäftsleiters*

Erfasst die Rechtsfigur des faktischen Geschäftsleiters gemäß Art. 17 Abs. 3 EPG-VOE auch die Gesellschafter der EPG, so kann sie als Grundlage einer Konzernhaftung der Muttergesellschaft gegenüber der Tochter-EPG dienen. Wenn die Muttergesellschaft als Mehrheitsgesellschafterin der Tochter-EPG deren Geschäfte durch Anweisungen oder sonstige Maßnahmen tatsächlich leitet, käme eine Haftung der Muttergesellschaft gemäß Art. 17 Abs. 3 i.V.m. Abs. 1 EPG-VOE in Betracht. Es stellt sich daher zunächst die Frage, ob mit der Rechtsfigur des "faktischen Geschäftsleiters" eine Konzernhaftung ermöglicht oder ob nicht die EPG als konzernfreie Gesellschaft konzipiert werden sollte und

762 Siehe die Ausführungen in diesem Kapitel zum deutschen Recht unter I 2, zum englischen Recht unter II 2 und zum niederländischen Recht unter III 2.

die Konzernhaftung einer eigenständigen europäischen Regelung zum Konzernrecht außerhalb des EPG-Statuts überlassen bleiben sollte.

Für Letzteres spricht die Tatsache, dass das Konzernrecht nicht nur für die EPG eine bedeutende Rolle spielen kann, sondern ein von der Gesellschaftsform unabhängiges Rechtsproblem darstellt und daher eine eigenständige und rechtsformübergreifende Lösung grundsätzlich vorzuziehen wäre. Jedoch müssen wohl auch die entschiedensten Befürworter[763] eines europäischen Konzernrechts einräumen, dass dem Entwurf für eine Richtlinie über verbundene Unternehmen[764] in absehbarer Zukunft kein Erfolg beschieden sein wird[765] und damit eine europarechtliche Regelung der Konzernhaftung in naher Zukunft nicht erreicht werden kann. Zudem besteht in Europa noch nicht einmal Einigkeit darüber, ob es wirklich eines besonderen gruppenspezifischen Konzernrechts bedarf[766].

Da die EPG auch zur Verwendung in Konzernstrukturen als Tochtergesellschaft konzipiert ist[767], wird der Konzernhaftung für die EPG aller Voraussicht nach eine erhebliche praktische Bedeutung zukommen. Solange kein eigenständiges europäisches Haftungsrecht im Konzern existiert, sollte man daher in dem Statut der EPG die Voraussetzungen schaffen, um eine Konzernhaftung zumindest über das Institut des "faktischen Geschäftsleiters" zu ermöglichen. Nur so kann gewährleistet werden, dass die Haftung der Muttergesellschaft der EPG für schädigende Handlungen bei der Unternehmensleitung der Tochtergesellschaft in allen Mitgliedstaaten einheitlich gehandhabt wird und nicht auf die jeweils unterschiedlichen nationalstaatlichen Regelungen rekurriert werden muss[768]. Die

---

763 Vgl. z.B. die Vorschläge des Forum Europaeum Konzernrecht in: ZGR 1998, S. 672 ff..

764 Entwurf für eine Neunte gesellschaftsrechtliche Richtlinie (Konzernrichtlinie) aus dem Jahre 1984. Abgedruckt bei: *Lutter*, Europäisches Unternehmensrecht, S. 244 ff.

765 *Schanze*, in: *Mestmäcker/Behrens* (Hrsg.), Das Gesellschaftsrecht der Konzerne im internationalen Vergleich, S. 493; ebenso in der Einschätzung: *Schuberth*, Konzernrelevante Regelungen im britischen Recht, S. 3f. und *Hommelhoff*, ZGR 1992, 121 (126); *ders.*, in: *Everling/Roth* (Hrsg.), Mindestharmonisierung im europäischen Binnenmarkt, S. 95. Siehe hierzu auch: *Boucourechliev*, RIW 1999, 1 (3).

766 *Blaurock*, in: FS für Otto Sandrock, S. 79 (80).

767 Vgl. den Kommentar unter Ziff. 2 zu Art. 1 EPG-VOE, abgedruckt bei: *Boucourechliev/Hommelhoff* (Hrsg.), Vorschläge für eine Europäische Privatgesellschaft, S. 290.

768 Bei der Anwendung des nationalen Rechts kann es zu erheblichen Unterschieden hinsichtlich der Haftung der Muttergesellschaft kommen. So kennen nur Deutschland und Portugal Teilkodifikationen des Konzernrechts. Die übrigen Mitgliedstaaten versuchen die Konzernsachverhalte über das allgemeine Zivil- und Gesellschaftsrecht zu lösen. Vgl. *Schwarz*, Europäisches Gesellschaftsrecht, Rn. 866 ff.; *Forum Europaeum Konzernrecht*, ZGR 1998, 674 (676 ff.).

Akzeptanz der EPG als europäische Gesellschaftsform wird ganz entscheidend davon abhängen, dass sie von den nationalen Rechten möglichst unabhängig ist und nicht eine Gesellschaftsform mit derzeit fünfzehn unterschiedlichen nationalrechtlichen Ausprägungen wird[769]. Zumindest bis eine eigenständige Haftung der Muttergesellschaften für Verbindlichkeiten der Tochtergesellschaft durch ein einheitliches europäisches Konzernrecht begründet wird, ist daher die Anwendung der Rechtsfigur des "faktischen Geschäftsleiters" in Konzernverhältnissen mit einer EPG als Tochtergesellschaft geboten.

Auch in dogmatischer Hinsicht bestehen keine Bedenken, die Muttergesellschaft als mögliche "faktische Geschäftsleiterin" der Tochtergesellschaft zu qualifizieren. Nach der Konzeption der EPG sollen juristische Personen als Geschäftsleiter der EPG fungieren können (vgl. Art. 17 Abs. 2 EPG-VOE)[770]. Wenn die Muttergesellschaft begrifflich schon "echte Geschäftsleiterin" der EPG sein kann, so kann sie auch "faktische Geschäftsleiterin" der EPG sein. Die dogmatischen Bedenken, die im deutschen GmbH-Recht gegen die Anwendung der Grundsätze zum faktischen Geschäftsführer auf Muttergesellschaften bestehen, finden im EPG-Statut gerade keine Stütze[771]. Rechtlich kann daher in der EPG kein Unterschied bestehen, ob die schädigenden Anweisungen oder sonstigen faktischen Geschäftsleitungsmaßnahmen von einem außenstehenden Dritten, einem einfachen Gesellschafter oder der Muttergesellschaft erfolgen.

c) Zwischenergebnis

Insbesondere aus Gründen des Minderheiten- und Gläubigerschutzes besteht ein großes Interesse daran, die Rechtsfigur des "faktischen Geschäftsleiters" nicht ausschließlich auf nicht oder nicht ordnungsgemäß bestellte Geschäftsleiter (*de facto directors*) anzuwenden. Gerade die im Hintergrund agierenden Personen, die "nur" Anweisungen an die vorgeschobenen Geschäftsleiter geben, sollten der gleichen Haftung für Pflichtverletzungen gegenüber der Gesellschaft unterliegen wie "echte" Geschäftsleiter, um einem Missbrauch der beschränkten Haftung der EPG vorzubeugen. Dabei darf es rechtlich keinen Unterschied machen, ob die

---

769 *Völter*, Der Lückenschluss im Statut der Europäischen Privatgesellschaft, S. 59; *Helms*, Die Europäische Privatgesellschaft, S. 156 ff.; *Hommelhoff/Helms*, GmbHR 1991, 53 (55).

770 Vgl. hierzu: *Brandes*, Juristische Personen als Geschäftsführer der Europäischen Privatgesellschaft.

771 Im deutschen Recht wird die Qualifizierung von Mutterunternehmen als "faktische Geschäftsführerin" zum Teil gerade deshalb abgelehnt, weil sie auch keine "echten" Geschäftsführer sein können. Vgl. hierzu: *Lutter/Hommelhoff*, GmbHG, § 64 Rn. 50.

im Hintergrund Agierenden außenstehende Dritte, Muttergesellschaften oder sonstige Personen sind. Für Muttergesellschaften gilt dies zumindest so lange, bis durch ein einheitliches europäisches Konzernrecht eine eigenständige Haftung der Muttergesellschaften für Verbindlichkeiten der Tochtergesellschaft begründet wird, die eine Anwendung der Rechtsfigur des "faktischen Geschäftsleiters" in Konzernverhältnissen überflüssig macht.

d) Definition des Begriffs des "faktischen Geschäftsleiters"

Wie bereits ausgeführt wurde, ist der Begriff des "faktischen Geschäftsleiters" im EPG-Statut nicht definiert und darüber hinaus in den unterschiedlichen sprachlichen Fassungen nicht einheitlich verwendet worden[772]. Es ist aus dem deutschen und französischen Wortlaut des Art. 17 Abs. 3 EPG-VOE nicht erkennbar, ob auch Gesellschafter und sonstige im Hintergrund agierende Personen hierunter zu subsumieren sind. Zur Vermeidung von Rechtsunsicherheit bzw. -unklarheit bedarf es eindeutiger Aussagen in dem Statut selbst zu der Frage, wer unter welchen Voraussetzungen als "faktischer Geschäftsführer" der EPG haftbar sein kann.

Im deutschen Recht gibt es zwar keine Definition des Begriffs "faktischer Geschäftsleiter", aber die Legaldefinitionen im niederländischen und englischen Recht sowie die Grundsätze aus der zu diesem Themenkomplex ergangenen Rechtsprechung können als Vorbild einer eigenständigen Regelung im EPG-Statut dienen. Letztendlich ist es eine gesetzgeberische Entscheidung, wie man den Tatbestand des Art. 17 Abs. 3 EPG-VOE fasst. Dabei sollte aber folgendes berücksichtigt werden:

Im Interesse einer möglichst klaren Terminologie sollte wie im englischen Recht zwischen nicht oder nicht ordnungsgemäß bestellten Geschäftsleitern (*de facto directors*) und den im Hintergrund handelnden Personen (*shadow directors*) unterschieden werden. Beide Personengruppen sollten grundsätzlich wie ein "echter" Geschäftsleiter für Pflichtverletzungen nach Art. 17 Abs. 1 EPG-VOE haftbar sein. Es sollte des Weiteren zum Ausdruck kommen, dass auch Gesellschafter einschließlich der Muttergesellschaften faktische Geschäftsleiter sein können. In dem Statut sollte aber zugleich klargestellt werden, dass eine Beteiligung - auch eine 100 %ige - nicht für die Qualifizierung als faktischer Geschäftsleiter ausreicht[773], sondern vielmehr die tatsächliche Einflussnahme auf

772 Vgl. hierzu bereits die Ausführungen in § 7 IV 1.

773 Ebenso: *Helms*, Die Europäische Privatgesellschaft, S. 321. Zum deutschen Recht siehe die Ausführungen in diesem Kapitel unter I 3 a, zum englischen Recht unter II 2 c und zum niederländischen Recht unter III 2 b.

die Geschäftsführung und nicht die bloße Möglichkeit der Einflussnahme haftungsbegründend ist. Die Mitwirkung bei der Geschäftsleitung durch einzelne Weisungen oder Entscheidungen sollte keine Haftung des Betreffenden zur Folge haben. Vielmehr sollte die Wahrnehmung von Geschäftsleitungsaufgaben, wie sie nach dem Gesetz oder dem Gesellschaftsvertrag nur für den Geschäftsleiter kennzeichnend sind, in einem maßgeblichen Umfang als Haftungsvoraussetzung gefordert werden[774]. Solange sich zum Beispiel Gesellschafter darauf beschränken, ihre mitgliedschaftlichen Rechte auszuüben, sollte eine Haftung als faktischer Geschäftsleiter keinesfalls in Betracht kommen. Erst wenn der Betreffende die Leitung der Geschäfte derartig bestimmt oder mitbestimmt, wie wenn er selbst Geschäftsleiter wäre[775], sollte eine Haftung nach Art. 17 Abs. 3 EPG-VOE möglich sein.

2. Der "faktische Geschäftsleiter" in der Insolvenz der Gesellschaft

Solange die Gesellschaft solvent ist und ihre Verpflichtungen ordnungsgemäß erfüllt, erlangt die Rechtsfigur des "faktischen Geschäftsleiters" keine große praktische Bedeutung. Regelmäßig erst wenn die Gesellschaft insolvent wird und ihre Verbindlichkeiten nicht mehr erfüllen kann, versuchen der Insolvenzverwalter und die Gläubiger der Gesellschaft, ihre Ansprüche gegenüber sonstigen potenziell solventen Schuldnern geltend zu machen. So kann insbesondere im englischen aber auch im niederländischen Recht über die Rechtsfigur des "faktischen Geschäftsführers" im Falle der Insolvenz der Gesellschaft ein Zugriff auf das Vermögen der Muttergesellschaft erfolgen[776].

Aufgrund der gegenwärtigen Fassung des EPG-Statuts ist für die Haftung des faktischen Geschäftsleiters in der Insolvenz der EPG zunächst zu klären, ob gemäß Art. 17 Abs. 3 EPG-VOE nach dem Recht der EPG zu bestimmen ist, wer als "faktischer Geschäftsleiter" der insolventen EPG haftbar ist oder ob dies gemäß Art. 36 Abs. 1 S. 2 EPG-VOE[777] nach nationalem Recht zu bestimmen ist.

---

774 BGHZ 104, 44 ff. = GmbHR 1988, 299 ff..

775 Vgl. Art. 2:248 Abs. 7 BW.

776 Vgl. hierzu bereits die Ausführungen in § 7 II 2 c,d sowie III 2 b. Auch im französischen Recht ist eine entsprechende Haftung der Muttergesellschaft als faktische Geschäftsführerin der Tochtergesellschaft anerkannt. Vgl.: *Guyon*, in: *Lutter* (Hrsg.), Konzernrecht im Ausland, S. 91; *Schwarz*, Europäisches Gesellschaftsrecht, Rn. 885 m.w.N..

777 Art. 36 Abs. 1 S. 2 EPG-VOE lautet: "Das nationale Recht bestimmt, wer einzeln oder gesamtschuldnerisch für die Gesellschaftsver-bindlichkeiten ganz oder teilweise haftet, und welchen Verboten diese Personen ausgesetzt sind."

Zwar deutet der Wortlaut des Art. 17 Abs. 3 EPG-VOE auf eine umfassende Gleichstellung des faktischen Geschäftsleiters mit dem "echten" Geschäftsleiter der EPG hinsichtlich aller Haftungstatbestände für den "echten" Geschäftsleiter hin. Denn die faktischen Geschäftsführer sind danach für alle Verpflichtungen und alle Verantwortlichkeiten, die dem ordentlich bestellten Geschäftsleiter obliegen, letzterem gleich gestellt[778]. Daraus könnte man ableiten, dass die Gleichstellung des "faktischen Geschäftsführers" mit dem ordentlich bestellten Geschäftsleiter auch für die Verantwortlichkeiten nach nationalem Recht gelten soll, denen der Geschäftsleiter der EPG durch Verweisung in dem Verordnungsentwurf oder durch Lückenschluss unterliegt.

Jedoch enthält Art. 36 Abs. 1 S. 2 EPG-VOE eine Spezialregelung zur Haftung in der Insolvenz der Gesellschaft. Dort ist ausdrücklich geregelt, dass das nationale Recht bestimmt, wer für die Gesellschaftsverbindlichkeiten haftet. Diese Vorschrift ist im Verhältnis zu Art. 17 Abs. 3 EPG-VOE spezieller und geht daher der Anwendung des Art. 17 Abs. 3 EPG-VOE in der Insolvenz der Gesellschaft vor. Wird die EPG insolvent, bestimmt also das nationale Recht, wer eventuell als faktischer Geschäftsleiter für die Gesellschaftsverbindlichkeiten haftbar ist.

Somit gelangt man in der Insolvenz der EPG nicht nur hinsichtlich der Haftung des ordentlich bestellten Geschäftsleiters[779], sondern auch hinsichtlich der Haftung des "faktischen Geschäftsleiters" zu unterschiedlichen Haftungsrisiken je nach dem, wo die insolvente EPG ihren Gesellschaftssitz hat. Würde man jedoch, wie im 5. Kapitel vorgeschlagen, eine eigenständige Regelung im EPG-Statut zur Haftung des Geschäftsleiters in der Insolvenz der Gesellschaft einfügen und die Anwendung nationalen Rechts diesbezüglich ausschließen[780], so könnte man über die Anwendung des Art. 17 Abs. 3 EPG-VOE auch für die "faktischen Geschäftsleiter" eine einheitliche Haftung in der Insolvenz der EPG erreichen, unabhängig von dem Sitz der Gesellschaft. Dieser Befund ist ein weiteres überzeugendes Argument für eine eigenständige Regelung der Haftung des Geschäftsleiters in der Insolvenz der Gesellschaft in dem EPG-Statut selbst.

---

778 Vgl. insoweit den eindeutigen Wortlaut des Art. 17 Abs. 3 EPG-VOE.

779 Zur allgemeinen Haftung des Geschäftsleiters in der Insolvenz der EPG siehe bereits die Ausführungen in § 5 IV.

780 Vgl. die Ausführungen in § 5 VI.

3. *Ergebnis*

Die gegenwärtige Fassung des Art. 17 Abs. 3 EPG-VOE ist zu unbestimmt. Es ist nicht ersichtlich, ob diese Vorschrift lediglich auf den nicht ordentlich bestellten Geschäftsleiter anwendbar sein oder ob sie auch den Gesellschafter einschließlich der Konzernobergesellschaft erfassen soll. Hier bedarf es einer klaren Aussage des EPG-Statuts. Aus Minderheiten- und Gläubigerschutzgründen sollte deshalb in Art. 17 Abs. 3 EPG-VOE eindeutig zum Ausdruck gebracht werden, dass jede Person, die faktisch die Leitung der Gesellschaft wahrnimmt (auch bei Strohmann-Konstruktionen und Konzernverhältnissen), einer Geschäftsleiterhaftung nach Art. 17 Abs. 3 i.V.m. Abs. 1 EPG-VOE unterfällt. Dies gilt zumindest solange, bis ein eigenständiges europäisches Konzernrecht die Haftung in Konzernverhältnissen aus Minderheiten- und Gläubigersicht zufriedenstellend regelt. Zur Vermeidung von Rechtsunsicherheiten sollte auch geregelt werden, unter welchen Voraussetzungen der Betreffende als faktischer Geschäftsleiter qualifiziert werden kann.

V. Rechtsvergleichung und Bewertung

Eine Analyse der nationalen Rechtsordnungen zeigt, dass die Haftung des faktischen Geschäftsleiters außerhalb von Konzernverhältnissen jeweils sehr ähnlich ausgestaltet ist. Es wird dabei zwischen Personen unterschieden, die im Hintergrund durch bloße tatsächliche Einflussnahme auf die Geschäftsführung die Geschicke der Gesellschaft zumindest mitbestimmen, und solchen, die offen für die Gesellschaft handeln, ohne formal als Geschäftsführer bestellt zu sein. Gleiches würde auch für den faktischen Geschäftsleiter in der EPG nach Art. 17 Abs. 3 EPG-VOE gelten, wenn man die Anwendung der Vorschrift nicht auf den "*de facto director*" nach englischem Recht beschränkt.

Ebenso sind die Voraussetzungen, die der Handelnde erfüllen muss, um als faktischer Geschäftsführer haftbar zu sein, jeweils sehr ähnlich. Entscheidend ist allein die tatsächliche Einflussnahme auf die Geschicke der Gesellschaft, die zu einer zumindest teilweisen Verdrängung der ordnungsgemäß berufenen Organe geführt haben muss. Gesellschaftsrechtlich gestattete Weisungen an die Geschäftsführung begründen noch keine Haftung des Anweisenden. Ebenso wenig ist die bloße Möglichkeit der Einflussnahme an sich, etwa durch mehrheitliche Beteiligung an der Gesellschaft, haftungsauslösend.

Im englischen und niederländischen Recht gewinnt die Figur des *shadow directors* bzw. des *(mede-)beleidsbepalers* im Falle der Insolvenz der Gesellschaft besondere Bedeutung. Beide Rechtsordnungen haben für die Haftung im Falle der Insolvenz der Gesellschaft den faktischen Geschäftsführer dem ordentlich bestellten gleich gestellt[781]. Durch die Einbeziehung der Muttergesellschaft in den Anwendungsbereich der Vorschriften über den faktischen Geschäftsführer erlangt diese Haftung in England und in den Niederlanden Konzerndimensionalität. Im deutschen Recht konnte die Haftung der Muttergesellschaft als faktische Geschäftsführerin der Tochtergesellschaft in deren Insolvenz jedoch keine praktische Bedeutung erlangen, da eine eigenständige konzernrechtliche Haftung der Konzernmuttergesellschaft für Verbindlichkeiten der Tochtergesellschaft existiert. Zudem besteht sowohl im englischen als auch im niederländischen Recht die Möglichkeit, eine juristische Person als "echte" Geschäftsführerin einer *private limited company* bzw. einer B.V. zu bestellen[782], so dass sich in diesen beiden Rechtsordnungen die Qualifizierung einer juristischen Person auch als "faktische Geschäftsführerin" dogmatisch leichter begründen lässt als im deutschen Recht.

Insbesondere um eine unterschiedliche Anwendung des EPG-Statuts in den jeweiligen Mitgliedstaaten der EU zu vermeiden, sollte die Rechtsfigur des faktischen Geschäftsleiters auch in Konzernverhältnissen Anwendung finden. Dies gilt zumindest, bis ein eigenständiges allgemeines europäisches Konzernrecht die Haftung in Konzernverhältnissen aus Minderheiten- und Gläubigersicht zufrieden stellend regelt. Die Erfahrungen aus den Niederlanden und aus England zeigen, dass man über dieses Rechtsinstitut auch in Konzernverhältnissen zu zufrieden stellenden Ergebnissen gelangen kann.

Art. 17 Abs. 3 EPG-VOE stellt die interne Haftung des faktischen Geschäftsführers gegenüber der Gesellschaft ausdrücklich klar und entspricht somit den von der Rechtsprechung in Deutschland und in England entwickelten Grundsätzen zur internen Haftung des faktischen Geschäftsführers gegenüber der Gesellschaft.

Schließlich führt in England die begriffliche Unterscheidung zwischen *de facto directors* und *shadow directors* sowie die gesetzliche Legaldefinition des Begriffes *shadow directors* zu einer einheitlichen Terminologie, die insbesondere das deutsche Recht und der Verordnungsentwurf für die EPG leider vermissen lassen.

781 S. 214 Abs. 7 IA 1986 bzw. Art. 2:248 Abs. 7 BW.

782 Vgl. zum englischen Recht: *Hicks/Goo*, Cases and Materials on Company Law, S. 299 und *Fleischer*, AG 1999, 350 (361); zum niederländischen Recht siehe nur Art. 2:11 BW.

§ 8 Die Haftung bei mehrköpfiger Geschäftsleitung

Je größer ein Unternehmen wird, desto umfangreicher und komplexer werden die Aufgaben der Geschäftsleitung dieses Unternehmens. Schon aus Gründen der Praktikabilität und Zweckmäßigkeit kann es daher unerlässlich sein, mehreren Personen die Leitung der Geschäfte eines Unternehmens zu übertragen und ihnen jeweils eigenständige Zuständigkeitsbereiche zuzuweisen, für die diese Personen die alleinige wirtschaftliche Verantwortung tragen. Von besonderem Interesse auf europäischer Ebene ist in diesem Zusammenhang, inwieweit auch die rechtliche Verantwortung durch eine Geschäftsverteilung oder Ressortaufteilung auf die hiernach jeweils verantwortlichen Geschäftsleiter beschränkt werden kann und welche Kontroll- bzw. Überwachungspflichten der Mitglieder der Geschäftsleitung untereinander bestehen. Eine ausdrückliche Regelung hierzu fehlt im Verordnungsentwurf für die EPG.

I. Die Rechtslage in Deutschland

Besteht die Geschäftsführung der GmbH aus mehreren Personen, haften diese grundsätzlich gesamtschuldnerisch (§ 43 Abs. 2 GmbHG: "solidarisch") auf das Ganze[783]. Man spricht daher auch von dem "Prinzip der Gesamtverantwortung"[784]. Dies bedeutet, dass generell jeder Geschäftsführer unabhängig von der Ausgestaltung der Geschäftsführungs- und Vertretungsbefugnis im Rahmen der laufenden Geschäftsführung für das rechtmäßige Verhalten der Gesellschaft zu sorgen und auch für ein Fehlverhalten der Geschäftsführung einzustehen hat. Da das Gesetz eine Gesamtgeschäftsführung jedoch nicht zwingend vorschreibt, ist eine vom gesetzlichen Leitbild abweichende Regelung zulässig[785]. In der Praxis werden solche Vereinbarungen regelmäßig in einer sogenannten Geschäftsverteilung getroffen, die die Zuständigkeiten und Verantwortlichkeiten in einer mehrköpfigen Geschäftsführung regelt.

783 *Dreher*, ZGR 1992, S. 22.
784 Vgl. z.B.: BHGZ 133, 370 (376); *Schneider*, in: FS 100 Jahre GmbH-Gesetz, S. 473 (478); *Haas*, Geschäftsführerhaftung und Gläubigerschutz, S. 281; ausführlich zur AG: *Hoffmann-Becking*, ZGR 1998, 497 (506 f.).
785 OLG Stuttgart GmbHR 1992, 48.

Nachfolgend wird dargestellt, welche Voraussetzungen an die Zulässigkeit einer Geschäftsverteilung in der Geschäftsführung zu stellen sind und welche Rechtsfolgen eine wirksame Geschäftsverteilung für die Haftung der einzelnen Geschäftsführer hat.

1. Zulässigkeit der Geschäftsverteilung

a) Formelle Voraussetzungen

Zuständig für eine Aufgabenverteilung unter den Geschäftsführern sind primär die Gesellschafter[786]. Sie können durch Bestimmungen in der Satzung oder durch einfachen Gesellschafterbeschluss den Geschäftsführern eine Geschäftsordnung geben[787]. Treffen die Gesellschafter keine Entscheidung bezüglich einer Geschäftsordnung oder ermächtigen sie die Geschäftsführer zur Geschäftsverteilung, können sich die Geschäftsführer selbst durch einstimmigen Beschluss (§ 77 Abs. 2 S. 3 AktG analog) eine Geschäftsordnung geben[788].

Hinsichtlich der erforderlichen Form bei der Abfassung der Geschäftsverteilung wird von der überwiegenden Meinung eine schriftliche Fixierung der Geschäftsverteilung verlangt[789], da nur durch die schriftliche Abfassung der Geschäftsverteilung gewährleistet sei, dass die Geschäftsführer ihrer Pflicht aus § 43 Abs. 1 GmbHG zur klaren Aufgabenverteilung nachkommen.

---

786 *Haas*, Geschäftsführerhaftung und Gläubigerschutz, S. 280.

787 *Scholz/Schneider*; GmbHG, § 37 Rn. 59. Eine Verteilung lediglich im Anstellungsvertrag ist nicht zulässig. Die Verteilung muss mit korporationsrechtlichen und nicht mit schuldrecht-lichen Gestaltungsmitteln erfolgen. Zudem könnte kein Geschäftsführer überprüfen, ob seine Kollegen ihren Pflichten nachkommen, weil er deren Anstellungsverträge in der Regel nicht kennen wird. Vgl.: *Heisse*, Die Beschränkung der Geschäftsführerhaftung gegenüber der GmbH, S. 84.

788 *Scholz/Schneider*; GmbHG, § 37 Rn. 57; *Baumbach/Hueck/Zöllner*; GmbHG, § 37 Rn. 16; *Lutter/Hommelhoff*, GmbHG, § 37 Rn. 29.

789 Zur Haftung wegen Steuerverbindlichkeiten: BFH GmbHR 1985, 30 (32); GmbHR 1989, 170 (171). Anders allerdings OLG Frankfurt ZIP 1995, 213 (215) in Bezug auf sozialrechtlichen Pflichten: hier soll faktische Geschäftsaufteilung ausreichend sein; aus der Literatur: *Haas*, Geschäftsführerhaftung und Gläubigerschutz, S. 285; *Heisse*, Die Beschränkung der Geschäftsführerhaftung gegenüber der GmbH, S. 84; *Dreher*, ZGR 1992, S. 22 (50 ff.). Gegen das Schriftformerfordernis: *Lutter/Hommelhoff*, GmbHG, § 37 Rn. 37.

b) Inhaltliche Voraussetzungen

Die Geschäftsverteilung muss inhaltlich möglichst konkret abgefasst sein[790]. Weist die Geschäftsverteilung eine konkrete Pflicht, die verletzt wurde, nicht eindeutig einem bestimmten Geschäftsführer zu, besteht weiterhin Gesamtgeschäftsführung mit der haftungsrechtlichen Konsequenz, dass alle Geschäftsführer für die Pflichtverletzung verantwortlich sind[791]. Ebenso bleibt es bei der Gesamtverantwortung, wenn die Wahrnehmung einer bestimmten Pflicht zwar einem Geschäftsführer zugewiesen ist, das Gesetz aber diese Pflichterfüllung jedem Geschäftsführer zuweist. So obliegt es z.B. jedem Geschäftsführer, die Gesellschafterversammlung gemäß § 49 Abs. 2 und 3 GmbHG[792] einzuberufen, den Insolvenzantrag gemäß § 64 Abs. 1 GmbHG zu stellen[793] sowie die Vorschriften der §§ 30 ff. GmbHG zu beachten[794], unabhängig von der internen Geschäftsverteilung. Nach dem Leitbild des deutschen Gesetzgebers basiert die Geschäftsführung demnach auf dem Prinzip der kollektiven Gesamtverantwortung. Ein Kernbereich der Geschäftsführungsaufgaben ist daher auch nicht einer Geschäftsverteilung durch Vereinbarung zwischen den Geschäftsführern zugänglich.

2. Rechtsfolgen für die Haftung bei einer wirksamen Geschäftsverteilung

Für die ordnungsgemäße Erfüllung der Kernbereichsaufgaben, die einer Geschäftsverteilung nicht zugänglich sind, bleibt jeder Geschäftsführer verantwortlich und somit haftbar.

Darüber hinaus entbindet eine wirksame Geschäftsverteilung den Geschäftsführer nicht von der Pflicht, die übrigen Mitgeschäftsführer zu überwachen[795]. Jeder Geschäftsführer muss sich kontinuierlich über die Tätigkeit der übrigen Geschäftsführer erkundigen und informieren. Diesen Pflichten ist grundsätzlich

790 Ein Organigramm kann zur Präzisierung sehr hilfreich sein. Zu verschiedenen Modellen der Geschäftsaufteilung siehe: *von Werder*, BB 1987, 2265 ff..

791 So schon das Reichsgericht in RGZ 12, 74 (76) zum Vorstand einer eingetragenen Genossenschaft.

792 *Lutter/Hommelhoff*, GmbHG, § 49 Rn. 3; *Scholz/Schmidt*, GmbHG, § 49 Rn. 4 und Rn. 34.

793 BGH GmbHR 1994, 460 (461); *Goette*, DStR 1998, 938 (942).

794 *Lutter/Hommelhoff*, GmbHG, § 37 Rn. 31.

795 BGH DB 1996, 2483 f. zur Abführung der Arbeitnehmerbeiträge zur Sozialversicherung; GmbHR 1995, 653 (654); BGH WM 1985, 1293 (1294); *Schneider*, in: FS 100 Jahre GmbH-Gesetz, S. 473 (482 f.); *Lutter/Hommelhoff*, GmbHG, § 37 Rn. 32; *Rohde*, JuS 1995, 965 (966).

Genüge getan, wenn sich der Geschäftsführer durch regelmäßige Teilnahme an den Sitzungen des Geschäftsführungsgremiums über den Geschäftsverlauf in den anderen Ressorts vergewissert[796]. Insbesondere in der Krise der Gesellschaft besteht jedoch für jeden Geschäftsführer eine erhöhte Kontrollpflicht gegenüber den übrigen Mitgeschäftsführern[797]. So muss auch der nicht für das Ressort "Finanzen" zuständige Geschäftsführer (z.B. ein technischer Geschäftsführer) gegebenenfalls Insolvenzantrag stellen und alle Maßnahmen zur Sicherung der Masse treffen[798].

Ist die Geschäftsverteilung jedoch zulässig und sind die Kontroll- und Überwachungspflichten von den Geschäftsführern beachtet worden, kann dem nach der Geschäftsverteilung nicht zuständigen Geschäftsführer kein Vorwurf einer Pflichtverletzung gemacht werden, wenn ein anderer Mitgeschäftsführer die ihm obliegenden Pflichten verletzt hat. Eine Haftung des nicht zuständigen Geschäftsführungsmitglieds scheidet daher aus. Für eine Zurechnung über § 831 BGB fehlt es an dem notwendigen Über-Unterordnungsverhältnis[799] zwischen den einzelnen Geschäftsführern. Die Geschäftsführer untereinander sind auch keine Erfüllungsgehilfen gemäß § 278 S. 1 BGB, da nicht der einzelne Geschäftsführer, sondern die Gesellschaft sich zur Erfüllung ihrer Aufgaben der Geschäftsführer bedient[800]. Handlungen der Organmitglieder werden daher unmittelbar der Gesellschaft und nicht den übrigen Organmitgliedern zugerechnet.

3. Zusammenfassung

Folglich verändert eine zulässige und wirksame Geschäftsverteilung innerhalb eines mehrköpfigen Geschäftsführungsgremiums den Pflichtenkreis des einzelnen Geschäftsführers und damit dessen Haftungsrisiko. Allzu sorglos darf der einzelne Geschäftsführer sich jedoch nicht auf seine Kollegen verlassen, da ihm stets eine Überwachungs- und Kontrollpflicht der übrigen Geschäftsführer obliegt. Ein Kernbereich der Geschäftsführungsaufgaben ist einer Geschäftsverteilung entzogen, so dass es hier bei einer Gesamtverantwortung und damit einer gesamtschuldnerischen Haftung aller Geschäftsführer verbleibt.

---

796 *Haas*, Geschäftsführerhaftung und Gläubigerschutz, S. 287.
797 Vgl. BGH NJW 1994, 2149 (2150 f.).
798 *Haas*, Geschäftsführerhaftung und Gläubigerschutz, S. 288.
799 Vgl. hierzu: *Palandt/Thomas*, § 831 Rn. 6 und 8; *MüKo/Mertens*, § 831 Rn. 39.
800 *Haas*, Geschäftsführerhaftung und Gläubigerschutz, S. 286.

II. Die Rechtslage in England

Auch in England besteht das Geschäftsführungsorgan der *private companies* zumindest in den nicht ganz kleinen Gesellschaften überwiegend aus mehreren Personen (sog. *board of directors*)[801]. Wegen der Unterscheidung zwischen nicht geschäftsführenden Direktoren (*non-executive directors*) und geschäftsführenden Direktoren (*executive* bzw. *managing directors*)[802] innerhalb des *boards of directors* ist bei den zur Haftung wegen mehrköpfiger Geschäftsführung ergangenen Entscheidungen der Rechtsprechung stets zu berücksichtigen, ob der zugrunde liegende Sachverhalt Pflichten des *non-executive directors* oder des *executive directors* betraf. Denn offensichtlich ist der Pflichtenkreis der geschäftsführenden Direktoren bezüglich der Führung der Geschäfte und damit auch das Haftungsrisiko größer als das Haftungsrisiko der nicht geschäftsführenden Direktoren.

Da es sich vorliegend um eine Rechtsvergleichung der Geschäftsleiterhaftung handelt, werden nachfolgend ausschließlich die Haftungsverhältnisse der geschäftsführenden Direktoren bei mehrköpfiger Geschäftsführung untersucht.

1. Zulässigkeit der Geschäftsverteilung

a) Formelle Voraussetzungen

Grundsätzlich sind nur alle Geschäftsführer gemeinschaftlich zur Geschäftsführung und Vertretung der Gesellschaft befugt[803]. Da sich aber die einzelnen Befugnisse und Kompetenzen der *directors* weder aus dem Gesetz noch aus dem *common law*, sondern aus den *articles of association* ergeben, kann die Gesellschaft weitgehend frei über die Zuständigkeiten und die Geschäftsverteilung innerhalb der Geschäftsführung bestimmen. Art. 72 S. 2 der Mustersatzung *Table A*[804] bestimmt zum Beispiel, dass die *directors* auf jeden *managing director* oder

801 Vgl. hierzu bereits die Ausführungen in der Einleitung unter VII 1a.

802 Zu dieser Unterscheidung siehe bereits die Ausführungen in der Einleitung unter VII 1 a.

803 *Davies*, Gower's Principles of Modern Company Law, S. 195 f.; *Triebel/Hodgson/Kellenter/Müller*, Englisches Handels- und Wirtschaftsrecht, Rn. 717; vgl. auch *Re Haycraft Gold Reduction and Mining Co.* [1900] 2 Ch. 230 (235).

804 Der komplette Text des *Table A* ist abgedruckt bei: *Hicks/Goo*, Cases and Materials on Company Law, S. 34 ff.. Art. 72 S. 2 lautet: "They may also delegate to any managing director or any director holding any other executive office such of their powers as they consider desirable to be exercised by him."

jeden anderen *director*, der ein geschäftsführendes Amt bekleidet, diejenigen Befugnisse übertragen können, die sie für erstrebenswert erachten, von jenem *director* ausgeübt zu werden. Aus dem Wortlaut des Art. 72 der Mustersatzung ergibt sich auch, dass es die Geschäftsführer selbst sind, die für die Geschäftsverteilung zuständig sind, soweit die *articles of association* keine abweichende Regelung enthalten[805]. Regelmäßig ist in den *articles of association* vorgesehen, dass die tatsächliche alltägliche Geschäftsführung einzelnen *directors* übertragen wird[806].

Formvorschriften, an die sich die *directors* bei der Aufstellung einer solchen Geschäftsverteilung halten müssten, ergeben sich weder aus dem Gesetz noch nach *common law*. Zur Gewährleistung einer ordnungsgemäßen Geschäftsführung sowie aus Beweisgründen im Haftungsfall empfiehlt es sich aber sicherlich, die Geschäftsverteilung der Geschäftsführungsaufgaben schriftlich festzuhalten.

b) Inhaltliche Voraussetzungen

Inhaltlich bestehen im englischen Recht keine Beschränkungen für die Geschäftsverteilung. Weder die Rechtsprechung, soweit ersichtlich, noch der Gesetzgeber haben bisher eine Geschäftsverteilung für einzelne Bereiche der Geschäftsführungsaufgaben für unzulässig erklärt. Auch die Kernbereiche der Geschäftsführungsaufgaben, die nach deutschem Recht stets allen Geschäftsführern obliegen[807], sind im englischen Recht auf einzelne Geschäftsführungsmitglieder delegierbar[808]. Das Geschäftsführungsorgan *(board of directors)* darf die ihm zugewiesenen Aufgaben aufteilen und einzelnen Mitgliedern die alleinige Zuständigkeit für bestimmte Geschäftsbereiche übertragen[809].

---

805 Vgl. auch: *Freeman and Lockyer v. Buckhurst Park Properties (Mangal) Ltd.* [1964] 2 Q.B. 480.

806 *Brumwell/Mallet*, GmbHR 1995, 647; *Dierksmeier*, Der Kauf einer englischen "Private Limited Company", S. 41; *Shearman*, in: *Centrale für GmbH Dr.Otto Schmidt* (Hrsg.), Die GmbH-Rechte in den EG-Staaten, S. 49 (66).

807 Vgl. hierzu die Ausführungen in § 8 I 1 b. Allerdings kennt das englische Recht eine Insolvenzantragspflicht der Geschäftsführer in Falle der Krise der Gesellschaft nicht. Siehe hierzu bereits die Ausführungen in § 5 II.

808 *Pennington*, Company law, S. 765; *Pennington/Gansen*, in: *Lutter* (Hrsg.), Die Gründung einer Tochtergesellschaft im Ausland, S. 296.

809 *Freeman and Lockyer v. Buckhurst Park Properties (Mangal) Ltd.* [1964] 2 QB 480 (510); *Neuling*, Deutsche GmbH und englische private company, S. 120.

2. Rechtsfolgen für die Haftung bei einer wirksamen Geschäftsverteilung

Bereits Anfang dieses Jahrhunderts hat die englische Rechtsprechung den Grundsatz aufgestellt, dass im Falle der ordnungsgemäßen Geschäftsverteilung ein *director* darauf vertrauen darf, dass sein *co-director* die ihm übertragenen Aufgaben ordnungsgemäß erfüllt, sofern keine anderweitigen Verdachtsmomente gegeben sind[810]. Insbesondere muss der *director* seine *co-directors* nicht laufend kontrollieren und überwachen[811]. Unter dieser Prämisse haftet ein Geschäftsführer z.B. nicht für den Betrug, den ein anderer *director* der Gesellschaft begangen hat, wenn der nicht betrügerisch handelnde *director* auf die Informationen, den Rat, die Integrität und Kompetenz des *co-directors* vertrauen durfte[812]. Ein allgemeines Prinzip der Gesamtverantwortung aller Geschäftsführer besteht mithin nicht.

Der Vertrauensgrundsatz steht im Widerspruch zur deutschen Rechtslage, die dem einzelnen Geschäftsführer unabhängig von der Geschäftsverteilung Kontroll- und Überwachungspflichten der übrigen Geschäftsführungsmitglieder auferlegt[813]. Jedoch gibt es auch im englischen Recht Einschränkungen dieses Vertrauensgrundsatzes ("*Overall responsibility is not delegable*"), die eine Annäherung des englischen Rechts an die deutsche Position bewirken.

So obliegt es den Geschäftsführern, ausreichende Kontrollmechanismen zu etablieren, die es ermöglichen, Missbräuche schnell aufzudecken und gewährleisten, dass das *board of directors* stets in der Lage ist, die Geschäftsführung zu steuern und zu überwachen[814]. Jeder *director* behält also unabhängig von einer bestehenden Geschäftsverteilung eine Pflicht zur Überwachung und Kontrolle, die aus zwei Komponenten besteht: Zum einen muss jeder Geschäftsführer sicherstellen, dass ein taugliches und funktionierendes Kontrollsystem installiert ist. Zum anderen muss gewährleistet sein, dass jeder Geschäftsführer über die Geschäfte der Gesellschaft hinreichend informiert wird, um Warnsignale erkennen zu können, die dieses Kontrollsystem hervorbringt[815]. Ob der *director* für

---

810 *Dovey v. Cory* [1901] AC 477.

811 *Huckerby v. Elliot* [1970] 1 All ER 189.

812 *Dovey v. Cory* [1901] AC 477 (492).

813 So auch *Drury*, in: *Kreuzer* (Hrsg.), Die Haftung der Leitungsorgane von Kapitalgesellschaften, S. 116.

814 *Daniels v. Anderson* [1995] 16 ACSR 607 (651 f.) (Supreme Court of New South Wales, Australien); ebenso: *Re Barings plc (No 5)* [1999] 1 BCLC 433; *Hartlieb*, Die Haftung des directors einer englischen Kapitalgesellschaft, des Vorstandsmitglieds einer AG sowie des GmbH-Geschäftsführers nach deutschem Recht, S. 120.

815 *Re Westmid Packing Servives Ltd* [1998] 2 All ER 124; *Re Barings plc (No 5)* [1999] 1 BCLC 433 (486 ff); *Palmer*, Company law, Rn. 8.411; *Hartlieb*, Die

ein Fehlverhalten eines anderen *directors* verantwortlich gemacht werden kann, hängt letztendlich von dem Charakter des Unternehmens, der Anzahl der *directors*, den Bestimmungen in den *articles of association*, der Handhabung der Geschäftsführung durch die *directors* und dem Umfang ihrer Kenntnisse und Erfahrung, mithin von jedem Einzelfall ab[816].

3. Zusammenfassung

In England ist die Geschäftsverteilung innerhalb einer mehrköpfigen Geschäftsführung weitestgehend der Privatautonomie überlassen. Ihre Zulässigkeit hängt demnach primär von der Ausgestaltung der *articles of association* der jeweiligen Gesellschaft ab. Grundsätzlich haftet jeder Geschäftsführer nur für sein individuelles Fehlverhalten. Das Prinzip der gesamtschuldnerischen Haftung bei mehrköpfiger Geschäftsführung ist dem englischen Recht fremd.

Der *director* einer *private limited company* in England darf jedoch im Falle einer Delegation der Aufgaben nicht blind auf die Zuverlässigkeit seiner *co-directors* vertrauen. Ein Mindestmaß an Kontroll- und Überwachungspflichten muss auch der *director* einer englischen *private limited company* beachten. Typisch für das überwiegend auf *case law* basierende englische Recht ist die Entwicklung von allgemeinen Kriterien durch die Rechtsprechung, anhand derer im Einzelfall geprüft wird, ob dem einzelnen *director* innerhalb einer mehrköpfigen Geschäftsführung ein Fehlverhalten vorgeworfen werden kann. Daher lässt sich kein allgemeingültiger, für alle *directors* gleichermaßen geltender Pflichtenmaßstab in der mehrköpfigen Geschäftsführung statuieren. Ob ein *director* für das Fehlverhalten seiner *co-directors* haftet, bleibt also letztlich einer Einzelfallbetrachtung anhand der von der Rechtsprechung aufgestellten Kriterien vorbehalten.

III. Die Rechtslage in den Niederlanden

Ebenso wie in Deutschland und England besteht in den Niederlanden das Bedürfnis, die Unternehmensleitung einer größeren B.V. mehreren Geschäftsführern anzuvertrauen. Der Gesetzgeber hat sich für das Prinzip der kollektiven und kollegialen Geschäftsführung in der B.V. entschieden. Dieses Prinzip kommt am

---

Haftung des directors einer englischen Kapitalgesellschaft, des Vorstandsmitglieds einer AG sowie des GmbH-Geschäftsführers nach deutschem Recht, S. 120.

816 *Palmer*, Company law, Rn. 8.411.

deutlichsten in der Bestimmung des Art. 2:239 BW zum Ausdruck, wo es heißt, dass die Führung der Geschäfte der Geschäftsführung (*het bestuur*) obliegt. Jede Aufgabe der Geschäftsführung ist danach grundsätzlich eine Aufgabe der gemeinsamen Geschäftsführer, für die jeder Geschäftsführer die Verantwortung trägt[817]. Es stellt sich deshalb die Frage, inwieweit eine Geschäftsverteilung (*taakverdeling* oder *werkverdeling*) innerhalb der Geschäftsführung zulässig ist und welche Konsequenzen dies für die einzelnen Geschäftsführer hat.

Allgemein anerkannt ist, dass das Geschäftsführungsorgan der B.V. dem anglo-amerikanischen *board-system* nachgebildet werden kann[818]. Ein oder mehrere Geschäftsführer können demnach mit der täglichen Geschäftsführung beauftragt werden, während andere Geschäftsführer lediglich die wesentlichen Geschäftsentscheidungen mittragen oder auch nur Aufsichtsfunktionen wahrnehmen. Im Rahmen dieser Arbeit beschränken sich die folgenden Ausführungen auf die Haftung derjenigen Geschäftsführer, die die täglichen Geschäfte der Gesellschaft tatsächlich führen.

1. Zulässigkeit der Geschäftsverteilung

Der Wortlaut des Art. 2:9 BW, der die allgemeinen Pflichten des Geschäftsführers gegenüber der Gesellschaft regelt, unterstellt, dass eine Geschäftsverteilung in der B.V. grundsätzlich zulässig ist. Denn Art. 2:9 Satz 2 BW bestimmt, dass jeder Geschäftsführer solidarisch haftbar ist, falls es sich um eine Angelegenheit handelt, die zum Aufgabenbereich von zwei oder mehreren Geschäftsführern gehört[819]. Das Gesetz geht demnach davon aus, dass bestimmte Aufgaben auch auf lediglich einen Geschäftsführer übertragen werden können. Es wird daher auch in der Literatur nicht bestritten, dass eine Geschäftsverteilung der Geschäftsführungsaufgaben auf einzelne Geschäftsführer grundsätzlich zulässig

---

817 Vgl. *Van Mourik*, in: *Kreuzer* (Hrsg.), Die Haftung der Leitungsorgane von Kapitalgesellschaften, S. 193; *Van Schilfgaarde*, ZGR 1987, 233 (239); *ders.*, Van de BV en de NV, Nr. 42 S. 135; *Huizink*, in: Rechtspersonen, Band 1 zu Art. 2:9 BW Nr. 5.

818 *Huizink*, in: Rechtspersonen, Band 2 zu Art. 2:129 BW Nr. 15.

819 Art. 2:9 Satz 2 BW lautet: "Falls es sich um eine Angelegenheit handelt, die zum Arbeitsbereich von zwei oder mehreren Geschäftsführern gehört, ist jeder von ihnen in vollem Umfang für einen Mangel haftbar, es sei denn, dass er diesen nicht zu verantworten hat und er es nicht versäumt hat, Maßnahmen zur Abwendung der diesbezüglichen Folgen zu ergreifen."

ist[820]. Allerdings schweigt das Gesetz zu den Voraussetzungen einer wirksamen Geschäftsverteilung.

a) Formelle Voraussetzungen

Besondere formelle Kriterien bestehen für die Geschäftsverteilung nicht. Die Verteilung kann schon in der Satzung der Gesellschaft, durch eine Verwaltungsanordnung oder auch aufgrund förmlicher oder nicht förmlicher Vereinbarung der Geschäftsführer untereinander geregelt werden[821]. Da jedoch der Geschäftsführer gemäß Art. 2:9 S. 2 BW regelmäßig beweisen muss, dass ihm kein persönlicher Vorwurf hinsichtlich einer Pflichtverletzung der Geschäftsführung zu machen ist, empfiehlt es sich schon aus Sicht des Geschäftsführers, die Geschäftsverteilung möglichst eindeutig und schriftlich festzuhalten. Es steht außer Frage, dass einer Geschäftsverteilung in der Satzung der Gesellschaft größere Beweiskraft zukommt als einer bloß mündlichen Vereinbarung der Geschäftsführer untereinander. Im Übrigen ist im Sinne einer klaren Kompetenzzuweisung stets eine schriftliche Abfassung der Geschäftsverteilung zu empfehlen.

b) Inhaltliche Voraussetzungen

Der Gesetzeswortlaut der Grundhaftungsnorm des Art. 2:9 Satz 2 BW geht davon aus, dass nicht alle Angelegenheiten auf einen bestimmten Geschäftsführer übertragen werden können. Daraus wird abgeleitet, dass alle für die Gesellschaft bedeutsamen Beschlüsse, die zum Aufgabenbereich der Geschäftsführung gehören, von der gesamten Geschäftsführung gefasst werden müssen[822]. An solche Beschlüsse ist jeder Geschäftsführer gebunden; dies gilt auch dann, wenn sie nur seinen Ressortbereich betreffen[823]. Ist ein Ressort einem bestimmten Geschäftsführer als sein Verantwortungsbereich zugewiesen, kann allerdings vereinbart werden, dass der Geschäftsführer in seinem Ressort Beschlüsse von geringer

---

820 *Huizink*, in: *Rechtspersonen*, Band 1 zu Art. 2:9 BW Nr. 5.; *Van Schilfgaarde*, ZGR 1987, 233 (239); *ders.*, Van de BV en de NV, Nr. 42, S. 121; *Wezeman*, Aansprakelijkheid van bestuurders, S. 70 f..

821 Vgl. *Van Mourik*, in: *Kreuzer* (Hrsg.), Die Haftung der Leitungsorgane von Kapitalgesellschaften, S. 193; *Huizink*, Bestuurders van rechtspersonen, S. 103 ff.; *Van Schilfgaarde*, Van de BV en de NV, Nr. 47, S. 149 f.; *Dortmond*, Misbruik van rechtspersonen, in: Piercing Van Schilfgaarde, deel 9, S. 16.

822 *Timmerman*, Aansprakelijkheid van bestuurders van n.v.'s en b.v.'s; een overzicht van enige recente rechtspraak, TVVS 1991, 197 (200).

823 *Van Mourik*, in: *Kreuzer* (Hrsg.), Die Haftung der Leitungsorgane von Kapitalgesellschaften, S. 193.

Bedeutung alleine fassen darf[824]. In der Literatur ist noch nicht abschließend geklärt, welche Aufgaben im Einzelnen einer Geschäftsverteilung zugänglich sind und welche nicht[825]. Zu den Kernaufgaben, die einer Geschäftsverteilung nicht zugänglich sein sollen, werden zum Beispiel die finanziellen Angelegenheiten der Gesellschaft und die allgemeine Führung der Geschäfte (Unternehmenspolitik) gezählt[826].

Die Rechtsprechung hat sich noch nicht umfassend mit dieser Thematik auseinandersetzen können. Der *Hoge Raad* hat jedoch im Rahmen des Exkulpationsbeweises gemäß Art. 2:248 Abs. 3 BW entschieden, dass es sich bei den Pflichten aus Art. 2:248 Abs. 2 BW zur ordnungsgemäßen Buchführung und zur Veröffentlichung des Jahresabschlusses um fundamentale Aufgaben der Geschäftsführung handelt, die einer Geschäftsverteilung nicht zugänglich sind[827]. Für den Geschäftsführer soll es danach im Falle einer Inanspruchnahme aus Art. 2:248 Abs. 1 i.V.m. Abs. 2 BW nur der Beweis möglich sein, dass die unsorgfältige Geschäftsführung keine wichtige Ursache der Insolvenz war. Die Haftung des Geschäftsführers kann nach Auffassung des *Hoge Raad* jedoch nicht dadurch vermieden werden, dass der Geschäftsführer beweist, die Pflichten aus Art. 2:248 Abs. 2 BW seien nicht sein Aufgabenbereich gewesen und die unsorgfältige Geschäftsführung sei ihm daher nicht anzulasten.

Diesem Grundsatz ist der *Hof Amsterdam* wenige Jahre später in einem Fall, in dem ein Geschäftsführer wegen offensichtlich unsorgfältiger Geschäftsführung haftbar gemacht werden sollte, mit einer Einschränkung gefolgt[828]. Das Gericht ermöglichte es dem beklagten Geschäftsführer, entgegen der Auffassung des *Hoge Raad* in der soeben zitierten Entscheidung, den Beweis zu führen, dass die Pflichtverletzung ihm nicht anzulasten ist. Für diese Beweisführung war allerdings die Berufung auf die Geschäftsverteilung an sich noch nicht ausreichend, da nach Meinung des Gerichts in Übereinstimmung mit der Auffassung des *Hoge Raad* die Pflicht zur Buchführung gemäß Art. 2:10 und 394 BW eine elementare Pflicht eines jeden Geschäftsführers ist[829]. Zur Exkulpation des Geschäftsführers müssten vielmehr weitere konkrete Umstände hinzukommen.

---

824 *Timmerman*, Aansprakelijkheid van bestuurders van n.v.'s en b.v.'s; een overzicht van enige recente rechtspraak, TVVS 1991, 197 (200).

825 Vgl. *De Savornin Lohman*, Duties and liability of directors and shareholders under Netherlands law, S. 45.

826 *Huizink*, in: Rechtspersonen, Band 1 zu Art. 2 : 9 BW Anm. 5.

827 HR, vom 20. 05.1988, NJ 1989, 676 (*Koster v Van Nie*). Ebenso: *Asser-Maeijer*, Band 2-III Nr. 330, S. 458.

828 Hof Amsterdam, vom 04.06.1992, NJ 1993, 749 (*Schlingemann* and *Kaas*); ebenso: Rb Untrecht, vom 17.07.1996, JOR 1997, 1 (*Proforce BV*) mit Anmerkung von *J.B. Wezeman*.

829 *Huizink*, in: Rechtspersonen, Band 2 zu Art. 2:138 BW Anm. 12.

2. *Rechtsfolgen für die Haftung bei einer wirksamen Geschäftsverteilung*

Ist die Geschäftsverteilung zulässig und wirksam, haftet ein Geschäftsführer nicht für die Pflichtverletzung seiner Kollegen, wenn ihm der Beweis gelingt, dass ihm die Pflichtverletzung nicht anzulasten ist und dass er bei der Abwendung der Folgen der Pflichtverletzung nicht unsorgfältig gehandelt hat[830]. Das folgt aus Art. 2:9 S. 2 und Art. 2:248 Abs. 3 BW.

In der Literatur wird zwar desgleichen die Auffassung vertreten, eine Geschäftsverteilung, die nicht in der Satzung der Gesellschaft geregelt sei oder auf dem Gesetz beruhe, habe keine Rechtsfolgen im Außenverhältnis, sondern gewähre lediglich dem nicht zuständigen Geschäftsführer im Innenverhältnis einen Regressanspruch gegen seinen Mitgeschäftsführer[831]. Diese Meinung findet jedoch keine Stütze im Gesetz und konnte sich daher bislang auch nicht in der Praxis durchsetzen.

Ob ein Geschäftsführer seine Kollegen überwachen bzw. kontrollieren muss, ist im niederländischen Recht bislang, soweit ersichtlich, nicht vertiefend erörtert worden. Jedoch hat der Geschäftsführer zur Vermeidung einer Inanspruchnahme nach Art. 2:9 S. 2 BW zu beweisen, dass er es nicht versäumt hat, Maßnahmen zur Abwendung der Folgen aus einer Pflichtverletzung seiner Mitgeschäftsführer zu ergreifen. Folglich ist es für den einzelnen Geschäftsführer unerlässlich, zumindest zu überwachen, ob und wann seine Kollegen Pflichtverletzungen begehen, um hiernach schadensmindernd tätig werden zu können.

3. *Zusammenfassung*

Eine zulässige Geschäftsverteilung verändert auch in den Niederlanden das Haftungsrisiko des einzelnen Geschäftsführer in einer mehrköpfigen Geschäftsführung. Der Geschäftsführer trägt jedoch die Beweislast für die fehlende persönliche Pflichtverletzung und somit für das Vorliegen einer zulässigen Geschäftsverteilung.

Eine gewisse Rechtsunsicherheit ist zu beobachten, da noch nicht eindeutig geklärt ist, in welchem Umfang eine Geschäftsverteilung zulässig ist. Jedenfalls

830 In Anbetracht der Rechtsprechung zum maßgeblichen Verschuldensmaßstab für Handlungen des Geschäftsführers bei Pflichtverletzungen gegenüber der Gesellschaft (vgl. hierzu die Ausführungen in § 2 III 1 b) wird man wohl auch hier fordern müssen, dass der Geschäftsführer lediglich zu beweisen hat, dass ihm kein grober Vorwurf (*ernstig verwijt*) gemacht werden kann.

831 *Huizink*, Bestuurders van rechtspersonen, S. 103 f.. Ähnlich: *Dortmond*, Misbruik van rechtspersonen, in: Piercing Van Schilfgaarde, deel 9, S. 17 ff..

ist auch im niederländischen Recht ein Kernbereich der Geschäftsführungsaufgaben einer Geschäftsverteilung nicht zugänglich. In formaler Hinsicht bestehen keine gesetzlichen Form- oder Zuständigkeitsvorschriften, die bei der Abfassung einer Geschäftsverteilung beachtet werden müssen. Zu bedenken ist allerdings, dass eine Geschäftsverteilung, die z.B. in der Satzung der Gesellschaft selbst geregelt ist, dem Geschäftsführer eine deutlich bessere Beweisposition verschafft als eine bloß formlose Aufgabenverteilung.

IV. Die Rechtslage in der Europäischen Privatgesellschaft

Es steht außer Frage, dass auch in der Europäischen Privatgesellschaft zumindest in größeren Gesellschaften das Geschäftsleitungsorgan regelmäßig aus mehreren Personen bestehen wird. Damit stellt sich auch in der EPG die Frage, inwieweit eine Geschäftsverteilung zwischen den einzelnen Geschäftsleitern zulässig ist und welche Rechtsfolgen sich hieraus für den einzelnen Geschäftsleiter ergeben.

Die Grundhaftungsnorm des Art. 17 Abs. 1 S. 1 EPG-VOE trifft hierzu keine eindeutige Regelung, sondern bestimmt ganz allgemein, dass der oder die Geschäftsleiter für Pflichtverletzungen einzeln oder gesamtschuldnerisch haftbar sind. Es ist daher nach dem Wortlaut des Art. 17 Abs. 1 S. 1 EPG-VOE grundsätzlich möglich, dass bei Vorhandensein von mehreren Geschäftsleitern trotzdem nur ein Geschäftsleiter haftbar ist. Anders als im deutschen und niederländischen Recht basiert die Geschäftsleitung in der EPG also nicht auf dem Prinzip der kollektiven Gesamtverantwortung. Es kommt nach dem Wortlaut des Art. 17 Abs. 1 S. 1 EPG-VOE vielmehr auf jeden Einzelfall an, ob eine gesamtschuldnerische oder individuelle Haftung der Geschäftsleiter besteht.

1. Zulässigkeit einer Geschäftsverteilung

Wenn der Verordnungsentwurf in Art. 17 Abs. 1 EPG-VOE bestimmt, dass die Geschäftsleiter auch einzeln gegenüber der Gesellschaft haftbar sein können, so folgt hieraus, dass eine gesamtschuldnerische Haftung gesetzlich nicht zwingend vorgeschrieben ist. Lässt die Verordnung eine individuelle Haftung der Geschäftsleiter zu, so müssen die Geschäftsleiter auch befugt sein, Vereinbarungen zu treffen, die eine solche individuelle Haftung der Geschäftsleiter begründen. Eine solche Vereinbarung ist insbesondere die Geschäftsverteilung innerhalb einer mehrköpfigen Geschäftsleitung. Es ist daher schon nach dem Wortlaut des Gesetzes grundsätzlich zulässig, eine Geschäftsverteilung vorzunehmen und

Ressorts oder Bereiche zu bilden, für die nur ein oder einige Geschäftsleiter zuständig und im haftungsrechtlichen Sinne verantwortlich ist bzw. sind[832].

a) Formelle Voraussetzungen

Welche Voraussetzungen eine zulässige Geschäftsverteilung in formaler Hinsicht zu erfüllen hat, ist hiermit allerdings noch nicht geklärt. Insbesondere die Frage der Zuständigkeit innerhalb der Gesellschaft für die Abfassung der Geschäftsverteilung und die Frage einer bestimmten Form der Abfassung bleiben durch den Wortlaut des EPG-Statuts unbeantwortet.

(1) Zuständigkeit

Nach Art. 2 Abs. 3 EPG-VOE wird die Organisation und Funktionsweise der Gesellschaft durch den Gesellschaftsvertrag bestimmt. Die Gesellschafter können deshalb in dem Gesellschaftsvertrag Regelungen bezüglich der Geschäftsverteilung treffen, an die die Geschäftsleiter gebunden sind. Ermächtigt der Gesellschaftsvertrag oder die Gesellschafterversammlung die Geschäftsleiter zur Abfassung einer Geschäftsverteilung, so können die Geschäftsleiter selbst die Geschäftsverteilung vornehmen. Trifft der Gesellschaftsvertrag jedoch keine Regelung zur Geschäftsverteilung, so sollten die Geschäftsleiter dann selbst zur Vornahme einer Geschäftsverteilung befugt sein. Dies folgt aus Art. 17 Abs. 1 Satz 2 EPG-VOE, wonach die Geschäftsleiter zur ordnungsgemäßen und sorgfältigen Geschäftsführung verpflichtet sind. In einer Gesellschaft mit mehreren Geschäftsleitern gebietet es die ordnungsgemäße und sorgfältige Geschäftsführung, dass die Zuständigkeiten für einzelne Ressorts nach Fähigkeiten oder sonstigen Kriterien aufgeteilt werden, um eine möglichst effektive Geschäftsleitung zu ermöglichen. Den Geschäftsleitern die Abfassung einer Geschäftsverteilung ohne ausdrückliches Verbot in der Satzung oder ohne entgegenstehenden Beschluss der Gesellschafterversammlung nicht zu gestatten, wäre mit deren Pflicht zur ordnungsgemäßen und sorgfältigen Geschäftsleitung nicht vereinbar.

(2) Form

Ob eine schriftliche Abfassung der Geschäftsverteilung erforderlich ist, lässt sich dem EPG-VOE nicht entnehmen. Es spricht daher einiges dafür, dass auch mündliche Vereinbarungen zulässig sind, soweit die Satzung keine anderweitige Regelung enthält. Da die Vornahme einer Geschäftsverteilung in der EPG keine

832 Ebenso: *Helms*, Die Europäische Privatgesellschaft, S. 321.

Ausnahme von einem gesetzlichen Prinzip der Gesamtverantwortung wie in Deutschland oder den Niederlanden beinhaltet, sollte man keine übermäßigen Formanforderungen hieran stellen. Auch eine mündliche Geschäftsverteilung sollte daher grundsätzlich zulässig sein.

Kommt es allerdings wegen der lediglich mündlichen Aufgabenverteilung zu Unklarheiten bei der Zuständigkeit der Geschäftsleiter für einzelne Aufgaben und infolgedessen zu Pflichtverletzungen gegenüber der Gesellschaft, kann man gemäß Art. 17 Abs. 1 EPG-VOE zu einer Haftung aller Geschäftsleiter gelangen. Die unklare Geschäftsverteilung kann durchaus als nicht sorgfältige Art der Geschäftsleitung und somit als Pflichtverletzung gemäß Art. 17 Abs. 1 S. 2 EPG-VOE zu beurteilen sein.

Um eine klare und eindeutige Aufgabenverteilung und Kompetenzzuweisung innerhalb einer mehrköpfigen Geschäftsleitung der EPG sicherzustellen, wird es sich deshalb empfehlen, in der Satzung der Gesellschaft zu regeln, dass eine Geschäftsverteilung nur schriftlich erfolgen darf. Im Übrigen ist es aus Beweisgründen auch für den einzelnen Geschäftsleiter von Vorteil, die Geschäftsverteilung schriftlich abzufassen, wenn er sich auf die fehlende Verantwortlichkeit für eine Pflichtverletzung seines Mitgeschäftsleiters berufen will. Durch eine entsprechende Regelung in den Mustersatzungen für die EPG nach Art. 13 EPG-VOE könnte man dort festschreiben, dass eine Abfassung der Geschäftsverteilung schriftlich zu erfolgen kann.

b) Inhaltliche Voraussetzungen

Offen bleibt in dem EPG-Statut auch, ob es - ähnlich wie im deutschen oder niederländischen Recht - Kernbereiche der Geschäftsleitung gibt, die einer Geschäftsverteilung nicht zugänglich sind, weil sie zu den elementaren Aufgaben eines jeden Geschäftsleiters gehören und daher nicht der Gesamtverantwortung aller Geschäftsleiter entzogen werden können.

Da es in der EPG, wie bereits ausgeführt, kein allgemeines Prinzip der Gesamtverantwortung aller Geschäftsleiter gibt, fällt es ungleich schwerer, Kernbereiche zu bestimmen, die stets der Gesamtverantwortung aller Geschäftsleiter unterliegen. Auch ein Rückgriff auf die im deutschen und niederländischen Recht als Kernbereiche qualifizierten Geschäftsleitungsaufgaben hilft nicht weiter. Diese Kernbereiche sind nicht ohne weiteres auf die EPG übertragbar, weil sie den Besonderheiten des nationalen Rechts Rechnung tragen[833]. Im Übrigen

833 So z.B. die Insolvenzantragspflicht gemäß § 64 Abs. 1 GmbHG. Vgl. hierzu die Ausführungen in diesem Kapitel unter I 1 b. Siehe auch die Pflichten zur ordnungs-

wären diese nationalen Kernbereiche nur auf die EPG übertragbar, wenn es sich hierbei gemäß Art. 12 Abs. 2 EPG-VOE um allgemeine Prinzipien handeln würde, die den nationalen Rechtsordnungen gemeinsam sind. Aus einem Vergleich mit dem englischen Recht folgt bereits ohne Berücksichtigung der anderen, hier nicht untersuchten Rechtsordnungen, dass dies nicht der Fall ist.

Es gibt daher in der EPG keine eindeutig allen Geschäftsleitern zugewiesenen Aufgabenbereiche, für die stets alle Geschäftsleiter verantwortlich und haftbar sind.

2. Rechtsfolgen für die Haftung bei einer wirksamen Geschäftsverteilung

Im Falle einer wirksamen Geschäftsverteilung kann den Geschäftsleitern, die nach der Geschäftsverteilung für Fehler bei der Geschäftsleitung nicht verantwortlich sind, grundsätzlich keine Pflichtverletzung vorgeworfen werden. Dies hat zur Folge, dass eine Haftung dieser Geschäftsleiter ausscheidet.

Fraglich ist jedoch, ob und wenn ja, welche Kontroll- und Überwachungspflichten der Mitgeschäftsleiter untereinander bestehen, deren Verletzung eine Haftung der an der Pflichtverletzung nicht beteiligten Geschäftsleiter auslösen kann. Hierzu lässt sich dem EPG-Statut nichts entnehmen.

Es dürfte jedoch anerkannt sein, dass ein Geschäftsleiter zur Schadensminderung verpflichtet ist, sobald er von Fehlern in der Geschäftsleitung seiner Mitgeschäftsleiter erfährt. Denn jeder Geschäftsleiter ist aufgrund des bestehenden Treueverhältnisses zur Gesellschaft verpflichtet, Schaden von der Gesellschaft abzuwenden. Einer ausdrücklichen Regelung hierzu bedarf es nicht. Welche Kontrollpflichten über diese Mindestanforderungen hinaus bestehen, lässt sich anhand des Wortlauts des EPG-Statuts nicht exakt bestimmen. Da es jedoch kein Prinzip der Gesamtverantwortung aller Geschäftsleiter in der EPG gibt[834], wird man die Anforderungen an die Kontroll- und Überwachungspflichten des einzelnen Geschäftsleiters nicht so hoch wie in Deutschland stellen können.

Auch die Heranziehung der Prinzipien des nationalen Gesellschaftsrechts nach Art. 12 Abs. 2 EPG-VOE hilft hier nicht weiter, da es bereits bei den drei hier untersuchten nationalen Rechtsordnungen merkliche Unterschiede bei den Kontroll- und Überwachungspflichten der Geschäftsleiter untereinander gibt. Es wird daher letztlich Aufgabe der Rechtsprechung sein, praktikable Grundsätze hierzu zu entwickeln. Die Geschäftsleiter müssen auch hier wohl zunächst in den

---

gemäßen Buchführung und zur Veröffentlichung des Jahresabschlusses gemäß Art. 2:248 Abs. 2 BW unter III 1 b in diesem Kapitel.

834 Vgl. hierzu die Ausführungen in § 8 IV.

sauren Apfel der Rechtsunsicherheit beißen und sind bis zu einer Klärung durch die Rechtsprechung gut beraten, ihre Mitgeschäftsleiter zu überwachen und ein Kontrollsystem zu installieren, das eine frühzeitige Entdeckung von Pflichtverletzungen ermöglicht.

Schließlich lässt die vage Formulierung in Art. 17 Abs. 1 S. 1 EPG-VOE auch den Schluss zu, dass ein an dem Fehlverhalten nicht beteiligter Geschäftsleiter einer Garantenhaftung für seine Mitgeschäftsleiter unterliegen kann. Denn Art. 17 Abs. 1 S. 1 EPG-VOE ordnet entweder einzelne oder gesamtschuldnerische Haftung der Geschäftsleiter an, so dass ein Gericht aufgrund des Wortlauts des Art. 17 Abs. 1 S. 1 EPG-VOE gegebenenfalls die gesamtschuldnerische Haftung aller Geschäftsleiter anordnen kann, und zwar auch derjenigen, denen kein schuldhaftes Fehlverhalten vorgeworfen werden kann. Um eine solch willkürliche Rechtsprechung von vornherein auszuschließen, sollte deshalb in Art. 17 Abs. 1 EPG-VOE klargestellt werden, dass nur der Geschäftsleiter haftbar sein kann, dem man persönlich einen Schuldvorwurf hinsichtlich des schädigenden Fehlverhaltens machen kann, wobei selbstverständlich auch eine Verletzung der Überwachungs- oder Kontrollpflichten der Mitgeschäftsleiter ein schuldhaftes Fehlverhalten begründen kann. Eine generelle Garantenpflicht des Geschäftsleiters für seine Geschäftsleiterkollegen würde dem einzelnen Geschäftsleiter jedoch ein durch nichts gerechtfertigtes Haftungsrisiko aufbürden und wäre überdies dem Haftungssystem fremd.

3. Zusammenfassung

Auch in der EPG wird eine Geschäftsverteilung bei mehrköpfiger Geschäftsleitung zulässig sein und das Haftungsrisiko der einzelnen Geschäftsleiter reduzieren. Allerdings bleibt offen, ob es sogenannte Kernbereiche gibt, für die stets eine Gesamtverantwortung aller Geschäftsleiter gegeben ist, und welche Kontroll- und Überwachungspflichten der Geschäftsleiter untereinander bestehen. Die ziemlich vage Formulierung des Art. 17 Abs. 1 Satz 1 EPG-VOE zur einzelnen oder gesamtschuldnerischen Haftung ist möglicherweise auf die unterschiedlichen nationalen Vorstellungen einer diesbezüglichen Regelung zurückzuführen und als ein Kompromiss zwischen den Rechtsordnungen anzusehen, die auf dem Prinzip der Gesamtverantwortung der Geschäftsleiter und solchen, die auf dem Prinzip der individuellen Haftung aufgebaut sind. Die Formulierung wird sicherlich zunächst zu einiger Rechtsunsicherheit führen und sollte daher noch präzisiert werden. So kann klargestellt werden, dass nur derjenige Geschäftsleiter haftet, den der Vorwurf schuldhaften Fehlverhaltens trifft. Zumindest in den Mustersatzungen für die EPG sollten die Voraussetzungen für eine wirksame

Geschäftsverteilung mit aufgenommen werden, um den Gesellschaftern und den Geschäftsleitern Anhaltspunkte für die Abfassung einer wirksamen Geschäftsverteilung zu geben.

V. Rechtsvergleichung und Bewertung

Bei einen Vergleich der hier untersuchten Rechtsordnungen fällt zunächst auf, dass die Haftung der Geschäftsleiter in einer mehrköpfigen Geschäftsleitung sehr ähnlich ausgestaltet ist. In allen Rechtsordnungen ist eine Geschäftsverteilung grundsätzlich zulässig. Die Geschäftsleiter können sich jeweils selbst eine Geschäftsverteilung geben, sofern die Gesellschafter nicht durch Satzung oder Beschluss etwas anderes bestimmt haben. Eine wirksame Geschäftsverteilung hat grundsätzlich zur Folge, dass der hiernach nicht zuständige Geschäftsleiter für die Pflichtverletzung seines Mitgeschäftsleiters nicht haftet.

Bei den formellen Voraussetzungen der Geschäftsverteilung weicht jedoch das deutsche Recht zumindest nach der dort bisher überwiegenden Meinung von den anderen Rechtsordnungen durch eine schärfere Regelung insofern ab, als dass eine schriftliche Fixierung der Geschäftsverteilung gefordert wird. Auch inhaltlich weist das deutsche Recht neben dem niederländischen Recht gegenüber den anderen Rechtsordnungen strengere Anforderungen auf. So ist ein Bereich von Kernpflichten der Geschäftsführer einer Geschäftsverteilung nicht zugänglich. Dies beruht sowohl in Deutschland als auch in den Niederlanden auf dem dort im Gesetz verankerten Prinzip der Gesamtverantwortung aller Geschäftsführer. Dieses Prinzip statuiert eine stärkere Verantwortlichkeit eines jeden Geschäftsführers als das Prinzip der individuellen Haftung in England oder die offene Formulierung im EPG-Statut.

Daher verwundert es auch nicht, dass im Falle einer zulässigen Geschäftsverteilung die bei den Geschäftsführern verbleibenden Kontroll- und Überwachungspflichten der Mitgeschäftsführer ebenfalls in Deutschland am strengsten und am ausgeprägtesten sind. Gemeinsam ist jedoch allen Rechtsordnungen, dass die Geschäftsverteilung kein Haftungsfreibrief für die hiernach nicht zuständigen Geschäftsführer ist, sondern ein Mindestmaß an Kontroll- und Überwachungspflichten für jeden Geschäftsleiter besteht.

Zusammenfassend ist in Rechtssystemen, die auf dem Prinzip der Gesamtverantwortung basieren, die Geschäftsverteilung auf einzelne Geschäftsführer strengeren Anforderungen unterworfen als in Rechtssystemen, die ein solches Prinzip nicht kennen. Dessen ungeachtet bestehen weitgehende Gemeinsamkeiten bei der Haftung der Geschäftsleiter innerhalb einer mehrköpfiger Geschäftsleitung.

Diese Gemeinsamkeiten sollten dazu führen, dass die Haftung des Geschäftsleiters in der EPG bei mehrköpfiger Geschäftsleitung entsprechend den Vorgaben in den nationalen Rechtsordnungen gehandhabt wird. Die Herausarbeitung der Einzelheiten der Haftungsvoraussetzungen im Recht der EPG sollten allerdings den Gerichten überlassen bleiben, da eine Detailregelung der Haftungsvoraussetzungen nur schwer möglich und nicht sinnvoll ist.

Schlussbetrachtung

Die Geschäftsleiterhaftung ist sowohl aus Sicht der Unternehmen als auch aus Sicht des kapitalgesellschaftsrechtlichen Gläubigerschutzes ein sehr bedeutender Teilbereich des Gesellschaftsrechts. Von der Ausgestaltung der Geschäftsleiterhaftung in der EPG wird daher auch maßgeblich die Akzeptanz und der Erfolg dieser Rechtsform in der europäischen Praxis abhängen. Die rechtlichen Schwierigkeiten, mit denen man hierbei konfrontiert wird, beruhen überwiegend auf dem Umstand, dass es sich im europäischen Recht bislang lediglich um eine Rechtsvereinheitlichung bzw. Rechtsangleichung in einzelnen Teilgebieten handelt. Dabei fehlt eine europäische Gesamtrechtskodifikation, in die die EPG eingebettet werden könnte[835]. Insbesondere zwischen dem Gesellschaftsrecht und dem allgemeinen Zivilrecht besteht hinsichtlich der Geschäftsleiterhaftung ein enger funktionaler Zusammenhang mit der Folge, dass das EPG-Statut zwangsläufig auf das allgemeine Zivilrecht der Mitgliedstaaten zurückgreifen muss, da ein eigenständiges europäisches Zivilrecht in absehbarer Zukunft nicht entstehen wird. Trotzdem muss der europäische Charakter der Europäischen Privatgesellschaft gewahrt bleiben, um die Einheitlichkeit dieser Rechtsform und damit ihren großen Vorteil gegenüber derzeit fünfzehn unterschiedlichen nationalen Gesellschaftsrechtsformen mit beschränkter Haftung im Gebiet der Europäischen Union sicherzustellen.

Die Wahrung der Eigenständigkeit der Geschäftsleiterhaftung im EPG-Statut ist mit dem gegenwärtig vorliegenden Verordnungsentwurf zum Teil aber nicht vollumfänglich gelungen. Insofern besteht deshalb noch Verbesserungsbedarf. Eine schein-supranationale Gesellschaftsform, die durch umfangreiche Verweise auf nationales Recht keinen ernsthaften Beitrag zu einem europäischen Gesellschaftsrecht leisten kann, wäre die schlechteste Lösung für die Unternehmen und den europäischen Binnenmarkt. Vor diesem Hintergrund sollte insbesondere die Haftung des Geschäftsleiters in der Insolvenz der Gesellschaft im EPG-Statut selbst geregelt werden.

Erfahrungsgemäß wird häufig bei der Schaffung neuen europäischen Rechts das strengste nationale Recht als Grundlage des neu zu schaffenden Rechts gewählt und werden sodann aufgrund der Bedenken anderer Mitgliedstaaten auch

835 Ebenso: *Völter*, Der Lückenschluss im Statut der Europäischen Privatgesellschaft, S. 273.

noch deren spezielle, nationalen Schutzvorschriften mit aufgenommen[836]. Ergebnis einer solchen Rechtsvereinheitlichung ist ein mit Vorschriften überbordendes Werk, das nicht dem Ideal einer möglichst schlanken und einfachen Gesetzgebung entspricht. Voraussetzung der Schaffung einer vollumfänglich eigenständigen europäischen Gesellschaftsform ist jedoch, diese nicht als die Bildung einer Quersumme aus den vorhandenen europäischen Gesellschaftsrechten zu verstehen, sondern als Konstruktion einer eigenständigen Rechtsform[837].

Dies wurde bei dem Entwurf der Verordnung für die EPG berücksichtigt. Insgesamt umfasst das Statut nur 38 Artikel und die Geschäftsleiterhaftung ist nicht mit Sonderregelungen aus den nationalen Rechten überladen. Insoweit ist das EPG-Statut für den Rechtsanwender überschaubar, wenn auch anfangs zu Lasten der Rechtssicherheit. Um der möglicherweise entstehenden Rechtsunsicherheit vorzubeugen, sind in dieser Arbeit einige Vorschläge zur Verbesserung und Konkretisierung der Geschäftsleiterhaftung in der EPG gemacht worden. Bei den zukünftigen Verhandlungen über die endgültige Fassung der EPG-Verordnung ist allerdings darauf zu achten, dass der gegenwärtige schlanke Entwurf nicht zugunsten von einzelnen nationalstaatlichen Interessen unnötig aufgebläht wird.

---

836 Vgl. *Junge*, GmbHR 1992, 225 (230).

837 *Schön*, in: *Everling/Roth* (Hrsg.), Mindestharmonisierung im Europäischen Binnenmarkt, S. 81.

Thesen zur zivilrechtlichen Haftung des Geschäftsleiters der Europäischen Privatgesellschaft

Die Handelndenhaftung im Gründungsstadium

(1) Die Haftung für Geschäfte im Gründungsstadium ist in der EPG klar im Sinne einer Haftung aller tätig werdenden Gründer geregelt. Es handelt sich hierbei um eine aufschiebend bedingte Haftung für den Fall, dass die Gesellschaft die Geschäfte nicht übernimmt.

(2) Der Haftungsausgleich im Innenverhältnis für Geschäfte im Gründungsstadium ist für die EPG nicht geregelt. In England und in den Niederlanden ist ein Ausgleichsanspruch im Innenverhältnis nicht bekannt. Aus deutscher Sicht wäre ein Haftungsausgleich im Innenverhältnis für die EPG wünschenswert und interessengerecht, um im Ergebnis eine gerechte Verteilung von Haftungsrisiko und Geschäftschance zwischen Geschäftsleiter und Gesellschaftern zu erreichen.

Die interne Haftung gegenüber der Gesellschaft

(3) Die Formulierung in Art. 17 Abs. 1 S. 2 EPG-VOE, wonach der Geschäftsleiter bei der Nichtbeachtung der bei der Geschäftsleitung vernünftigerweise zu fordernden Sorgfalt haftet, stellt klar, dass der Sorgfaltsmaßstab anhand objektiver Kriterien fixiert wird. Dies entspricht den Vorschriften in Deutschland und den Niederlanden sowie den neueren Tendenzen in England. Damit wird dem Umstand Rechnung getragen, dass dem Geschäftsleiter eine erhebliche Verantwortung gegenüber den Gesellschaftern und Gläubigern zukommt, die er nicht durch Berufung auf seine persönliche Unkenntnis oder Unfähigkeit auf diese soll abwälzen können.

(4) Um eine einheitliche Anwendung des Art. 17 Abs. 1 EPG-VOE in allen Mitgliedstaaten zu gewährleisten, sollte in diese Vorschrift ausdrücklich das Erfordernis einer schuldhaften Pflichtverletzung als Haftungsvoraussetzung aufgenommen werden. Weiterhin ist es ratsam, den Verschuldensmaßstab dahingehend zu konkretisieren, dass hier die von einem Geschäftsleiter vernünftigerweise zu fordernde Sorgfalt zugrunde zu legen ist. Dadurch werden Auslegungsschwierigkeiten vermieden, die mangels eines allgemeinen europäischen Schadens- bzw. Haftungsrechts zwangsläufig entstehen. Dies gilt umso mehr, als dass es auch in absehbarer Zukunft ein solches europäisches Recht nicht geben wird.

(5) Dem Geschäftsleiter ist ein weiter Ermessenspielraum beim Treffen von unternehmerischen Entscheidungen für die Gesellschaft einzuräumen. Für dessen praktische Handhabung bedarf es indes schon aus Gründen der Rechtssicherheit und Praktikabilität rechtlicher Vorgaben, anhand derer die Geschäftsleiter ihre Tätigkeit ausrichten und die Gerichte das Eingreifen einer Haftung nach Art. 17 Abs. 1 S. 2 EPG-VOE überprüfen können. Hierfür bietet sich eine Regelung entsprechend der *business judgment rule* im US-amerikanischen Recht an.

(6) Das EPG-Statut schweigt zu den Voraussetzungen und Wirkungen des Verzichts der Gesellschafter auf Ansprüche gegen den Geschäftsleiter und ist daher auf diesem Gebiet gefährlich weit offen. Die Geschäftsleiter können aufgrund der gegenwärtigen Regelung in der EPG nicht voraussehen, ob ein Verzicht der Gesellschafterversammlung auf einen Schadensersatzanspruch wirksam ist oder ob insbesondere im Falle der Insolvenz der Gesellschaft Ansprüche vom Insolvenzverwalter unabhängig von einem vorherigen Verzicht geltend gemacht werden können. Es ist daher eine Regelung erforderlich, unter welchen Voraussetzungen eine Enthaftung in Betracht kommt und wo das Verfügungsrecht der Gesellschafter seine Grenzen hat.

(7) Die Haftung des Geschäftsleiters der EPG gegenüber der Gesellschaft entspricht in weiten Teilen den Regelungen der hier untersuchten nationalen Rechtsordnungen. Mit den vorgeschlagenen Änderungen wäre Art. 17 Abs. 1 EPG-VOE ein eigenständiges und praxistaugliches Werk des europäischen Gesellschaftsrechts.

Die Haftung gegenüber den Gesellschaftern

(8) Es ist ein allgemein anerkannter Grundsatz, dass die Geschäftsleiter gegenüber den Gesellschaftern für Fehler in der Geschäftsführung nicht persönlich haften.

(9) Die Auslegung des missverständlich formulierten Art. 18 Abs. 1 EPG-VOE ergibt, dass diese Vorschrift keine eigene Anspruchsnorm des Gesellschafters gegenüber dem Geschäftsleiter der EPG darstellt. Vielmehr soll Art. 18 Abs. 1 EPG-VOE lediglich zum Ausdruck bringen, wann ein einzelner Gesellschafter Schadensersatzklage gegen den oder die Geschäftsleiter erheben kann; dies ist namentlich der Fall, wenn der Gesellschafter einen Schaden erleidet, der nicht mit dem Schaden der Gesellschaft deckungsgleich ist. Eine Klage ist dagegen ausgeschlossen, wenn sich die Schädigung des Gesellschafters lediglich in dem sogenannten "Reflexschaden" erschöpft, der durch die Schädigung der Geschäftsleiter entstanden ist.

(10) Art. 18 Abs. 1 EPG-VOE muss anders gefasst werden, um Missinterpretationen vorzubeugen. Es wäre sachgerechter, den Ausdruck "Schaden, der nicht zugleich Vermögensschaden der Gesellschaft ist" anstatt des Begriffs "persönlich erlittenen Schadens" zu verwenden.

(11) Die Haftung des Geschäftsleiters gegenüber den Mitgliedern der Gesellschaft spielt im Gegensatz zu den anderen bestehenden Haftungsrisiken eine nur untergeordnete Rolle. Dies ist darauf zurückzuführen, dass der Geschäftsleiter zu den Gesellschaftern in keiner unmittelbaren Beziehung steht, sondern die Verbindung über die Gesellschaft vermittelt wird. Daher erfordert ein Anspruch des Gesellschafters gegen den Geschäftsleiter grundsätzlich einen eigenständigen rechtsgeschäftlichen oder deliktischen Verpflichtungsgrund.

Die zivilrechtliche Außenhaftung gegenüber Dritten

(12) Die Analyse der untersuchten nationalen Rechtsordnungen zeigt, dass die zivilrechtliche Außenhaftung des Geschäftsleiters gegenüber Dritten jeweils ähnlich geregelt ist.

(13) Das EPG-Statut schweigt zur Außenhaftung des Geschäftsleiters gegenüber Dritten. Allerdings kann von dem Statut auch keine Vollregelung eines Bereichs erwartet werden, der seine Wurzeln überwiegend im Allgemeinen und Besonderen Schuldrecht der Mitgliedstaaten hat. Es kann nicht Aufgabe des EPG-Statuts sein, das allgemeine Zivilrecht der Mitgliedstaaten zu vereinheitlichen.

(14) Um den europäischen Charakter der EPG zu wahren, sollte eine allgemeine Geschäftsleiterhaftung nach nationalstaatlichen zivilrechtlichen Grundsätzen möglichst eng begrenzt werden. Vorbild einer solchen Regelung für die EPG könnte zunächst die Formulierung in § 13 Abs. 2 GmbHG sein. Zudem sollte klargestellt werden, dass eine persönliche Haftung des Geschäftsleiters nur dann in Betracht kommt, wenn dieser selbst die Rechtsverletzung begangen hat oder wenn er wenigstens von ihr Kenntnis hatte und ihm eine Verhinderung der Rechtsverletzung möglich war. Eine entsprechende Regelung in das EPG-Statut aufzunehmen wäre angemessen, um eine uferlose persönliche Haftung des Geschäftsleiters zu verhindern und einen einheitlichen Rahmen für die Außenhaftung des Geschäftsleiters der EPG in allen Mitgliedstaaten abzustecken.

Die Haftung in der Insolvenz der Gesellschaft

(15) Der Verweis auf nationales Recht hinsichtlich der Haftung des Geschäftsleiters in der Insolvenz der Gesellschaft stellt keine befriedigende Lösung für die EPG dar. Ergebnis dieser Regelung sind unterschiedliche Haf-

tungsmodelle in jedem der gegenwärtig fünfzehn Mitgliedstaaten der EU im Falle der Insolvenz der EPG. Weder für den der Haftung ausgesetzten Geschäftsleiter selbst, noch für die Gläubiger einer insolventen EPG ist eine solche Rechtslage wünschenswert, da sie keine Vereinfachung bzw. Vereinheitlichung im Binnenmarkt bewirkt, sondern vielmehr die bisher existierenden nationalen Unterschiede bestehen lässt. Eine Erleichterung der grenzüberschreitenden Niederlassung von Gesellschaften und eine umfassende Akzeptanz der EPG wird damit in der Praxis nicht erreicht werden können.

(16) Für die EPG bietet sich deshalb eine eigenständige, auf zwei Säulen basierende Geschäftsleiterhaftung in der Krise der Gesellschaft an, die den Interessen der Kapitalerhaltung und des Gläubigerschutzes Rechnung trägt: Einerseits eine als "Frühwarnsystem" gedachte Innenhaftung bei verspäteter Einberufung einer Gesellschafterversammlung, angelehnt an die bereits existierende Regelung des Art. 28 EPG-VOE und an Art. 17 der Zweiten gesellschaftsrechtlichen Richtlinie. Andererseits eine neue autonome Vorschrift zur Haftung im Falle der Insolvenz, vergleichbar mit dem "*wrongful trading*"-Tatbestand im englischen Recht. Beides zusammengenommen sollte im EPG-Statut selbst geregelt werden und im Übrigen sollten damit alle mitgliedstaatlichen Regelungen für die EPG ausgeschlossen werden.

Die Zulässigkeit von Weisungen der Gesellschafter an die Geschäftsleiter und die Haftung der Geschäftsleiter bei Befolgung solcher Weisungen

(17) Die Zulässigkeit von Weisungen der Gesellschafter an die Geschäftsleitung in der EPG hängt primär von der Ausgestaltung der Satzung ab. Enthält die Satzung keine diesbezüglichen Regelungen, greift die subsidiäre Norm des Art. 15 Abs. 2 S. 3 EPG-VOE ein, die eine Bindungswirkung von Gesellschafterbeschlüssen für die Geschäftsleitung anordnet.

(18) Der Verordnungsentwurf für die EPG ist dem englischen Leitbild der möglichst großen Privatautonomie und Disposivität gefolgt und räumt den Gesellschaftern das Recht ein, die Befugnisse und Organisation der Gesellschaftsorgane in der Satzung frei zu regeln. Insoweit weicht das EPG-Statut erheblich von dem insoweit weniger flexiblen deutschen und niederländischen Recht ab.

(19) Diese Flexibilität des EPG-Statuts ist zu begrüßen, da so gewährleistet wird, dass die Organisation der Gesellschaft auf die jeweiligen Bedürfnisse der Gesellschafter zugeschnitten werden kann.

Die Haftung des faktischen Geschäftsleiters

(20) Da die EPG voraussichtlich innerhalb von Konzernverhältnissen als Tochtergesellschaft Verwendung finden wird, bietet Art. 17 Abs. 3 EPG-VOE einen Ansatzpunkt für die konzernrechtliche Haftung von Muttergesellschaften, wie er aus dem englischen, niederländischen oder auch französischen Recht bekannt ist; dies gilt zumindest solange, bis eine eigenständige EG-weite Regelung zum Konzernrecht gefunden wird.

(21) Art. 17 Abs. 3 EPG-VOE stellt die interne Haftung des faktischen Geschäftsführers gegenüber der Gesellschaft ausdrücklich klar und entspricht somit den von der Rechtsprechung in Deutschland und in England entwikkelten Grundsätzen zur internen Haftung des faktischen Geschäftsführers gegenüber der Gesellschaft.

Die Haftung bei mehrköpfiger Geschäftsleitung

(22) In der Europäischen Privatgesellschaft ist ebenfalls wie in den untersuchten mitgliedstaatlichen Rechtsordnungen eine Geschäftsverteilung bei mehrköpfiger Geschäftsleitung zulässig. Sie kann das Haftungsrisiko der einzelnen Geschäftsleiter reduzieren und verändern. Allerdings bleibt offen, ob es sogenannte Kernbereiche gibt, für die stets eine Gesamtverantwortung aller Geschäftsleiter gegeben ist und welche Kontroll- und Überwachungspflichten der Geschäftsleiter untereinander bestehen.

(23) In Rechtssystemen, die auf dem Prinzip der Gesamtverantwortung basieren, ist die Geschäftsverteilung strengeren Anforderungen unterworfen als in Rechtssystemen, die ein solches Prinzip nicht kennen. Dessen ungeachtet bestehen weitgehende Gemeinsamkeiten für eine Haftung bei mehrköpfiger Geschäftsführung.

(24) Die Formulierung des Art. 17 Abs. 1 Satz 1 EPG-VOE zur einzelnen oder gesamtschuldnerischen Haftung bei einer mehrköpfigen Geschäftsführung ist sehr vage. Diese Formulierung wird sicherlich zunächst zu einiger Rechtsunsicherheit führen. Es sollte daher in Art. 17 Abs. 1 EPG-VOE zusätzlich klargestellt werden, dass nur derjenige Geschäftsleiter haftet, den der Vorwurf schuldhaften Fehlverhaltens trifft, sei es auch "nur" durch Verletzung einer bestehenden Kontroll- oder Überwachungspflicht der Mitgeschäftsleiter.

Abkürzungsverzeichnis

a.A.	anderer Auffassung
aaO	am angegebenen Ort
Abl. EG	Amtsblatt der Europäischen Gemeinschaften
Abs.	Absatz
AC	Law Reports, Appeal Cases (ab 1891)
ACSR	Australian Corporations and Securities Reports
a.E.	am Ende
AG	Die Aktiengesellschaft
AG	Aktiengesellschaft
AktG	Aktiengesetz
All ER	All England Law Reports (ab 1936)
All ER Rep.	All England Law Reports (bis 1935)
Anh.	Anhang
Anm.	Anmerkung
App. Cas.	Law Reports, Appeal Cases (1875-1890)
Art.	Artikel
BAG	Bundesarbeitsgericht
BB	Der Betriebs-Berater
BCC	British Company Law Cases
BCLC	Butterworths Company Law Cases
Bd.	Band
Beschl.	Beschluss
BFH	Bundesfinanzhof
BGB	Bürgerliches Gesetzbuch
BGH	Bundesgerichtshof
BGHZ	Entscheidungen des Bundesgerichtshofs in Zivilsachen
Bsp.	Beispiel
BT-Dr	Bundestags-Drucksache
B.V.	Besloten vennootschap met beperkte aansprakelijkheid
BW	Burgerlijk Wetboek Boek 2
bzw.	beziehungsweise
C&SLJ	Company and Securities Law Journal

C.A.	Companies Act
CA	Court of Appeal
CDDA 1986	Company Directors Disqulification Act 1986
Ch.	Law Reports, Chancery Division (ab 1891)
Cha.	Chapter
Ch.D.	Law Reports, Chancery Division (1875-1890)
Co.Law	Company Lawyer
C.P.	Law Reports, Common Pleas
DB	Der Betrieb
De NV	Maandblad De Naamloze Vennootschap'
ders.	derselbe
d.h.	das heißt
dies.	dieselbe
Diss.	Dissertation
DNotZ	Deutsche Notar-Zeitschrift
DStR	Deutsches Steuerrecht
EG	Europäische Gemeinschaften
EGInsO	Einführungsgesetz zur Insolvenzordnung
EGV	Vertrag zur Gründung der Europäischen Gemeinschaft
Einl.	Einleitung
EPG	Europäische Privatgesellschaft
EPG-VOE	Verordnungsentwurf für die Europäische Privatgesellschaft
etc.	et cetera
EU	Europäische Union
EuGH	Europäischer Gerichtshof
EuZW	Europäische Zeitschrift für Wirtschaftsrecht
EWG	Europäische Wirtschaftsgemeinschaft
EWIV	Europäische Wirtschaftliche Interessenvereinigung
EWIV-AG	Ausführungsgesetz zur Europäischen Wirtschaftlichen Interessenvereinigung
EWR	Europäischer Wirtschaftsraum
EWS	Europäisches Wirtschafts- & Steuerrecht
f.	folgende
FAZ	Frankfurter Allgemeine Zeitung
ff.	fortfolgende
Fn.	Fußnote
FS	Festschrift

GbR	Gesellschaft bürgerlichen Rechts
GenG	Gesetz betreffend die Erwerbs- und Wirtschaftsgenossenschaften
GmbH	Gesellschaft mit beschränkter Haftung
GmbHG	Gesetz betreffend die Gesellschaft mit beschränkter Haftung
GmbHR	GmbH-Rundschau
GRUR	Gewerblicher Rechtsschutz und Urheberrecht
h.M.	herrschende Meinung
HR	Hoge Raad
Hrsg.	Herausgeber
IA 1986	Insolvency Act 1986
Ins L & P	Insolvency law and practice
InsO	Insolvenzordnung
i.S.d.	im Sinne des
i.V.m.	in Verbindung mit
J.	Justice
JBL	The Journal of Business Law
JLR	The Juridical Review
JOR	Jurisprudentie Onderneming & Recht
JuS	Juristische Schulung
JZ	Juristenzeitung
KG	Kommanditgesellschaft
KMU	kleine und mittlere Unternehmen
LG	Landgericht
LJ	Lord Justice
Lloyd's Rep.	Lloyd's List Law Reports
LQR	Law Quarterly Review
L.R.	Law Reports
L.T.	Law Times Reports
Ltd	Limited; Private limited company nach britischem Recht
MRL	Ministerielle Richtlinien für die Beurteilung von Gründungen und Änderungen des Gesellschaftsvertrags von Aktiengesellschaften und Gesellschaften mit beschränkter Haftung

MvA	Memorie van Antwoord
m.w.Bsp.	mit weiteren Beispielen
m.w.N.	mit weiteren Nachweisen
NJ	Nederlandse Jurisprudentie
NJB	Nederlands Juristenblad
NJW	Neue Juristische Wochenschrift
NJW-RR	NJW Rechtsprechungs-Report Zivilrecht
No	Number
Nr.	Nummer
N.V.	Naamloze vennootschap
NZG	Neue Zeitschrift für Gesellschaftsrecht
NZLR	New Zealand Law Reports
oHG	offene Handelsgesellschaft
OK	Ondernemingskamer
OLG	Oberlandesgericht
Oxf. J. Leg. Stud.	Oxford Journal of Legal Studies
plc	public limited company
QB	The Law Reports, Queen's Bench Divison
QBD	The Law Reports, Queen's Bench Division (1875 - 1890)
RabelsZ	Rabels Zeitschrift für ausländisches und internationales Privatrecht
Rb	Rechtbank
RGZ	Entscheidungen des Reichsgerichts in Zivilsachen
RIW	Recht der Internationalen Wirtschaft
Rn.	Randnummer
RvdW	Rechtspraak van de Week
S.	Seite
s., ss.	section, sections
SARL	Société à responsabilité limitée
SE	Societas Europae
SE-VO	Verordnung des Rates über das Statut der Europäischen Gesellschaft
SE-VOV	Vorschlag einer Verordnung (EG) des Rates über das Statut für Europäische Aktiengesellschaften

S.J.	Solicitor's Journal
sog.	so genannte
st. Rspr.	ständige Rechtsprechung
StGB	Strafgesetzbuch
TVVS	TVVS, Maandblad voor ondernemingsrecht en rechtspersonen
u.a.	und anderen
Univ.	Universität
Urt.	Urteil
v.	and (englisch)
vgl.	vergleiche
VDMA	Verband des deutschen Maschinen- und Anlagenbaus
VGR	Gesellschaftsrechtliche Vereinigung
VN	Vakstudie Nieuws
WBA	Wet Besturdersaansprakelijkheid
WBF	Wet Besturdersaansprakelijkheid in geval van faillissement
WED	Wet op de Economische Delicten
WLR	Weekly Law Reports
WM	Wertpapiermitteilungen
WPNR	Weekblad voor Privaatrecht, Notariaat en Registratie
z.B.	zum Beispiel
ZfA	Zeitschrift für Arbeitsrecht
ZGR	Zeitschrift für Unternehmens- und Gesellschaftsrecht
ZHR	Zeitschrift für das gesamte Handels- und Wirtschaftsrecht
Ziff.	Ziffer
ZInsO	Zeitschrift für das gesamte Insolvenzrecht
ZIP	Zeitschrift für Wirtschaftsrecht

Literaturverzeichnis

Abeltshauser, Thomas E., Leitungshaftung im Kapitalgesellschaftsrecht - Zu den Sorgfaltspflichten von Unternehmensleitern im deutschen und im US-amerikanischen Kapitalgesellschaftsrecht, Köln, Berlin, Bonn, München, 1998.

Altmeppen, Holger, Grundlegend Neues zum „qualifiziert faktischen" Konzern und zum Gläubigerschutz in der Einmann-GmbH, ZIP 2001, S. 1837 ff..

–, Probleme der Konkursverschleppungshaftung, ZIP 1997, S. 1173 ff..

–, Zur Disponibilität der Geschäftsführerhaftung in der GmbH - zugleich Besprechung von BGH-Urteil vom 31.1.2000 - II ZR 189/99, DB 2000, S. 657 ff..

American Law Institute, Principles of corporate governance: analysis and recommendations, Band 1, St. Paul 1994.

Anweiler, Jochen, Die Auslegungsmethoden des Gerichtshofs der Europäischen Gemeinschaften, Frankfurt, Berlin, Bern, New York, Paris, Wien 1997.

Asser-Van der Grinten, Band 2-I, Handleiding tot de beofening van het Nederlands Burgerlijk Recht, begründet von C. Asser, Vertegenwoording en Rechtspersoon, 8. Aufl., bearbeitet von W.C.L. Van der Grinten, Zwolle 1997.

Asser-Maeijer, Band 2-III, Handleiding tot de beofening van het Nederlands Burgerlijk Recht, begründet von C. Asser, Vertegenwoording en Rechtspersoon, De naamloze en de Besloten Vennootschap, bearbeitet von J.M.M. Maeijer, 2. Auflage, Zwolle 2000.

von Bar, Christian, Gemeineuropäisches Deliktsrecht, Band II, München 1999.

Barham, Richard, England, in: *Campbell, Dennis* (Hrsg.), International liability of Corporate Directors, London, New York, Hamburg, Hong Kong, 1993, S. 187 ff..

Baumbach, Adolf / Hueck, Alfred, GmbH-Gesetz, Kommentar, bearbeitet von Lorenz Fastrich, Götz Hueck, Joachim Schulze-Osterloh und Wolfgang Zöllner, 17. Auflage, München 2000 (zitiert: *Baumbach/Hueck/Bearbeiter* § Rn.).

Behrens, Peter (Hrsg.), Die Gesellschaft mit beschränkter Haftung im internationalen und europäischen Recht, 2. Auflage, Berlin, New York 1997.

–, EuGH klärt Niederlassungsfreiheit von Gesellschaften, EuZW 2002, S. 737.

Graf von Bernstorff, Christoph, Das Unternehmensrecht in Europa, EWS 1998, S. 397 ff..

–, Einführung in das englische Recht, 2. Auflage, München 2000.

Bhattacharyya, Gautam, Re Hydrodam (Corby) Ltd - shadow directors and wrongful trading, [1994] Co Law, S. 151 f..

Biletzki, Gregor, Außenhaftung des GmbH-Geschäftsführers, im Blickpunkt: § 823 Abs. 2 i.V.m. § 41 GmbHG, BB 2000, S. 521 ff..

Birds, John R., Die britische Private Company, in: *Roth, Günter H.* (Hrsg.), Das System der Kapitalgesellschaften im Umbruch - ein internationaler Vergleich, Köln 1990, S. 138 ff..

Blaurock, Uwe, Bemerkungen zu einem Europäischen Recht der Unternehmensgruppe, in: Festschrift für Otto Sandrock, herausgegeben von Peter Berger u.a., Heidelberg 2000, S. 79 ff..

Bleckmann, Albert, Zu den Auslegungsmethoden des Europäischen Gerichtshofs, NJW 1982, S. 1177 ff..

–, Europarecht, Das Recht der Europäischen Union und der Europäischen Gemeinschaften, 6. Auflage, Köln, Berlin, Bonn, München 1997.

Bödecker, Carsten, Die Kapitalerhaltung im englischen Gesellschaftsrecht, Frankfurt 1994.

Bopp, Hans-Peter, Die Informationsrechte des GmbH-Gesellschafters: Eine rechtsvergleichende Untersuchung des deutschen, französischen und schweizerischen Rechts, Konstanz 1991.

Boschma, Hylda E. / Lennarts, Loes M., Wrongful trading in a Comparative Perspective, in: *Wouters, Jan / Schneider, Hildegard*, Current Issues of Cross-Border Establishment of Companies in the European Union, S. 201 ff..

–, Het voortzetten van verliesgevende activiteiten in rechtsvergelijkend perspectief, TVVS 1994, S. 285 ff..

Boucourechliev, Jeanne, Die Harmonisierung des Gesellschaftsrechts in der Europäischen Union: Erreichtes und Perspektiven, RIW 1999, S. 1 ff..

–, Pour une SARL Européenne, Paris 1973.

Boucourechliev, Jeanne / Huet, Nathalie, Erfahrung und Vorschläge: Frankreich, in: *Boucourechliev, Jeanne / Hommelhoff, Peter* (Hrsg.), Vorschläge für eine Europäische Privatgesellschaft, Köln 1999, S. 171 ff..

Boucourechliev, Jeanne / Hommelhoff, Peter (Hrsg.), Vorschläge für eine Europäische Privatgesellschaft, Köln 1999.

Brandes, Stephan M., Juristische Personen als Geschäftsführer der Europäischen Privatgesellschaft, Baden-Baden 2003.

Brandi, Axel, Diskussionsbeitrag Einsatzmöglichkeiten einer EPG und ihre Akzeptanz in der mittelständischen Wirtschaft, in: *Hommelhoff, Peter / Helms*

Dietmar (Hrsg.), Neue Wege in die Europäische Privatgesellschaft, 2001, S. 79 ff..

Brumwell, James / Mallet, Nick, Haftungssituationen in der private limited company im Vereinigten Königreich, GmbHR 1995, S. 647 ff..

Bungert, Hartwin, Konsequenzen der Centros-Entscheidung des EuGH für die Sitzanknüpfung des deutschen internationalen Gesellschaftsrechts, BB 1999, S. 18 41 ff..

Buxbaum, Richard M., The Duty of Care and the Business Judgement Rule in American Law. Recent Developments and Current Problems, in: *Kreuzer, Karl* (Hrsg.), Die Haftung der Leitungsorgane von Kapitalgesellschaften, Baden-Baden 1991, S. 79 ff..

Campbell, Dennis (Hrsg.), International liability of corporate directors, London, New York, Hamburg, Hong Kong 1993.

Campbell, N.R., Liability as a Shadow Director, [1994] JBL, S. 609 ff..

Centrale für GmbH Dr. Otto Schmidt (Hrsg.), Die GmbH-Rechte in den EG-Staaten, Köln 1993.

Dauner-Lieb, Barbara, Die Berechnung des Quotenschadens - Besprechung des Urteils BGH ZIP 1997, 1542 -, ZGR 1998, S. 917 ff..

Davies, Paul L., Gower's Principles of Modern Company Law, 6. Auflage, London 1997.

–, Struktur der Unternehmensführung in Großbritannien und Deutschland: Konvergenz oder Divergenz?, ZGR 2001, S. 268 ff..

Dejmek, Paulina, Das künftige Europa und die Europäische Privatgesellschaft, NZG 2001, S. 878 ff..

–, Neue Dynamik im Europäischen Gesellschaftsrecht – eine Europäische Privatgesellschaft als Ergänzung zur Europäischen Aktiengesellschaft?, GmbHR 2002, S. 107 f..

Derwisch-Ottenberg, Gerald, Die Haftungsverhältnisse der Vor-GmbH, Berlin 1988.

Dierksmeier, Jochen, Der Kauf einer englischen "Private Limited Company", Heidelberg 1997.

Dijk, P.L. / Van den Ingh, M.J.P. / Netten, J. / Van der Ploeg, T.J. / Schwarz, C.A. / Wortel, J., Aansprakelijkheid van Bestuurders en Commissarissen, Zwolle 1988.

Dortmond, Peter Jakob, Misbruik van rechtspersonen, in: Piercing Van Schilfgaarde, deel 9 in de serie uitgaven vanwege het Instituut voor Ondernemingsrecht, Deventer 1990, S. 13 ff..

Dreher, Meinrad, Die persönliche Verantwortlichkeit von Geschäftsleitern nach außen und die innergesellschaftliche Aufgabenteilung, ZGR 1992, S. 22 ff..

Dreibus, Alexandra, Teil IV, Vereinigtes Königreich von Großbritannien und Nordirland, in: *Schneider, Uwe H.* und *Hadding, Walther* (Hrsg.), Die Vertretung verselbständigter Rechtsträger in europäischen Ländern, Berlin 2000.

Drury, Robert R., The liability of Directors for Corporate Acts in English Law, in: *Kreuzer, Karl* (Hrsg.), Die Haftung der Leitungsorgane von Kapitalgesellschaften, Baden-Baden 1991, S. 103 ff..

Ebben, E.W.J. / Akveld, J.E.M. / Westermann, Harm Peter, Die Missbrauchshaftung von Organen und Muttergesellschaften im niederländischen Gesellschaftsrecht, RIW 1995, S. 720 ff..

Ebenroth, Carsten Thomas / Lange, Knut Werner, Sorgfaltspflichten und Haftung des Geschäftsführers einer GmbH nach § 43 GmbHG, GmbHR 1992, S. 69 ff..

Ebert, Kurt Hanns, Rechtsvergleichung, Einführung in die Grundlagen, Bern 1978.

Ebke, Werner F., Das Schicksal der Sitztheorie nach dem Centros-Urteil des EuGH, JZ 1999, S. 656 ff..

Ehricke, Ulrich, Das abhängige Konzernunternehmen in der Insolvenz: Wege zur Vergrößerung der Haftungsmasse abhängiger Konzernunternehmen im Konkurs und Verfahrensfragen; eine rechtsvergleichende Analyse, Tübingen 1998.

–, Die Überwindung von Akzeptanzdefiziten als Grundlage zur Schaffung neuer supranationaler Gesellschaftsformen in der EU - ein Beitrag zur Entwicklung einer sog. Société Fermée Européenne (Europäische Privatgesellschaft), RabelsZ 64 (2000), S. 497 ff..

Eidenmüller, Horst, Wettbewerb der Gesellschaftsrechte in Europa, ZIP 2002, S. 2233 ff..

von Einem, Hans-Jörg, Haftung des GmbH-Geschäftsführers für nicht abgeführte Sozialversicherungsbeiträge, BB 1986, S. 2261 ff..

Emmerich, Volker / Sonnenschein, Jürgen / Habersack, Mathias, Konzernrecht. Das Recht der verbundenen Unternehmen bei Aktiengesellschaft, GmbH, Personengesellschaften und Genossenschaft, Verein und Stiftung, 7. Auflage, München 2001.

Espey, Günther / von Bitter, Christian, Haftungsrisiken des GmbH-Geschäftsführers, Düsseldorf 1990.

Everling, Ulrich / Roth, Wulf-Henning (Hrsg.), Mindestharmonisierung im europäischen Binnenmarkt, Baden-Baden 1997.

Fidler, Peter, Banks as Shadow Directors, [1992] 3 JIBL, S. 97 ff..
Fischer-Zernin, Cornelius, Der Rechtsangleichungserfolg der Ersten gesellschaftsrechtlichen Richtlinie der EWG, Tübingen 1986.
Fleischer, Holger, Neue Entwicklungen im englischen Konzernrecht, Vergleichende Notizen im Lichte der Empfehlungen des Forum Europaeum Konzernrecht, AG 1999, S. 350 ff..
–, Deliktische Geschäftsführerhaftung gegenüber außenstehenden Dritten im englischen Gesellschaftsrecht, ZGR 2000, S. 153 ff..
Forsthoff, Ulrich, EuGH fördert Vielfalt im Gesellschaftsrecht, DB 2002, S. 2471 ff..
Forum Europaeum Konzernrecht, Konzernrecht für Europa, ZGR 1998, S. 674 ff..
Freitag, Robert, Der Wettbewerb der Rechtsordnungen im Internationalen Gesellschaftsrecht, EuZW 1999, S. 267 ff..
Frings, Arno, Der GmbH-Kommentar zum Urteil des BGH vom 29.11.99, in: GmbHR 2000, S. 184 f..

Gesellschaftsrechtliche Vereinigung (VGR) (Hrsg.), Gesellschaftsrecht in der Diskussion, mit Beiträgen von *Bayer, Walter* u.a., VGR Band 2 (2000), Köln 2000.
Geyrhalter, Volker, Niederlassungsfreiheit contra Sitztheorie - Good Bye "Daily Mail"?, EWS 1999, S. 201 ff..
Girvin, Stephen, Statutory liability of Shadow Directors, [1995] JLR, S. 414 ff..
Goette, Wulf, Das Organverhältnis des GmbH-Geschäftsführers in der Rechtsprechung des Bundesgerichtshofs, DStR 1998, S. 938 ff..
–, Anmerkung zu BGH, Urt. v. 17.09.2001, DStR 2001, 1857
–, Die GmbH, 2. Auflage, München 2002.
–, Haftung des Geschäftsführers in Krise und Insolvenz der GmbH, ZInsO 2001, S. 529 ff..
–, Leitung, Aufsicht, Haftung – zur Rolle der Rechtsprechung bei der Sicherung einer modernen Unternehmensführung, in: Festschrift aus Anlaß des fünfzigjährigen Bestehens von Bundesgerichtshof, Bundesanwaltschaft und Rechtsanwaltschaft beim Bundesgerichtshof, herausgegeben von Karlmann Geiß, Kay Nehm, Hans Erich Brandner, Horst Hagen, Köln, Berlin, Bonn, München 2000, S. 123 ff..
Goetting, Horst-Peter, Die persönliche Haftung des GmbH-Geschäftsführers für Schutzrechtsverletzungen und Wettbewerbsverstöße, GRUR 1994, S. 6 ff..
Goode, Roy M., Principles of Corporate Insolvency Law, 2. Auflage, London 1997.

Görk, Stefan, Das EuGH-Urteil in Sachen "Centros" vom 9. März 1999: Kein Freibrief für Briefkastengesellschaften, GmbHR 1999, S. 793 ff..

Gotzen, Paul, Die Gesellschaft mit beschränkter Haftung in den Niederlanden, 2. Auflage, Düsseldorf 1978.

–, Niederlande, in: *Behrens, Peter* (Hrsg.), Die Gesellschaft mit beschränkter Haftung im internationalen und europäischen Recht, 2. Auflage, Berlin, New York 1997, S. 638 ff..

–, Niederländisches Handels- und Wirtschaftsrecht, 2. Auflage, Heidelberg 2000.

Goulding, Simon, The Private Company in the United Kingdom, in: *De Kluiver, Harm-Jan / Van Gerven, Walter* (Hrsg.), The European Private Company?, Baden-Baden 1995, S. 55 ff..

Griffin, Stephen, Company director's personal liability in tort, LQR 115, S. 36 ff..

Van der Grinten, Willem C.L., De nieuwe misbruikwetgeving, De NV 1986, S. 19 ff..

Van der Grinten, Willem C.L / Honée, Harry / Gotzen, Paul, Die Gründung einer Tochtergesellschaft in den Niederlanden, in: *Lutter, Marcus* (Hrsg.), Die Gründung einer Tochtergesellschaft im Ausland, 3. Auflage, Berlin 1995, S. 505 ff..

Großfeld, Bernhard, Internationales und Europäisches Unternehmensrecht, 2. Auflage, Heidelberg 1995.

De Groot. H., Bestuurdersaansprakelijkheid: de aansprakelijkheid van bestuurders van privaatrechtlijke rechtspersonen en van anderen die bij de rechtspersoon betrokken zijn, Deventer 1993.

Grünwald Michael, Die deliktische Außenhaftung des GmbH-Geschäftsführers für Organisationsdefizite, Baden-Baden 1999.

Gutsche, Robert, Die Eignung der Europäischen Aktiengesellschaft für kleine und mittlere Unternehmen in Deutschland, Baden-Baden 1994.

Guyon, Yves, Das Recht der Gesellschaftsgruppe in Frankreich, in: *Lutter, Marcus (Hrsg.)*, Konzernrecht im Ausland, ZGR-Sonderheft 11, Berlin, New York 1994, S. 77 ff..

Haas, Ulrich, Geschäftsführerhaftung und Gläubigerschutz, Unternehmerische Verhaltenspflichten des GmbH-Geschäftsführers zum Schutz Dritter, München 1997.

Haas, Ulrich, Fragen zur Insolvenzverschleppungshaftung des GmbH-Geschäftsführers, NZG 1999, S. 373 ff..

–, Gläubigerschutz in der Europäischen Privatgesellschaft – ein Überblick, in: *Hommelhoff, Peter / Helms Dietmar* (Hrsg.), Neue Wege in die Europäische Privatgesellschaft, 2001, S. 155 ff..

Habersack, Mathias, Die Mitgliedschaft – subjektives und „sonstiges" Recht, Tübingen 1996.

–, Europäisches Gesellschaftsrecht, 2. Auflage, München 2003.

Hachenburg, Max, Gesetz betreffend die Gesellschaft mit beschränkter Haftung (GmbHG); Großkommentar, begründet von Max Hachenburg, bearbeitet von Peter Behrens, u.a., 8. Auflage, 3 Bände, Berlin 1992-1997 (zitiert: *Hachenburg/Bearbeiter* § Rn.).

Hadden, Tom, Die Regelung der Konzerne in Großbritannien: Sonderbehandlung im Rahmen des allgemeinen Gesellschaftsrechts, in: *Mestmäcker, Ernst-Joachim / Behrens, Peter* (Hrsg.), Das Gesellschaftsrecht der Konzerne im internationalen Vergleich, Baden-Baden 1991, S. 329 ff..

Halsbury's Laws of England, herausgegeben von Lord Hailsham of St. Marylebone u.a., Band 7 (1), Companies, Stand: März 1996, London 1996.

Hartlieb, Gerd Walter, Die Haftung eines 'directors' einer englischen Kapitalgesellschaft, des Vorstandsmitgliedes einer AG sowie des GmbH-Geschäftsführers nach deutschem Recht, 1987.

Hasselbach, Kai, Aktuelle Entwicklungen im Europäischen Gesellschaftsrecht, NZG 1999, S. 291 f..

Hébert, Sylvie, The French Limited Liability Company, in: *De Kluiver, Harm-Jan / van Gerven, Walter* (Hrsg.), The European Private Company?, Baden-Baden 1995, S. 77 ff..

Heidinger, Andreas, Die Haftung und die Vertretung in der Gründungsphase der GmbH im Vergleich zur (kleinen) Aktiengesellschaft, GmbHR 2003, S. 189 ff..

Van der Heijden, E.J.J. / Van der Grinten, Willem C.L., Handboek voor de naamloze en de besloten vennootschap, bearbeitet von W.C.L Van der Grinten, 12. Auflage, Zwolle 1992.

Heisse, Matthias, Die Beschränkung der Geschäftsführerhaftung gegenüber der GmbH, Köln 1988.

Helms, Dietmar, Auf dem Weg zur Europäischen Privatgesellschaft; Bericht über die Heidelberger Expertenrunde zu dem Verordnungsentwurf für eine "EPG", GmbHR 1999, S. 963 f..

–, Die Europäische Privatgesellschaft, Köln 1998.

–, Nochmals: Auf dem Weg zur Europäischen Privatgesellschaft, GmbHR 2000, S. 125 f..

von der Heydt, Karl-Eduard / Freiherr von Rechenberg, Wolf-Georg (Hrsg.), Die Europäische Wirtschaftliche Interessenvereinigung, Stuttgart 1991.

Hicks, Andrew, Advising on wrongful trading [1993] 14 Co Law, S. 16 ff..
–, Director's liability for management errors (1994), 110 Law Quarterly Review S. 390 ff..
–, Disqualification of directors - 40 years on, [1988] JBL, S. 27 ff..
–, Wrongful trading - has it been a failure? [1993] 8 Ins L & P, S. 134 ff..
Hicks, Andrew / Goo, Say, H., Cases and Materials on Company Law, 4. Auflage, London 2001.
Hicks, Andrew / Drury, Robert, Erfahrung und Vorschläge: Das Vereinigte Königreich, in: *Boucourechliev, Jeanne / Hommelhoff, Peter* (Hrsg.), Vorschläge für eine Europäische Privatgesellschaft, Köln 1999, S. 69 ff..
Hirte, Heribert, The European Private Company: A German Perspective, in: *de Kluiver Harm-Jan / Van Gerven, Walter* (Hrsg.), The European Private Company?, S. 95 f..
–, Die Europäische Aktiengesellschaft, NZG 200, S. 1 ff..
Hoffmann, Dietrich / Liebs, Rüdiger, Der GmbH-Geschäftsführer, Handbuch des Unternehmers und Managers, 2. Auflage, München 2000.
Hoffmann-Becking, Michael, Zur rechtlichen Organisation der Zusammenarbeit im Vorstand der AG, ZGR 1998, S. 497 ff..
Hohloch, Gerhard (Hrsg.), EU-Handbuch Gesellschaftsrecht, unter Mitarbeit von Achim Albrecht u.a., Berlin 1997.
Hommelhoff, Peter, Die deutsche GmbH im System der Kapitalgesellschaften, in: *Roth, Günter H.* (Hrsg.), Das System der Kapitalgesellschaften im Umbruch - ein internationaler Vergleich, Köln 1990, S. 26 ff..
–, Die Konzernleitungspflicht, Köln, Berlin, Bonn, München 1982.
–, Die "Société fermée européenne" - eine supranationale Gesellschaftsform für kleine und mittlere Unternehmen im Europäischen Binnenmarkt -, WM 1997, S. 2101 ff..
–, Die "Société fermée européenne", in: *Müller-Graff, Peter-Christian* (Hrsg.), Perspektiven des Rechts in der Europäischen Union, S. 47 ff..
–, Die qualifizierte faktische Unternehmensverbindung: Ihre Tatbestandsmerkmale nach dem TBB-Urteil und deren rechtsdogmatisches Fundament, ZGR 1994, S. 395 ff..
–, Einige Bemerkungen zur Organisationsverfassung der Europäischen Aktiengesellschaft, AG 2001, S. 279 ff..
–, Konzernrecht für den Europäischen Binnenmarkt, ZGR 1992, S. 121 ff..
–, Mindestharmonisierung im Gesellschaftsrecht - Stellungnahme - in: *Everling, Ulrich/Roth, Wulf-Henning* (Hrsg.), Mindestharmonisierung im europäischen Binnenmarkt, Baden-Baden 1997, S. 83 ff..

Hommelhoff, Peter / Helms, Dietmar, Erfahrung und Vorschläge: Deutschland, in: *Boucourechliev, Jeanne / Hommelhoff, Peter* (Hrsg.), Vorschläge für eine Europäische Privatgesellschaft, Köln 1999, S. 143 ff..

–, Weiter auf dem Weg zur Europäischen Privatgesellschaft, GmbHR 1999, 53 ff..

dies. (Hrsg.), Neue Wege in die Europäische Privatgesellschaft, Köln 2001.

Horn, Norbert, Die Haftung des Vorstands der AG nach § 93 AktG und die Pflichten des Aufsichtsrats, ZIP 1997, S. 1129 ff..

Hueck, Götz, Zur arbeitsrechtlichen Stellung des GmbH-Geschäftsführers, ZfA 1985, S. 25 ff..

Hüffer, Uwe, Aktiengesetz, 5. Auflage, München 2002.

Huizink, Jan Bernd, Bestuurders van rechtspersonen en milieu-aansprakelijkheid, De NV 1994, S. 90 ff..

–, Bestuurders van rechtspersonen, Deventer 1989.

Jansen, H.G.T.J., Haftungssituationen in der niederländischen B.V., GmbHR 1995, S. 286 ff..

Jaeger, Carsten, Die Europäische Aktiengesellschaft - europäischen oder nationalen Rechts, Baden-Baden 1994.

De Jong, Jan A. / Van Vliet, Frenk A., The Netherlands, in: *Campbell, Dennis* (Hrsg.), International liability of corporate directors, London, New York, Hamburg, Hong Kong 1993, S. 507 ff..

Junge, Werner, Die Zukunft der GmbH in der Europäischen Gemeinschaft, GmbHR 1992, S. 225 ff..

Kallmeyer, Harald, Tragweite des Überseering-Urteils des EuGH vom 5.11.2002 zur grenzüberschreitenden Sitzverlegung, DB 2002, S. 2521 f..

Kersting, Christian, Die Vorgesellschaft im europäischen Gesellschaftsrecht, 2000.

–, Societas Europaea: Gründung und Vorgesellschaft, DB 2001, S. 2079 ff..

Kieninger, Eva-Maria, Niederlassungsfreiheit als Rechtswahlfreiheit, ZGR 1999, S. 724 ff..

Kindler, Peter, Niederlassungsfreiheit für Scheinauslandsgesellschaften? - Die "Centros"-Entscheidung des EuGH und das internationale Privatrecht, NJW 1999, S. 1993 ff..

Kindler, Peter, Unternehmerisches Ermessen und Pflichtenbindung, Voraussetzungen und Geltendmachung der Vorstandshaftung in der Aktiengesellschaft, ZHR 162 (1998), S. 101 ff..

Kleindiek, Detlef, Deliktshaftung und juristische Person, Tübingen 1997.

De Kluiver, Harm-Jan, The European Private Company? A Dutch Perspective, in: *De Kluiver, Harm-Jan/Van Gerven, Walter* (Hrsg.), The European Private Company?, Antwerpen 1995, S. 109 ff..
–, Aansprakelijkheid en décharge; "een paar apart!", WPNR 6273, S. 373 ff..
De Kluiver, Harm-Jan / Van Gerven, Walter (Hrsg.), The European Private Company?, Antwerpen 1995.
Klein, Walter, Der Rückgriffsanspruch des Handelnden gegen die Gründer einer Vor-GmbH, Frankfurt M., Berlin, Bern, New York, Paris, Wien 1993.
Knoche, Dietrich, Die sog. 'Verzichtswirkung' der Entlastung im privaten und im öffentlichen Recht, Berlin 1995.
Koh, Pearlie M. C., Shadow Director, Shadow Director, Who Art Thou?, [1996] 14 C&SLJ, S. 340 ff..
Konzen, Horst, Geschäftsführung, Weisungsrecht und Verantwortlichkeit in der GmbH und GmbH & Co KG, NJW 1989, S. 2977 ff..
Kreuzer, Karl (Hrsg.), Die Haftung der Leitungsorgane von Kapitalgesellschaften, Baden-Baden 1991.
Kübler, Friedrich, Gesellschaftsrecht, 5. Auflage, Heidelberg 1999.

Larenz, Karl; Methodenlehre der Rechtswissenschaft, 6. Auflage, Berlin, Heidelberg, New York 1991.
Leible, Stefan / Hoffmann, Jochen, „Überseering“ und das (vermeintliche) Ende der Sitztheorie, RIW 2002, 925 ff..
Lutter, Marcus, Die Harmonisierung des Rechts der Kapitalgesellschaften in Europa (Stand und Perspektiven), in: *Nobel, Peter* (Hrsg.), Internationales Gesellschaftsrecht, Band 1, Bern 1998, S. 129 ff..
ders. (Hrsg.), Die Europäische Aktiengesellschaft, Köln, Berlin, Bonn, München 1976.
ders. (Hrsg.), Die Gründung einer Tochtergesellschaft im Ausland, 3. Auflage, Berlin 1995.
–, ECLR - Das Europäische Unternehmensrecht im 21. Jahrhundert, ZGR 2000, S. 1 ff..
–, Europäische Aktiengesellschaft – Rechtsfigur mit Zukunft?, BB 2002, S. 1 ff..
–, Europäisches Unternehmensrecht: Grundlagen, Stand und Entwicklung nebst Texten und Materialien zur Rechtsangleichung, 3. Auflage, Berlin 1991.
–, Europäisches Unternehmensrecht: Grundlagen, Stand und Entwicklung nebst Texten und Materialien zur Rechtsangleichung, 4. Auflage, Berlin 1996.
–, Gefahren persönlicher Haftung für Gesellschafter und Geschäftsführer einer GmbH, DB 1994, S. 129 ff..
–, Haftungsrisiken des Geschäftsführers einer GmbH, GmbHR 1997, S. 329ff.

–, Haftung und Haftungsfreiräume des GmbH-Geschäftsführers, in: *Gesellschaftsrechtliche Vereinigung (VGR)* (Hrsg.), Gesellschaftsrecht in der Diskussion, Köln 1999, S. 104 ff..

ders. (Hrsg.), Konzernrecht im Ausland, Berlin, New York 1994.

–, Zur persönlichen Haftung des Geschäftsführers aus deliktischen Schäden im Unternehmen, ZHR 157 (1993), S. 464 ff..

Lutter, Marcus / Hommelhoff, Peter, GmbH-Gesetz, Kommentar, 15. Auflage, Köln 2000.

Lutter, Marcus / Wiedemann, Herbert (Hrsg.), Gestaltungsfreiheit im Gesellschaftsrecht, ZGR-Sonderheft 13, Berlin, New York 1998.

Marquardt, Alexander / Hau, Wolfgang, Risiken für Muttergesellschaften nach französischem Insolvenz- und Gesellschaftsrecht, RIW 1998, S. 441 ff..

Maul, Silja, Vorschläge der Expertengruppe zur Reform des EU-Gesellschaftsrechts, DB 2003, S. 27 ff..

McKenzie, Donna, Wrongful trading - a paper tiger?, [1995] JRL, S. 519 ff..

Medicus, Dieter, Zur Eigenhaftung des GmbH-Geschäftsführers aus Verschulden bei Vertragsverhandlungen, in: Festschrift für Ernst Steindorff, herausgegeben von Jürgen F. Bauer, Klaus J. Hopt und K. Peter Mailänder, Berlin, New York 1990, S. 725 ff..

Mehring, Eckhard W., Die GmbH in den Niederlanden, in: *Centrale für GmbH Dr. Otto Schmidt* (Hrsg.), Die GmbH-Rechte in den EG-Staaten, S. 205 ff..

–, Niederlande, in: *Hohloch, Gerhard* (Hrsg.), EU-Handbuch Gesellschaftsrecht, Berlin 1997.

Meller-Hannich, Caroline, Verwendung von Vorrats- und Mantelkapitalgesellschaften und Prüfung durch das Registergericht, ZIP 2000, S. 345 ff..

Mennicke, Petra, Zum Weisungsrecht der Gesellschafter und der Folgepflicht des Geschäftsführers in der mitbestimmungsfreien GmbH, NZG 2000, S. 622 ff..

Merkt, Hanno, Das Centros-Urteil des Europäischen Gerichtshofs - Konsequenzen für den nationalen Gesetzgeber -, in: *Gesellschaftsrechtliche Vereinigung (VGR)* (Hrsg.), Gesellschaftsrecht in der Diskussion 1999, Band 2, Köln 2000, S. 111 ff..

Mestmäcker, Ernst-Joachim / Behrens, Peter (Hrsg.), Das Gesellschaftsrecht der Konzerne im internationalen Vergleich, Baden-Baden 1991.

Meyer-Landrut, Joachim / Miller, Georg / Niehus, Rudolf, Gesetz betreffend die Gesellschaft mit beschränkter Haftung (GmbHG), Kommentar, Berlin, New York 1987.

Meyke, Rolf, Zivilprozessuale Aspekte der Haftung wegen Konkursverschleppung, ZIP 1998, S. 1179 ff..

Millet J, Shadow Directorship - A Real or Imagined Threat to the Banks?, [1991] 1 The Insolvency Practicioner, S. 14.
Van Mourik, M.J.A., Die Haftung der Geschäftsführer einer niederländischen Gesellschaft mit beschränkter Haftung, in: *Kreuzer, Karl* (Hrsg.), Die Haftung der Leitungsorgane von Kapitalgesellschaften, Baden-Baden 1991, S. 191 ff..
Mülbert, Peter O. Abschied von der „TBB"-Haftungsregel für den qualifiziert faktischen Konzern, DStR 2001, S. 1937 ff..
Müller-Graff, Peter-Christian (Hrsg.), Perspektiven des Rechts in der Europäischen Union, Heidelberg 1998.
ders. (Hrsg.), Gemeinsames Privatrecht in der Europäischen Gemeinschaft, 2. Auflage, Baden-Baden 1999.
–, Gemeinsames Privatrecht in der Europäischen Gemeinschaft: Ebenen und gemeinschaftsprivatrechtliche Grundfragen, in: Festschrift für Bodo Börner, herausgegeben von Jürgen F. Bauer, Peter-Christian Müller-Graff und Manfred Zulegg, Köln, Berlin, Bonn, München 1992, S. 315 ff..
Münchener Kommentar zum Bürgerlichen Gesetzbuch, Band 5, Schuldrecht, Besonderer Teil III (§§ 705-853), bearbeitet von Andreas Cahn u.a., 3. Auflage, München 1997 (zitiert: *MüKo/Bearbeiter*, § Rn.).

Neuling, Jasper, Deutsche GmbH und englische private company, Köln, Berlin, Bonn, München 1997.
Nobel, Peter (Hrsg.), Internationales Gesellschaftsrecht, Bern 1998.
Nölle, Jens-Uwe, Die Eigenhaftung des GmbH-Geschäftsführers für Organisationspflichtverletzungen, Regensburg 1995.

Ottofülling, Andreas, Die wettbewerbsrechtliche und immaterialgüterrechtliche Störerhaftung des Geschäftsführers der GmbH, Göttingen 1990.

Palandt, Otto, Bürgerliches Gesetzbuch, Kommentar, bearbeitet von Peter Bassenge, u.a., 62. Auflage, München 2003 (zitiert: *Palandt/Bearbeiter* § Rn.).
Palmer's Company law, in 7 Bänden, Loseblattsammlung, begr. von Francis Beaufort Palmer, bearbeitet von Geoffrey Morse u.a., London, Edinburgh, 25. Auflage, Stand September 2002.
Paschke, Marian / Iliopoulos, Constantin (Hrsg.), Europäisches Privatrecht: Ein Studienbuch zum Privatrecht der Europäischen Gemeinschaft, Hamburg 1998.
Peetz, Carsten, Anm. zu BGH, Beschl. v. 9.12.2002 – II ZB 12/02, GmbHR 2003, S. 229 ff..

Pennington, Robert R., Company Law, 8. Auflage, London, Dublin, Edinburgh 2001.
–, Directors' personal liability, London 1987.
Pennington, Robert R. / Gansen, Georg, Die Gründung einer Tochtergesellschaft in Großbritannien, in: *Lutter, Marcus* (Hrsg.), Die Gründung einer Tochtergesellschaft im Ausland, 3. Auflage, Berlin 1995, S. 281 ff..
Pitlo / Löwensteyn, Het Nederlands burgerlijk recht, Teil 2 Rechtspersonenrecht, bearbeitet von: *Raaijmakers, M.J.G.C.*, 3. Auflage, Arnheim 1994.
Prentice, Dan D., Creditor's Interests and Director's Duties, Oxf. J. Leg. Stud., 1990, S. 265 ff..

Rajak, Harry, Gestaltungsfreiheit im Gesellschaftsrecht des Vereinigten Königreichs, in: *Lutter, Marcus / Wiedemann, Herbert* (Hrsg.), Gestaltungsfreiheit im Gesellschaftsrecht, ZGR-Sonderheft 13, Berlin, New York, 1998, S. 187 ff..
Ransiek, Andreas, Zur deliktischen Eigenhaftung des GmbH-Geschäftsführers aus strafrechtlicher Sicht, ZGR 1992, S. 203 ff..
Rechtspersonen, Kommentar zum 2. Buch des BW, Loseblattsammlung Band 3, bearbeitet von *Stille, A.L.G.A.* u.a., Deventer, Stand: Oktober 1999.
Reich, Norbert; Die zivil- und strafrechtliche Verantwortlichkeit des faktischen Organmitglieds, DB 1963, S. 1663 ff..
Reichert, Jochem, Gläubigerschutz in der Europäischen Privatgesellschaft, in: *Hommelhoff, Peter / Helms Dietmar* (Hrsg.), Neue Wege in die Europäische Privatgesellschaft, 2001, S. 201 ff..
Reuter, Alexander, § 51a GmbHG - Quo vadis?, BB 1986, S. 1653 ff..
Rheinstein, Max, Einführung in die Rechtsvergleichung, 2. Auflage, München 1987.
Rohde, Andreas, Haftung des Geschäftsführers einer GmbH trotz interner Geschäftsaufteilung - BGH NJW 1994, 2149, JuS 1995, S. 965 ff..
Roth, Günter H., Die Haftung als faktischer Geschäftsführer im Konkurs der GmbH - Besprechung der Entscheidung BGHZ 104, 44 ff.. - ZGR 1989, S. 421 ff..
ders. (Hrsg.), Das System der Kapitalgesellschaften im Umbruch - ein internationaler Vergleich, Köln 1990.
–, Gründungstheorie: Ist der Damm gebrochen?, ZIP 1999, S. 861 ff..
Roth, Günter H. / Altmeppen, Holger, Gesetz betreffend die Gesellschaft mit beschränkter Haftung (GmbHG), Kommentar, 4. Auflage, München 2003.
Roth, Wulf-Henning, Die Gründerhaftung im Recht der Vor-GmbH, ZGR 1984, S. 597 ff..

Rowedder, Heinz, Gesetz betreffend die Gesellschaft mit beschränkter Haftung (GmbHG), Kommentar, bearbeitet von Hans Fuhrmann u.a., 4. Auflage, München 2002 (zitiert: *Rowedder/Bearbeiter* § Rn.).

Sandberger, Andreas, Die Außenhaftung des GmbH-Geschäftsführers, Baden-Baden 1997.

Sanders, Pieter / Westbroek, W., BV en NV, bearbeitet von F.K. Bujn und P.M. Storm, 8. Auflage 1998.

Sandrock, Otto, Centros: ein Etappensieg für die Überlagerungstheorie, BB 1999, S. 1337 ff..

De Savornin Lohman, Hans A., Duties and liability of directors and shareholders under Netherlands law, piercing the corporate veil, London, Den Haag, Boston 1996.

Schäfer, Carsten, Zur strafrechtlichen Verantwortlichkeit des GmbH-Geschäftsführers, GmbHR 1993, S. 717 ff.. (Teil I) und S. 780 ff.. (Teil II).

Schanbacher, Dietmar, Actio pro socio - zur Dogmatik der Gesellschafterklage, AG 1999, S. 21 ff..

Schanze, Erich, Konzernspezifischer Gläubigerschutz: Vergleich der Regelungsansätze, in: *Mestmäcker, Ernst Joachim / Behrens, Peter* (Hrsg.), Das Gesellschaftsrecht der Konzerne im internationalen Vergleich, S. 473 ff..

Schautes, Dirk Christoph, Jüngste Entwicklungen zum Projekt der Europäischen Privatgesellschaft, GmbHR 2000, S. 1255 f..

Van Schilfgaarde, Peter, Van de BV en de NV, 12. Auflage, Arnheim 2001.

–, Haftung der Vorstandsmitglieder bei den Kapitalgesellschaften in den Niederlanden, ZGR 1987, S. 233 ff..

–, Misbruik van rechtspersonen: commentaar op de twede en de derde misbruikwet, Deventer 1986.

Schmidt, Dominique / Gramling, Philippe, Die Gründung einer Tochtergesellschaft in Frankreich, in: *Lutter, Marcus* (Hrsg.), Die Gründung einer Tochtergesellschaft im Ausland, 3. Auflage, Berlin, New York 1995, S. 202 ff..

Schmidt, Hubert, Der Regressanspruch des Fremdgeschäftführers gegen die Gesellschafter der Vor-GmbH, GmbHR 1988, S. 129 ff..

Schmidt, Jürgen, Zur "reasonable person" in einem zukünftigen europäischen Privatrecht, in: Festschrift für Bernhard Großfeld, herausgegeben von Ulrich Hübner und Werner F. Ebke, Heidelberg 1999, S. 1017 ff..

Schmidt, Karsten, Gesellschaftsrecht, 4. Auflage, Köln 2002.

–, Anmerkung zu BGH, Beschl. v. 04.03.1996, ZIP 1996, S. 593 f..

–, Außenhaftung und Innenhaftung bei der Vor-GmbH, ZIP 1996, S. 353 ff..

–, Zur Durchgriffsfestigkeit der GmbH, ZIP 1994, S. 837 ff..

Schneider, Uwe H., Haftungsmilderung für Vorstandsmitglieder und Geschäftsführer bei fehlerhafter Unternehmensleitung?, in: Festschrift für Wienfried Werner, herausgegeben von Walther Hadding, Hans-Joachim Mertens, Ulrich Immenga, Klemens Pleyer und Uwe H. Schneider, Berlin, New York, 1984, S. 795 ff..

–, Die Wahrnehmung öffentlich-rechtlicher Pflichten durch den Geschäftsführer, in: Festschrift 100 Jahre GmbH-Gesetz, herausgegeben von Marcus Lutter, Peter Ulmer und Wolfgang Zöllner, Köln 1992, S. 473 ff..

Scholz, Franz, Kommentar zum GmbH-Gesetz, begründet von Franz Scholz, bearbeitet von Georg Crezelius u.a., 9. Auflage, Köln 2000 (Band I) und 9. Auflage, Köln 2002 (Band II), (zitiert: *Scholz/Bearbeiter* § Rn.).

Schön, Wolfgang, Mindestharmonisierung im Gesellschaftsrecht, in: *Everling, Ulrich / Roth, Wulf-Henning* (Hrsg.), Mindestharmonisierung im europäischen Binnenmarkt, Baden-Baden 1997, S. 55 ff..

Schuberth, Ernst-Markus, Konzernrelevante Regelungen im britischen Recht. Ein Beispiel für die Bewältigung konzernrechtlicher Fragestellungen durch Regeln des allgemeinen Gesellschafts-, Kapitalmarkt- und Insolvenzrechts, München 1997.

Schuit, Steven R. / Van Helleman, Johan (Hrsg.), Dutch Business Law: Legal, Accounting and Tax aspects of doing business in the Netherlands, Suppl. 22, London, Boston, Stand: 16. Dezember 1997.

Schulz, Andreas / Geismar, Bernhard, Die Europäische Aktiengesellschaft, DStR 2001, S. 1078 ff..

Schulz, Martin / Sester, Peter, Höchstrichterliche Harmonisierung der Kollisionsregeln im europäischen Gesellschaftsrecht: Durchbruch der Gründungstheorie nach „Überseering", EWS 2002, S. 545 ff..

Schwarz, Günter Christian, Europäisches Gesellschaftsrecht, Ein Handbuch für Wissenschaft und Praxis, Baden-Baden 2000.

–, Zum Statut der Europäischen Aktiengesellschaft, ZIP 2001, S. 1847 ff..

Schweitzer, Michael / Hummer, Waldemar, Europarecht, Das Recht der Europäischen Union – Das Recht der Europäischen Gemeinschaften (EGKS, EG, EAG) – mit Schwerpunkt EG, 5. Auflage, Berlin 1996.

Sealy, L.S., Disqualification and Personal Liability of Directors, 5. Auflage, London 2000.

Selbherr, Paul / Manz, Gerhard (Hrsg.), Kommentar zur Europäischen Wirtschaftlichen Interessenvereinigung (EWIV), 1. Auflage, Baden-Baden 1995.

Shearman, Jennifer, Die Private Limited Company in England und Wales, in: *Centrale für GmbH Dr.Otto Schmidt* (Hrsg.), Die GmbH-Rechte in den EG-Staaten, S. 49 ff..

Slagter, W. J., Der heutige Stand des Konzernrechts in den Niederlanden, in: *Lutter, Marcus* (Hrsg.), Konzernrecht im Ausland, Berlin, New York 1994, S. 171 ff..

Sonnenschein, Jürgen, Organschaft und Konzerngesellschaftsrecht: unter Berücksichtigung des Wettbewerbsrechts und des Mitbestimmungsrechts, Baden-Baden 1976.

Sørensen, Anker (Hrsg.), Directors' liabilities in case of insolvency, London 1999.

Stapelfeld, Ait, Die Haftung des GmbH-Geschäftsführers für Fehlverhalten in der Gesellschafterkrise, Köln 1990.

Stapelfeld, Ait, Außenhaftung des Geschäftsführers bei Verletzung der Buchführungspflicht, GmbHR 1991, S. 91 ff..

Stein, Ursula, Das faktische Organ, Köln, Berlin, Bonn, München 1984.

Streinz, Rudolf, Europarecht, 5. Auflage, Heidelberg 2001.

Sudhoff, Heinrich / Sudhoff, Martin, Rechte und Pflichten des Geschäftsführers einer GmbH und einer GmbH & Co., 14. Auflage, Köln 1994.

Süß, Gisela, Die Erstreckungsklage - ein Damoklesschwert des französischen Rechts, EuZW 1996, S. 65 ff..

Thelen, Werner / Trimborn, Michael, Haftungsrisiken in der GmbH in den Staaten des Europäischen Wirtschaftsraums (EWR) und der Schweiz, GmbHR 1994, S. 782 ff..

Tilmann, Winfried, Eine Privatrechtskodifikation für die Europäische Gemeinschaft?, in: *Müller-Graff, Peter-Christian* (Hrsg.), Gemeinsames Privatrecht in der Europäischen Gemeinschaft, S. 579 ff..

Timm, Wolfram, Wettbewerbsverbot und "Geschäftschancen" - Lehre im Recht der GmbH, GmbHR 1981, S. 177 ff..

Timmerman, Levinus, Aansprakelijkheid van bestuurders van n.v.'s en b.v.'s; een overzicht van einige recente rechtspraak, TVVS 1991 S. 197 ff..

–, Erfahrung und Vorschläge: Niederlande, in: *Boucourechliev, Jeanne / Hommelhoff, Peter* (Hrsg.), Vorschläge für eine Europäische Privatgesellschaft, Köln 1999, S. 127 ff..

Timmerman, Levinus / Lennarts, Marie-Louise, Haftungsdurchgriff im niederländischen Gesellschaftsrecht, ZGR 1993, S. 489 ff..

Triebel, Volker / Hodgson, Stephen / Kellenter, Wolfgang / Müller, Georg, Englisches Handels- und Wirtschaftsrecht, 2. Auflage, Heidelberg 1995.

Trockels, Friedrich, "Business Judgement Rule" und "Corporate Take-overs", AG 1990, S. 139 ff..

Turing, Dermot, Lender Liability, Shadow Directors and the Case of Re Hydrodam (Corby) Ltd, [1994] 6 JIBL S. 244 ff..

Uhlenbruck, Wilhelm, Die Bedeutung des neuen Insolvenzrechts für GmbH-Geschäftsführer, GmbHR 1999, S. 313 ff.. (Teil I) und S. 390 ff (Teil II).

Ulmer, Peter, Anmerkung zu BGH, Beschl. v. 01.03.1993, ZIP 1993, S. 769 ff..

–, Die wirtschaftliche Neugründung einer GmbH unter Verwendung eines GmbH-Mantels, Bemerkungen zu OLG Hamburg BB 1983, S. 1116 , BB 1983, S. 1123 ff..

–, Schutzinstrumente gegen die Gefahren aus der Geschäftstätigkeit inländischer Zweigniederlassungen von Kapitalgesellschaften mit fiktivem Auslandssitz, JZ 1999, S. 662 ff..

–, Von „TBB" zu „Bremer Vulkan" – Revolution oder Evolution?, ZIP 2001, S. 2021 ff..

–, Zur Haftungsverfassung in der Vor-GmbH, ZIP 1996, S. 733 ff..

Völter, Heike, Der Lückenschluss im Statut der Europäischen Privatgesellschaft, Köln 2000.

Walters, Adrian, Directors' duties: the impact of the Company Directors disqualification Act 1986, [2000] Co Law S. 110 ff..

Wellkamp, Ludger, Ausweitung und Einschränkung der Eigenhaftung des GmbH-Geschäftsführers, DB 1994, S. 869 ff..

von Werder, Axel, Organisation der Unternehmensleitung und Haftung des Top-Managements, BB 1987, S. 2265 ff..

Werlauff, Erik, Ausländische Gesellschaft für inländische Aktivität, ZIP 1999, S. 867 ff..

Westermann, Harm Peter, Anmerkung zum BGH-Urteil vom 5.12.1989 (Baustoff-Entscheidung), DNotZ 1991, S. 813 ff..

Wezeman, Jan Berend, Aansprakelijkheid van bestuurders, Kluwer 1998.

Wiesner, Peter M., Die Europa-AG und der Sündenbock, GmbHR 1999, R 301 f..

Wilhelm, Jan, Rechtsform und Haftung bei der juristischen Person, Köln, Berlin, Bonn, München 1981.

Witteveen, S.J., Knelpunten bij de toepassing van artikel 2:248 BW; een analyse aan de hand van de jurisprudentie en literatuur, TVVS 1998, S. 107 ff..

Witz, Wolfgang, Rechtsangleichung oder supranationale Rechtsformen für die Unternehmensverfassung?, in: Schuldrecht, Rechtsvergleichung und Rechtsvereinheitlichung an der Schwelle zum 21. Jahrhundert - Symposium aus Anlass des 65. Geburtstags von Peter Schlechtriem, herausgegeben von Ingeborg Schwenzer, Tübingen 1999, S. 79 ff..

Wouters, Jan, Towards a European Private Company? A Belgian Perspective, *De Kluiver, Harm-Jan / Van Gerven, Walter* (Hrsg.), The European Private Company?, Baden-Baden 1995, S. 161 ff..

Wouters, Jan / Schneider Hildegard (Hrsg.) Current Issues of Cross-Border Establishment of Companies in the European Union, Antwerpen 1995.

Xuereb, Peter G., The rights of shareholders, Oxford, London, Edinburgh, Boston, Melbourne 1989.

Ziemons, Hildegard, Die Haftung der Gesellschafter für Einflussnahmen auf die Geschäftsführung der GmbH, Köln, Berlin, Bonn, München 1996.

Zweigert, Konrad / Kötz, Hein, Einführung in die Rechtsvergleichung auf dem Gebiet des Privatrechts, 3. Auflage, Tübingen 1996.

FSC
www.fsc.org
MIX
Papier | Fördert gute Waldnutzung
FSC® C083411

Kolibri 360 GmbH
Ferdinand-Jühlke-Straße 7
99095 Erfurt, Deutschland
produktsicherheit@kolibri360.de

Druck:
CPI Druckdienstleistungen GmbH
im Auftrag der
Kolibri 360 GmbH
Ferdinand-Jühlke-Str. 7
99095 Erfurt